汉语话语研究
Studies Chinese Discourse

方梅 主编

Interactional Linguistics:
Theory and Method

# 互动语言学：理论与方法

谢心阳　刘娅琼　主编

社会科学文献出版社
SOCIAL SCIENCES ACADEMIC PRESS (CHINA)

本研究得到国家社会科学基金青年项目（项目编号：17CYY034）的资助

本书由上海财经大学"中央高校建设世界一流大学（学科）和特色发展引导专项资金"和"中央高校基本科研业务费"资助出版

# 总　序

　　语言成分有形式和意义两个方面，语言学研究的一个重要任务就是描写和解释形式和意义之间的对应关系。从描写角度来说，如果只是孤立地把话语作为静态的言语产品，就不可能对它有全面的了解。分析话语必须结合语言使用的外部条件，这些外部条件包括：（1）认知限制，如信息的贮存和提取方式、认知策略、记忆限制、信息处理的最佳程序等；（2）交际环境，包括对话双方的关系、言谈发生的场所、交际目的等；（3）文化和种族背景，如文化和种族差异、偏见对话语的渗透等。

　　自20世纪80年代以来，话语功能语言学的研究有几个重要的理论贡献。

　　第一，修辞结构理论（Rhetorical Structure Theory）①。修辞结构理论的主要目的是描写相邻句子的逻辑语义联系，将它们归纳为二十多种关系，用来说明话语中的语句是如何由低到高在各个层面上相互联系在一起的。

　　第二，关于话题结构（thematic structure）的理论表述②，说明话语中有关人物和事物如何引进，如何在下文中继续出现，等等。同一对象如果

---

① 参看 Mann，William & Sandra A. Thompson. 1988. Rhetorical structure theory：Toward a functional theory of text organization. Text 8 （3）：243 – 281.

② 参看 Givón，Talmy. 1984/1990. *Syntax*：*A Functional Typological Introduction*，Vol. II. Amsterdam and Philadephia：John Benjamins.
Du Bois，John W. 1980. Beyond definiteness：The trace of identity in discourse. In Wallace Chafe （eds.），*The Pear Stories*：*Cognitive*，*Cultural*，*and Linguistic Aspects of Narrative Production*. Norwood：Ablex Publishing Corporation.
Chen，Ping. 2009. Aspects of referentiality. *Journal of Pragmatics*，41 （8）：1657 – 1674.
陆镜光 2004 从指称的研究看21世纪的话语语言学，《21世纪的中国语言学》，商务印书馆。

在话语展开过程中反复出现，则构成话题链（topic chain）。话题链是体现话语结构连贯性的重要方面，话题性的强弱具有不同的句法表达。第三，关于韵律单位与句法单位的关系问题。韵律单位（intonation unit）与句法上的节点并不一一对应，Chafe（1987）认为一个语调单位中倾向于只出现一个新信息表现形式，即所谓单一新信息限制（one-new-concept constraint）。①

第四，关于语体特征的差异性问题。从句法角度看，语体差异的核心要素可以概括为对时间连续性（temporal succession）和突显行为主体（agent orientation）关注程度的差异。典型的叙事语体具有时间连续性，关注动作的主体；操作语体具有时间连续性，但是不关注动作的主体；行为言谈不具有时间连续性，但是关注动作的主体；而说明语体既不具有时间连续性，也不关注动作的主体。这种差异性导致一系列不同的句法结构选择。②

第五，关于言谈参与者在会话中的句法互动。交际过程中，参与者的言谈在句法结构上是相互渗透的。例如，核心名词与限制性关系从句分别由会话双方共同完成，会话中独立于小句结构之外的延伸成分为会话参与者提供话轮转换机制等。③

第六，从在线生成的角度看互动交际中语句的产出，形成了"进行中的句子的句法"（the syntax of sentences-in-progress），强调新信息是随着时间的推移不断叠加的。语序的安排不仅与句法成分所传递的信息地位（新旧）有关，在会话互动中还提示话轮转换的相关位置。④

---

① 参看 Chafe, Wallace. 1987. Cognitive constraints on information flow. In Russell Tomlin (eds.), *Coherence and Grounding in Discourse.* Amsterdam and Philadelphia：John Benjamins.
Chafe, Wallace. 1994. *Discourse, Consciousness, and Time：The Flow and Displacement of Conscious Experience in Speaking and Writing.* University of Chicago Press.
Tao, Hongyin. 1996. *Units in Mandarin Chinese Conversation：Prosody, Discourse and Grammar.* Amsterdam and Philadephia：John Bejamins.

② 参看 Longacre, Robert E. 1983. *The Grammar of Discourse.* New York：Plenum Press.

③ 参看 Ford, Cecilia E., Barbara A. Fox & Sandra A. Thompson. 2002. Constituency and the grammar of turn increments. In C. E. Ford, B. A. Fox & S. A. Thompson (eds.), *The Language of Turn and Sequence.* New York：Oxford University Press.

④ 参看 Lerner, Gene H. 1991. O the syntax of sentences-in-progress. *Language in Society*, 20 (3)：441 – 458.
陆镜光 2000 句子成分的后置与话轮交替机制中的话轮后续手段，《中国语文》第 4 期。
陆镜光 2002 在进行中的句子里辨识句末，载邵敬敏、徐烈炯编《汉语语法研究的新拓展》，浙江教育出版社。

　　对汉语的话语语言学的研究可以追溯到赵元任先生（1968）的《汉语口语语法》①，尽管当时的理论背景是结构主义语言学，但是书中关注的很多问题却是 20 世纪 80 年代之后话语功能语言学对自然口语研究的课题。赵元任先生对汉语口语的定义是 20 世纪中叶的北京方言，用非正式发言的那种风格说出来的（见《汉语口语语法》1.1.1）。书中的口语例子除了作者作为"活材料"的身份自拟的之外，还包括随手记录的语法实例、官话会话录音等。书中系统性地描述了言谈的几种类型，依据准备程度的差异以及是对话还是独白，把说话分成八种类型，并且指出不同类型的差异主要表现在句子结构上（见《汉语口语语法》1.2.3）。着眼于口语的结构特点，他提出零句是根本（见《汉语口语语法》2.7）。书中特别指出，汉语的问与答之间，主语作为问，谓语作为答，问答之间实际是"话题—说明"的关系。书中还专门有一节讨论有计划的句子与无计划的句子（见《汉语口语语法》2.14），从韵律、插入语和"追补语"（afterthoughts）、"前附小句和后附小句"（preclitic and enclitic clauses）等多方面，探讨"未经筹划的句子"（unplanned sentences）的结构特征和韵律表现，关注在线编码现象。

　　早在 1961 年，吕叔湘先生在《汉语研究工作者当前的任务》一文里谈及语法研究的任务时提出，另外一个重要的课题是口语语法的研究。进行口语语法的研究，不光是为了更好地了解口语，也是为了更好地了解书面语。比如对于语法分析非常重要的语调、重音、停顿等，在书面材料里就无可依据，非拿口语来研究不可。1980 年，在中国语言学会成立大会上的报告中，他再次强调："过去研究语言的人偏重书面语材料，忽略口头材料，这是不对的。口语至少跟文字同样重要，如果不是更重要的话。许多语言学家认为口语更重要，因为口语是文字的根本。"（《把我国语言科学推向前进》）

　　由于对"用法"研究的高度重视，20 世纪 80 年代以后，汉语话语研究在以结构主义语言学为主导的时期也取得了很多令人瞩目的成果，比如口语中副词独用现象的研究、口语中易位现象和重复现象的研究、口语中

---

① Chao, Yuen Ren. 1968. *A Grammar of Spoken Chinese*. University of California Press，吕叔湘译《汉语口语语法》，1979，商务印书馆。

不加说明的话题的研究、流水句的研究、语气词的功能与回声问的研究、疑问语调与疑问句关系的研究、指示词话语功能的研究、话语标记的研究、修饰小句的在线编码策略，等等。① 随着话语功能语言学研究思想的传播，汉语语法学界有越来越多的学者关注和从事汉语的话语研究，研究信息结构的句法表征，研究语用原则的语法化，研究语用意图的韵律表现，研究韵律单位与句法单位的关系，借助会话分析的描写方法探讨话语组织结构的词汇表现、韵律表现，以及其他多模态资源的整合效应。

话语功能语言学家看重自然口语的语言学价值，因为只有着眼于自然口语，才能看清交际功能与编码策略的关系，使在相同的话语条件下对语言进行比较成为可能，进而发现语言之间在语义范畴表达和交际意图实现过程中的异同，揭示世界语言的多样性。

"汉语话语研究"丛书收录原创性专题研究著作，特别是基于汉语口语语篇材料的研究，内容涵盖语法、会话分析、自然口语韵律与多模态研究等方面。我们希望通过对汉语话语的多角度描写，探究其动因，以便更好地发现和解释汉语的规律。同时我们也希望这一系列丛书能够成为集中展现汉语话语研究新作的一个平台。

方　梅

2017 年 5 月

---

① 拙著《浮现语法——基于汉语口语和书面语的研究》中论及此内容，该书由商务印书馆 2018 年出版。

# 序

《互动语言学：理论与方法》一书终于要与读者见面了。

2014 年，由《中国语文》编辑部和中国人民大学文学院联合主办的第一届互动语言学与汉语研究国际学术讨论会在北京举行。截至 2023 年，互动语言学与汉语研究国际学术讨论会举办了五届。作为"中国语文丛书"的《互动语言学与汉语研究》随着会议的进程陆续出版，也成为第一个以互动语言学为研究方向分析汉语的系列论文集。

十余年来，越来越多的青年学者开启了以互动语言学视角观察和研究汉语的学术之旅。尽管当下获取海外研究成果的渠道多样，国际交流极为便捷，国内也陆续发表出版了一些综述和专题研究文章，但专门介绍互动语言学的理论和方法的著作还不多见。可以说，这本书的出版回应了学界日益增长的需求。书中的文章从不同侧面回顾了互动语言学研究的进展或不同语言的相关研究，可为读者概览研究现状提供有价值的信息，而文末的参考文献更为读者提供了拓展阅读的方便。

本书的编者和作者都是活跃在研究一线的青年学者，这也是十余年来互动语言学这一研究方向不断发展的真实写照。相信年轻一代学者在学习"外来"的同时，能不忘"本来"，潜心根植于汉语一手材料的研究，让世界更多地听到当代的中国故事。

# 目　录

1

# 2021年互动语言学理论
# 与方法研讨会开幕词

中国社会科学院语言研究所　方　梅

各位老师、同学，大家周末好，非常高兴又在线上相聚了。

首先，感谢上海财经大学国际文化交流学院对互动语言学学术沙龙活动的长期支持，这次又提供了一个可供我们越洋交流的平台。这次会议是上海互动语言学学术沙龙的一个特别节目，其实不需要开幕式，但心阳还是希望我能讲两句，我就说点我的心得体会。

"互动语言学与汉语研究国际学术讨论会"每两年举办一次，以往在两次会议之间至少有一次工作坊活动，来讨论大家感兴趣的相关问题。上海这边，心阳和娅琼主办的互动语言学沙龙活动就更多一些，而且参加的师生也很多。沙龙的形式是师生一起读文献、分析语料，关注最新的研究动态，这也是一个促进研究不断深化的工作模式。

我想，开小会的好处是与会者可以充分交流，有些题目可能研究得并不是很成熟，没关系。大家读了哪些新的文献，有什么体会，都可以在这样一个平台上互相沟通。这次会议和以往的小会不一样，一是会上有更多新面孔，二是心阳有非常充分的准备，还计划出版论文集，这也为这些年来的研究又加了一把火。

今天的会议主题是互动语言学的理论与方法，会前我跟心阳有很多沟通，他希望以理论综述和介绍为主，我觉得这个角度还是非常必要的。从《互动语言学与汉语研究》（第二辑）开始，我们的文集就开始设立专栏，把只收会议研究性论文改为适当刊发一些前沿介绍和专题综述，这个改变非常受欢迎。2018年，我和李先银还有谢心阳在《语言教学与研究》发表互动语言学的综述介绍后，据统计下载量非常大，可见近年来大家对这个领域的兴趣越来越浓。"互动语言学与汉语研究国际学术讨论会"能够容纳的人数不超过100人，但是会议论文投稿都在200篇左右。可见，越来越多的年轻学者开始关注并且愿意从事汉语的互动语言学研究。

2021年3月，在我主持的国家社科基金重大招标项目的启动会上，齐沪扬等先生也建议，希望我们能再多做一些介绍性的工作。这次会上的报告，可以让我们做不同专题的人有一个多角度了解互动语言学研究动态的机会。相关综述、介绍的出版，也给学界提供了一个了解互动语言学的窗口。大家对这样一个交流机会也是充满期待的。

这次会议有两个关键词，一个是理论，另一个是方法。我想，在这两个方面，我们既要有学习的态度，也要有问题意识。最近的一些讲座上，我听到有学生提问，"互动语言学与会话分析有什么不同？"，这里我想引用陆镜光先生的一句话，他曾在2016年的第二届互动语言学与汉语研究国际学术讨论会上说："互动语言学是语言学。"当时有些听众还不太理解。这句话回答得非常之好。为什么呢？实际上，这就是说，互动语言学的研究目标是要回答语言学提出的问题，要回答"形式—意义—功能"这三者的关系。只不过，与以往单纯基于文本的分析不同，互动语言学的观察视野扩大到言者，也就是言谈参与者之间的互动交际因素，扩大到对话的过程，扩大到多种互动交际资源的整合。而互动中的表达形式，包括语言表达形式以及多模态形式。

在当下的互联网环境中，大家听说学界发生了什么并不难，难的是看到不同的"主义"能揭示出哪些规律。所以，研究者必须要有问题意识，在借鉴理论和方法的同时，作为母语研究者，要时时刻刻想着回答汉语语言学中的问题。

实际上，汉语研究的学术发展进程中一直存在着如何处理好借鉴与继承关系的问题。如何去理解借鉴，我记得吕叔湘先生在40年前谈到"中"和"外"的关系时说，重要的是学习西方学者研究语言学的方法，而不是套用他们的研究成果。

具体到互动语言学研究，有两个方面需要我们了然于心。一方面要看到互动语言学是话语功能语言学近 20 年来的一个新的发展阶段，既看到它革命性的一面，如空前重视多模态的互动表达功能等，也要看到学科发展的自身逻辑。20 世纪七八十年代以后，Chafe 等学者开始通过口语叙事语体材料，比如《梨子的故事》，进行语法研究。从对自述口语材料的研究到越来越多地关注对话，但是在理论上并没有离开语言学的一些基本问题，一直在试图回答语言学领域的一些核心问题。大家通过前几届互动语言学会议也能注意到，如像 Sandra A. Thompson 等学者讨论的小句作为交际单位，比如名词短语作为独立使用的交际单位的地位，试图回答互动交际单位究竟是什么。再比如，讨论始发语和应接语或者相邻对之间的问答关系，有哪些句法以外的所谓 practice（惯例），等等。这些探讨都是在回答语言学当中非常基本的问题。

那么，继承的另一方面，我想是要对接汉语研究，对接应用领域。其实，看一看学术史就会发现，理论和方法落地，是一个长期以来备受关注的问题。1980 年，吕叔湘先生在中国语言学会的成立大会上说："有两种偏向我想提一提。一种偏向是谨守中国语言学的旧传统埋头苦干，旧传统里没有的东西一概不闻不问。当然不能说这样进行研究不会有收获，但是可以肯定说收获不会很大。……另一种偏向是空讲语言学，不结合中国实际，有时候引些中国事例，也不怎么恰当。介绍外国的学说当然需要，我们现在介绍得还很不够，但是介绍的目的是借鉴，是促进我们的研究。我们不能老谈隔壁人家的事情，而不联系自己家里的事情。"

这是吕叔湘先生在 1980 年讲的话，现在看来依然存在这样的问题。老先生的话时时提醒我们，理论创新怎么样才能落地生根。一个新的理论和方法要真正落地，一个重要的途径就是要与实际相结合，与应用领域相结合，回答应用领域提出的问题。比如说二语教学的问题，母语教学的问题，等等。在宏观层面，要思考如何依据互动语言学的一些基本理念，设计二语教学的体系；在微观层面，可以使对用法的刻画更加贴近语言使用的实际。我非常高兴地看到，《语言教学与研究》明年要做一个互动语言学的专刊，征文启事发出去以后反响非常热烈，已经有老师和同学说要投稿了。

最后，我想借用沈家煊先生在中国语言学会年会上的话来结束发言，沈先生说："我们的研究成果如果只是证明人家提出的理论的正确性，那还只是处在一个低水平上。""我们既要'学习外来'，又要'不忘本来'，要把国外好的理论和方法学到一个合格的程度，然后再加上自己的创新。"我想，这是前辈学者的治学心得，更是对后辈学人的期待。

希望大家在这个周末充分享受这次会议，通过交流引发更多的思考，并且为今后的研究搭建好一个同道交流的平台。

谢谢大家！

# 互动语言学的产生与发展

威斯康星大学麦迪逊分校　杨　颖

## 1. 结构语言学与功能语言学

语言学（Linguistics）与会话分析（Conversation Analysis）分属两个不同学科。两者之间跨领域的早期实践始于 20 世纪 80 年代，两者之间融合借鉴的理论基础首先要追述语言学内部的两大分支：功能语言学（Functional Linguistics）与结构语言学（Structural Linguistics）。

功能语言学一词本身略具歧义，因为它并非特指某一个单独的语言学流派。大体而言，功能语言学有四大主要流派：以 Simon C. Dik（1978；1989；1997）为代表的功能语法（Functional Grammar，亦作 Functional Discourse Grammar）；以韩礼德（Michael Halliday）（1961，1985）为代表的系统功能语法；以 Robert Van Vlin, Jr. 为代表的角色指称语法（Role and Reference Grammar）（Foley & Van Valin，1984；Van Valin，1993；Van Valin & LaPolla，1997）；以及本文将重点讨论的话语功能语言学（Discourse-functional Linguistics）。[①] 这里提到的话语功能语言学又因其主要代表人物（Givón，1979；Hopper & Thompson，1980，1984；Hopper，1987，1988，2011）彼时多任教于美国西海岸各大院校，而被称作西海岸功能语言学（West Coast Functionalism）。这

---

① 随着这一流派与 CA 间跨领域交融的深入，互动语言学（Interactional Linguistics）自 21 世纪初开始，逐渐取代了"话语功能语言学"（Discourse-functional Linguistics）这一早期名称。

四种功能语言学的主要流派大抵成型于同一时期，均出现于20世纪七八十年代前后。它们在理论、研究方法以及研究角度方面虽各成体系，且侧重不同，但一致视社会交际性为语言的第一特性。这一共同理念同时为这四大功能语言学确立了共同的核心研究任务——探究人类语言在社会交际中的功能。

这一共同的核心研究任务将功能语言学与结构语言学区别开来。结构语言学严格区分语言作为一种符号系统这一特征以及人们是如何具体在日常社会交际中使用这一符号系统来传达信息、进行交流的。这一分界线最初可追至索绪尔（Ferdinand de Saussure）的《普通语言学教程》（Cours de linguistique générale）（1916）。索绪尔指出语言（langue "language"）和言语（parole "speech"）分属两极，分别对应语言作为符号系统的抽象结构以及我们日常所听到、用到的真实语言样本。结构语言学沿袭这一区分，认为人类语言的核心是独立于具体使用之上的符号系统。因此，结构语言学也仅关注语言作为符号系统的内部结构特征。换言之，结构语言学旨在探究语言这一符号体系下使用者的语言能力（competence），而语言使用者在具体语境下的表现（performance）则基本不在其考察范畴之内。

相反地，功能语言学以语言使用者在具体语境下的表现为核心研究的出发点，聚焦语言的具体使用和语境，尤其强调真实语料的重要性。值得指出的是，功能语言学在强调语言社会功能性的同时，并不否定或忽视语言的形式和结构。功能语言学在探究语言交际功能和交际动机的前提下对语言形式和结构做出解读，并以此搭建语言功能与结构之间的桥梁。

# 2. 话语功能语言学

与功能语言学相似，话语功能语言学（Discourse-functional Linguistics）也非仅限于某一种统一的研究方法或体系。然而，话语功能派的语言学家有一个共同的基于人类语言的共识，那就是语法并非预设于人类基因或认知的、固定的先验系统，而是一个流动的、受多种因素影响的、不断变化的交流工具。Givón（1995: XV）在其 *Functionalism and Grammar* 中指出：

> All functionalists subscribe to at least one fundamental assumption sine qua non, the non-autonomy postulate: that language（and grammar）can be neither described nor explained adequately as an autonomous system. To understand what grammar is, and how and why it comes to be this way, one must make reference to the natural parameters that shape language and grammar: cognition and communication, the brain and language processing, social interaction and culture, change and variation, acquisition and evolution.
>
> ［就对语言的认知而言，所有的功能语言学家在至少一个根本性的必要问题上达成了一致，那就是语言并非一个封闭的符号系统这一假设。将语言（以及语法）视作一个封闭的符号系统既无法充分地描述语言（及语法），也无法充分地解释语言（及语法）现象。若要理解语法是什么，它是如何形成以及为何会形成这些问题，那就需要参考塑造影响语言及语法的各种自然参数。这些自然参数包含认知与交流、大脑与语言处理、社会互动与文化、语言变化与变异以及语言习得与发展进化。］①

虽然 Givón 强调了语法形成过程中功能因素的重要性，但他并不否认语言结构在语法形成后的存在及意义。对于 Givón 而言，他并非要将语言的结构与语言定式剔除出对语言的认知和语法的解读，而是主张这种语法结构和定式不是脱离社会交际而存在于先的。语言的结构和语法的形成随着它们在具体交际中所需要实现的具体功能发生变化，因此，语言和语法是在人类交际中不断演变发展的一个复杂的动态系

---

① 笔者译。

统。这也是我们很难在语言形式和语言功能上找到一种简单的一对一的关系的原因。

Hopper 和 Thompson 在研究及物性（transitivity）以及词性问题上（1980；1984），提出这些看似既定于语言具体使用之前的语法概念也许并不是存在于先的。相反，语法概念也许是由它们在具体语境中所实现的具体功能来决定的。譬如，我们所熟知的名词及动词两个概念，在它们的使用中，人类语言往往通过不同的形态句法的标识来分类标注它们。例如，名词可以通过伴其左右的指示代词体现出其名词词性。动词亦有常见的时态上的变化。这些形态上的变化几乎成为它们词性上图标般的标识，以至于当我们看到这些"图标"时，就会立即联想到这些词的相应词性。事实上，词性的定义和归类对词而言并非一成不变，或规定于具体使用之前的。Hopper 和 Thompson 指出，交际和具体语境选择了每个词在当下语境中的具体词性，这一点还可以通过词性间的转换体现出来。例如，动词在不同语境下可通过形式的变化转换为名词使用，反之亦然。这些都体现了交际、话语和语境在所谓词性归类中所起的近乎决定性的作用。如果我们接受这一论点，就可以推此及彼，将其用于解释其他语言结构及形态现象。Hopper 和 Thompson 的这一论点从源头上强调了话语（discourse）以及语言在交际中所起到的具体功能在语法形成中的核心地位，将语言及语法的形式与语言功能通过话语紧紧联系了起来，这与稍后提出的呈现语法（Emergent Grammar）（Hopper，1987: 142）一脉相承。

The notion of Emergent Grammar is meant to suggest that structure, or regularity, comes out of discourse and is shaped by discourse as much as it shapes discourse in an on-going process. Grammar is hence not to be understood as a pre-requisite for discourse, a prior possession attributable in identical form to both speaker and hearer. Its forms are not fixed templates but are negotiable in face-to-face interaction in ways that reflect the individual speakers' past experience of these forms, and their assessment of the present context, including especially their interlocutors, whose experiences and assessments may be quite different. Moreover, the term Emergent Grammar points to a grammar which is not abstractly formulated and abstractly represented, but always anchored in the specific concrete form of an utterance.

［呈现语法这一概念旨在表明语言结构，抑或语言规律是来源于话语的。它形成于话语中，同时亦塑造话语结构。这一双向的塑造过程是一个流动的、持续变化的过程。因此，语法不应被看作话语的先决所需，也不应被看作说话人和听话人所共同拥有的完全相同的先验认知。语言结构或语言规律不是固定不变的模板，而是在面对面的互动中协商而定的。这种协商的过程和方式会反映出说话人个体对语言结构和规律的过往经验，同时反映出说话人对当前具体语境的衡量和判断，其中尤其要考虑会话参与者中那些与自己的经验及看法非常不同的人。此外，呈现语法一词强调语法并非抽象形成的，也不应被抽象地展现。相反，语法永远根植在具体的、实在的、有形的话语中。］[①]

呈现语法的核心思想主张语言结构及语法脱胎于话语，其形态受话语影响所塑。对比结构语言学的观点，呈现语法否定语言结构和语法是凌驾于交际与话语之上先验式的存在。与今天互动语言学的观点对比，呈现语法对语言结构和语法与话语[②]之间相辅相成关系的论述正是互动语言学的基本立场。

## 3. 功能语言学与会话分析

如前文所述，语言的实际使用在功能语言学（Functional Linguistics）

---

① 笔者译。
② 互动语言学的研究数据是会话( conversation )，早期话语功能语言学( Discourse-functional Linguistics )虽然已经开始强调会话数据在研究中的重要价值，但由于彼时科技上的限制，早期研究并未能像今天这样大量使用会话数据。此处及本节选择使用话语而不是会话，是为了如实描述和尊重早期研究中所使用的词语。

研究中占据核心地位。这使会话这一最为普遍，也似乎最为"天然"的语言输出形式成为很多功能语言学家的分析语料。以系统功能语言学为例，Eggins 及 Slade（1997）从理论层面系统地论述了日常闲谈式会话（casual conversation）的分析工具、分析角度以及分析方法。需要指出的是，系统功能语言学对日常会话的分析及处理是建立在其自身的理论框架之上的，与会话分析的交叉借鉴只可谓略作提及，从具体方法与概念层面而言两者之间的交叉几乎可以忽略不计。然而，值得一提的是，虽然就微观而言，系统功能语言学与会话分析并未进行实质性的对话，但就宏观而言，Eggins 与 Slade（1997）指出日常看似散漫无章的闲谈会话实则自成一体，具有结构性与规律性。这一论点与会话分析对人类会话的论断高度一致。

　　论及功能语言学与会话分析两者间实质性的合作，首先要提及一篇重要的文献，1974 年，Harvey Sacks，Emanuel A. Schegloff 和 Gail Jefferson 将他们的合著文章 *A Simplest Systematics for the Organization of Turn- taking for Conversation* 发表在了美国语言学会的顶级期刊 *Language* 上。这篇文章不仅提出了此后成为会话分析理论基石的话轮转换结构（turn–taking organization）这一核心概念，还提到了很多常见的语法结构也许并非如传统语法描述的那样不证自明，呼吁语法研究兼顾考量会话结构中话轮转换结构这一特征。该文一经登出，很快引起了语言学界的关注。Stephen Levinson（1983: 285）就曾在 *Pragmatics* 一书中将会话分析称作："The outstanding empirical tradition in pragmatics." 会话分析不属于语言学流派，而是深受 Harold Garfinkel（1967a；1967b）的民族方法学（ethnomethodology）相关理论以及 Erving Goffman（1964；1983）的互动秩序（interaction order）概念影响的社会学研究领域。然而，会话分析对会话结构的研究无法脱离对具体语境下语言的解读。此外，会话分析核心概念之一的行为形成（action formation）概念更可以说是几乎根植于对语言交际功能的剖析研究。这也就不难理解为何 Levinson 会从语用学的角度对会话分析大加赞赏。差不多在同一时期，由于科技的发展，致力于探究语言交际功能的话语功能语言学家更为经济便捷地收录真实的日常对话语料，同时开始比较系统地在他们的研究中融入会话分析的概念和研究方法（Auer，1984；Houtkoop & Mazeland，1985；Fox，1987），尝试从新的角度分析类似 referential expressions、anaphoric expressions 以及 discourse units 等语法结构。

　　时间来到 20 世纪最后一个十年，"互动"（interaction）和"语法"（grammar）这两个词开始较为频繁地出现在话语功能语言学（Discourse Functional Linguistics） 的 研 究 中（Couper-Kuhlen，1992，1993；Ford，1993）。这一时期同时出现了两本非常有代表性的合集：Ochs、Schegloff 和 Thompson（1996）编辑的 *Interaction and Gramma* 以及 Couper-Kuhlen 和 Selting（1996） 编 辑 的 *Prosody in Conversation: Interactional Studies*。Ochs、Schegloff 和 Thompson（1996: 3）在合集的引言中，首次将后来对互动语言学的形成产生重要影响的三大领域及方法放在了一起。

　　Three genres of inquiry converge here – one grounded in functional approaches to language concerned with its role in communication and cognition，one grounded in linguistic anthropology and the cultural underpinnings of language，and one grounded in conversation analysis and the interactional matrix of language structure and use.

　　［三种研究领域及方法汇聚于此：一个基于功能角度研究语言的交际和认知，一个基于语言人类学以及语言的文化理论基础，一个基于会话分析以及语言结构和使用的互动环境。］[①]

　　在这本合集中，功能语言学、语言人类学及会话分析的研究方向还未融合形成一个体系，亦没有一个专属的名称。Ochs、Schegloff 和 Thompson 称合集中侧重不同领域（语言学、社会学及人类学）的研究

---

① 笔者译。

分属不同领域，各有不同的受众及读者，甚至将各领域比作汇入这本合集的不同支流。诚如 Ochs、Schegloff 和 Thompson 所述，兼容三者兴趣的干流也许彼时尚未成型，但他们指出了功能语言学对会话分析中会话互动结构的相关研究及论述展现了浓厚的兴趣。同时，会话分析也从功能语言学的研究中获取了分析语法的相关方法。其中就包括如何更好地从语法的角度描述话轮结构。与功能语言学不同，语言人类学致力于通过日常会话互动探索社会秩序（social order）和文化理解（cultural understanding）是如何构建并社会化的。这与会话分析所主张的会话及互动在构建社会机构、社会关系和文化关系的同时，亦与它们所构建的主张异曲同工。此外，语言人类学除了关注从语法能力到交际能力的转变关系，还开始探讨语法结构在帮助构建社会实践和活动的过程中，是如何实现自身含义的。这本合集正是功能语言学、语言人类学和会话分析这些交叉兴趣点的研究实践。

合集名称突出"互动"（interaction）和"语法"（grammar）二词，将语法与互动并列而置，可令我们窥见互动语言学这一名称的雏形。Schegloff（1996）更为直接地指出语法与会话结构之间的紧密联系。他强调，一方面，语言在会话中的使用毋庸置疑会受到会话语体话轮结构（turn organization）这一形式的影响，因此，语言需要在会话这种语体形式内做出相应的调整；另一方面，语言之所以能为适应及满足会话这一语体做出相应的调整，关键在于语法。这也就要求语言学家在进行语法研究时不能跳离会话这一语体。相反地，只有将语法放在会话语体中考察分析，才能更好地描述和解释语法的构成。

Ochs、Schegloff 和 Thompson 将这本合集的整体主题归纳为三点。首先，语法构造社会互动（grammar organizes social interaction）；其次，社会互动构造语法（social interaction organizes grammar）；最后，语法是一种互动模式（grammar is a mode of interaction）。语法构造社会互动这一观点相对而言保留了传统的对语法的认知。语法首先组织并构建句子内部的语言要素，然后在此基础上由句子搭建社会互动，但是，社会互动也可以构造语法。语法结构作为社会互动的产物，其形式结构根据具体互动需求而产生变化，因此在考察时需要同时研究相关的话轮结构和动态、序列（sequences）、活动（activities）、参与框架（participant framework）、立场（stances）等一系列互动相关现实。最后，语法是一种互动模式这一观点根植于 Edward Sapir 的语言和经历相互贯穿渗透这一概念。这就是说语法不仅和互动构造彼此，更是互动本身的核心要素。换句话说，语法天然具有互动性。

与前者对形态句法的关注不同，Couper-Kuhlen 和 Selting（1996）的合集聚焦韵律。韵律的研究后来也成为互动语言学中一个重要的研究点。区别于其他研究韵律的方法，合集文章关注韵律在自然对话中的交际功能，认为韵律的研究不可仅停留在句子结构层面，还需将其放置在具体语境下加以分析。与此同时，还应考量交际视野下话轮转换对韵律的影响。这部合集旨在开启并引领韵律研究的新方向，扭转此前仅仅关注个词韵律研究的旧法，转而将韵律作为跨话轮断续相间流动中的一部分进行考察。此外，她们还提出韵律与句法亦有密切关联，两者同时作用在话语层面，合作推进对话，还可以在对话推进的过程中为会话参与者提供理解判断上的信号。

## 4. 互动语言学

进入 2000 年，互动语言学（Interactional Linguistics）经由 Selting 和 Couper-Kuhlen（2001）所编辑的合集 *Studies in Interactional Linguistics* 提出，第一次作为专有名词，指代此前发展了大约二十年，且日臻成熟的专注于自然对话语料中语言学现象的研究。Thompson 在该书序言中指出，互动语言学这一名称预示着一个全新的语言学方向。不同于传统语言学，互动语言学强调语言结构在语音、音系、构词、句法及语义各个层面都与日常语言的使用紧密相连，不可分割。基于此，互动语言学将致力于把对语言学相关问题的探讨与互动对话的研究成果相结合，且将特别关注会话分析领域的相关研究。就合集文章的具体研究方法而言，Thompson 特别指出这些研究在解释探讨语言学现象时，将它们放置在会话参与者当下所进行的行为（action）中进行分析。这些语言现象是紧随语境的变换而出现的，其形式不仅受具体语境的影响，更受会话参与者当下所进行的行为的影响。她进而主张互动语言学的研究强有力地说明语言现象可以被看作说话人针对日常互动中反复出现的具体行为所部署的应对策略。这也是互动语言学对语言现象和语法的解释区别于其他学派的关键所在。

在紧随其后的引言中，Couper-Kuhlen 和 Selting（2001）阐明了语言的结构及应用受到其所在的自然的、具体的、互动的会话语境的影响，与 Thompson 在前言中对语言结构和语法规则形成的原因的解释观点一致。Couper-Kuhlen 和 Selting 再次重申不同于关注孤立书面字句，或是类似调研等研究者参与过多且不够自然的语料收集的研究方法，互动语言学关注自然状态下的互动会话语料，强调这是互动语言学区别于其他语言学研究方法的关键起始步骤。文章确定了研究语料的特点，Couper-Kuhlen 和 Selting 沿袭此前 Ochs、Schegloff 和 Thompson（1996）针对互动语境下语法研究所列的三种理论及方法：着重话语功能研究的功能语言学；系统分析人类会话结构的社会学研究领域话语分析；关注交际、话语策略和跨文化对比的人类语言学，第一次明确指出了基于互动会话语境探究语言使用的互动语言学跨语言学、社会学和人类学三个学科。

首先，互动语言学根植于话语功能语言学。虽然早期的话语功能分析就数据层面而言，并非采用自然会话语料。这很大程度上可能还要归结于当时科技层面的限制。录音录像技术和设备的普及在 20 世纪七八十年代尚且有限，从经济和便捷程度上看远未达到语言学家可以普遍获取并广泛用于日常研究的水平。即便如此，话语功能学派早在其对会话这一语体进行实证（empirical）研究之前便从理论层面强调了自然会话，尤其是面对面非正式对话这一语体在语言和语法研究中的重要性。这一点也可以从 Givón（1979）对语法形成的描述中窥见一二。Hopper 和 Thompson（1980）也提到将叙述文本（narratives）作为话语分析的素材只不过是因为这一数据相对而言较为方便可取。从上文对话语功能语言学的回顾可见，该研究方法强调语言的社会交际功能，在实践上要求将语言结构放置在具体语境下进行分析。在理论上提出语法与语体相互牵制，语法的结构是交际的产物，因而语法的解读和描述也应在具体文本中进行。这些观点是互动语言学在语言学角度区别于结构语言学以及其他功能学派的要素。

其次，互动语言学深受会话分析研究方法的影响。两者虽然从属于不同领域，但会话分析对自然场景下言谈应对（talk-in-interaction）的分析，包括它从数据转写（transcription）到文本分析所创建的一系列系统的概念、工具和方法为语言学的研究提供了新的角度与分析工具。话语功能语言学家一贯坚持语言交际及功能的重要性。会话分析将自然场景下人类的言谈应对上升到社会秩序（social order）层面，称其为最基本也是最原生的社会秩序展现形式（Sacks，Schegloff & Jefferson，1974；Sacks，1992）。这一社会学问题我们暂且不予讨论，但日常会话中这一语言使用形式大抵可以算是大多数人最为日常、使用最为频繁，也最为自然的语言交际模式。会话分析的研究方法细致入微，充斥会话结构的每一个组成部分，包含在其他分析方法中往往被忽略的停顿、交叠及修补等现象。与此同时，会话分析还包含话轮转换等对理解会话这一话语类型至关重要的分析概念。会话分析的研究方法及概念为语言学家更深入地分析语法结构所处的语境提供了至关重要的工具。

最后，互动语言学还借鉴了语言人类学中有关言语交换体系和跨文化对比下话语策略的研究成果（Gumperz，1982；Schieffelin & Ochs，1986；Moerman，1988；Maynard，1989；Hanks，1990）。不同文化下的社会秩序（social order）各不相同，进行会话与组织话语的方式也各不相同。这就会对语言的使用造成不同的影响，进而对语言建构下的社会秩序产生不同的影响。在此基础上，Couper-Kuhlen 和 Selting（2001）强调了从跨文化视角对互动语言学进行研究的重要意义。

# 5. 互动语言学近况

互动语言学建立至今，走过了两个十年。这期间涌现出的研究成果不断推进该领域的成长与成熟。与此同时，互动语言学作为语言学的一个相对较新的研究方向亟待一本相关基础读本出现。在这一背景下，Couper-Kuhlen 和 Selting 于 2018 年出版了第一本互动语言学的教科书：*Interactional Linguistics: Studying Language in Social Interaction*。不同于第一本互动语言学的研究合集（Selting & Couper-Kuhlen，2001），在综述互动语言学的理论及方法根源时，除了此前已为大家所熟知的话语功能语言学、会话分析以及语言人类学，该书又加入了社会语言学的语境化理论（Contextualization Theory）（Gumperz，1982，1992；Auer，1992）。语境化理论旨在解释会话参与者是如何透过语境化暗示来理解具体语境下的话语的。语境化暗示包含广泛，从语言到语言风格，从韵律到各种副语言（如节奏、停顿、交叠、犹豫等），从字句的选择到会话的开场、序列策略及收尾，此外，还包含非语言类的表情及动作等，几乎囊括了会话的各个信息及符号层面。交际互动中，会话参与者会根据上述语境化暗示来理解所听到的话语。也就是说，有时候一句话是如何被说话人讲出来的可能比句子本身的内容更为重要。更有甚者，当字面信息与韵律表现抑或非语言暗示相左时，人们往往会抛弃文字本身的意思而按照非语言暗示的指引来理解言语意思。Couper-Kuhlen 和 Selting 评价说语境化理论为会话中韵律及多模态方向的研究打开了新的思路。由此不难看出，为何这本最新出版的基础教材在论述互动语言学根源时选择加入了语境化理论。

此外，Couper-Kuhlen 和 Selting 还在该书中第一次明确提出了互动语言学的三大研究目标：

1）It aims at a *functional description* of linguistic structures as interactional resources mobilized in practices designed for the accomplishment of recurrent tasks in social interaction;

2）It aims at *cross-linguistic analysis and comparison* of these practices in order to determine both how interactional exigencies shape language structure and use in social interaction, and how language and language type impinge on the details of the organization of social interaction;

3）It aims at drawing *general linguistics* conclusions for a theory of language in social interaction which explains how language is organized and practiced in social interaction.

[1）互动语言学从功能角度描述语言结构，将其视作为了完成社会互动中反复出现的交际任务而被调动的互动资源；

2）互动语言学旨在通过对上述交际行为的跨语言分析及对比，探究互动需求是如何在社会互动中塑造语言结构和语言使用的，同时，探究不同的语言和语言种类是如何影响社会互动的组成细节的；

3）互动语言学旨在总结一套普遍适用于社会互动中语言现象的语言学理论，它可以用于描述和解释社会互动中语言的组织和使用。]①

这三点研究目标首先突出对语言结构的功能描述，其次强调了跨语言分析和对比的重要性，最后从理论层面探求普遍适用于社会互动的语言学理论。

为实现上述研究目标，该书还细致列举了互动语言学研究实践中的具体原则。

1）Naturally occurring data（自然产生的语料）

就语料方面而言，互动语言学严格基于实证分析，采用以数据为推动（data-driven）的研究方法处理自然语境下收集和转写的语料。在

---

① 笔者译。

转写方式这一问题上，Couper-Kuhlen 和 Selting 并未局限于会话分析所采用的最早由 Gail Jefferson 设计的转写系统（Sacks et al.，1974；Jefferson，2004；Schegloff，2007；Hepburn & Bolden，2013），而是同时介绍了 Du Bois（Du Bois et al.，1993）和 GAT（德文 Gesprächs Analytisches Transkriptionssystem "会话分析转写系统"的缩写）（Selting et al.，1998，2009；Couper-Kuhlen & Barth-Weingarten，2011）的转写方法。转写体系的选择往往和研究问题及研究兴趣点紧密相连，Couper-Kuhlen 和 Selting 亦提醒大家需谨慎选择。

2）Context-sensitive analysis（语境敏感的分析）

语言要放置在语境中分析。互动语言学对数据的分析紧密依靠会话语境。这里所说的语境包含具体话轮（turn）、行为（action）、序列（sequence）、投射（project）等一切相关的会话层级。

3）Online perspective（即时在线的角度）

分析要按照会话即时产出和展开的真实样貌逐一话轮、逐一 TCU（turn-constructional unit，话轮组建成分）、逐一字词，甚至逐一音节推进。将会话看作即时的产出、互动的产物。

4）Categories empirically grounded（基于实证的类别）

任何归门别类的分析都需要基于对数据的实证研究。这不仅要用在对互动的分析上，还需用在对互动中语言的分析上。此外，还需特别注意不可将语言学既有的概念门类视作理所当然，从而忽视这些结构在具体互动中的呈现形式。

5）Claims warranted through participant orientation（会话参与人互动倾向担保下的论断）

互动语言学的论点可以通过会话参与者在互动中可被观察到的行为倾向得到验证。譬如我们对片语式答复（phrasal response）的分析得出片语是互动中说话人为了应对含疑问词的信息寻求问题（information-seeking question-word question）所给出的规范型回答。也就是说，听到含疑问词的信息寻求问题时，会话参与人的规范型回答是片语。这一结论是可以通过观察说话人的互动倾向性来加以验证的。具体来说，可以通过回答人在使用片语回答这种问题时的处理方式来验证。这包括使用片语回答时不拖延，不做修补，整体而言不做任何质疑或不确定的表现。相反，回答人的句式回答往往会延迟，并在此基础上产生拓展序列（expanded sequence），因为句式回答不是应对这类问题的规范型回答。这种验证方法的巨大优势在于它源自实证，源自数据本身，而非研究者自省的、主观的判断，亦非数字统计。

## 6. 互动语言学与会话分析的区别

上文对互动语言学形成过程的回顾展现了互动语言学与会话分析之间紧密的联系。然两者毕竟分属不同领域，互动语言学植根于语言学，会话分析则从属于社会学。虽然互动语言学与会话分析都强调语言的具体使用语境和功能的重要性，会话分析还为互动语言学提供了重要的数据收集、数据处理及分析方法，然而需要指出的是，互动语言学与会话分析所属领域的不同决定了它们的重要区别。首先，就语言使用层面而言，指导会话分析的根本问题是分析语言是如何协调互动中的话轮，制造或是帮助制造行为的，在此基础上，进而回答语言是如何通过在互动中对话轮及行为的作用来展现社会秩序的。对社会秩序的探索是社会学的根本研究兴趣所在，会话分析虽然立足于互动，但其核心依然围绕在对社会秩序的探究上，而非语言本身。互动语言学虽然借鉴了很多会话分析对自然对话的分析概念和方法，但其核心兴趣和任务是对语言功能、结构、语法以及语言理论层面的探索和解释。这包括对具体的语音、构词、句法、语义等语言现象的细致描述、归纳及总结。此外，便是要通过这些基于互动实证的研究，从理论层面证明语言的交际社会属性是我们更好地认识人类语言的通道。

## 7. 结语

语言学长期以来依赖书面语体或非自然语料，这使我们至今对很多语言结构和语法的描述还停留在传统的认知层面。互动语言学为语言的研究打开了新的方向。近年来，各项研究成果向我们展示了此前在书面语体或是人为设计数据中无法观察到的现象，同时向我们呈现了语言在自然互动中丰富多变而又蕴含规律的多姿一面。这些发现使我们更加全面地剖析语言的结构和功能，更加准确地认识语法的形成，从而更加深入地了解和解释人类语言。

# 参考文献

Auer, Peter. 1992. "Introduction: John Gumperz' approach to contextualization." In *The Contextualization of Language*, edited by Peter Auer and Aldo Di Luzio, 1–37. Amsterdam/Philadelphia: John Benjamins.

Auer, Peter. 1984. "Referential problems in conversation." *Journal of Pragmatics* 8 (5–6): 627–648. https://doi.org/10.1016/0378–2166(84)90003–1.

Couper-Kuhlen, Elizabeth. 1992. "Contextualizing discourse: the prosody of interactive repair." In *The Contextualization of Language*, edited by Peter Auer and Aldo Di Luzio, 337–364. Amsterdam/Philadelphia: John Benjamins.

Couper-Kuhlen, Elizabeth. 1993. *English Speech Rhythm: Form and Function in Everyday Verbal Interaction*. Amsterdam/Philadelphia: John Benjamins.

Couper-Kuhlen, Elizabeth and Dagmar Barth-Weingarten.2011. A System for transcribing talk-in-interaction: GAT 2: English translation and adaptation of Selting, Margret et al: Gesprächsanalytisches transkriptions system 2. *Gesprächsforschung*, 12, 1–51.

Couper-Kuhlen, Elizabeth and Margret Selting, eds. 1996.*Prosody in Conversation: Interactional Studies*. Cambridge: Cambridge University Press.

Couper-Kuhlen, Elizabeth and Margret Selting. 2001. "Introducing interactional linguistics." In *Studies in Interactional Linguistics*, edited by Elizabeth Coupter-Kulen and Margret Selting, 1–24. Amsterdam/Philadelphia: John Benjamins.

Dik, Simon C. 1978. *Functional Grammar. North-Holland Linguistic Series,* 37. Amsterdam: North-Holland Publishing Company.

Dik, Simon C. 1989. *The Theory of Functional Grammar Parts 1 & 2 (1ˢᵗed.)*. Dordrecht: Foris Publications.

Dik, Simon C. 1997. *The Theory of Functional Grammar, Part 1: The Structure of the Clause* (2ⁿᵈed.). Berlin: Mouton de Gruyter.

Du Bois, John W., Stephan Schuetze-Coburn, Susanna Cumming, and Danae Paolino. 1993. "Outline of discourse transcription." In *Talking Data: Transcription and Coding in Discourse Research*, edited by Jane A. Edwards and Martin D. Lampert, 45–89. Mahwah: Lawrence Erlbaum Associates.

Eggins, Suzanne and Diana Slade. 1997. *Analyzing Casual Conversation*. London: Cassell.

Foley, William A. and Robert D. Van Valin Jr. 1984.*Functional Syntax and Universal Grammar*. Cambridge: Cambridge University Press.

Ford, Cecilia E. 1993. *Grammar in Interaction: Adverbial Clauses in American English Conversations*. Cambridge: Cambridge University Press.

Fox, Barbara A. 1987. *Discourse Structure and Anaphora: Written and Conversational English*. Cambridge: Cambridge University Press.

Garfinkel, Harold. 1967a. "Some rules of correct decision making that jurors respect." In *Studies in Ethnomethodology*, edited by Harold Garfinkel, 104–115. Englewood Cliffs: Prentice-Hall.

Garfinkel, Harold. 1967b. *Studies in Ethnomethodology*. Englewood Cliffs: Prentice-Hall.

Givón, Thomas. 1979. *On Understanding Grammar*. Orlando: Academic Press.

Givón, Thomas. 1995. *Functionalism and Grammar*. Amsterdam/Philadelphia: John Benjamins.

Goffman, Erving. 1964. "The neglected situation." *American Anthropologist* 66 (6): 133–136.

Goffman, Erving. 1983. "The interaction order: American sociological association, 1982 presidential address." *American Sociological Review* 48 (1): 1–17.

Gumperz, John J. 1982. *Discourse Strategies*. Cambridge: Cambridge University Press.

Gumperz, John J. 1992. "Contextualization and understanding." In *Rethinking Context: Language as an Interactive Phenomenon*, edited by Alessandro Duranti and Charles Goodwin, 229–252. Cambridge: Cambridge University Press.

Halliday, Michael Alexander Kirkwood. 1961. "Categories of the theory of grammar." *Word* 17 (2): 241–292. https://doi.org/10.1080/00437956.1961.11659756.

Halliday, Michael Alexander Kirkwood. 1985. *An Introduction to Functional Grammar*. London: Edward Arnold.

Hanks, William F. 1990.*Referential Practice: Language and Lived Space among the Maya*.

Chicago: University of Chicago Press.

·Hepburn, Alexa and Galina B. Bolden. 2013. "The conversation analytic approach to transcription." In *The Handbook of Conversation Analysis*, edited by Jack Sidnell and Tanya Stivers, 57–76. Chichester: Wiley-Blackwell.

Hopper, Paul J. 1987. "Emergent grammar." In *Proceedings of the Thirteenth Annual Meeting, Berkeley Linguistics Society*, 139–157. Berkeley: Berkeley Linguistics Society.

Hopper, Paul J. 1988. "Emergent grammar and the a priori grammar postulate." In *Linguistics in Context: Connecting Observation and Understanding*, edited by Deborah Tannen, 117–134. Norwood: Ablex.

Hopper, Paul J. 2011. "Emergent grammar and temporality in interactional linguistics." In *Constructions: Emerging and Emergent*, edited by Peter Auer and Stefan Pfänder, 22–44. Boston: De Gruyter.

Hopper, Paul J. and Sandra A. Thompson. 1980. "Transitivity in grammar and discourse." *Language* 56 (2): 251–299. https://doi.org/10.2307/413757.

Hopper, Paul J. and Sandra A. Thompson. 1984. "The discourse basis for lexical categories in universal grammar." *Language* 60 (4): 703–752. https://doi.org/10.2307/413797.

Houtkoop, Hanneke and Harrie Mazeland. 1985. "Turns and discourse units in everyday conversation." *Journal of Pragmatics* 9 (5): 595–620. https://doi.org/10.1016/0378-2166(85)90055-4.

Jefferson, Gail. 2004. "Glossary of transcript symbols with an introduction." In *Conversation Analysis: Studies from the First Generation*, edited by Gene H. Lerner, 13–31. Amsterdam/Philadelphia: John Benjamins.

Levinson, Stephen C. 1983. *Pragmatics*. Cambridge: Cambridge University.

Maynard, Douglas W. 1989. "Perspective-display sequences in conversation." *Western Journal of Speech Communication* 53 (2): 91–113. https://doi.org/10.1080/10570318909374294.

Moerman, Michael. 1988. *Talking Culture: Ethnography and Conversation Analysis*. Philadelphia: University of Pennsylvania Press.

Ochs, Elinor, Emanuel A. Schegloff, and Sandra A. Thompson, 1996.*Interaction and Gramma*. New York: Cambridge University Press.

Sacks, Harve. 1992. *Lectures on Conversation, Volumes 1 & 2*. Edited by Gail Jefferson. Oxford: Blackwell.

Sacks, Harve, Emanuel A. Schegloff, and Gail Jefferson. 1974. "A Simplest systematics for the organization of turn-taking for conversation." *Language* 50 (4): 696–735. https://doi. org/10.2307/412243.

Saussure, Ferdinand de. 1916. *Cours de linguistique générale*. Translated by Roy Harris. 1983. Course in general linguistics. London: Duckworth.

Schegloff, Emanuel A. 1996. "Turn organization: One intersection of grammar and interaction." In *Interaction and Grammar*, edited by Elinor Ochs, Emanuel A. Schegloff, and Sandra A. Thompson, 52–133. Cambridge: Cambridge University Press.

Schegloff, Emanuel A. 2007. *Sequence Organization in Interaction: A Primer in Conversation Analysis*. Cambridge: Cambridge University Press.

Schieffelin, Bambi B. and Elinor Ochs, eds. 1986. *Language Socialization across Cultures*. Cambridge: Cambridge University Press.

Selting, Margret and Elizabeth Couper-Kuhlen, 2001.*Studies in Interactional Linguistics*. Amsterdam/Philadelphia: John Benjamins.

Selting, Margret, Peter Auer, Birgit Barden, Jörg Bergmann, Elizabeth Couper-Kuhlen, Susanne Günthner, Uta Quasthoff, Christoph Meier, Peter Schlobin- ski, and Susanne Uhmann. 1998. "Gesprächsanalytisches Transkriptions-system (GAT)." *Linguistische Berichte* 173: 91–122.

Selting, Margret, Peter Auer, Dagmar Barth-Weingarten, Jörg Berg-mann, Pia Bergmann, Karin Birkner, Elizabeth Couper-Kuhlen, Arnulf Deppermann, Peter Gilles, Susanne Günthner, Martin Hartung, Frie- derike Kern, Christine Mertzlufft, Christian Meyer, Miriam Morek, Frank Oberzaucher, Jörg Peters, Uta Quasthoff, Wilfried Schütte, Anja Stukenbrock, and Susanne Uhmann. 2009. "Gesprächsanalytisches Transkriptionssystem 2 (GAT 2)." *Gesprächsforschung-Online-Zeitschrift zur verbalen Interaktion* 10: 353–402.

Van Valin, Robert D. Jr., ed. 1993. *Advances in Role and Reference Grammar*. Amsterdam/ Philadelphia: Benjamins.

Van Valin, Robert D. Jr. and Randy J. LaPolla. 1997. *Syntax: Structure, Meaning, and Function*. Cambridge: Cambridge University Press.

# 序列组织及相关话语形式研究

上海海事大学　刘娅琼

## 1. 引言

序列组织（sequence organization）是指会话参与者通过前后相继[①]的话轮实施一定的行为所形成的组织，这些话轮构成了连贯、有序、有意义的行动或动作的序列（Schegloff，2007：2）。这些组织是人们在日常交际中随处可见、不断重复使用的交际惯例。

会话参与者通过话轮合作实施某种/些行为，就必然会形成一定的序列组织。比如，谈话一方提问，另一方给出答案，不管答案正确与否，二人的话轮都构成了基本的问答序列；两个人互相打招呼的寒暄话前后相继，自然地形成了一个基本的寒暄序列；当谈话一方发出邀请，另一方接受或拒绝，也会构成基本的邀请序列；等等。具体如下例所示。[②]

（1）MDR-2M1F-20180608-Friend：家乡

---

[①] 典型的基本序列中，充当前件、后件的两个话轮是紧邻出现的，但在实际交互中，也存在二者被其他序列、话语或突发状况隔开的情况。后一种情况中，尽管前件和后件不是紧邻分布的，但是它们前后相继的关系仍然存在。另外，序列组织的前件和后件，都可能由话语形式或其他模态手段（如大笑、挑眉、用手指等）构成。受篇幅所限，本文语料主要选取了通过语言手段来构建序列组织的情况。

[②] 本文语料按话轮转写，除特殊情况，仅保留停顿、疑问语调、语言拖长、发音含糊、喉塞音、笑声等语音或韵律特征。文中涉及人名均为化名。具体转写符号为："："表示其前一音节语音拖长；"（0.5）"表示0.5秒的停顿；"（..）"表示小于0.4秒的停顿。

（F 和 ST 是同一所大学的学生，谈话前两人互不相识。截取对话片段之前，两人刚刚互问过所在学院和专业）

01 ⌈ F： 你是哪里人？
02 ⌊ ST： 家里吗？贵州

03 ⌈ F： 贵州？
04 ⌊ ST： 嗯

05 　 F： 哦：那我们应该离得挺近的

06 ⌈ ST： 你是哪里啊？
07 ⌊ F： 额：广西桂林

08 　 ST： 挺好的，我一个好朋友就是柳州的

这段对话发生在初次相识的两个大学生刚开始谈话不久，他们询问对方的故乡信息。在这段互动中，第 1 行的"你是哪里人？"和第 2 行的"贵州"形成了一个基本的问答序列；第 3 行"贵州？"寻求确认的问句和第 4 行的简短确认形式"嗯"也形成了一个最小序列；随后第 6 行的问句和第 7 行的回答也形成了一个问答序列。总体上，从第 1 行到第 8 行，两位交谈者通过前后相继的话轮一起完成了"互相了解故乡信息"这个活动。这可以看成一个扩展的序列组织。

除了常见的问答序列，其他的行为，如邀请、寒暄、请求、告知、指责、告别等，都可能构成基本序列的一部分，下面再举一例。

（2）MDR-2M1F-20180608-Friend：学分

（BH 和 ST 是同一个学院的学生，但他们此前互不认识，数分钟前他们刚见面。截取对话片段之前，他们之间的对话从另一位参与者 F 打算"在大学里转专业"这个话题转到学习成绩上来。）

01 　 BH： 你的应该挺不错的啊

| 02 | ST: | 啊？ |
|----|-----|------|
| 03 | BH: | 你的 - 你的专业成绩 |
| 04 | ST: | 不不不 - 不是很好 |
| 05 | | （0.5） |
| 06 | BH: | 你是万圣吗？ |
| 07 | | （..） |
| 08 | ST: | 我是傅姜晨。 |

这一段对话虽然只有 8 行，一共 6 个语句，但是很明显地分为两个序列组织。其一是 BH 对 ST 的学习成绩做出了一个猜测性的评价（第 1 行），随后的第 2-3 行是一个他发修补现象（这是基本序列的扩展部分，后文有介绍），之后 ST 在第 4 行对 BH 的评价给出了一个不赞同的回应。第二个序列组织是第 6-8 行，BH 向对方确认姓名，并最终获得了 ST 的姓名。因此，在这一个互动中，两位参与者先后发出一些话轮，交换了双方对"ST 成绩"的不同看法，并确认了"ST 的姓名"。就基本序列而言，这一段谈话中的第 1 行和第 4 行形成了一个基本的评价序列，第 6 行和第 8 行形成了一个基本的问答序列。①

从上述语例可以看出，序列组织首先是社会行为的序列，它们通常围绕着一些基本的、成分成对的结构组织起来。这种成分成对出现的会话结构，被会话分析学者称为"毗邻语对"（毗邻对，或相邻对，adjacency pair）。Schegloff（2007：27）提出毗邻语对的行为构成了整个序列组织的基础。多位学者（Heritage，1984；Stivers & Robinson，2006；Stivers et al.，2009；Kendrick and Torreira，2015；Kendrick et

---

① 从句法结构上来看，第 6 行是一个是非问，与其结构一致的回答是简单的肯定或否定形式。这里 ST 使用了一个陈述句的形式，主动提供自己的姓名，蕴含了"不是"这样的回答。这也是接收者"在极性问语境中，倾向于避免或尽量减少不确认原则"（Sacks，1987；Stivers et al.，2009）的一个表现。从行为实施上看，第 6 行 BH 想要对对方的姓名进行确认，第 8 行 ST 通过提供自己的姓名来进行回应。两个话轮中的语句尽管从句法结构形式上不直接一致，但是从实施行为和参与者双方的后续谈话来看，这两个话轮很好地完成了相关社会行为。因此，它们也构成了一个基本序列。

al.，2020）对不同语言考察发现，以毗邻语对为基本结构的序列组织具有跨语言、跨文化的共性。

序列组织表现出两个不可忽视的特点：一是条件相关性（conditional relevance）；二是基于规范的预期（normative expectations）。所谓条件相关性，主要指当说话人发起并完成了某种实施特定行为的形式后，听者应该用与之同属一个类型的某种形式进行回应。比如说话人发出了询问信息的提问，就要求听者提供相应的信息或告知对方自己"无法提供信息"等进行回应，而不能任选其他话语形式进行回应。如果听者的回应形式与前件在行为类型上不相一致或无关，就被视为违反了条件相关性。Schegloff（2007）提出了条件相关性的四个证据（Kendrick et al.，2020：121）。条件相关性是序列组织得以成立的根本。关于这一特点，更多说明请见毗邻语对部分。

基于规范的预期，指毗邻语对或基本的序列组织不是仅仅基于使用频率的经验概括，它们还是一种社会规范结构，或者说是社会规范性组织的一种形式：说话人的前件（指先出现的，用于引发某种社会行为的形式）对接收者回应的行为类型、形式和时机等具有规范性约束。接收者可能会选择不按预期回应——例如，不回复问候语——但这种选择会因为偏离常规，被解读为有特殊意义（Kendrick et al.，2020：121）。因为不同发起行为对接收者回应的约束不同，会话参与者对回应的预期也有所不同。Stivers 和 Rossano（2010）指出，请求、邀请、提供、问候、告别等行为对回应的预期更高，而另一些行为，如声明、通知、评价等，则对对方回应的预期低一些；行为类型、所处的序列位置（如在第一位置还是第二、第三位置）与话轮设计（词汇、句法、韵律以及具身资源的使用等），对接收者给予回应施加了不同的压力。他们据此提出了回应相关性的梯级模型。

## 2. 序列组织的研究对象

对序列组织的关注，始于 Harvey Sacks 在 20 世纪 60 年代所作的系列演讲。从 Sacks（1992 vol.2：95-99）最早提出"配对活动"（paired activities）和"条件相关性"（Schegloff, 1968：86），到 Schegloff 两卷本的《序列组织》及后来各国学者基于多种语言的考察、对序列组织的研究，主要包括毗邻语对（基本序列）、扩展的序列、偏爱结构、其他特殊序列（如话题提供序列、追溯序列、故事讲述序列）等。

### 2.1 毗邻语对（基本序列）

毗邻语对指前后相继、由不同说话人发出的两个语句（或其他模态形式，如眼神、身体动作等），分别实施了引发某种社会行为、做出相应回应的行为，它们共同构成的交互（或多模态）形式，被称为"毗邻语对"。其中先出现的、通常充当引发语的被称为前件（First Pair Part, FPP），后出现的、一般充当回应成分的被称为后件（Second Pair Part, SPP）。举例如下。

（3）MDR-201609-assn in U-1M1F（面谈，二人谈论社团活动的计划。在思考组织怎样的活动时，M 提出了一个需要 F 确认的问题）

01　M：就是说和社团相关度比较大对吧
02　F：对呀

（4）CF zho-ml-4270（电话谈话，此前，二人谈论 B 的妈妈要办理去美国的签证以及看望 B 的话题，此时 A1 发出了一个评论）

01　A1：　这样能轻松好多
02　B：　　对

例（3）的征求确认（第 1 行）和确认（第 2 行），例（4）的评价（第 1 行）和一致性回应"对"（第 2 行），都构成了不同的毗邻语对。这一基本概念和相关现象在以往研究中介绍较多，更多语例可参见刘虹

（2004：120-127）。

毗邻语对的概念，源于学者对"邻接性"（nextness）及其推论的观察，即每一个语句都与其前的语句和其后的语句有自反关系（reflexive relationship）（Sacks，1992 vol. 2:32-43；Schegloff，1968，2007）。由这一概念出发，学者注意到有些话轮（所实施的行为）对后续话轮（实施的行为）存在着一定的约束关系，或条件相关性（conditional relevance），即说话人通过特定的行为，对听者施加规范性的义务，使之在第一个可能的机会做出符合类型的回应。具体来说，常常前后相继出现的两个语句（或话轮），如果"给出了第一个语句，第二个就是可期待的，若其出现，可以视为第一项（前件）的第二项（后件）；若其不出现，则被认为正式的缺失——所有这些都是前件的出现所产生的"（Schegloff，1968：1083）。这表明，常常前后相继出现的两个语句（或话轮），当前件出现后，后件随即出现是缺省状态，而后件不出现，则会被认为是异常现象，需要听者提供解释、说明，或者会引起说话人其他的推理、解读或进一步的努力。比如，前文例（1）-（4）中被标记的一组组话轮对，它们都由两个话轮组成，都是毗邻语对。如果在第一个话轮后面没有出现第二个话轮，那么无论是会话参与者还是旁听者或分析者，都会视为"偏离了常规"（depart from the norm），而具有特别的意义（Kendrick et al.，2020：121）。

Schegloff 和 Sacks（1973）指出毗邻语对具有以下五个特征：

　　a）由两个话轮组成；

　　b）由不同的说话人发出；

　　c）毗邻而处，即，一个话轮在另一话轮之后；

　　d）两个话轮相对有序，即，二者有前件（FPP）、后件（SPP）之分；

　　e）类型相关（pair-type related）。不是所有的后件都能随意地用于任何前件之后。

表 1 列出了一些常见的毗邻语对的前件和后件。在会话中，我们一般会看到：1）两部件毗邻出现；2）左栏中的项目与右栏中的项目是由不同的说话人发出的；3）左栏中的项目先于右栏而出现；4）每一行代表一对；5）不同行的项目不会随意配对。

**表 1　毗邻语对**

| 前件（First Pair Part）行为 | 后件（Second Pair Part）行为 |
| --- | --- |
| 呼唤 | 应答 |
| 招呼 | 招呼 |
| 邀请 | 接受 / 拒绝（acceptance/declination） |
| 施予（offer） | 接受 / 拒绝 |
| 请求某行为 | 同意 / 拒绝（granting/denial） |
| 请求某信息（提问） | 信息型回答（informative answer） |
| 指责（accusation） | 承认 / 否认（admission/denial） |
| 告别 | 告别 |

资料来源：转引自 Sidnell 和 Stivers（2013：192）。笔者译。

由于社会行为是多种多样的，那么用于实施社会行为的毗邻语对也是开放的。目前文献中关于毗邻语对的研究，多集中在最为常见的十数种上，但这并不代表它们就是毗邻语对的全部。只要共同实施某种社会行为的两个话轮，第一个对第二个具有一定的约束关系，并且符合上述五大基本特征，就可视为毗邻语对。

由两个语句（或单 TCU 话轮）构成的毗邻语对，能完整地实施一个社会行为并获得回应，这就完成了一个基本的行为序列。即，毗邻语对构成了序列组织的基本形式。社会交互中所见到的大部分交互组织都是在毗邻语对的基础上发展而来的。

### 2.2　扩展的序列

毗邻语对仅仅代表了最为简单的社会行为实施模式。实际日常交际要复杂得多。比如例（2）中，在 BH 对 ST 的成绩做出了一个猜测性的评价"你的应该挺不错的啊"（第 1 行）之后，ST 没有直接对这个评价进行同意或否认的回应，而是发出了“啊?”这样表示自己疑惑的回答（第 2 行）。这表明 ST 在理解 BH 在前一话轮所说的话语时产生了问题。这种“啊?”常常出现在前一说话人某（几）个音节发音不清、当下说话人听力短时障碍、对前一说话人的某种表述不理解等情况下。此时，前一说话人应该找到引起对方听辨或理解困难的源头，进行修补（repair），从而使对方能准确地把握自己要说的意思或要实施的行为，进而可以提供符合类型要求的后件。BH 在第 3 行把先前话轮中可能造成理解问题的“你的”修补为“你的专业成绩”，使其所指对象更为明确，于是 ST 在第 4 行对第 1 行的评价给出了回应。在这段互动中，第 2~3 行也可是一个毗邻语对：基本的问答序列，而这个问答序列又插入由第 1、4 行组成的基本评价序列中，从而形成了一个在中部扩展的插入扩展序列组织。

构成基本序列的两个话轮（前件和后件），在时间位置上有三个可能插入的机会。插入其他（一个或若干）话轮的序列就成了扩展序列。根据扩展序列相对于基本序列（前件、后件）的位置关系，扩展可分为前扩展、插入扩展（也译为“中扩展”）和后扩展。其中插入扩展又可以分为前件后插入扩展和后件前插入扩展。其中前扩展和插入扩展可能由一个或数个毗邻语对构成，而后扩展可能是毗邻语对的形式，也可能是处于结束位置的单个话轮（参见 Schegloff，2007：118-168，关于最小形式后扩展和非最小形式后扩展的讨论）。扩展序列的位置如图 1 所示。

← 前扩展（Pre-expansion）

A 前件（First Pair Part,FPP）

← 插入扩展（Insert expansion） { 前件后插入扩展（post-first）/ 后件前插入扩展（pre-second）

B 后件（Second Pair Part,SPP）

← 后扩展（Post-expansion）

**图 1 扩展序列结构图示**

资料来源：引自 Schegloff（2007：26），有改动，增加“插入扩展”的两个次类。

被扩展的基本序列和插入话轮（或序列）之间，不是简单的排列或加和关系。扩展的位置及其设计等，都有重要的互动意义。首先，上述不同位置的扩展具有不同的互动功能，比如前扩展是在基本序列的前件部分之前出现毗邻语对，可以预测前件部分将具体实施什么样的行为。比如在发出邀请之前，先问对方"你明天下午有空吗？"，如果得到对方肯定的回应，则邀请会随即发出。而如果对方以表达"明天下午已有安排"或"明天很忙"等意义的形式来回应，则原计划发出的邀请可能不会直接发出。插入扩展延迟了基本序列后件的产生：它们可以向后定位，以解决前件的听辨或理解问题〔post-first，如前文例（2）的第2-3行〕，也可以向前定位，以获取实现后件所需的信息。后扩展可以是最简形式，例如由结束（或收尾）序列的第三位置等组成，或者是非最简形式，包括他发修补、不同意、拒绝、挑战和对基本序列前件的返工等。

其次，"前扩展"并不总是与基本序列先后出现。像"邀请前序列"等"前扩展"部分，被称为"X前序列"（Pre-X sequence），主要是因为这些序列所实施的交互任务以及参与者对它们的定位，而不是因为它们处在邀请序列之前。因为，在实际谈话中，"前序列"后面的"基本序列"可能并不会出现，但是这并不妨碍会话参与者和会话分析者把已经出现的"前序列"视作"X前序列"。

另一个要注意的问题是，插入扩展序列本身也可以进行内部扩展，且其内部扩展还可以嵌套其他内部扩展等。Levinson（2013:157）曾指出，在所分析的对话片段中，有多达六种程度的内部扩展或递归。另外，序列结构是从英语语料中发现并被研究的，但是已有研究表明，序列结构并不是英语或某种具体语言的独特特征，它是社会交互中普遍存在的基本结构，具有跨语言和跨社会共性（Sadock and Zwicky, 1985；Stivers et al., 2006；Kendrick et al., 2020）。

### 2.3 偏爱结构与非偏爱结构

如果说毗邻语对和扩展序列是从序列组织的整体结构出发的，那么对"（非）偏爱结构"的探讨则是从序列组织的内部出发，特别关注同一前件之后不同设计的后件的地位差异。

关于"偏爱结构"（preference organization 或 preferred organization，或译为"偏好结构""优先结构"）的研究，目前常见的有三类。第一类关注回应形式在结构上的偏爱或非偏爱问题，这一类研究较多。这类研究认为，"偏爱结构"指的是大多数的序列类型，毗邻语对的前件不仅可以有多种回应形式供会话参与者选择，而且回应的类型也有多种选择，这些选择项之间地位不等，有些是前件更为偏爱的，它们便是相对于该前件的"偏爱结构"；另外一些前件不那么偏爱的后件类型，则为"非偏爱结构"（dispreference organization 或 dispreferred organization，或译为"非偏好结构""非优先结构"）。比如，当参与者听到"施予"（offer）或"邀请"时，可以采用各种各样的方式或接受或拒绝，但是就接受和拒绝而言，它们是不同的回应类型，这些与前件相关联的不同回应类型并不等值，它们并不是"对称的选项"（Schegloff and Sacks，1973：314；Schegloff，2007：58-59）。其中，"接受"为"施予"或"邀请"的偏爱结构，"拒绝"则为"非偏爱结构"。分析偏爱结构与非偏爱结构的使用特点，对了解毗邻语对和序列组织的结构有重要作用。

需要特别指出的是，回应的偏爱结构与非偏爱结构是序列的社会交互特征，而非心理学特征。尽管大多数时候，某种序列偏爱结构与个人倾向保持一致，但是它们跟参与者的动机、期望或喜好无关。"偏爱"与"非偏爱"指的是序列成分的结构关系（Schegloff，2007：61）。正因为如此，从序列设计上看，偏爱结构与非偏爱结构具有各自的特点。比如，偏爱结构通常是无标记的，形式较为简单，是参与者听到前件后迅速做出的直接应答；非偏爱结构通常采用延迟、各种弱化或间接手段、拒绝或解释原因等形式应答（Sacks，1974；Levinson，1983：332-335；Heritage，1984；Schegloff，1988，2007：63-65）。从构建社会关系的角度来看，偏爱结构有助于建立、维持会话参与者之间的良好关系，而非偏爱结构则不然。这两种结构在指称表达的选择和解读、发起和回应行为、修复、话轮转换以及系列行为进程的发出和解读中发挥作用，它们对参与者理解交互并恰当参与交互，对分析者解读一些话轮首成分、静默或委婉语等，都有重要的意义。

第二类偏爱结构的研究关注指称表达的选择和解读。许多学者研究了在选择和理解人物描述或指称时要用到的原则（Sacks，1992；Sacks and Schegloff，1979；Schegloff，1996；Enfield and Stivers，2007）。对人物指称进行选择和解读的原则是，如果说话者知道接收者认识所指对象，就应该使用可识别的（recognitional）指称形式，例如人的名字，而不是非可识别的指称，例如"我的这个朋友"（Schegloff，1996）。如果接收者听到说话者使用了可识别的人物指称，就会理解该指称对象是说话者认为接收者应该能辨认的人，并且接收者将努力做到这一点。如果接收方识别不了所指对象，一般双方都会参与协助识别过程。另外，如果接收者听到说话者使用非可识别的人物指称，会理解说话者假定接收者不认识所指对象，并且不需要为了识别所指对象进行搜索。

第三类是对发起行为的偏爱结构的分析。这类研究比对回应行为的分析要少得多。已有对发起行为的偏爱结构的分析，主要集中在它们的回避而不是它们的任务上。Maynard 等研究了报告坏消息时的话轮设计，结果表明，对坏消息的报道非常谨慎，参与者有时会使用那些使听话人成为表述者的做法（Maynard，1996，2003；Schegloff，1988，2002）。类似的回避做法在他人纠正、请求和提供建议等一系列发起行为中都有所体现（Schegloff，Jefferson and Sacks，1977；Kitzinger，2013；Robinson，2006）。

## 2.4　其他特殊序列：以故事讲述序列为例

在社会交互中，除了最为常见的、由毗邻语对及其扩展形式构建的序列组织，还有另一常见形式：扩展的讲述（extended telling，参见Schegloff，2007：215–216）。①绝大多数的故事讲述中，参与者都认可

---

① Schegloff（2007:216）提出，围绕着某个话题的大段谈话，从序列组织上看可能结构简单。这种情况可以从序列的角度，也可以从话题的角度进行分析。Schegloff（2007）在区分话题性（topicality）和序列性（Sequentiality）时指出，话题性与内容有关，而序列性与话轮序列或所实施的行为有关。Couper-Kuhlen 和 Selting（2018：312–353）专章讨论了话题结构与序列组织的联系与区别。

一般话轮转换规则的暂停，即，一个讲述者，一旦讲的故事有人听，就有权利把讲述进行到底（Sacks，1974；Jefferson，1978；Schegloff，1982；Mandelbaum，2013）。在这种情况下，接收者一般限制自己进行实质性的贡献，除非他们以某种方式为正在进行的讲述增加了内容（C. Goodwin，1986；M. H. Goodwin，1980；Jefferson，1984；Schegloff，1982；Stivers，2008；等等）。自然谈话中看起来可能天马行空的讲述，在实施一个或简单或复杂的社会行为（如告知、立场表达、劝说等），它们具有一些清晰可见的互动轨迹，因此也是可供考察的序列组织之一。

　　故事讲述的组织结构与毗邻语对的组织有很大不同，主要体现在两个方面。首先，毗邻语对是围绕着前件和后件的行为来组织的（如，召唤—回答，请求—同意/拒绝，邀请—接受/拒绝），具有明显的结构形式①惯例。而故事讲述是围绕着表达对某事件的立场而构建的，故事讲述的多种设计表明了这一点。比如，经典的讲述常常以"你听说……?"或"猜猜我今天干啥了?"之类的故事序言开头。这些故事序言构成预—序列，以结构机制确保听者愿意暂停话轮转换的一般规则，以免在讲述中插嘴。同时，在话轮设计上，它们通过语音、词汇、句法、身体动作等，表明故事的类别，提供线索以帮助参与者意识到：1）讲述何时将结束；2）听者应准备以何种立场来与讲述者保持一致（Jefferson，1978；Sacks，1974；Stivers，2008）。但是，故事序言、高潮部分等不是必须出现的，即，故事讲述没有相对一致的结构惯例。

　　其次，毗邻语对要求听者在前件之后即时作出回应。而讲述中，听者的理解和回应（uptake）是渐次增加的。因此讲述的不同位置对回应的要求不同。尽管讲述中间的回应一般不是规范性要求的、反复出现于TCU结尾处，但是听者在对方讲述的过程中通常会发出不同形式的回应。在讲述之初以及讲述者表达了较少评价信息的节点，接收者通常使用确认形式（acknowledgment，如"Mm hm, Uh huh"），这种回应

---

　　①　此处"结构形式"指由不同参与者发出且前后相继等方面。

表明活动一致，但不表明接收者的立场。与此相对的，当说话人表达了对所叙述事件的立场以及讲述者接近讲述的高潮时，一致性回应形式（affiliative tokens，比如点头，或用"*Great!*" or "*Wow!*"进行评价）较为常见（Stivers，2008）。不断让渡话语权的谈话，要求对方在行为（或话轮）结束时接话，不要提前；故事讲述者及其听者会在整个讲述过程中协商与彼此评价立场相匹配的程度，因而听者适时的回应非常重要（C. Goodwin，1986；C. Goodwin and M. H. Goodwin，1987）。

毗邻语对和故事讲述代表了两种不同的序列组织，这也在听者不同的注视惯例（gaze patterns）中得以证实。Rossano（2013：308-329）考察发现，当说话人发出了一个将要进行长段讲述的信号后，听者更倾向于把他们的视线固定在说话人身上以鼓励讲述。而当说话人参与到依次轮换的谈话中，比如基于毗邻语对形式的序列组织，听者不会认为注视说话人是规范的要求。尽管说话人通常都看向共同谈话者，听者对说话人的注视在依次轮换的谈话语境中明显少一些（Rossano，Brown and Levinson，2009）。

尽管故事讲述和毗邻语对在上述两大方面存在差异，但二者对回应行为都有一定的要求。在讲述结束时，相应的回应（uptake）形式通常是必要的，如果没有出现则会被视为明显的缺失，言听双方可能会随之做出相应的努力，这一点与毗邻语对类似。具体来说，在故事讲述结束时，对讲述发出一个评价立场是必要的。听者对讲述的偏爱回应结构，通常包括听者对事件采取与讲述者相同的立场，而不管该事件本身表达何种具体立场；而相对不太偏爱的回应结构，则是听者的立场与讲述者相对，或者听者提出一种与讲述者不同的立场。

故事讲述表明了日常谈话可以用一种完全不同于毗邻语对结构的方式组织。如前所述，毗邻语对是围绕行为类型来组织的，而故事讲述则围绕立场来组织；毗邻语对的回应应该在紧邻的下一个位置出现，而故事讲述的回应则是递增构建的，听者的立场表达不仅落脚于最后的回应，而且体现在其在讲述过程中的回应。

# 3. 与序列组织有关的话语资源研究

序列组织是从关注"配对活动"（paired activities）而发展起来的，它最关注的主要是如何通过各种资源来设计、实施、完成一定的社会行为。互动语言学关注语言资源如何在互动中得以塑造，以及语言资源如何协同其他模态资源共同实现一定的交际意图。因此，互动语言学视角下的序列组织，特别关注语言资源在序列组织中的设计、功能及与其他模态资源的协作等。下面从三个方面概述国内外与序列组织有关的语言资源研究。

## 3.1 与社会行为实施有关的语言设计

这一类研究一般以特定的序列组织或社会行为类型为对象，考察相关行为在发起、回应或结束等过程中，采用哪些重复出现的语言资源。

首先，对发起行为的研究较多。这方面的研究始于 20 世纪 70 年代，Schegloff 和 Sacks（1973）"Opening up Closings"以英语 911 电话语料为对象，分析了电话谈话开始序列和结束序列的话轮设计。随后，不同语言的相关现象得以观察和分析（英语：Couper-Kuhlen，2004；Wright，2011a；意大利语和德语：Auer et al.，1999；希腊语：Luke and Pavlidou，1997，2002；俄语：Bolden，2008；汉语：Hopper and Chen，1996；宋兰娥，2007；刘颖，2015；等等）。

对发起行为相关语言设计的研究，主要考察不同社会行为在发起阶段的话轮设计、同一行为的不同发起形式在互动功能上的差异等。例如，提问形式及其对答句的类型要求（Koshik，2005；Dryer，2008；Enfield，Stivers and Levinson，2010；等等）；提问与认识梯度（Heritage，2012 等）；请求行为的发起形式（Wootton，1981；M.H. Goodwin，2006；Curl and Drew，2008；Craven and Potter，2010；等等）；告知的形式（Heritage，1984；Button and Casey，1984；Maynard，2003；Terasaki，2004；等等）；评价的形式（Goodwin and M. H. Goodwin，1992；Pomerantz，1984；Golato，2005；Heritage and Raymond，2005；

等等）；等等。

在回应方面，较多的是对提问、请求、评价等行为的回应形式进行研究。Fox 和 Thompson（2010）对英语口语中特殊疑问句回应形式的研究，讨论不同的回应形式所具有的互动功能。Thompson、Fox 和 Couper-Kuhlen（2015）详细讨论了询问、告知、评价、请求等四种行为的回应类型和用法。

这一方面的研究，不仅注意不同词汇、句法形式的差异及其互动功能上的区别，还特别关注句法和韵律的共同作用、回应行为与发起行为的类型一致、形式的重复使用与语义表述的级差等。值得关注的还有，Heritage（1984；1998；2002，"oh"）、Jefferson（1984）、Beach（1993，"okay"）等对简短回应形式的研究，对汉语的语气成分或简短应答成分的研究，具有较大的参考意义。

另外，有些研究不以具体的单个语言形式为考察对象，如对指称形式的考察。英语学界对指称形式，比如完整形式的名词短语（Full NP）、代词形式等的分布和功能有十分详细的研究。一般认为，在英语中，使用完整的名词性短语来指称所指对象，而不用代词性成分，是第一位置的话轮获得开启新序列解读的一种手段。第二位置的话轮（回应话轮），其形式和解读在很多方面都依赖于其先前的一个话轮，相关指称形式更为简短（Fox，1987 等）。汉语的指称形式研究，也已见到互动、序列组织视角的成果。乐耀（2017）从在线生成的角度，考察了汉语自然会话中宽指、窄指两种指称表达类型在话轮内、跨话轮的分布和语言手段及其互动功能，提出指称表达是一个根据交际需要进行适时调节的互动过程。方迪（2022）在考察自然对话中指称形式变化所体现的互动功能时，首先区分了不同指称形式指称同一对象和不同指称形式所指范围有异两类，进而结合序列位置和所参与的社会行为，分析其互动功能。

## 3.2　与序列组织构建有关的语言形式

在观察日常交互中的序列组织时，研究者更关心哪些语言资源在开

始一个序列和 / 或结束一个序列时使话轮所实施的行为变得更易识别，即哪些语言资源使序列或行为的解读更加明确。

比较成熟的研究有三类：标记新序列开始、发起结束序列、不同社会行为的转换。

### 3.2.1　标记新序列开始

要标记即将开始的话轮是一个新序列的开始，说话人所采用的语言资源主要包括一些韵律、语音资源和词汇句法资源，常见的有吸气动作、音高重置 / 起始高调、吸气音，完整的名词性短语（NP）等形式。

1）吸气动作、音高重置 / 起始高调、吸气音（Inbreaths，High onsets，and Clicks）

Couper-Kuhlen（2004: 337–340）分析了两个朋友之间的电话谈话，在双方寒暄、玩笑之后，其中一个参与者以明显的吸气和被提高的起始音高开始了一个新的话轮，这个话轮的前几个音节，比该说话人在先前几个话轮中起始位置的音高峰值要高，而且在该说话人惯常的音高范围内也算高的。另外，说话人在该话轮比前一话轮明显更大声。这表明说话人使用一组韵律手段来标记他要开始一个新序列。

Wright（2011a）在讨论英语日常电话谈话中结尾发起部分的语音与互动界面时，讨论了语料中的一种现象：用于新序列开始位置的"Okay then"音高上升，其音高在说话人的音高范围内居于较高位置，而且音域宽度更宽，响度更大。Wright（2011b）在另一篇文章里讨论了英语会话中的吸气音，并提出这种吸气音通常用于两个不相关的序列之间。

这种特征还可以用于区分序列和话题的开始，比如以渐进形式（Stepwise）开始谈论的新话题，通常没有开始一个新序列时所表现出的韵律特征，即，以渐进形式开始的话题转移，常常没有进入新序列。同样的韵律特征（起始高调和响度突然提高），在说话人离开话题性谈话、进入结尾部分时，也会看到。这是新的序列开始，但不是新话题的开始。

2）完整的名词性短语（full noun phrases）

第二位置的话轮（毗邻语对的后件），其形式和解读在很多方面都依赖于先前的一个话轮，但是发起新序列的第一位置的话轮（前件），一般只能在不依赖于其前面序列语境的情况下获得解读。在英语中，使用完整的名词性短语来指称所指对象（可能是人），而不用代词性成分，是第一位置的话轮获得开启新序列解读的一种手段。

当某人在序列起始话轮被第一次提及时，会使用完整的 NP 形式，但在该序列中的后续话轮中，会使用代词形式来指称同一对象。事实上，正如 Fox（1987）所指出的，如果一个完整的名词性短语用于指称先前话语中提到的某个对象，那么参与者通常会将其视为一个新的序列单元的开始。当然，完整形式指代用于新序列起始话轮的惯例，并不机械地运行。Fox 对会话回指的研究还发现了在序列中使用完整名词性短语与分歧或表达明显识别有关的案例。

### 3.2.2　发起结束序列

在日常交互中，当一个活动（activity）即将结束时，说话人也会采用一些语言资源来发起"结束序列"的行为，同时让其他参与者了解自己想要结束当下序列的意图。这一类语言资源较为常见的是各种总结性评价、对先前谈话主旨或结果的表述、简洁陈述或叠连等。

1）总结性评价或其他评价表达式

研究者发现，在会话中有一些语言形式总是处于序列收尾（sequence-closing）的位置，比如总结性的评价、对先前谈话的主旨或结果的表述等（Heritage and Watson，1979）。这些话轮发起了序列收尾的行为。如果听者在下一话轮同意该评价或表述，将被理解为合作参与序列收尾。序列收尾的第三个位置（关于第三位置话轮，参见Schegloff，2007:115-168）用于确认对方的一致关系和（或）启动新序列。

Drew 和 Holt（1998：504）提出，在话题和序列收尾时，比喻性的总结比非比喻性的作用更大。Thompson 等（2015）提出了"that's X"（其中 X 是一个评价性词语，如 great，good，wonderful 等）式的评价，可用于较长的讲述序列的收尾。作者区分了用于评价的短语形式和扩展的小句形式，并提出，听者使用短语形式的评价，表示其认为讲述还没完成，而扩展的小句形式则表示听者认为讲述可能完成了。

2）简洁陈述（formulations）与叠连（double sayings）

Heritage 和 Watson（1979）、Persson（2013）讨论了说话人总结先前谈话的主旨或者表述其结果或含义的表达形式，都有结束序列的作用。具体来说，Persson（2013）分析了法语中的一些简洁陈述，研究发现，在法语中，如果 TCU 的最后一个重读音节（或者实词 content word）音高上升，则该表达形式与序列扩展有关，即邀请听者扩展序列；如果 TCU 的最后一个重读音节音高下降或者先升后降，则表示该表达形式与序列结束有关。

一个收尾序列可以用一个预示后面没有谈话的评价表达式开始，例如 "never mind"。如果听者现在放弃在谈话中发出一个较长话轮的机会，或者完全不说话，那么第一个说话人可以通过重复评价对象来提出并表示序列终止，例如，"never mind（.）never mind"。在这个 "叠连" 之后，明显要开始一个新序列（Curl et al.，2006）。

3.2.3　不同社会行为的转换

不少学者关注了用于不同行为或序列边界的话语成分。早期的研究考察了特殊类型的语料，如 Sinclair 和 Coulthard（1975: 49）分析认为 "像 good、now then、well 和 right 这样的表达，可以起到边界交换的作用，它标志着老师认为是课程中一个阶段的开始或结束"。Goffman（1981:49）提出 "OK，well，now then" 等是 "括注标记"（bracket markers），负责 "管理当下事务的阶段转换"（on the management of some phase transition of the business at hand）。他们是在特定语料的基础上提出了上述看法。后来的学者发现，在英语自然口语中，"Okay，well，alright，and" 等可以发挥桥梁作用（如 Condon，1986，2001；Beach，1993；Schegloff，2004；Thompson et al.，2015），连接起话语的不同阶段或部分。

也有研究从后续话语与前一话轮的关系方面，探讨了相关话语形式的互动功能。例如，Schegloff（1984）指出英语会话中的 "anyway"表示其后续话语与其前紧邻的话语没有直接关系；Local（1992）提出与早先谈话有关的某些话语在韵律设计上具有某些特别之处，可能在音高、音强等方面表明"继续"或"重新开始"。Bolden（2009）考察了俄语中用于表示"回溯连接"的形式"–to"，指出如果它在序列开始的话轮中不出现，表示将要发起一个新行为；如果它出现，则表示后续话语继续此前的行为或活动。Li（2014）探讨了汉语使用者借助一些语言资源使谈话返回先前的非相邻序列。

### 3.3　序列组织的跨语言考察

此类研究一般是选定某个课题，由不同国家和地区的学者分别撰文讨论相关的情况。比如 Szczepek Reed 和 Raymond（2013）在合编的 *Units of Talk-Units of Action* 中，邀请了分别以英语、丹麦语、日语、汉语等为母语的多位学者，他们从各自语言中考察社会行为与交互的单位。学者们分别设立研究角度，为读者提供了某语言中与行为或交互单位有关的研究成果。对参与其中的研究者来说，这种研究较为自由灵活。

与序列组织有关的跨语言考察，最值得关注的是荷兰的 Max Planck 心理语言学研究所（简称"马普所"）所做的系列研究，他们先后就问答序列、话轮转换、序列组织等课题展开了十余种语言的深入对比研究。马普所的做法是，选定课题后，根据已有研究和存在的问题，设立分析框架和具体考察参数，然后依次穷尽地考察所有选定的目标语言，从而对所选课题有更为全面的认识。这里介绍两个跟序列组织有关的研究。

Stivers、Enfield 和 Levinson（2010）联合考察了英语、荷兰语、意大利语、日语、韩语、老挝语等十种语言中不同提问形式（是非问、特指问、选择问及其下位类型）的分布模式，以及这些问句所实施的社会行为类型（如修补启动、请求确认、请求信息等）和回应的偏好结构（如重复形式或肯/否定形式）、具身资源（如点头、注视）等。考察不仅展示了所分析的十种语言问答序列的详细情况，而且为其他语言问答序列的分析和研究提供了具体可操作的分析模式。

Kendrick 等十一位学者（2020）使用 Schegloff（2007）对序列组

织的描述模式，研究了英语、意大利语、日语、汉语、阿根廷手语等十二种几乎互不相关的语言中的主要行为序列组织模式。研究发现，不同语言中的序列组织模式在很大程度上具有相似性，证明了序列组织模式跨语言、跨文化的普遍性。该研究也讨论了这些模式的一些明显不同的文化特征，但是，对类人猿手势交流的研究和序列组织在语言习得中作用的研究，与各语言主要行为序列模式的分布一起，证明了日常会话互动中序列组织的普遍性。

总的来看，与序列组织有关的话语研究，既有从行为出发，探究不同的行为发起或回应时所借助的话语形式，也有从具体词汇句法形式出发（如比喻式的总结格式），考察它们在序列组织构建中所发挥的作用，还有从更大范围内，考察不同语言、不同文化，乃至不同模态、不同灵长目动物之间在序列组织以及其他社会交互上的联系与区别。

# 4. 汉语学界的相关研究

汉语互动语言学的研究，整体起步较晚，除了少数境外学者（如陆镜光、陶红印、陶亮、张惟等），绝大部分与序列组织有关的研究成果发表于 2000 年以后。就笔者视野所及，汉语学界（主要是普通话语料，个别涉及粤语和吴方言）与序列组织有关的研究可以分为以下三种。

第一种，以某类词汇句法形式为切入点，考察它们在某个或不同序列位置的功能。例如，Regina Wu（2004）结合序列环境考察汉语句末语气词的话语功能，她（2014）讨论了汉语会话中以"欸"开启的话轮的序列位置及其功能。Kendrick（2010）结合序列与行为，以及知识在会话参与者间的不同分布，探讨了汉语的语气词"吧"、"ma（吗、嘛）"和"A–not–A"问句的功能。方梅（2012）结合相邻话对等会话结构分析连词的浮现义。姚双云、田咪（2020）和 Liu、Yao（2021）对"是吧"的互动功能的考察，也充分考虑了语例所在的序列位置。此类研究还有，如 Tsai I-Ni（2011，"吗"问句和"V 不 V"问句）；Li Xiaoting（2016a，"因为"）；方迪（2019，"这话说的"）；张文贤〔2019，"真的

（吗／啊）"；2021，"怎么"问句］；李姝姝和林尔嵘（2019，"不会 VP
吧"）；Lim（2019，"我跟你讲"）；Zhou Yan（2019，"可能、也许、大
概"；2022，"会"）；饶宏泉（2020，时间参照成分）；吴亚欣和杨永
芳（2020，"好吧"）；田婷（2021，非应答的"对"）；刘丞（2021，"哪
儿"）；Gao 和 Tao（2021，"反正"）；等等。

　　除了常见的独用成分或话语标记，学者也关注了一些句类或语法
范畴在不同序列环境中的表现。Wang Wei（2021）考察了"不是……
吗？"反问句在普通话讲述序列中的用法和功能。结合此类反问句反复
出现的两种序列位置，作者分析了它在寻求共识以推动当前活动中的作
用。Tao（2022b）在论述汉语的话题结构时，根据话题发起人的角色，
把话题分成说话人自己发起、自己重复和听者发起等三种情况，进而讨
论了它们的不同话语功能。方梅和谢心阳（2021）讨论了单靠句法和韵
律特征解读问句的困境，提出要从会话序列角度，从问句及其回应形式
来界定疑问。方梅（2022）考察独用副词时，特别注意到独用副词所处
会话序列的行为类别及其在序列中的位置，对副词的意义解读有重要影
响。彭欣和张惟（2019）考察了故事讲述出现在应答话轮、评价或断言
的后继话语、他人挑战和误解等负面行为的回应话轮以及由他人讲述引
发等不同的序列位置时，分别实施了不同的社会行为。方迪（2021）和
鲜丽霞、李月炯（2018）等对汉语评价行为及相关话语形式进行了系统
研究，李先银、张文贤（2022）讨论了否定叠连的"位置敏感"和"序
列特定"的特点，等等。

　　此类研究还包括对体态动作等多模态资源的研究，比如陶红印
（1999）结合序列组织探讨注视和注视方向在立场表达中的作用；Li
Xiaoting（2014）系统分析了身体前倾的序列环境及其互动功能。Li
Xiaoting（2016b）考察了多模态资源在构建句法不完整话轮和序列组织
中的作用。

　　第二种，从某类特殊序列出发，探究它们在发起、实施、结束等阶
段的表现。比如 Li 和 Ma（2016）研究了中国公共服务电话中的请求序
列，并指出其突出特征是插入扩展和非最小形式的后扩展的大量使用。

彭欣和张惟（2019）考察了汉语日常交谈中的故事讲述序列。王楠、张惟（2020）对医患沟通中处方建议行为的序列结构进行了分析。谢心阳（2021）对汉语口语中问答序列的回应系统进行了系统考察。Wang Wei（2017）分析了汉语自然口语中话语标记"然后、我觉得、没有"的序列位置、偏好结构、韵律特征和话语功能等。方迪（2021）基于评价序列，考察了不同评价表达式的功能及规约化。Zhou Yan（2022b）以普通话日常谈话和媒体现场交互为语料，考察了承诺/允诺（未来）行为所采用的词汇句法资源及其序列特点。杨子等（2018）探讨了陪同就诊时涉及第三方话语的序列组织特征。刘蜀、于国栋（2018）考察了请求行为中前序列与前序序列。于国栋（2009）对产前检查中的建议序列进行了研究。董博宇（2013）探讨了聋儿听觉口语法中的建议序列。徐晶凝和郝雪（2019）考察了汉语肯定性建议行为内部的调节手段。吴亚欣和刘蜀（2018）分析了请求行为的序列结构。

第三种，分析某些特定序列位置的行为或特定语言手段。如 Biq（1999）讨论了序列位置对意义协商的重要意义。Sun Hao（2004）考察了非正式的汉语电话谈话中的开头部分。Turk（2006）考察了普通话谈话中问答序列的投射性问题。鲜丽霞（2012）对汉语自然会话中第二评价的形式和功能进行了系统研究。王楠和张惟（2020）分析了医生在处方建议行为之前的前序列组织，其话轮设计（如医生提问、病人的回应）及功能。此类研究还有，于国栋、石昊（2016）考察了作为回应的第二评价；于国栋等（2020）考察了问答序列第三位置的"（你）意思（是）+X"；边婧、景晓平（2019）分析了谈话节目中多人异议话语的序列组织；徐晶凝（2022）考察了寻求特定信息类特指问的回应方式；Li 和 Liu（2023）探讨了上海话"Adj. +（得）来"这一形式在不同序列位置上的功能，特别讨论了它在开启新话题时的作用；等等。

总的来看，汉语学界对与序列组织有关的语言现象或相关序列组织的研究的特点较为明显：学者们具有了一定规模的自然会话语料，并开展了一定规模的实证研究；更多学者开始在国际舞台（比如国际性学术会议、国际期刊等）发表研究所得；大多数成果处在以汉语语料验证国外研究观点或对已有结论进行补充的水平；相关语言现象或社会交互行为引起了更多学者的关注，未来研究的质量和数量都十分可期。

## 5. 序列组织有待加强的研究领域

从序列组织在 20 世纪 60 年代被关注（Sacks 的讲座内容在 1992 年才得以正式出版），到 2007 年两卷本的《序列组织》专著发表，这一领域的研究在近几十年发展迅速，但也存在一些亟待加强的领域。

首先，对序列组织的考察，在学术界，无论是国外还是国内，都较为集中在常见的一些序列，比如问答序列、评价序列、请求序列等。这些在社会行为中更为凸显、模式较有规律性的序列固然需要着力研究，但是其他序列，比如 Schegloff（2007）提及的回溯序列（retro-sequence）和附带序列（incidental sequence）等，也有待于深入探索。

其次，从发起序列和回应序列的条件相关性来看，根据 Stivers 和 Rossano（2010）的分类，不同行为的回应自由度有较大差别，而已有研究对回应的自由度较小的经典序列关注较多，而对回应的自由度很大的一些非经典序列考察较少。

再次，汉语学界在序列发起、回应、结束等各环节的语言资源考察都比较薄弱，目前在请求、评价、疑问、故事讲述、开启序列或序列内部的话语标记等方面的研究取得了一些成果，但是还有更大的空间要开拓。与世界其他语言（如英语、芬兰语、德语、日语等）相比，汉语的序列组织研究乃至互动分析，都远远滞后。

最后，语法研究的序列环境的视角有待进一步拓宽。从已公开发表的论著可以看出，学者对语法形式功能的考察，经历了并正在经历着从句内到话轮内再到话轮间进而到更大序列的变化。研究视野的扩大势必会带来新的发现，我们期待更多的研究成果出现。

# 参考文献

边婧、景晓平，2019，《多人异议话语的序列组织研究——以谈话节目"圆桌派"为例》，《新疆广播电视大学学报》第 4 期。

董博宇，2013，《认识论视角下聋儿听觉口语法中的建议序列研究》，《现代语文》（语言研究版）第 12 期。

方迪，2019，《"这话说的"的负面评价立场表达功能及其形成动因》，《语言教学与研究》第 6 期。

方迪，2021，《汉语口语评价表达研究》，社会科学文献出版社。

方迪，2022，《自然对话中指称选择的互动功能》，《中国语文》第 2 期。

方梅，2012，《会话结构与连词的浮现义》，《中国语文》第 6 期。

方梅主编，2016，《互动语言学与汉语研究》（第一辑），世界图书出版公司。

方梅，2022，《从副词独用现象看位置敏感与意义浮现》，《中国语文》第 1 期。

方梅、曹秀玲主编，2018，《互动语言学与汉语研究》（第二辑），社会科学文献出版社。

方梅、李先银、谢心阳，2018，《互动语言学与互动视角的汉语研究》，《语言教学与研究》第 3 期。

方梅、李先银主编，2020，《互动语言学与汉语研究》（第三辑），北京语言大学出版社。

方梅、谢心阳，2021，《汉语对话中问句的解读——以反问句和陈述式问句为例》，《汉语学报》第 1 期。

郭恩华、张德禄，2017，《基于会话分析的多模态交际研究探索——论序列分析在 CA 多模态交际研究中的应用》，《北京第二外国语学院学报》第 3 期。

侯瑞芬，2010，《应答性成分的话语标记用法研究》，博士学位论文，北京大学。

乐耀，2016，《从互动交际的视角看让步类同语式评价立场的表达》，《中国语文》第 1 期。

乐耀，2017，《汉语会话交际中的指称调节》，《世界汉语教学》第 1 期。

乐耀，2019，《交际互动、社会行为和对会话序列位置敏感的语法——〈日常言谈中的语法：如何构建回应行为〉述评》，《语言学论丛》第六十辑，商务印书馆。

李姝姝、林尔嵘，2019，《"不会 VP 吧"在互动会话中的求证行为和反期待推测》，*Chinese Language and Discourse* 第 2 期。

李先银、张文贤，2022，《汉语自然对话中的否定叠连》，《中国语文》第 3 期。

李晓婷，2019，《多模态互动与汉语多模态互动研究》，《语言教学与研究》第 4 期。

李宇凤，2010，《反问的回应类型与否定意义》，《中国语文》第 2 期。

刘丞，2021，《"哪儿"话语功能的浮现》，《汉语学习》第 6 期。

刘虹，2004，《会话结构分析》，北京大学出版社。

刘蜀、于国栋，2018，《汉语言语交际中前序列与前序序列的会话分析研究——以请求行为为例》，《外语教学》第 2 期。

刘颖，2015，《汉语日常电话谈话结束序列的会话分析研究》，山西大学硕士学位论文。

刘运同编著，2007，《会话分析概要》，学林出版社。

彭欣、张惟，2019，《日常交谈中故事讲述的会话分析》，《山西大学学报》（哲学社会科学版）第 4 期。

饶宏泉，2020，《时间参照与会话的互动序列》，《语文研究》第 2 期。

沈家煊，1989，《不加说明的话题——从"对答"看"话题—说明"》，《中国语文》第 5 期。

宋兰娥，2007，《汉语电话谈话结束阶段的会话分析研究》，山西大学硕士学位论文。

陶红印，2003，《从语音、语法和话语特征看"知道"格式在谈话中的演化》，《中国语文》第 4 期。

陶红印，2020，《汉语会话中的分类行为及相关理论意义和语言教学应用》，《语言教学与研究》第 1 期。

陶红印、高华，2022，《"反正"：汉语自然会话中的多能"瞬时困境调节装置"》，《语言教学与研究》第 4 期。

田婷，2021，《讲述行为与"对"的序列结束功能》，《语言教学与研究》第 6 期。

王楠、张惟，2020，《处方建议行为的会话分析研究》，《现代外语》第 1 期。

吴亚欣、刘蜀，2018，《汉语自然会话中请求行为的序列结构》，《山西大学学报》（哲学社会科学版）第 3 期。

吴亚欣、杨永芳，2020，《汉语日常会话中序列结束语"好吧"的会话分析研究》，《语言学研究》第 1 期。

鲜丽霞，2012，《汉语自然会话第二评价研究》，博士学位论文，四川大学。

鲜丽霞、雷莉，2014，《汉语自然会话称赞行为应答语研究》，《四川师范大学学报》（哲学社会科学版）第 6 期。

鲜丽霞、李月炯，2018，《评价话语的互动功能研究》，《四川师范大学学报》（哲学社会科学版）第 3 期。

谢心阳，2018，《汉语自然会话中的疑问式回应及其互动功能》，《语言教学与研究》第 6 期。

谢心阳，2021，《问与答：形式和功能的不对称》，社会科学文献出版社。

谢心阳、方梅，2018，《汉语自然口语中弱化连词的韵律表现》，载方梅主编《互动语言学与汉语研究》（第一辑），世界图书出版公司。

徐晶凝，2022，《寻求特定信息类特指问的回应方式》，《语言教学与研究》第 6 期。

徐晶凝、郝雪，2019，《建议言语行为内部调节手段的语用调控》，《世界汉语教学》第 3 期。

杨子、王雪明、伍娜，2018，《第三方陪同就诊的会话特征分析》，《语言教学与研究》第 1 期。

姚双云、田咪，2020，《自然会话中"是吧"的互动功能及其认识状态》，《语言教学与研究》第 6 期。

于国栋，2009，《医患交际中回述的会话分析研究》，《外语教学》第 3 期。

于国栋、郭慧、吴亚欣，2020，《提问—回答序列第三话轮的"（你）意思（是）+ ×"》，《外国语》第 2 期。

于国栋、石昊，2016，《作为回应的第二评价与知识优先》，《科学技术哲学研究》第 1 期。

张文贤，2019，《汉语自然口语会话中的信息回应标记"真的（吗 / 啊）"》，载方梅、李先银主编《互动语言学与汉语研究》（第三辑），北京语言大学出版社。

张文贤，2021，《从会话序列看"怎么"问句的解读》，《语言教学与研究》第 1 期。

郑上鑫、乔雪玮、乐耀，2022，《论对位置敏感的嵌入修补》，《语言教学与研究》第 6 期。

Auer, Peter, "Rhythm in telephone closings: An analysis of Italian and German data," in Peter Auer, Elizabeth Couper-Kuhlen, & Frank Müller,eds. *Language in Time: The Rhythm and Tempo of Spoken Interaction* (New York, NY, 1999), pp.116–151.

Beach, Wayne A., "Transitional regularities for casual Okay usages," *Journal of Pragmatics* 19(1993): 325–52.

Biq Yung-O, "Talking metalingually: meaning negotiation in Mandarin conversation," in Y.-m. Yin, Yang I.-l.and Chan H.-c., ed., *Chinese Language and Linguistic V: Interactions in Language* (Taipei, Taiwan: Academia Sinica, 1999), pp.503–548.

Bolden, Galina B., "'So What's Up?': Using the discourse marker So to launch conversational business," *Research on Language and Social Interaction* 41, no. 3, (2008):

302–37.

Bolden, Galina, "Implementing delayed actions," in Jack Sidnell, ed. *Conversation Analysis: Comparative Perspectives* (Cambridge: Cambridge University Press, 2009), pp.326–353.

Bolden, Galina & Mandelbaum, Jenny & Wilkinson, Sue, "Pursuing a response by repairing an indexical reference," *Research on Language & Social Interaction* 45(2012).137–155.

Button, Graham & Neil Casey, "Generating topic: the use of topic-initial elicitors," in J. Maxwell Atkinson & John Heritage, ed. *Structures of Social Action: Studies in Conversation Analysis* (Cambridge: Cambridge University Press, 1984), pp.167–189.

Clancy, Patricia M., Sandra A. Thompson, Ryoko Suzuki and Hongyin Tao, "The conversational use of reactive tokens in English, Japanese and Mandarin," *Journal of Pragmatics* 26(1996):355–387.

Condon, Sherri L., "The discourse functions of OK," *Semiotica* 60, no. 1/2, (1986): 73–101.

Condon, Sherri L., "Discourse ok revisited: default organization in verbal interaction," *Journal of Pragmatics* 33 (2001): 491–513.

Couper-Kuhlen, Elizabeth, 2004. "Prosody and sequence organization: the case of new beginnings," in Elizabeth Couper-Kuhlen & Cecilia E. Ford ed. *Sound Patterns in Interaction* (Amsterdam: Benjamins, 2004), pp.335–376.

Couper-Kuhlen, Elizabeth and Margret Selting, *Interactional Linguistics: Studying Language in Social Interaction*(Cambridge: Cambridge University Press, 2018).

Couper-Kuhlen, Elizabeth and Peter Auer, "On the contextualizing function of speech rhythm in conversation: question-answer sequences," In Jeff Verschueren, ed., *Levels of Linguistic Adaptation(Selected papers of the 1987 International Pragmatics Conference, vol. 2.)*, (Amsterdam: Benjamins, 1991), pp.1–18.

Craven, Alexandra & Jonathan Potter, "Directives: entitlement and contingency in action," *Discourse Studies* 12 (2010):419–442.

Curl, Traci S. & Paul Drew, "Contingency and action: a comparison of two forms of requesting," *Research on Language and Social Interaction* 41 (2008):129–153.

Curl, Traci S., John Local & Gareth Walker, "Repetition and the prosody-pragmatics interface," *Journal of Pragmatics* 38 (2006):1721–1751.

Drew, Paul & Elizabeth Holt, "Figures of speech: figurative expressions and the management of topic transition in conversation," *Language in Society* 27(1998): 495–522.

Dryer, Matthew S., "Polar questions," in Martin Haspelmath, Matthew S. Dryer, David Gil

& Bernard Comrie, eds. *The World Atlas of Language Structures Online* (Munich: Max Planck Digital Library, 2008), chapter 116.

Enfield, Nick J. & Tanya Stivers (eds.), *Person Reference in Interaction: Linguistic, Cultural, and Social Perspectives* (Cambridge: Cambridge University Press, 2007).

Enfield, Nick J., Tanya Stivers and Stephen C. Levinson, "Question-response sequences in conversation across ten languages: an introduction," *Journal of Pragmatics* 42(2010):2615–2619.

Fox, Barbara A., *Discourse Structure and Anaphora* (Cambridge: Cambridge University Press, 1987).

Fox, Barbara A., "Principles shaping grammatical practices: an exploration," *Discourse Studies* 9(2007): 299–318.

Fox, Barbara A. & Sandra A. Thompson, "Responses to wh-questions in English conversation," *Research on Language and Social Interaction* 43(2010): 133–156.

Gao, Hua & Hongyin Tao, "Fanzheng 'anyway' as a discourse pragmatic particle in Mandarin conversation: Prosody, locus, and interactional function," *Journal of Pragmatics* 173(2021): 148–166.

Garfinkel, Harold and Harvey Sacks, "On formal structures of practical actions," In John C. McKinney & Edward Tiryakian, eds., *Theoretical Sociology: Perspectives and Developments* (New York: Appleton-Century-Crofts, 1970), pp.337–366.

Goffman, Erving, *Forms of talk* (Oxford: Basil Blackwell, 1981).

Golato, Andrea, *Compliments and Compliment Responses: Grammatical Structure and Sequential Organization* (Amsterdam: Benjamins, 2005).

Goodwin, Charles, "Notes on story structure and the organization of participation," In J. Maxwell Atkinson and John Heritage, eds., *Structures of Social Action* (Cambridge: Cambridge University Press, 1984), pp.225–246.

Goodwin, Charles, "Audience diversity, participation and interpretation," *Text - Interdisciplinary Journal for the Study of Discourse* 6, no. 3, (1986): 283–316.

Goodwin, Charles & Marjorie H. Goodwin, "Concurrent operations on talk: notes on the interactive organization of assessments," *IPrA Papers in Pragmatics* 1(1987):1–54.

Goodwin, C., & Goodwin, M.H., "Assessments and the construction of context," In A. Duranti, & C. Goodwin (Eds.), *Rethinking Context: Language as an Interactive Phenomenon* (Cambridge: Cambridge University Press,1992), pp. 147–189.

Goodwin, Marjorie H., "Processes of mutual monitoring implicated in the production of descriptive sequences," *Sociological Inquiry* 50 (1980):303–317.

Goodwin, Marjorie H., "Participation, affect, and trajectory in family directive/ response sequences," *Text & Talk* 26 (2006): 513–541.

Heritage, John, *Garfinkel and Ethnomethodology* (Cambridge: Polity Press, 1984).

Heritage, John, "Oh-prefaced responses to assessments: a method of modifying agreement/ disagreement," in Cecilia E. Ford, Barbara A. Fox & Sandra A. Thompson, ed. *The Language of Turn and Sequence* (New York: Oxford University Press, 2002), pp.196–224.

Heritage, John, "Epistemics in action: Action formation and territories of knowledge," *Research on Language and Social Interaction* 45, no. 1, (2012): 1–29.

Heritage, John & Geoffrey Raymond, "The terms of agreement: indexing epistemic authority and subordination in assessment sequences," *Social Psychology Quarterly* 68 (2005): 15–38.

Heritage, John & D. Rod Watson, "Formulation as conversational objects," in George Psathas, ed. *Everyday Language: Studies in Ethnomethodology* (New York: Irvington, 1979), pp. 123–162.

Holt, Elizabeth and Paul Drew, "Figurative pivots: The use of figurative expressions in pivotal topic transitions," *Research on Language & Social Interaction* 38(2005): 35–61.

Hopper, Robert and Chen, Chai-Hui, "Languages, cultures, relationships: telephone openings in Taiwan," *Research on Language and Social Interaction* 29(1996): 291–313.

J. Maxwell Atkinson and John Heritage, ed., *Structures of Social Action: Studies in Conversation Analysis* (Cambridge: Cambridge University Press, 1984).

Jefferson, Gail, "Sequential aspects of storytelling in conversation," In Jim Schenkein, ed., *Studies in the Organization of Conversational Interaction* (New York: Academic Press, 1978), pp.219–248.

Jefferson, Gail, "On stepwise transition from talk about a trouble to inappropriately next-positioned matters," In Maxwell J. Atkinson and John Heritage, eds., *Structures of Social Action: Studies in Conversation Analysis* (Cambridge, UK: Cambridge University Press, 1984), pp.191–222.

Kendrick, Kobin H., *Epistemics and Action Formation in Mandarin Chinese* (Ph.D. diss., UCSB, 2010).

Kendrick, Kobin et al., "Sequence organization: A universal infrastructure for social action," *Journal of Pragmatics* 168(2020): 119–138.

Kendrick, K. H. and Torreira, F., "The timing and construction of preference: A quantitative study," *Discourse Processes* 52(2015): 255–289.

Kevoe-Feldman, Heidi and Robinson, Jeffrey, "Exploring essentially three-turn courses of action: An institutional case study with implications for ordinary talk," *Discourse Studies* 14(2012): 217–241.

Kitzinger, Celia, "Repair," in Jack Sidnell & Tanya Stivers eds. *The Handbook of Conversation Analysis* (Chichester: Wiley-Blackwell,2013), pp. 229–256.

Koshik, Irene, "Alternative questions used in conversational repair," *Discourse Studies* 7(2005):193–211.

Levinson, Stephen C.,*Pragmatics*(Cambridge: Cambridge University Press, 1983).

Levinson, Stephen C., "On the human 'interactional engine' ," In Nick J. Enfield and Stephen C. Levinson, ed., *Roots of Human Sociality: Culture, Cognition and Interaction* (Oxford: Berg., 2006), pp.39–69.

Levinson, Stephen C. "Recursion in pragmatics," *Language* 89, no. 1, (2013):149–162.

Li, Li. and Ma, Wen, "Request sequence in Chinese public service calls," *Discourse Studies* 18(2016): 269–285.

Li, Xiaoting, "Leaning and recipient intervening questions in Mandarin conversation," *Journal of Pragmatics* 67(2014): 34–60.

Li, Xiaoting, "Some Discourse-Interactional Uses of *yinwei* 'because' in Mandarin Conversation," *Language Sciences* 58(2016a): 51–78.

Li, Xiaoting, "Some Interactional Uses of Syntactically Incomplete Turns in Mandarin Conversation," *Chinese Language and Discourse* 7(2016b): 237–271.

Li, Xiaoting, "Multimodal practices for negative assessments as delicate matters—Incomplete syntax, facial expressions, and head movements," *Open Linguistics* 7(2021): 549–568.

Li, Xiaoting and Tsuyoshi Ono, eds., *Multimodality in Chinese Interaction Applications of Cognitive Linguistics* (Berlin: De Gruyter Mouton, 2019).

Li，Xiaoting and Yaqiong Liu, "Interactional functions of truncated predicative complement construction 'AP + *(dek)le*' as topic initiator in Shanghai Wu Chinese conversation," *Text and Talk* 43(2023): 45–67.

Lim, Ni-Eng, "Preliminaries to delicate matters: Some functions of 'I say to you' sequences in Mandarin Chinese conversations," In Xiao,Yunand Linda Tsung,eds., *Current Studies in Chinese Language and Discourse* (Amsterdam: John Benjamins, 2019), pp.105–136.

Liu, Hongyuan & Shuangyun Yao, "Some interational uses of Shi ba in Mandarin conversation," *Journal of Pragmatics* 181, no.2, (2021):227–240.

Local, John, "Continuing and restarting," in Peter Auer & Aldo di Luzio eds. *The Contextualization of Language* (Amsterdam: Benjamins,1992), pp. 272–296.

Luke, Kang Kwong & Theodossia-Soula Pavlidou, *Telephone Calls: Unity and Diversity in Conversational Structure Across Languages and Cultures* (Philadelphia, PA: Benjamin, 2002).

Maynard, Douglas W., "The Forecasting of Bad News as a Social Relation", *American Sociological Review* 61(1996): 109–131.

Maynard, Douglas W., *Bad News, Good News: Conversational Order in Everyday Talk and Clinical Settings* (Chicago: University of Chicago Press,2003).

Mandelbaum, Jenny, "Storytelling in conversation," In Jack Sidnell & Tanya Stivers, ed. *The Handbook of Conversation Analysis* (Chichester: Wiley-Blackwell,2013), pp. 492–507.

Park, Innhwa and Jacob Kline, "Incomplete utterances as critical assessments," *Discourse Studies* 22(2020): 441–459.

Peng, Xin and Wei Zhang, "Talk and gesture in storytelling sequence in Mandarin conversation," *Chinese Language and Discourse* 10(2019) :133–157.

Peng, Xin, Wei Zhang and Paul Drew, "'Sharing the experience' in enactments in storytelling," *Journal of Pragmatics* 183(2021): 32–52.

Persson, Rasmus, "Intonation and sequential organization: formulations in French talk-in-interaction," *Journal of Pragmatics* 57 (2013):19–38.

Pomerantz, Anita, "Agreeing and disagreeing with assessments: Some features of preferred/dispreferred turn shapes," In Maxwell J. Atkinson and John Heritage, eds., *Structures of social action: Studies in Conversation Analysis* (Cambridge, UK: Cambridge University Press, 1984), pp.57–101.

Pomerantz, Anita and John Heritage, 2013. "Preference," In Jack Sidnell and Tanya Stivers, eds., *The Handbook of Conversation Analysis* (Malden, MA, USA/Oxford, UK: Wiley Blackwell, 2013), pp.210–228.

Radford, Julie and Clare Tarplee, "The management of conversational topic by a ten year old child with pragmatic difficulties," *Clinical Linguistics and Phonetics* 14(2009): 387–403.

Riou, Marine, "The prosody of topic transition in interaction: Pitch register variations," *Language and Speech* 60(2017): 658–678.

Robinson, Jeffrey D., "Managing trouble responsibility and relationship during conversational repair," *Communication Monographs* 73(2006):137–161.

Robinson, Jeffrey D., "Overall structural organization," In Jack Sidnell and Tanya Stivers,eds., *The Handbook of Conversation Analysis* (Chichester: Wiley-Blackwell, 2013), pp.257–280.

Rossano, Federico, "Gaze in conversation," In Jack Sidnell & Tanya Stivers, ed. *The handbook of conversation analysis* (Chichester: Wiley-Blackwell, 2013), pp.308–329.

Rossano, Federico, Penelope Brown, & Stephen C. Levinson. "Gaze, questioning, and culture, " Chapter. In Jack Sidnell, ed. *Conversation Analysis: Comparative Perspectives* (Cambridge: Cambridge University Press, 2009), pp. 187–249.

Sacks, Harvey and Emanuel A. Schegloff, 1979. "Two preferences in the organization of reference to persons in conversation and their interaction," In George Psathas, ed., *Everyday Language: Studies in Ethnomethodology* (New York: Irvington, 1979), pp.15–21.

Sacks, Harvey, "An analysis of the course of a joke's telling in conversation," In Richard Baumann and Joel Sherzer, eds., *Explorations in the ethnography of speaking* (Cambridge: Cambridge University Press, 1974), pp.337–353.

Sacks, Harvey, "Some considerations of a story told in ordinary conversation," *Poetics* 15(1986): 127–138.

Sacks, Harvey, "On the preference for agreement and contiguity in sequences in conversation," In Graham Button and John R. E. Lee, eds., *Talk and social organization* (Bristol: Multilingual Matters, 1987), pp.56–69.

Sacks, Harvey, *Lectures on Conversation*, Vol. 1 & 2 (Oxford: Blackwell, 1992).

Sadock, Jerrold M. and Zwicky, Arnold M., "Speech Acts Distinctions in Syntax," In Shopen, Timothy (ed.), *Language Typology and Syntactic Description* (Cambridge: Cambridge University Press, 1985), pp.155–196.

Schegloff, Emanuel A., "Sequencing in conversational openings," *American Anthropologist* 70(1968): 1075–1095.

Schegloff, Emanuel A., "Discourse as an interactional achievement: some uses of 'uh huh' and other things that come between sentences," In Deborah Tannen, ed. *Analyzing*

*Discourse: Text and Talk* (Washington, D.C., Georgetown University Press, 1982), pp. 71–93.

Schegloff, Emanuel A., "On some questions and ambiguities in conversation," in J. Maxwell Atkinson & John Heritage, eds. *Structures of social action: studies in conversation analysis* (Cambridge: Cambridge University Press,1984), pp.28–52.

Schegloff, Emanuel A., "Presequences and indirection: applying speech act theory to ordinary conversation," *Journal of Pragmatics* 12(1988): 55–62.

Schegloff, Emanuel A., "Some practices for referring to persons in talk-in-interaction: a partial sketch of a systematics," in Barbara A. Fox, ed. *Studies in anaphora* (Amsterdam: Benjamins,1996), pp.437–485.

Schegloff, Emanuel A., "Accounts of conduct in interaction: interruption, overlap and turn-taking", In Jonathan H. Turner, ed. *Handbook of Sociological Theory* (New York, Plenum Press, 2002), pp. 287–321.

Schegloff, Emanuel A., "On dispensability," *Research on Language and Social Interaction* 37(2004): 95–149.

Schegloff, Emanuel A., *Sequence Organization in Interaction: A Primer in Conversation Analysis* (Cambridge: Cambridge University Press, 2007).

Schegloff, Emanuel A., Gail Jefferson, & Harvey Sacks, "The preference for self-correction in the organization of repair in conversation," *Language* 53, no. 2, (1977): 361–382.

Schegloff, Emanuel A., and Harvey Sacks, "Opening up closings," *Semiotica* 8(1973): 289–327.

Sidnell, Jack and Tanya Stivers, eds., *The Handbook of Conversation Analysis* (Chichester: Wiley-Blackwell, 2013).

Sinclair, J. M. & R. M. Coulthard, *Towards an Analysis of Discourse: The English Used by Teachers and Pupils* (London: Oxford University Press,1975).

Stivers, Tanya, "Stance, alignment, and affiliation during storytelling: When nodding is a token of affiliation," *Research on Language and Social Interaction* 41 (2008): 31–57.

Stivers, Tanya, "An overview of the question–response system in American English conversation," *Journal of Pragmatics* 42 (2010): 2772–2781.

Stivers, Tanya, et al., "Universals and cultural variation in turn-taking in conversation," *Proceedings of the National Academy of Sciences of the United States of America (PNAS)* 106 (2009): 10587–92.

Stivers, Tanya, and Jeffrey D. Robinson, "A preference for progressivity in interaction," *Language in Society* 35 (2006): 367–392.

Stivers, Tanya, Nick J. Enfield & Stephen C. Levinson, "Question-response sequences in conversation across ten languages," *Journal of Pragmatics* 42(2010): 2615–2860.

Stivers, T., & Rossano, F., "Mobilizing response," *Research on Language and Social Interaction*, 43, no. 1, (2010): 3–31.

Sun, Hao, "Opening moves in informal Chinese telephone conversations," *Journal of Pragmatics* 36(2004): 1429–1465.

Szczepek Reed, B. & Geoffrey Raymond, *Units of talk: Units of Action*(Amsterdam: Benjamins, 2013).

Tan, Pack-Ling and Tao, Hongyin, "Coordination construction in Mandarin conversation – Evidence for syntax-for-interaction," In Chaofen Sun, ed., Proceedings of the Joint Meeting of ICCL and NACCL 10. *Graduate Students in Linguistics Publications* (L.A.: University of Southern California, 1999), pp.449–466.

Tao, Hongyin, "Body movement and participant alignment in Mandarin conversational interactions," *Papers from the 35th Regional Meeting of the Chicago Linguistic Society Vol. II: The Panels* (Chicago: The Chicago Linguistic Society, 1999), pp.125–139.

Tao, Hongyin, "Scalar pseudo-cleft constructions in Mandarin conversation: A multimodal approach," *Lingua* 266(2022a): 1–24.

Tao, Hongyin, "An interactive perspective on topic constructions in Mandarin: Some new findings based on natural conversation," In Huang, Chu-ren, Yen-Hwei Lin, and I-Hsuan Chen, eds., *The Cambridge Handbook of Chinese Linguistics* (Cambridge: Cambridge University Press, 2022b), pp. 635–668.

Tao, Hongyin and Thompson, Sandra. A., "English backchannels in Mandarin conversations: A case study of superstratum pragmatic 'interference' ," *Journal of Pragmatics* 16(1991): 209–223.

Terasaki, Alene Kiku, "Pre-announcement sequences in conversation," In Gene Lerner, ed., *Conversation Analysis: Studies from the First Generation* (Amsterdam: John Benjamins, 2004), pp.171–223.

Thompson, Sandra A. and Elizabeth Couper-Kuhlen, "The clause as a locus of grammar and interaction," *Discourse Studies* 7(2005): 481–505.

Thompson, Sandra A., Barbara A. Fox and Elizabeth Couper-Kuhlen, *Grammar and Everyday*

*Talk: Building Responsive Actions* (Cambridge: Cambridge University Press, 2015).

Tsai, I-Ni., Grammar as Situated Practices: Conversational Practices of Two Mandarin Yes/No Question Formats in Talk-in-Interaction (Ph.D. diss., UCLA, 2011).

Turk, Monica J., Projection in Mandarin Chinese conversation: Grammar and social interaction in question-answer sequences (Ph.D. diss., UCSB, 2006).

Wang,Wei, Prosody and Functions of Discourse Markers in Mandarin Chinese Conversation: The Cases of Ranhou, Wo Juede, and Meiyou (Ph.D. diss., UCLA, 2017).

Wang,Wei, "Grammatical conformity in question-answer sequences: The case of *meiyou* in Mandarin conversation," *Discourse Studies* 22(2020): 610–631.

Wang,Wei, "Pursuing common ground: Nondisaffiliative rhetorical questions in Mandarin conversations," *Research on Language and Social Interaction* 54(2021): 355–373.

Wootton, Anthony J., "Two request forms of four year olds," *Journal of Pragmatics* 5(1981): 511–523.

Wright, Melissa, "The phonetics–interaction interface in the initiation of closings in everyday English telephone calls," *Journal of Pragmatics* 43(2011a):1080–1099.

Wright, Melissa, "On clicks in English talk-in-interaction," *Journal of the International Phonetic Association* 41(2011b): 207–229.

Wu, R.-J.Regina,*Stance in Talk: A Conversation Analysis of Mandarin Final Particles* (John Benjamins :Amsterdam/Philadelphia, 2004).

Wu, R.-J.Regina, "Managing turn entry: The design of EI-prefaced turns in Mandarin conversation," *Journal of Pragmatics* 66(2014): 139–161.

Zhou, Yan, "What are speakers doing when they pretend to be uncertain? Actions with non-committal epistemic stance in Mandarin Conversation," *Chinese Language and Discourse* 10(2019): 187–223.

Zhou, Yan, "Revisiting the modal Verb huì with an interactional linguistic approach," *Languages* 7(2022): 294–326.

Zhou, Yan, Promising and Commitment to Future Actions in Mandarin Conversation (Ph.D. diss., UCLA, 2022).

# 互动语言学视角下的话轮起始位置要素研究

名古屋大学　李　嘉

## 1. 引言

### 1.1　研究背景

话轮起始位置所出现的语言要素，从不同的角度经过了学者们的推敲，迄今为止研究成果众多。在以往的汉语研究中，出现了针对在话轮起始位置及话轮其他位置中出现的话语标记的研究（刘丽艳，2005；殷树林，2011），元话语标记研究（沈家煊，1993），从互动功能角度出发的否定标记研究（李先银，2017；王志英，2019），近期由方梅老师主编的《汉语语用标记功能浮现的互动机制研究》，等等。

在国外语用学领域和关于语法化的相关研究中，话轮起始位置出现的语言要素也常以 discourse marker（Schiffrin，1987；Traugott，1995）、pragmatic marker（Fraser，1996，2009）、左缘结构（LP，left periphery）（Onodera and Traugott，2016）等形式出现在文献中。研究发现，通过观察口语中话语的左缘结构和右缘结构（RP，right periphery）（Onodera and Traugott，2016）的部分，我们往往能知晓说话者的意图和希望达到的效果。如：

（1）Hey, Bill, you dropped your wallet, didn't you?

LP　|　ideational core　|　RP

（Onodera and Traugott，2016: 163）

　　在例（1）中，左缘结构（LP）的作用为唤起听话人的注意，右缘结构（RP）附加问句的作用为在主观上确认了 you dropped your wallet 这个命题。

　　在日语研究中，也有针对话语标记（談話標識）的研究，以及在传统日语语法研究中经常出现的"感动词"（感動詞，interjection）研究。其中，不乏从语音学、音系学角度出发对话语标记及"感动词"的韵律特征进行描述的研究，以及探讨韵律特征如何对话语标记功能产生影响的众多研究成果，如川森、川端和岛津（1995a，1995b）、郡（1997）、须藤（2008）、森山（1996）等。其中，川森、川端和岛津（1995a）指出应答话语标记、填充词（filler）以及接续话语标记的韵律特征各不相同，应答话语标记"はい""ええ""うん"的声调曲线非常相似，在开始发音时均未见低音（L），整体呈持续时间极短的高低（HL）走向。填充词"あのー""えーと"在开始发音时出现短暂降调，其后不会继续下降，呈平缓的趋势，以高音（H&）结尾。接续话语标记"というと""で"的特点是开始发音时便平缓上升，以高音（H&）结尾。发展到后来，至 2017 年出版了一本《现代感动词用法词典》（浅田，2017），作者有声乐背景，所以在书中以五线谱形式对同一形式的日语感动词的不同声调及其用法进行了描写。

　　由此可见，不论是句首的话语标记、"感动词"，还是左缘结构，都受到了各个领域的语言学者的重视。本文旨在选取会话分析及互动语言学领域的重要论文，主要对中、英、日语的自然会话中出现的"话轮起始位置要素"相关研究做出一定的归纳和总结。"话轮起始位置要素"在功能和定义上与"话语标记"存在一定的重复性，但由于话语标记本身可存在于话轮的不同位置，并不局限于话轮起始位置，而本文旨在从会话分析及互动语言学的角度，将话轮起始位置作为重点进行探讨，故在使用术语时为了与以往研究区分，选用"话轮起始位置要素"这一短语。

## 1.2　互动语言学视角下的话轮起始位置要素研究的理论基础

本文旨在探讨话轮起始位置所出现的语言要素的重要性，故需要先厘清互动语言学的理论基础，也就是序列和相邻话对（adjacency pair）的定义。首先，相邻话对是在给话轮定位时非常重要的理论基础，所以对会话分析比较了解的读者应该对此已经非常熟悉，但在本文中还需强调。根据 Schegloff 和 Sacks（1973［1989］:73-74）的叙述，相邻话对是由两个话轮组成，它们必须分别出自不同的发话者，两个话轮相邻（但不一定是物理上相邻），具有顺序性和可识别性。这些特性导致我们在分辨相邻话对时必须小心，并不是两个物理位置上相邻的话轮就是相邻话对，所以在分析时尽量不要把截取的会话片段的第一行作为目标行（target line）。Schegloff（2007）在介绍序列组织时再次强调了这些内容，并指出基本序列组织的结构和其周边可能出现的扩展序列。在这里，扩展序列和基本序列需要加以区分，因为它们一般是和不同的行为相对应的。比如基本序列的前件可以是一个请求（request），它的后件应该是一个接受（acceptance）或拒绝（rejection），但在它们之前或之间还可能会出现提问—回答（question-answer）或者是请求确认—给予确认（ask for confirmation-confirmation）这样的前方扩展序列（pre-expansion）或插入序列（insert expansion），在之后可能出现表达感谢的后方扩展序列（post-expansion）等（如图 1）。

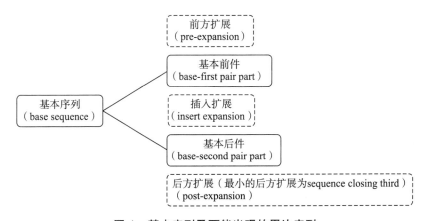

**图 1　基本序列及可能出现的周边序列**

Schegloff（2007）主张观察位置与结构，通过对自然语料的细致刻画和分析，主要解决"为何在此时发此话"的问题，所以在互动语言学视角下研究上述背景中提及的课题时，也遵循这一原则。

以互动语言学为框架讨论话轮起始位置时，上述序列位置是不能忽视的，因为话轮起始位置要素在不同的序列位置可以有不同的作用，产生多种效果。以 Heritage 和 Sorjonen（2018）文中被提到的 well 为例，在第一位置（first position）话轮起始位置时可以表示说话人即将离开现有话题或行为，从而开始一个新的话题；在第二位置（second position）话轮起始位置时，经常为偏离前一话轮所在序列关系的新话轮的出现做铺垫；在第三位置（third position）话轮起始位置时，经常为在以上一话轮为基础的偶发性话轮的出现做铺垫。

接下来，再来回溯一下 Sacks、Schegloff 和 Jefferson（1974）对话轮构成所进行的说明。他们主张一个话轮可能由三部分构成，话轮起始位置的内容主要表明与前话轮的关系，中间部分为现在话轮的主体部分，话轮的末尾主要用来表明与后续话轮的关系。这无疑与 Onodera 和 Traugott（2016）等语用学研究者对左缘结构和右缘结构的观察是有相似之处的，但不同点在于，如例（2）所示，会话分析的重点不是主观地分析说话者的意图和希望达到的效果，而是客观地描述话轮之间的关系。

（2） D: Jude loves olives.

　　J: That's not bad.

　　D: She eats them all the time. I understand they're fattening, huh?

　　　　　　Sacks，Schegloff & Jefferson（1974）［Fat tape: 1］

例（2）为 Sacks、Schegloff 和 Jefferson（1974）中的语料实例，第三个话轮的起始位置"She eats them all the time"中的"She"指代第一行的"Jude"，"them"指代"olives"，由此表明此话轮与前文的相关性；中间是本话轮的主体，指发话人 D 认为吃 olive 会使人发胖；最后为了指示听话人去接话，把发话权转交给听话人，用上扬声调的"huh"结束话轮。

本文的第二节分为三小节，2.1 主要介绍体现话轮起始位置的重要性的研究成果。2.2 主要介绍从互动语言学角度出发的话轮起始位置要素的相关研究，这些研究不仅限于汉语，也包含英语、日语等跨语言研究。2.3 主要介绍话轮起始位置要素研究的沿革，从而梳理出相关研究的趋势和现状。第三节在第二节的基础上介绍笔者对话轮起始位置要素研究的思考和新研究思路。第四节对全文做出现阶段的总结与展望。

# 2. 重要研究及其应用

## 2.1　话轮起始位置的重要性

Schegloff 于 1987 年发表的 "Recycled turn beginnings: A precise repair mechanism in conversation's turn-taking organization" 一文可以说是首个关注话轮起始位置重要性的研究。在文中，Schegloff 指出，在会话的话轮转换结构中，话轮起始位置有着重要的作用。这种作用主要体现在以下两个方面。

第一，对即将被产出的话轮的形态及种类起到"投射"（projection）作用。例如，当一个话轮以"if"作为开始，那么很有可能后续会出现一个由若干个单词构成的条件句和具有相似规模的表示结果的主句。而当"if"之后的一个词出现时，刚才的投射有可能被推翻，如"if"之后出现了"so"，那么后续产出的话轮很有可能是表示结果的主句。除了"投射"比较微观的话轮形态及种类，话轮起始位置的"投射"又是理解话轮转换系统的不可或缺的资源。可以说"投射"保证了"one speaker speaks at a time in conversation"，也保证了话轮转换只需要出现极短时间的交叠或沉默。由此可见，话轮起始位置是序列结构中的重要位置。

第二，话轮起始位置也是众多序列标记（sequential markers）集中出现的位置。这些标记虽然不起眼，但在序列中发挥着不可小觑的作用，比如像"Wait a minute!"或"Oh!"便可以作为"打断标记"（interruption markers），在其他说话人说话途中产出以表示说话人将要打断他人的发话。如"by the way"这样的"错位标记"（misplacement markers）用于表示接下来被产出的话轮并未被放置在合适的位置，或预示着被产出的话轮并未被视为前话轮之后必须出现并适宜的后续话轮。

在对话轮起始位置的重要性做出解释后，Schegloff还在文中对话轮起始位置常见的前置同位语（pre-placed apposition, Schegloff, 1987: 74）的作用进行了具体的描述，称如话轮首的"well""but""so""y'know""yeah"这些词语可以缓解后续话轮与前话轮产生交叠时的语音损失，因为没有听清这些词语并不会影响人对后续话轮语意的理解。更进一步观察到，在产生话语交叠时，发话人在后方话轮的起始位置会重复使用之前的话轮中出现的词语这一现象，如例（3）女主人K、男主人D与来访客人R和F的会话。R和F在夸奖K亲自制作的毯子。

（3） 01 K: The weft has exactly that.

02 F: Yah

03 R: Oh. So［it's square, * in o［ther words.*

04 K:　　［Ya see?*　　　［It's *perfectly

05　　square yah. So once I'd set up the warp,

06　　't was very simple to jus keep–just to weave

07　　it.

08　　((pause))

09 K: You know［(　　)

10 D:　　　［(But but listen tuh how long　　) *

11 R:　　　［In other words you gotta string up the*

12 R: you gotta string up the colors, is that it=

13 K:［Right*

14 R:［in the *in the［warp*

15 K:　　　　［Right *right.

（Schegloff，1987: 81 excerpt（7））①

在话段的第 10 行和第 11 行，D 与 R 同时开启话轮，都与第 9 行产生了交叠。在此时 D 只说出了一部分内容便放弃了话轮，把发话权转让给了 R。R 在第 12 行话轮起始位置重复了第 11 行的一部分内容 "you gotta string up the"。在其后的第 13 行和第 14 行，K 与 R 同时开启话轮，第 14 行与第 15 行也各自产生了一部分交叠。在此种情形下，虽然我们无法判断出 K 与 R 的话轮是否完整，但不可否认的是 K 与 R 都重复了自己所说过的词语 "right" "in the"。

在 1996 年出版的论文集 *Interaction and Grammar* 中，Schegloff 的论文 "Turn organization" 主要对话轮组建成分（TCU）与会话中的语法进行分析。在谈及 TCU 的结构时，他提及话轮起始位置要素（turn-initial particle，turn-initial element）与 TCU 的关系，通过话轮起始位置要素判断 TCU 可能完结的位置，并提出了话轮组建成分开始位置（TCU beginning）的重要性，在此提出了 9 个值得深入探讨的问题并给出了一些备选答案。

1. 包括开始前（pre-beginning）和完成后（post-completion）的要素，每个 TCU 的连续要素是什么？在这个清单中，可以包含呼吸，以及笑声和笑语等其他送气音，可辨别的与语境相关的沉默，咳嗽，"y'know"，"uh" 及与其类似的各种变音等，话轮的中断，语音的延长，即所有可感知的要素。

2. 这些要素在哪里出现？什么样的要素在 TCU 中占据了确定的结构位置？

3. 哪些要素被认为推动了 TCU 的进展？哪些算作障碍？是否还有其他的方式让这些要素与会话的进展产生联系？它们是如何相

---

① 转写规则参见 Button, G., & Lee, J. R. E.（Eds.）（1987）

对分布的？

4. 连续的要素之间的语法关系是什么？它们之间是否有不同等级的语法关系？这一切如何因被建构的会话在其序列、互动、社会活动、生态等方面的位置而变化？

5. 当语句被说出时产生的语音价值和特征是否算作要素？如音调峰值和其他韵律特征，清脆／柔和等音色。如果算是的话，它们是如何相对于其他要素定位的？如果不算，它们是如何分布在其他要素上的？

6. 说话人的手势、姿势、目光方向、面部表情等行为要素，作为非语音要素，它们的价值和转变是如何相对于其他要素分布的？这些对 TCU 的构建和组织有何影响？

7. 包括说话人的活动（例如，如果是吃，则涉及摄取、咀嚼、吞咽等行为；会话进行中涉的各种工作活动；等等）和其他人（特别是目标听话者）的活动这类其他正在进行的活动要素，究竟是如何被纳入 TCU 结构并反映在其中的？

8. 什么样的语法结构可以提供或限制内部或边界的 TCU 扩展？这种扩展相对于其他元素发生在哪里？

9. 不同类型的语法组织和结构是如何以不同方式与互动突发事件对接的？不同类型的互动突发事件是如何以不同方式塑造语法资源的配置的？

可以说，这些问题时至今日仍对我们理解互动中的语言有着指导性作用。

Goodwin（1996）的 "Transparent vision" 一文对人类共同完成某项任务时参与者如何做到互相理解这一问题进行探讨时，提出了人类活动的展开结构（unfolding structure），并指出参与者需要关注句法（sentential grammar）、序列组织（sequential organization）、参与框架（participation frameworks）几个方面。除此之外，Goodwin 还指出了在组织和合作互动中的一些现象，如后来的说话者如何通过添加新的、合适的句法单位来扩展先前说话者所说的句子；后来的说话者如何在先前的谈话中重新使用或改造先前谈话的要素，以便构建一个与该谈话相适应的反驳；在不同说话人的话语中如何共同构建单一命题的发话，等等。这表明句法构成了一个普遍的资源，它可以将一方的行动与另一方的行动联系在一起，因此，对句法的关注不仅在语言学中，在社会学家和人类学家对社会组织的分析中都占据核心地位。通过 Goodwin（1996）的描述，可以发现，在句法和序列组织中都会出现的句首 / 话轮起始位置要素，会通过微观的句法结构和序列组织来影响参与者的相互理解，从而间接地影响整个交际行为的走向。

通过对一些重要研究的总结，我们可以发现话轮起始位置不论是在微观视角的话轮构建中，还是在序列中，抑或是会话参与者的参与框架，乃至宏观的交互作用和社会活动中，都有着极为重要的作用和研究价值。处于这个位置的要素，也可以分成不同的种类，如说话前的准备工作（如吸气、清嗓子等），这些都属于谈话开始前的阶段（Schegloff，1996；Deppermann，2013）。又如传统意义上的话轮起始位置要素（turn-initial element），它们一般不与后续话语进行语法整合，但在韵律上能与之融为一体，从而与后续话语形成一个单元（Heritage，2013）。2.2 小节我们将主要介绍话轮起始位置要素这一概念在跨语言研究中的应用。

## 2.2　话轮起始位置要素在跨语言研究中的应用

在 2.1 小节中，我们援引先行研究说明了话轮起始位置的重要性，以及研究中需要关注的序列位置等。本小节将引述一些中、英、日文的文献，来说明话轮起始位置要素在跨语言研究中的应用。这里所指的要素均以传统意义上的话轮起始位置要素（turn-initial element）为主。

早在 1984 年，会话分析领域的先驱之一 John Heritage 便对英语中位于序列不同位置的 "Oh" 的分布与功能进行了考察。除了得出 "Oh" 经常见于疑问回答序列之中（Q-A-"Oh" 结构）表示认知状态发生了变化（change of state）的结论以外，文中还指出在传统语言学研究中被视为衬托型反馈语（backchannel）的 "Oh" 的复杂性和多样性被严重低估了。其后，Heritage 还对处于不同序列位置的"Oh"做了一系列的研究，如 1998 年的"*Oh-prefaced responses to inquiry*"和 2002 年 的"*Oh-prefaced responses to assessments：A method of modifying agreement/disagreement*"两篇论文，分别对以"Oh"开始的查问的回应话轮及评价的回应话轮的功能和特征进行了描述。① 此外，Heritage 和 Sorjonen（1994）讨论了疑问话轮起始位置的"And"的功能，指出将"And"置于疑问话轮起始位置时，主要起到使新话轮表述的问题与先行话轮表述的问题或回答序列联系起来的作用。因为具有这种功能，话轮起始位置的"And"可以被作为一种资源，用以维持某种由多组疑问应答序列构成的行为的连贯性。

以英语以外的语言为对象的会话研究中，Tanaka Hiroko 于 1999 年出版的 *Turn-taking in Japanese Conversation：A Study of Grammer and Interaction* 一书对日语口语的序列结构作出了系统性的探讨与总结。该书指出，日语的语序（SOV）可能会导致投射可能性延迟（delayed projectability）的问题。为了给听话人更多关于将要被产出的新话轮的线索，日语常借助连词或副词或格助词作为标记，预示将要产出的项与现有语句的关系。

2000 年以后，话轮起始位置要素的研究更是全面开花，关注的现象也越发具体，并具有多模态化的倾向。在英语会话研究中，Sidnell（2007）考察了序列第一位置和第二位置的以"Look"开始的话轮的不同功能，并与以"Listen"开始的话轮的功能进行了比较。值得一提的是，文中还对"Look"的韵律特征，以及与"Look"同时出现在话轮起始位置的其他要素（如"well look"，Sidnell，2007：393）进行了分析。Schegloff 和 Lerner（2009）对特殊疑问句后出现的以"Well"开始的应答序列的功能做出了总结。此后还出现了一些研究复合型的话轮起始位置要素的论文，如 Schegloff（2009）提出"And + uh（m）"、

---

① 沿袭 Heritage 开创的这一脉络发展的跨语言研究可参见由 Heinemann 和 Koivisto 发布的 *Journal of Pragmatics* 杂志 2016 年特刊"Indicating a change-of-state in interaction：Cross-linguistic explorations"。特此感谢本文的审阅老师补充此重要信息。

"But + uh（m）"或"So + uh（m）"加后续的短暂沉默（a bit of silence）这一组合可被看作退出或重新退出序列的一种资源。

对于其他语种的研究，可以说是呈井喷式增加。以日语为例，Mori（2006）从序列语境、话轮形态及韵律特征三个角度出发，对传统语用学中被定义为"接收新信息标记"（news-receipt token）的"へー"的功能进行了更加翔实的记述。研究结果表明，在某些情况下，这个标记显示了说话者对所接收到的新信息的"评价"（assessment），而在其他情况下，它还作为一个促进会话继续进行的"continuer"，出现在一个可预测的、正在扩展的信息中。它还可以被当作一个"修复发起标记"（repair initiator）。类似的关于话轮起始位置要素的研究还有串田（2005）以及串田、林（2015）关于"いや"的研究，Hayashi（2009）关于"え"的研究，平本（2011）关于"なんか"的研究，远藤、横森、林（2017）关于"なに"的研究，Hayashi 和 Hayano（2018）关于话轮起始位置的"あ"的研究，伊藤（2018）关于话轮起始位置要素顺序性的研究，等等。

此外，以汉语为对象的研究有 Chiu（2012）关于以"不是"和"没有"开始的话轮及其功能的研究，Wu（2014）关于"ei"的研究，Wang（2017）探讨"然后""我觉得""没有"的功能与韵律特征的博士学位论文，Wu（2018）关于"aiyou"的研究，Wang（2020）关于"没有"的研究，等等。近期的汉语互动语言学研究的特点为更加关注某种语言形式在不同序列位置的不同功能，而非话轮起始位置，在此不赘述，详见《汉语语用标记功能浮现的互动机制研究》等。

关于更多语种的相关研究，可参见 Kim（2013）关于韩语话轮起始位置出现的"Kulenikka"的研究和 Kim（2018）将"Kulenikka"和"Kulssey"进行对比的论文，以及出现在论文集 *Between Turn and Sequence: Turn-initial Particles across Languages* 中的关于俄语（Bolden，2018）、西班牙语（Raymond，2018）、波兰语（Weidner，2018）、芬兰语（Sorjonen，2018）、法语（Mondada，2018）、丹麦语（Heinemann and Steensig，2018）等语言的研究。

至此，我们总结了一些关于话轮起始位置要素的跨语言研究。通过总结不难发现，自话轮起始位置的重要性被学者们发现以来，研究和成果大多数以个案分析研究为主，很少有大规模的对于不同语言的对照研究出现。下一小节将会从历史发展的角度试分析这种趋势产生的原因。

### 2.3　话轮起始位置要素研究趋势的变化

在上一小节我们大致总结了一些关于话轮起始位置要素的研究。其中提及了汉语会话研究的一个特点，那就是关注某种特定的语言形式在不同序列中的不同功能。也就是说，除了上一小节总结的研究以外，对于话轮起始位置要素的研究，还有其他的思路和方法。本小节主要介绍两个跨语言对照的研究项目。

第一个研究是 1996 年 Clancy、Thompson、Suzuki 和 Tao 的研究 "The conversational use of reactive tokens in English, Japanese, and Mandarin"。Clancy、Thompson、Suzuki 和 Tao（1996）研究了汉语、日语和英语中的"反应性话语"（reactive token），即在对方说话期间由扮演听话者角色的会话参与者发出的简短话语，也就是说，反应性话语通常不会扰乱主要说话人的发言。这个定义与话轮起始位置要素的概念有重合之处，但不同于上一小节的研究，这篇论文通过对三种语言的会话互动语料进行计数分析，区分了几种类型的反应性话语，并表明在这三种语言的对话中不同种类的反应性话语的使用频率，以及说话者在不同会话单元中使用它们的方式都存在差异。在这篇论文中被提及的反应性话语众多，仅汉语就包含了"嗯""啊""噢""哎""好""是啊""就是啊""对""对对 / 对对对"等。对比传统语用学研究和后来的话轮起始位置要素研究，笔者认为在当时的时代背景下，本篇论文结合了质与量分析的长处，取得了有开创性和启示性的研究成果。

第二个研究是 Dingemanse、Torreira 和 Enfield（2013）[①] 关于"Huh"的跨语言对照研究。他们关注了全球各地的口语中发音近似于"Huh"这样的"修复发起标记"（repair initiator）。他们在十种语言

---

[①] Dingemanse、Torreira 和 Enfield（2013）也讨论了单独出现的"Huh"不是典型的话轮起始位置要素研究。

的自然对话中对发音近似于"Huh"这样的修复发起标记进行了调查，并为两种不同的主张提出了证据和论据："Huh"是通用的（universal）；"Huh"是一个词（word）。支持这两种主张的证据为：这种感叹词在不同语言中的形式和功能的相似性远远大于偶然性的预期；它是一种必须学习的词汇化、常规化形式，而不像咕哝声（grunts）或情感呼喊声（emotional cries）。除此之外，他们还讨论了跨语言相似性出现的可能原因，并提出了趋同进化（convergent evolution）的解释。"Huh"不是天生的，而是在所有语言共同的互动环境中的选择压力下形成的，即由他人发起的修复（other-initiated repair）。此研究增强了语言变化的进化模型，表明会话的基础组织可以推动语言项目的融合以及文化上的进化。这篇论文最大的特点就是将微观的修复现象与宏观的语言的发展和进化联系在一起，并展现了人类语言的共性。

以上两个研究的时代背景不同，可以说 Clancy、Thompson、Suzuki 和 Tao（1996）还处于话轮起始位置要素研究的发展阶段，他们关注的现象或许不如现今的那样细腻多样。Dingemanse、Torreira 和 Enfield（2013）文章的发表是在相关研究已经比较成熟的阶段，他们通过韵律和序列位置上的相似之处找到了微观分析与宏观世界的联结点。当然，这样的跨语言对照研究需要多国学者协力，也需要庞大的资金支持，并不是轻轻松松便可以实现的。以笔者的管见，这样的专题研究在互动语言学领域也还不算多数，绝大多数研究还是限于对某种语言的某种特定语言形式的个案分析研究，或以针对某一题目的论文集或学术杂志特刊形式出现，如上文提及的 Heinemann 和 Koivisto 发布的特刊"Indicating a change-of-state in interaction: Cross-linguistic exploration"，以及 Luke 和 Fang 于 2021 年发布的 *Chinese Language and Discourse*，杂志特刊"Special issue on joint production of conversational turns"，等等。

# 3. 话轮起始位置要素研究的新思路

在上一节我们主要对迄今为止关于话轮起始位置的重要性、话轮起始位置要素的研究进行了总结；并从 20 世纪七八十年代的研究开始进行了简要的梳理，发现了此类研究的发展趋势。在本节，笔者结合最近的研究，就今后的话轮起始位置要素研究提出一些看法和思路。

首先，我们必须要肯定个案分析研究的意义。在现有研究的基础上利用语音及信息技术尽可能翔实地记述互动中所出现的各种现象，包括韵律特征，说话人的手势、身体姿势、目光方向、面部表情、咂嘴等行为要素，沉默、不流畅的发言，等等。关于汉语研究，可参照 Li（2014）以及 Thompson（2019）和 Li（2019）。通过查阅传统语言学的文献不难发现，包括话语标记等类型的话语或词汇的相关研究数量极多，但是因技术手段或视野的限制，前人未能发现的有趣现象也有很多。这些现象需要我们静下心来，从收集画质、音质较高的自然会话语料开始，到精确转写，仔细观察语料，并借助互动语言学框架内的知识与学者同行进行讨论，才可以得到挖掘。尽量做到不将多种类型的语料混为一谈，或者在转写中只粗略记录会话参与者的谈话内容而忽略序列顺序和话轮转换时的间隙或交叠，只有这样才能在众多先行研究存在的基础上做到"言之有物"。

其次，在话轮起始位置上，很多时候不只存在一个要素，有可能同时存在两个或两个以上的语言要素。第二节曾提到，Schegloff（2009）提出"And + uh（m）"、"But + uh（m）"或"So + uh（m）"加后续的短暂沉默（a bit of silence）这一组合可被看作会话中的一种资源，也就是说，在这种情况下，这些要素以什么顺序出现、各自有何种功能、叠加在一起后有何种功能等，都是值得去深入挖掘的。在日语研究中，伊藤（2018）对话轮起始位置要素的顺序性进行了深入探讨。伊藤（2018）对日语自然会话中话轮起始位置要素的排列顺序以及其中可以观察到的规律性进行了细致的分析与总结。该书指出，话轮起始位置对互动很重要，因为它可以表明将要产出的话轮和前面的语境之间的联系，并且可以投射将要产出的话轮的内容。书中论及了多项要素，如"えっ＋あの""うん＋でも""お＋じゃ"等，作者没有使用传统语言研究中使用的各种语篇和类别的区分（如"连词""称谓词""填充词"等），而是从互动功能上关注各种要素。文中各种话轮起始位置要素根据其互动功能被分为"追溯指向要素"和"后续指向要素"。在这种分类的基础上，作者详细记述了在话轮起始位置上出现两个及以上要素时，要素排列的规律性，以及促成这种顺序的互动原则，最后讨论了这样的排序规则是如何被参与者作为互动资源使用的这一课题。在汉语会话中，也有类似的现象值得探讨。比如，笔者比较关心的表示否定的"不是"，可与其他要素排列于话轮起始位置，出现"嗯＋不是"或"不是＋你听我说"等形式。

最后，针对跨语言的对照研究，在上一节结尾处，笔者阐述了这种研究的困难之处，但是这种困难也并不是没有解决之道。通过构建多模态多语种自然会话语料库及共享语料，即使资源有限，跨语言对照研究也是有机会实现的。例如现存的 TalkBank 语料库中的 CABank（MacWhinney & Wagner，2010）就为各国的会话分析研究者提供了难得的素材。希望今后能出现更多类似的多模态语料库项目。

## 4. 结语

本文通过梳理话轮起始位置出现的语言要素的研究背景和互动语言学视角的相关研究，对迄今为止与话轮起始位置的重要性、话轮起始位置要素相关的研究进行了总结。笔者从 20 世纪七八十年代的研究沿革中发现了此类互动语言学视角研究的发展趋势，依照这种趋势和研究现状，指出了现有话轮起始位置要素研究的一些问题和可行的研究思路。最后以小见大，对互动语言学领域的研究前景做出了小小的展望。再回看第二节提及的 Schegloff（1996）的 9 个问题，这些问题从被提出到现在，经过了将近 30 个年头，我们是否找到了所有问题的答案呢？我想答案是否定的。在今后的研究活动中，我们依然可以把这些问题当作研究的指针，在观察语料时拿出来去思考，相信通过这样的思考，语言的问题必将与认知、与互动、与人类的社会行为交织在一起，从而让我们更了解人类自身，也能让我们看到更广阔的世界。

# 参考文献

方梅，2000，《自然口语中弱化连词的话语标记功能》，《中国语文》第 5 期。

方梅主编，2022，《汉语语用标记功能浮现的互动机制研究》，中国社会科学出版社。

李先银，2017，《现代汉语话语否定标记研究》，世界图书出版公司。

刘丽艳，2005，《作为话语标记语的"不是"》，《语言教学与研究》第 6 期。

沈家煊，1993，《"语用否定"考察》，《中国语文》第 5 期。

殷树林，2011，《说话语标记"不是"》，《汉语学习》第 1 期。

王志英，2019，《现代汉语语用否定研究》，中国社会科学出版社。

Bolden, Galina, B., "*Nu*-prefaced responses in Russian conversation," In John Heritage and Marja-Leena Sorjonen, eds., *Between Turn and Sequence: Turn-initial Particles across Languages* (Amsterdam: John Benjamins, 2018), pp. 23–58.

*Talk and social organisation. Multilingual Matters*, 9–18. Clevedon: Multilingual Matters.

Chiu, Hsin-fu, "*Méiyǒu-/búshì-* ('*No-*') prefaced turns in talk show interaction: Constitutive elements of entertainment broadcasts in Taiwan," *Language and Linguistics*13(2012): 391–435.

Clancy, Patricia M., Sandra A. Thompson, Ryoko Suzuki and Hongyin Tao, "The conversational use of reactive tokens in English, Japanese, and Mandarin," *Journal of Pragmatics* 26(1996): 355–387.

Couper-Kuhlen, Elizabeth and Margret Selting, *Interactional Linguistics: Studying Language in Social Interaction* (Cambridge: Cambridge University Press, 2018).

Deppermann, Arnulf, "Turn-design at turn-beginnings: Multimodal resources to deal with tasks of turn-construction in German," *Journal of Pragmatics* 46(2013): 91–121.

Dingemanse Mark, Torreira Francisco, Enfield N. J., "Is ''Huh?'' a universal word? Conversational infrastructure and the convergent evolution of linguistic items," *PLoS ONE* 8(2013): 1–10.

Fraser, Bruce, "Pragmatic markers," *Pragmatics* 6(1996): 167–190.

Fraser, Bruce, "An account of discourse markers," *International Review of Pragmatics* 1(2009): 293–320.

Goodwin, Charles, "Transparent vision," In Elinor Ochs, Emanuel A. Schegloff, and Sandra Thompson, eds., *Interaction and Grammar* (Cambridge: Cambridge University Press,

1996), pp. 370–404.

Hayashi, Makoto, "Marking a 'noticing of departure' in talk: *Eh*-prefaced turns in Japanese conversation," *Journal of Pragmatics* 41(2009): 2100–2129.

Hayashi, Makoto and Kaoru Hayano, "*A*-prefaced responses to inquiry in Japanese," In John Heritage and Marja-Leena Sorjonen, eds., *Between Turn and Sequence: Turn-initial Particles across Languages* (Amsterdam: John Benjamins, 2018), pp. 193–223.

Heinemann, Trine and Aino Koivisto, "Indicating a change-of-state in interaction: Cross-linguistic explorations," *Journal of Pragmatics* 104(2016): 83–88.

Heinemann, Trine and Jakob Steensig, "Justifying departures from progressivity: The Danish turn-initial particle altså," In John Heritage and Marja-Leena Sorjonen, eds., *Between Turn and Sequence: Turn-initial Particles across Languages* (Amsterdam: John Benjamins, 2018), pp. 445–475.

Heritage, John, "A change-of-state token and aspects of its sequential placement," In Atkinson J. Maxwell and John Heritage, eds., *Structures of Social Action: Studies in Conversation Analysis* (Cambridge: Cambridge University Press, 1984), pp. 299–345.

Heritage, John, "*Oh*-prefaced responses to inquiry," *Language in Society* 27(1998): 291–334.

Heritage, John, "*Oh*-prefaced responses to assessments: A method of modifying agreement/disagreement," In Ford. Cecilia E., Barbara A. Fox, Sandra A. Thompson, eds., *The Language of Turn and Sequence* (Oxford: Oxford University Press, 2002), pp. 196–224.

Heritage, John, "Turn-initial position and some of its occupants," *Journal of Pragmatics* 57(2013): 331–337.

Heritage, John, "Turn-initial particles in English: The case of *oh* and *well*," In John Heritage and Marja-Leena Sorjonen, eds., *Between Turn and Sequence: Turn-initial Particles across Languages* (Amsterdam: John Benjamins, 2018), pp. 155–189.

Heritage, John and Marja-Leena Sorjonen, "Constituting and maintaining activities across sequences: *And*-prefacing as a feature of question design," *Language in Society* 23(1994): 1–29.

Heritage, John and Marja-Leena Sorjonen, "Introduction Analyzing turn-initial particles," In John Heritage and Marja-Leena Sorjonen, eds., *Between Turn and Sequence: Turn-initial Particles across Languages* (Amsterdam: John Benjamins, 2018), pp. 1–22.

Kim, Hye Ri Stephanie, "Reshaping the response space with kulenikka in beginning to respond to questions in Korean conversation," *Journal of Pragmatics* 57(2013): 303–317.

Kim, Hye Ri Stephanie, "Two types of trouble with questions: A comparative perspective on turn-initial particles in Korean," In John Heritage and Marja-Leena Sorjonen, eds., *Between Turn and Sequence: Turn-initial Particles across Languages* (Amsterdam: John Benjamins, 2018), pp. 97–117.

Li, Xiaoting, *Multimodality, Interaction and Turn-taking in Mandarin Conversation* (Amsterdam: John Benjamins, 2014).

Li, Xiaoting, "Researching multimodality in Chinese interaction: a methodological account," In Li Xiaoting and Tsuyoshi Ono, eds., *Multimodality in Chinese Interaction* (Boston: De Gruyter Mouton, 2019), pp. 24–62.

Luke, Kang Kwong and Mei Fang, "Special issue on joint production of conversational turns," *Chinese Language and Discourse* 12(2021): 1–5.

MacWhinney, B., & Wagner, J., "Transcribing, searching and data sharing: The CLAN software and the TalkBank data repository," *Gesprachsforschung* 11(2010): 154–173.

Mondada, Lorenza, "Turn-initial *voilà* in closings in French: Reaffirming authority and responsibility over the sequence," In John Heritage and Marja-Leena Sorjonen, eds., *Between Turn and Sequence: Turn-initial Particles across Languages* (Amsterdam: John Benjamins, 2018), pp. 371–411.

Mori, Junko, "The workings of the Japanese token *hee* in informing sequences: An analysis of sequential context, turn shape, and prosody," *Journal of Pragmatics* 38(2006): 1175–1205.

Onodera, Noriko O., and Elizabeth Closs Traugott, "Periphery: diachronic and cross-linguistic approaches: introduction," Special issue of *Journal of Historical Pragmatics* 17(2016): 163–177.

Raymond, Chase Wesley, "*Bueno-, pues-,* and *bueno-pues-*prefacing in Spanish conversation," In John Heritage and Marja-Leena Sorjonen, eds., *Between Turn and Sequence: Turn-initial Particles across Languages* (Amsterdam: John Benjamins, 2018), pp. 59–96.

Sacks, Harvey E., Emanuel A. Schegloff and Gail Jefferson, "A simplest systematics for the organization of turn-taking for conversation," *Language* 50(1974): 696–735.

Schegloff, Emanuel A., "Recycled turn beginnings: A precise repair mechanism in conversation's turn-taking organization," In Button Graham and John R.E. Lee, eds., *Talk and Social Organisation* (Clevedon: Multilingual Matters, 1987), pp. 70–85.

Schegloff, Emanuel A., "Turn organization," In Elinor Ochs, Emanuel A. Schegloff, and Sandra Thompson, eds., *Interaction and Grammar* (Cambridge: Cambridge University Press, 1996), pp.370–404.

Schegloff, Emanuel A., *Sequence Organization in Interaction: A Primer in Conversation Analysis.* Volume 1 (Cambridge: Cambridge University Press, 2007).

Schegloff, Emanuel A., "A practice for (re-)exiting a sequence: and/but/so + uh(m) + silence," In Bruce Fraser and Ken Turner, eds., *Language in Life, and a Life in Language: Jacob Mey, A Festschrift* (Bingly, U.K., Emerald, 2009), pp. 365–374.

Schegloff, Emanuel A. and Harvey Sacks, "Opening up closings," *Semiotica* 8(1973): 289–327.

Schegloff, Emanuel A. and Gene H. Lerner, "Beginning to respond: *Well*-prefaced responses to Wh-questions," *Research on Language and Social Interaction* 42(2009): 91–115.

Schiffrin, Deborah, *Discourse Markers* (Cambridge: Cambridge University Press, 1987).

Sidnell, Jack, "'Look' -prefaced turns in first and second position: launching, interceding and redirecting action," *Discourse Studies* 9(2007): 387–408.

Sorjonen, Marja-Leena, "Reformulating prior speaker's turn in Finnish: Turn-initial siis, eli(kkä), and nii(n) et(tä)," In: John Heritage and MarjaLeena Sorjonen, eds., *Between Turn and Sequence: Turn-initial Particles across Languages*, (Amsterdam: John Benjamins, 2018), pp. 251–286.

Tanaka, Hiroko, *Turn-taking in Japanese Conversation: A Study of Grammar and Interaction*(Amsterdam: John Benjamins, 1999).

Thompson, Sandra A., "Multimodality and the study of Chinese talk-in-interaction," In Li Xiaoting and Tsuyoshi Ono, eds., *Multimodality in Chinese Interaction* (Boston: De Gruyter Mouton, 2019), pp. 13–23.

Traugott, Elizabeth Closs, "The role of the development of discourse markers in a theory of grammaticalization," *Paper Presented at the 12th International Conference on Historical Linguistics* (Manchester, August 1995).

Wang, Wei, Prosody and Functions of Discourse Markers in Mandarin Chinese Conversation: The Cases of *Ranhou, Wo Juede,* and *Meiyou* (Ph.D. diss., UCLA, 2017).

Wang, Wei, "Grammatical conformity in question-answer sequences: The case of meiyou in Mandarin conversation," *Discourse Studies* 22(2020): 610–631.

Weidner, Matylda, "Treating something as self-evident: *No*-prefaced turns in Polish," In John

Heritage and Marja-Leena Sorjonen, eds., *Between Turn and Sequence: Turn-initial Particles across Languages* (Amsterdam: John Benjamins, 2018), pp. 225–250.

Wu, Ruey-Jiuan Regina, "Managing turn entry: The design of *EI*-prefaced turns in Mandarin conversation," *Journal of Pragmatics* 66(2014): 139–161.

Wu, Ruey-Jiuan Regina, "Turn design and progression: The use of *aiyou* in Mandarin conversation," In John Heritage and Marja-Leena Sorjonen, eds., *Between Turn and Sequence: Turn-initial Particles across Languages* (Amsterdam: John Benjamins, 2018), pp. 287–314.

浅田秀子，2017，《現代感動詞用法辞典》，東京堂出版。

伊藤翼斗，2018，《発話冒頭における言語要素の語順と相互行為》，大阪大学出版社。

遠藤智子、横森大輔、林誠，2017，《確認要求に用いられる感動詞的用法の「なに」：認識的スタンス標識の相互行為上の働き》，《社会言語科学》第20(1)期。

川森雅仁、川端豪、島津明，1995a，《談話標識語の音韻的研究》，《情報処理学会研究報告自然言語処理（NL）》第69期。

川森雅仁、川端豪、島津明，1995b，《談話標識語の音韻的研究（II）》，《情報処理学会研究報告音声言語情報処理（SLP)》第120期。

串田秀也，2005，《『いや』のコミュニケーション学》，《月刊言語》第34(11)期。

串田秀也、林誠，2015，《WH 質問への抵抗：感動詞『いや』の相互行為上の働き》載友定賢治編《感動詞の言語学》，東京：ひつじ書房。

郡史郎，1997，《日本語のイントネーション：型と機能》載国広哲弥、廣瀬肇、河野守夫編《アクセント・イントネーション：リズムとポーズ》，東京：三省堂。

須藤潤，2008，《『うん系』感動詞の韻律的特徴に関する一考察：『受け入れ』にかかわる意味・機能をめぐって》，《ポリグロシア》第15期。

平本毅，2011，《発話ターン開始部に置かれる『なんか』の話者性の『弱み』について》，《社会言語科学》第14(1)期。

森山卓郎，1996，《情動的感動詞考》，《語文》第65期。

# 他方重复研究综述 <sup>*</sup>

大连外国语大学　吕海燕

## 1. 引言

重复（repetition）是语言使用中普遍存在的现象，语言学家自 Jespersen（1924）开始表现出对重复的兴趣。近年来，重复逐渐受到学界的关注，国际知名学术期刊 *Text*（1987 年第 3 期）和 *Language in Society*（2020 年第 4 期）均专刊登载过系列论文。Schegloff（1996）介绍会话分析研究理念及方法的重要文章及其他数量可观的研究论文，也都见证了这一语言现象在学界逐渐受到重视的过程。总体而言，在研究内容上，从对重复的认识和界定发展到对重复实施行为的识别和判定；从对重复所处序列结构的关注发展到对韵律等多模态资源的重视。在研究语言上，从英语扩展到多种语言，并进行语际对比（Dingemanse & Enfield，2015；Rossi，2020；等等）。在研究范式上，从传统语言学对回声问的研究发展到话语取向的研究，再到会话分析及互动语言学范式下的研究，最新的分析涉及语用类型学领域（Rossi，2020；等等）。

会话分析及互动语言学注重对真实发生的自然会话进行考察，对重复进行了卓有成效的研究，发现会话中的重复是系统的、功能性的。下

* 基金项目：辽宁省社会科学规划基金项目"互动视角下汉语口语重复性他发修复研究"（L23BYY008）。

面从性质与类型、互动功能和立场表达等方面对会话分析、互动语言学视角下的他方重复（other-repetition）研究进行综述。

# 2. 他方重复的性质与类型

## 2.1　他方重复的性质

Schegloff（1996）从说话人与初始话语关系、重复与初始话语位置关系、重复所处序列位置、重复与初始话语相似程度、重复构成话轮情况、重复与其他 TCU 共现情况、初始话语内容七个角度对重复进行了区分，Couper-Kuhlen 和 Selting（2018: Online- Chapter F:31）则补充说明了其语音韵律方面的特征。可见，重复这一语言惯例在互动中呈现出的面貌是复杂多样的，正如 Couper-Kuhlen（1996:368）指出的，重复在言语和韵律上都可以是不同的，形成一个渐变的连续统，从一个极端的"完美副本"到某个中间阶段的"近似副本"，再到另一个极端的"（满足）所有实际用途的副本"。面对如此纷繁复杂的语言现象，Schegloff（1997）在研究中将重复界定为"重复前一话轮的全部或部分内容，包括由于说话人的变化而带来的指示语、时态、韵律等转换，但不包括释义和大量的改写"。本文综述对象"他方重复"[①]，即取自 Schegloff（1997）所做的界定。为行文简洁，以下所说重复均指他方重复。

从互动语言学视角来看，词、词组、小句和小句联合这些基于形式的实体单位属于语言资源（resource），而他方重复是一种语言惯例（practice）——在社会互动中为达到特定目的而使用语言和其他形式的循环方式（Couper-Kuhlen & Selting，2018:356）。虽然语言惯例需要

---

① 他方重复（other-repetition）在英语文献中曾以多种术语形式出现，如第二言者重复（second-speaker repetition）（Norrick，1987）、互动重复（allo-repetition）（Tannen，1987）、跨言者重复（cross-speaker repetition）（Brown et al.，2021）、下一话轮重复（next-turn repetition）（Kim，2002；Brown et al.，2021）等。

利用各种语言资源来实现，但不能被具体化为任何特定语言形式的使用，有时仅以使用这些形式的原则来描述。如他方重复就依赖于当前话轮与前一话轮之间形式上相似关系的建立，可被描述为对对方之前话语的"重说"（resaying）（Couper-Kuhlen & Selting，2018:356）。因此，他方重复与指称、列举等同属语言惯例，而非包括各级实体单位的语言资源。

　　他方重复产生于会话，是说话人在谈话中做的和对谈话做的基本操作（Rossi，2020）。从会话组织的角度来看，他方重复是"话轮构建的通用操作类型"（universal operation type for turn building）（Brown，2001；Sacks et al.，2010；Sidnell，2010），是一种常见且普遍的话轮构建策略。虽然他方重复看似几乎没有为谈话提供新的实质性内容（Couper-Kuhlen，2020），但它绝不仅仅是重复说过的话，言者总是会以某种方式调整初始话语或为其搭建新的表达框架（Sidnell，2009:5-7），传达比"（与初始话语）相同"更多的东西（Brown et al.，2021）。换言之，他方重复总涉及某种相似性和差异性（Johnstone，1987）。

　　因此，从性质来说，他方重复是一种用于构建话轮的语言惯例（practice）。

## 2.2　重复的类型

　　重复是一种跨语言普遍存在的通用语言惯例，但具体表现形式及类别划分因语言而异，显示出不同的类型样貌。绝大多数研究从重复话语与初始话语相同程度的角度进行考察，总体来说部分重复的使用数量多于完全重复，如 Kim（2002）的研究中仅有 23.1% 是完全重复。用于发起修复的重复可分为部分重复和完整重复，前者仅将初始话语中的一部分定位为可修复的（Schegloff et al.，1977），后者则将整个初始话语及其实施行为视为有问题的（Robinson & Kevoe-Feldman，2010）。Stivers（2005）在考察英语中针对并不要求确认的"断言"所做的重复型回应时，将重复分为：部分的修改型重复和完整的修改型重复，前者形式为"（回指）代词＋带重音的系词或助词"，后者为"（回指）代词＋完整独立的系词＋核心断言内容"。Kim（2016）在研究韩语中用于回答请求确认的是非问句的重复型回应时，将其分为最小重复和非最小重复两类。最小重复即重复单独做话轮，可进一步分为谓语重复和名词短语重复；非最小重复则是重复所在话轮后续有其他 TCU。在汉语中，根据谢心阳（2018）的研究，是非疑问句的重复型回应可分为简单重复型回应和完全重复型回应，前者指只重复动词部分的回应，后者指对问句进行完全或大部分重复。

另有一些研究根据重复话语与初始话语在语音韵律方面的特征进行分类。如 Couper-Kuhlen（1996）根据语音韵律特征将广播电台热线电话中主持人重复打入电话者话语的表达方式分为两类。一类是在主持人自身音域内使用类似的音高重复打入电话者的话语内容（即相对音阶重复），目的是引发对方确认；另一类是使用与对方绝对音高相同的音高级别模仿打入电话者的话语（绝对音阶重复），目的是具有策略性地批评对方，对其进行社会控制。

# 3. 他方重复的互动功能

他方重复的意义高度依赖于序列语境，并于其中实施了各种功能（Couper-Kuhlen & Selting，2018: Online- Chapter F:31）。同时，正如 Schegloff（1996）所言，重复的表达方式（如语音韵律特征）在其使用中也发挥了极其重要的作用。下面介绍已有文献中对他方重复互动功能及相关韵律表现的研究。

## 3.1　发起修复

对于他方重复的功能，互动学者讨论最多的便是发起修复。当交际者对对方所说话语在听力、理解或接受上产生了问题，都可以暂停原有会话进程，发起修复。重复是发起修复的重要方式之一（Couper-Kuhlen，1996；Kim，2002；Schegloff et al.，1977；Sorjonen，1996；等等）。由重复发起的修复，可进一步分为不同的功能小类。（1）寻求完成（seeking completion）。言者重复前一话轮（或其中一部分）以请求对方填补缺失的内容。（2）寻求澄清（seeking clarification）。言者以重复的方式提出理解方面的问题，期待对方提供进一步的解释或说明。（3）寻求确认（seeking confirmation）。言者以重复的方式请求对方予以确认或否认。

韵律方面，Couper-Kuhlen（2020）发现英语中寻求完成的重复都是水平音高，且从焦点音节开始声音延长。寻求澄清和寻求确认的重复在北美英语中焦点上升和焦点下降大致相当；在英国英语中焦点下降占主导地位，这带来的问题是如何区分寻求澄清和寻求确认。Couper-Kuhlen（2020）认为，答案似乎在于重复话轮相对于前一话轮的过渡时间。所有寻求澄清的重复都明显延迟，它们不会立即进入前一话轮的话轮转换相关处（TRP），而是在一段沉默间隙之后出现；寻求确认的重复在北美和英国英语中通常都没有延迟，因为此时言者不需识别前一话轮的意义或为对方提供自我修复的机会（Schegloff et al.，1977；Kendrick，2015），只需对方确认其所重复的内容是正确的，因而可直接接续对方话语而无延迟。

还有一些重复超出了发起修复的简单性（Lerner et al.，2012:199），因为它们不仅涉及听力或理解问题，而且更多地与对方所说内容出乎意料有关（Selting，1996；Wilkinson & Kitzinger，2006），因此有学者将这些行为统称为超越修复（go beyond repair），以捕捉它们包含或超越发起修复的潜力（Couper-Kuhlen，2020；Rossi，2020）。超越修复行为之一是表示惊讶（Selting，1996；Wilkinson & Kitzinger，2006），用于回应对方所说的非同寻常的事实，表明这与言者的预期背道而驰，使对方的解释在下一话轮具有条件相关性（Selting，1996）。超越修复行为之二是质疑或挑战初始话语的可接受性（Jefferson，1972；Wu，2006；Svennevig，2008；Robinson & Kevoe-Feldman，2010；Benjamin & Walker，2013；等等）。可接受性问题通常涉及所说内容的真实性、准确性或适当性。与惊讶的不同之处在于，这里的重复表明言者认为初始话语"有问题"，将其定性为负面的（negatively valenced）。

在韵律方面，Benjamin 和 Walker（2013）、Couper-Kuhlen（2020）

都证明质疑挑战类重复的音高轮廓是从最后一个重音音节开始的高起——升——降（HRF）运动，同时 Couper-Kuhlen（2020）发现惊讶也可采用这种音高轮廓。到底是什么让重复的接受者识别惊讶和挑战呢？这主要取决于重复言者在重复时展示了多少对知识的掌握。当重复言者将对方视为认识权威，接受其所说话语时（这通常反映在使用状态改变小品词"oh"上），就是在表达惊讶。当重复言者从更高的认识立场传达出对方话语有问题或不可接受时，则是在挑战对方，此时不会使用状态改变小品词"oh"。

Couper-Kuhlen（1996）的研究同时包括发起修复和超越修复。在这项关于主持人在广播电台热线电话节目中重复打入电话者话语的研究中，她发现当（男性）主持人使用相对音阶重复时（他的重复在自己音域范围内与初始话语在打入电话者音域范围内的相对音高基本相同），目的是发起修复、请求确认。当主持人使用绝对音阶重复时（即使用与打入电话者完全相同的音高），这与其正常的话语（音高较低）形成鲜明对比，产生了一种不自然的高音和假声。此时主持人是在模仿打入电话者的声音，意在批评其话语音高过高，超越了单纯的发起修复。

## 3.2　表示接收

重复在互动中常用于表示接收到对方前一话轮所说内容（Goldberg，1975；Schegloff，1996；Brown，1998；Kim，2002；Persson，2015；等等）。Schegloff（1997）详细考察了这种重复，认为它最重要的特点是带有下降（甚至是小句结束）语调。在序列位置上，表示接收的重复通常出现于序列第三位置，在相邻对前件（如提问）和相邻对后件（如回答）之后，表示对前一话轮及其实施行为的接收。实施该功能的重复常单独构成话轮（有时伴有表示接收的小品词），也可后接其他 TCU（但不是以表示接收的重复为基础展开的内容）。表示接收的重复不投射对方的更多话语，不强制要求回应。然而，由于话轮转换机制的存在，重复本身便为回应创造了机会，对方可自愿做出回应，这"显示出将重复视为值得回应的倾向"（Schegloff，1997）。对方自愿做出的回应通常是确认，这种确认与其他行为引起的确认在某些语言中采用的形式不同（Sorjonen，1996；Persson，2015）。当对方没有回应时，表示接收的重复是最小后扩展；当对方做出自愿确认时，表示接收的重复与该自愿确认构成非最小后扩展（Persson，2015）。与此具有偶然性的确认回应不同，根据 Kendrick 等（2020），在 Yurakaré 和 Tzeltal 语中，第三位置的重复使对方的确认回应具有条件相关性，表示接收的重复及其确认回应构成重复型接收序列（repetitional receipt sequence）。

重复对方话语以表示接收这一功能可用于将信息"记录在案"（Lee，2016），在某些需要保证信息正确传输的机构语境中尤为明显，如在传递服务类型、商品数量或事件时间等信息时（Goldberg，1975）。接收并不意味着接受，Schegloff（1997）文中的咨询师虽然通过重复表示对对方（一名自杀者）传递信息的接收，但并不代表他接受其话语内容。

## 3.3 予以确认

他方重复在互动交际中可用于表达确认，具体又分两种情况。第一种是由前一话轮请求而具有条件相关性的确认，第二种是不具有条件相关性、言者主动给予的确认。

### 3.3.1 具有条件相关性的确认

（1）确认暗示。Schegloff（1996）发现确认暗示是一种特殊的、高度受限的用法，发生在特定的序列环境中：交际对方对重复言者在之前话语中暗示的事件进行观察并明确表述出来，重复言者在下一话轮对该表述进行完全相同的重复。作者认为，这种重复"确认"了交际对方对所暗示内容的理解是正确的，而非仅仅"同意"对方所言，同时确认这种理解之前仅被暗示过（未被明确传达）。"重复确认了暗示，并将其确认为暗示。"（Schegloff，1996）

（2）确认明示。确认明示既包括确认自己已明示内容，也包括确认对方已明示内容。无论哪种情形，所确认内容都处于重复言者认识领域之中。首先，确认自己已明示内容的情况。在问答序列第三位置接收型重复（由对方产出）的下一话轮，言者可在第四位置再次重复，确认所重复内容是自己在第二位置已提供的信息（Hsieh，2009），该信息处于言者认识领域，言者从认识权威位置出发予以确认。其次，确认对方已明示内容的情况。Jefferson（1972）和 Norrick（1987）等都谈到在言者遇到表达困难进行思索搜词时，如果对方提供话语正是言者意欲表达的内容，言者可通过重复对方话语的方式确认其正确性。虽然也可通过"yes"等做出肯定回应，但通过重复这种方式，言者从认识权威位置出发确认了该表述的正确性。这些话语最初是言者意欲表述只是因一时遇困未能及时产出，虽由对方说出却实属言者认识领域。

无论是确认暗示还是确认明示，对方在上一话轮所言内容都处于重复言者认识领域，具有请求确认的功能，使确认在当前话轮具有条件相关性，言者以重复的方式予以确认。

### 3.3.2　不具有条件相关性的确认

Stivers（2005）专门分析了英语中对并不要求确认的"断言"所做的重复型回应，这种回应赋予系词或者助词以重音，因而破坏了第一个言者对断言的默认权利，表明了回应者在认识上的优先权利，具体分为两种重复：第一种是部分修改型重复（回指代词＋带重音的完整独立的系词或助词），最常见于初始话语有认知降级成分的环境中，但其本身不会重复该认识降级成分，因此，既表示重复言者与对方一致，也表示与其竞争；第二种是完整修改型重复（回指代词＋带重音的完整独立的系词＋核心断言内容），再现核心断言，常出现于初始话语没有认识降级成分的断言之后，因此有着比部分修改型重复更强的竞争性，更能表现重复言者的认识优先权。总之，在对方没有明确寻求确认的情况下，言者仍从第二位置提供确认，这是一种有标记行为，可被视为一种竞争性举动——不仅表明同意对方断言，而且表明是从更高的认识地位（即权威立场上）确认该断言，这种认识权威可能来自言者的社会角色或互动角色。值得注意的是，Stivers（2005）也证明了语音韵律在识别特定的重复惯例方面的重要性。Couper-Kuhlen 和 Selting（2018:302）对带重音的系词为何可以表示言者的认识权威进行了解释。

## 3.4　进行回应

在互动语言学中，回应是类型化的（typed），特定于它们要应对的某种类型的相邻对前件或始发行为（Couper-Kuhlen & Selting，2018:231），具有条件相关性（Schegloff & Sacks，1973）。日常会话中最常见的重复型回应是用于对话开启（-Hi！-Hi！）和对话结束（-Bye！-Bye！）的惯例表达（Schegloff，1968，1996；Schegloff & Sacks，1973）。已有研究关注最多的是由是非问发起的问答序列的重复型回应。

是非问对回答施加了语法限制，回答可以遵循也可以不遵循问句的措辞和限制。在英语中，根据 Heritage 和 Raymond（2012），与类型一致的"yes"相比，重复型回应"确认"而非"肯定"问句命题，表现了回应者对所谈事情的认识优先和社会权利。非类型一致的重复型回应在三个方面反抗是非问句的限制。首先，重复型回应通过确认（而非简单肯定）是非问的命题内容而调整了问句的措辞。其次，重复型回应申明了对这些措辞的施力性（agency），表现了对所讨论的信息更大的认识权威。最后，与 yes、no 相比，重复型回应与序列扩展相关。因此，在某些活动（如婚礼、请求等）中，肯定性类型一致回应"yes"，可能意味着对被同意行为的施力性和承诺不足，因此需要使用重复型回应。此外，Norrick（1987）认为在回答中重复对方话语表明回应者密切关注对方所说内容，表现了对对方话语的兴趣或对对方的尊重。

除了对是非问做重复型回应，对评价的回应也可采用重复的方式。Pomerantz（1984）指出评价出现的系统性环境之一是在交际对方首次评价后，即首次评价使二次评价在下一话轮具有条件相关性，二次评价是对首次评价的回应。从内容来看，二次评价可以同意也可以不同意首次评价。当首次评价是一般性评价时，同意首次评价的二次评价是优先行为，可采用与首次评价相同的语言形式，即重复首次评价的评价项或使用代形式（proterms）。当首次评价是交际对方的自我贬低时，不同意首次评价的二次评价是优先行为，可采用重复首次评价部分内容的方

式表达不同意，并常常在同一话轮或下一话轮中伴有其他不同意的成分
（Pomerantz，1984）。

## 3.5　承启话语

　　Schegloff（1997）考察了以下一行为为目标（Targeting a Next
Action）的重复，我们称之为承启话语。承启话语是在话轮起始处重复
对方话轮或其中一部分，作为该话轮后续 TCU 将要实施的行为的基点。
这种重复可根据所处位置命名为话轮起始重复（turn-initial repeats），
所在话轮通常具有"话题／评论"格式。

　　被 Schegloff（1997）高度概括为以下一行为为目标的重复，可
出现在三种序列语境中。第一种语境，前一话轮是告知、讲述、评
价等，当前话轮起始处重复前一话轮或其中一部分，后续 TCU 实施
的主要是拒绝、纠正、不一致等负面（或非优先）行为（Pomerantz，
1984；Heritage & Raymand，2012），但有时即使当前言者同意对方话
语也会将关键部分重复一遍。第二种语境，前一话轮是问句，当前话
轮起始处重复前一话轮或其中一部分，将其作为即将出现的回答的准
备（preliminary），这种回答包含答者的某种态度（如抱怨）。Bolden
（2009）考察了俄语中在回答问题前重复问句或其中一部分的现象，即
重复型前言（repeat prefacing）。这是一种抵制问句等始发行为互动规程
的策略，表明说话者对始发行为的疏离立场。这种重复不要求回应，而
是通过非疑问语调投射同一言者后续更多话语，具体有两种类型：其一，
带有继续或结束性语调的重复表明由于问句本身或预设不合适导致回应
者无法（或拒绝）回应；其二，带有非结束性语调的重复（有时伴随各
种搜词标记），表明回应者提取所需信息时有困难。虽然这些重复型前言
产生于前件后的回应位置，但重复本身并不构成回应。有研究者认为这
种重复是一种有声思考，目的是保持发言权并获得计划时间（Weiner &
Goodenough，1977；Rossi，2020）。第三种语境，前一话轮是请求，当
前话轮言者在承诺处理对方请求之前，先重复被请求的对象。

　　承启话语类重复是后续 TCU 提供额外信息或详述先前话语的基础

（Kim，2002），它从前一话轮提取关键信息成为话题[①]，后续 TCU 就此话题进行评论，表达言者态度。能够出现在多种序列环境并且后接不同的话语内容，说明他方重复是一种与许多不同类型的回应行为兼容的形式类型（Brown et al.，2021）。

### 3.6  其他功能

研究者还分析了他方重复的其他功能。如 Jefferson（1972）指出人们可以通过重复展示对初始话语的"欣赏"和"享受"，这种重复中的音节与笑声交替出现，被称为"笑声重复"（"laugh token" repeat），在功能上似乎暗示着与初始话语相关的谈话的终止。Weiner 及 Goodenough（1977）、Norrick（1987）提到了紧跟初始话语但并不与其构成相邻对的重复，如教师在课堂中重复一位学生的发言以便让更多学生听到。另外，重复还是帮助交际者操控会话进程及方向的策略，如降低对方语速（Tannen，1987）和逃避不喜欢的问题或话题（Hsieh，2009）。

总之，作为一种跨语言普遍存在的通用语言惯例，他方重复在会话交际中能实施丰富的互动功能，主要有发起修复、表示接收、予以确认、进行回应和承启话语等。

# 4. 他方重复所表达的立场

人们使用语言做的最重要的一件事情就是表达某种立场（Du Bois，2007），重复话语同样承载着言者的立场，并且主要涉及立场表达附属行为中的定位（position）和离合（align）（Du Bois，2007）。定位是指言者在情感级阶和认识级阶上定位自己，其中重复主要表达言者的认识立场；离合则是指两个主体之间立场的趋异或趋同。

---

[①]  有些研究明确指出重复具有在会话中维持或引导一个特定的话题焦点的功能（Brown，1998；Kim，2002；等等）。

### 4.1　他方重复所体现的认识立场

他方重复涉及的认识立场，主要指言者在重复对方话语时是否主张、强调自己的认识权利和认识权威地位。对英语的会话分析研究表明，认识权利对交际者至关重要，直接影响着重复言者的话语如何表达（Heritage & Raymond，2005；Stivers，2005）。如果使用重复或修改型重复回应对方，重复言者即表明其拥有相关知识且处于认识优先地位（Goodwin & Goodwin，1987；Schegloff，1996；Heritage & Raymond，2005；Stivers，2005；等等），因此，当第二个说话者没有直接经验时会避免使用重复。中美洲地区语言则不同，在 Brown 等（2021）调查的三种中美洲语言中，回应者可以通过重复来肯定某个自己之前并不具备知识的断言、观点或评价。因此，虽然他方重复是一个普遍存在的具有潜在认识相关性的话轮设计策略，但跨文化研究显示了文化偏好的介入——在中美洲语言会话中，重复将知识共同构建为一个集体过程，在这方面没有任何个体参与者具有最终的权威或所有权（Brown et al.，2021）。

此外，不同功能的重复话语所体现的交际者认识立场也是不同的。Couper-Kuhlen（2020）指出，在寻求确认的他发修复中，重复言者采取了一种与寻求澄清相比更确定的认识立场，表明其正在重复的内容确实是对方所说或所指，只是还存在一些不确定性，从而使对方的确认或否认在下一话轮相关。相比之下，寻求澄清的他方重复言者具有较低的认识立场，需要对方予以解释或说明。另外，表示惊讶和质疑功能时交际者的认识立场也不同。当重复言者视对方为认识权威时，倾向于接受对方所说话语，重复主要表示惊讶；当重复言者自认为是认识权威时，重复主要表示对对方话语的质疑甚至挑战。

### 4.2　他方重复所体现的立场离合

他方重复涉及交际者之间不同的立场离合关系。很多研究展示了他发修复和言者疏离态度之间的强烈关联（Jefferson，1972；Schegloff et al.，1977；Schegloff，1997；Wu，2006；Svennevig，2008；Robinson

& Kevoe-Feldman，2010；Benjamin & Walker，2013），发起修复即预示着分歧。言者重复对方刚刚说过的话，表明这与其预期背道而驰，并表示惊讶，甚至暗示对方话语是错误的、不可接受的或道德上有问题的，进而提出怀疑或挑战。韵律在表达言者之间立场离合方面发挥了极其关键的作用，如前文已述 Couper-Kuhlen（1996）的研究。

除他发修复类重复，用于承启话语的重复也可表示言者的疏离态度。在承启话语的第一种语境中，对方话语是告知、讲述或评价，言者在重复之后的 TCU 实施的主要是拒绝、纠正、不一致等负面（或非优先）行为。Schegloff（1997）认为这种语境中的话轮起始重复表示了言者反驳、质疑的立场。与此类似，在回应对方的自我贬低时，言者可采用"部分重复 + 其他不同意的成分"这一格式表达与对方的不一致，其中，对前一话轮的部分重复蕴含着对对方话语的质疑或挑战（Pomerantz，1984）。在承启话语的第二种语境中，对方话语是问句，言者在回应话轮开端重复对方话语或其中一部分。Bloden（2009）指出这种话轮起始重复是对会话进程的一种延迟方式，打断了序列连续性，属于与提问前件竞争的回应而非推进前件行为进程的回应，体现了重复言者的疏离态度。

与上述疏离立场相反，有些重复能表达交际者之间的亲近。Brown和 Levinson（1987：113）指出重复是一种积极面子的亲和策略，可用于强调对话语内容的情感的一致。此外，Stevanovic 等（2020）指出，表示接收的行为带有额外的社会互动意义，可表示欣赏或友好关系。Hsieh（2009）提到汉语中有些重复不只表示言者的同意或确认，还进一步表示自己与对方情况相同，理解并完全同意对方话语，这也是一种亲附的立场。

综上所述，他方重复在实施不同的互动功能时能传递交际者的话语立场，这主要体现在交际双方的认识定位差异和立场离合关系上。

## 5. 对他方重复的回应的研究

对他方重复的回应的研究主要集中在对发起修复类重复的回应

上。Rossi（2020）总结出对发起修复类重复的回应可以分为以下几种。（1）确认（confirmation）。确认是最常见的回应类型，这种回应是功能性的，包括从极性感叹词到重复再到点头等各种惯例。（2）完成（Completion）。完成是指填补前一话轮中留下的空白（Rossi，2015；Persson，2017），这空白通常是未听到或未理解的内容。（3）澄清（clarification）。澄清是对事实信息或指称的解释或说明，以使其更易于理解或更清楚。在回应表明前一话轮整个问句有问题的完全重复型发起修复时，回应方式通常是重新表述问句或提供帮助理解的背景信息（Robinson & Kevoe-Feldman，2010）。（4）辩解（justification）。辩解是指对自己行为、观点或表达的捍卫。（5）退让（backdowns）。辩解旨在坚持自己的立场，退让是修改自己之前有问题的立场或表达方式（Schegloff，2007：151-55）。退让的范围可从对先前表达的缓和、减弱、修改，到逐渐限定，再到完全撤回先前立场。当然，对发起修复类重复的回应包含不止一种类型的行为。

除了对发起修复类重复的回应，Persson（2015）较为详细地研究了法语中接收类重复的回应。他从三个角度证明了这种回应的偶然性：一是有时有回应，有时无回应；二是回应标记常与序列中下一话语发生重叠，表明接收类重复不期待回应；三是这种自愿的确认与被要求的确认（如他发修复类重复引发的确认）使用不同的标记。作者还对比了法语中自愿确认与被要求的确认所用标记的异同，自愿确认标记有以下四种形式或特点：第一，常为最小确认标记"mm"；第二，通常声音不大、音调不高，不与任何话语竞争；第三，一些自愿确认是在吸气时发出的；第四，使用小品词 voilà（可大致翻译为"that's it"或者"that's right"）。

# 6. 结语

他方重复在自然会话中普遍存在，以不同的语音韵律实施多种不同的互动功能，并体现交际者的立场。会话分析及互动语言学界对他方重复的研究已经相当成熟，未来的发展方向将是越发关注语音韵律等多模态资源在重复的构成及行为识解上的作用，同时进一步挖掘其他语言不同于英语中他方重复的序列环境及互动功能，并进行语际对比。特定机构话语中的他方重复将会是一个新的研究增长点。

　　正如 Rossi（2020）所言，他方重复是许多研究的主题。国内现有研究对他方重复现象的关注，主要散见于回声话语、语调是非问句、会话应答、话轮修复及重复话轮等相关研究中。谢心阳（2021：102）探讨了回声问与重复型他发修复的异同。本书中曾令媛和张文贤对回声话语进行了全面的综述。吕海燕（2023）基于自然会话语料，较为全面地考察了汉语口语中的他方重复。从整体来说，学界对汉语他方重复的了解还不够深入，期待更多研究结果的出现。

# 参考文献

吕海燕，2023，《互动视角下汉语自然会话中的他方重复研究》，博士学位论文，华中师范大学。

谢心阳，2018，《汉语自然口语是非疑问句和特殊疑问句的无标记回应》，《世界汉语教学》第 3 期。

谢心阳，2021，《问与答：形式和功能的不对称》，社会科学文献出版社。

Benjamin, Trevor and Traci Walker, "Managing problems of acceptability through high rise-fall repetitions," *Discourse Processes* 50.2（2013）: 107–138.

Bolden, Galina B, "Beyond answering: Repeat-prefaced responses in conversation," *Communication Monographs* 76.2（2009）: 121–143.

Brown, Penelope, and Stephen C. Levinson, *Politeness: Some Universals in Language Usage.* Vol. 4.（Cambridge University Press, 1987）.

Brown, Penelope, "Repetition," In Alessandro Duranti, ed., *Key Terms in Language and Culture*（Oxford:Blackwell, 2001），pp.219–222.

Brown, Penelope, Mark A. Sicoli and Olivier Le Guen, "Cross-speaker repetition and epistemic stance in Tzeltal, Yucatec, and Zapotec conversations," *Journal of Pragmatics* 183（2021）: 256–272.

Brown, Penelope, "Conversational structure and language acquisition: The role of repetition in Tzeltal," *Journal of Linguistic Anthropology* 8.2（1998）: 197–221.

Couper-Kuhlen, Elizabeth, "The prosody of repetition: on quoting and mimicry," In Elizabeth Couper-Kuhlen and Margret Selting, eds., *Prosody in Conversation: Interactional Studies*（Cambridge: Cambridge University Press, 1996）, pp.366–405.

Couper-Kuhlen, Elizabeth, and Margret Selting, *Interactional Linguistics: Studying Language in Social Interaction*（Cambridge: Cambridge University Press, 2018）.

Couper-Kuhlen, Elizabeth, "The prosody of other-repetition in British and North American English," *Language in Society* 49.4（2020）: 521–552.

Dingemanse, Mark, and Nick J. Enfield, "Other-initiated repair across languages: towards a typology of conversational structures," *Open Linguistics* 1.1（2015）:96–118.

Du Bois, John W., "The stance triangle," In R. Englebretson, ed., *Stancetaking in Discourse: Subjectivity, Evaluation, Interaction*（Amsterdam/Philadelphia: John Benjamins Publishing Company, 2007）, pp.139–182.

Goldberg, Jo Ann, "A system for the transfer of instructions in natural settings," *Semiotica* 14.3（1975）: 269–295.

Goodwin, M. H., and C. Goodwin, "Children's arguing," In Philips, Susan U., Susan Steele, and Christine Tanz, eds., *Language, Gender, and Sex in Comparative Perspective*（Cambridge: Cambridge University Press, 1987）, pp.200–248.

Heritage, John, and Geoffrey Raymond, "The terms of agreement: Indexing epistemic authority and subordination in talk-in-interaction," *Social Psychology Quarterly* 68.1（2005）: 15–38.

Heritage, John, and Geoffrey Raymond, "Navigating epistemic landscapes: acquiescence, agency and resistance in initial elements of responses to polar questions," In J. P. De Ruiter, ed., *Questions: Formal, Functional and Interactional Perspectives*（Cambridge: Cambridge University Press, 2012）, pp.179–192.

Hsieh, Fuhui, "Repetition in Social Interaction: A case study on mandarin conversations," *International Journal of Asian Languages Processing* 19.4（2009）: 153–168.

Jefferson, Gail, "Side sequences," *Studies in Social Interaction*（1972）: 294–337.

Jespersen Otto, *The Philosophy of Grammar*（Chicago: University of Chicago Press, 1924）.

Johnstone, Barbara, "An introduction," *Text* 7.3（1987）: 205–214.

Kendrick, Kobin H., "The intersection of turn-taking and repair: the timing of other-initiations of repair in conversation," *Frontiers in Psychology* 6.250（2015）: 1–16.

Kendrick, Kobin H., et al., "Sequence organization: A universal infrastructure for social action," *Journal of Pragmatics* 168（2020）: 119–138.

Kim, Haeyeon, "The form and function of next-turn repetition in English conversation," *Language Research* 38.1（2002）: 51–82.

Kim, S. Y., *Repetitional Responses in Korean Conversation*（Ph. D. diss., Los Angeles: University of California, 2016）.

Lee, Seung-Hee, "Information and affiliation: Disconfirming responses to polar questions and what follows in third position," *Journal of Pragmatics* 100（2016）: 59–72.

Lerner, Gene H., et al., "Reference recalibration repairs: Adjusting the precision of formulations for the task at hand," *Research on Language and Social Interaction* 45.2（2012）: 191–212.

Norrick, Neal R., "Functions of repetition in conversation," *Text-Interdisciplinary Journal for the Study of Discourse* 7.3（1987）: 245–264.

Persson, Rasmus, "Fill-in-the-blank questions in interaction: Incomplete utterances as a resource for doing inquiries," *Research on Language and Social Interaction* 50.3（2017）: 227–248.

Persson, Rasmus, "Registering and repair-initiating repeats in French talk-in-interaction," *Discourse Studies* 17.5（2015）: 583–608.

Pomerantz, Anita, "Agreeing and disagreeing with assessments: Some features of preferred/dispreferred turn shapes," In Atkinson, J. & J. Heritage, eds., *Structures of Social Action: Studies in Conversation Analysis*（Cambridge: Cambridge University Press, 1984）, pp.57–101.

Robinson, Jeffrey D., and Heidi Kevoe-Feldman, "Using full repeats to initiate repair on others' questions," *Research on Language and Social Interaction* 43.3（2010）: 232–259.

Rossi, Giovanni, "Other-initiated repair in Italian," *Open Linguistics* 1.1 (2015): 256–82.

Rossi, Giovanni, "Other-repetition in conversation across languages: Bringing prosody into pragmatic typology," *Language in Society* 49.4（2020）: 495–520.

Sacks, Harvey, G.Jefferson & E. A. Schegloff, *Lectures on Conversation*（New York: Wiley, 2010）.

Schegloff, Emanuel A., "Confirming allusions: Toward an empirical account of action," *American Journal of Sociology* 102.1（1996）: 161–216.

Schegloff, Emanuel A., *Sequence Organization in Interaction: A Primer in Conversation Analysis*（Cambridge: Cambridge University Press, 2007）.

Schegloff, Emanuel A., "Sequencing in conversational openings," *American Anthropologist* 70.6（1968）: 1075–1095.

Schegloff, Emanuel A., Gail Jefferson, and Harvey Sacks, "The preference for self-correction in the organization of repair in conversation," *Language* 53.2（1977）: 361–382.

Schegloff, Emanuel A., and Harvey Sacks, "Opening up closings," *Semiotica* 8.4（1973）: 289–327.

Schegloff, Emanuel A., "Practices and actions: Boundary cases of other - initiated repair," *Discourse Processes* 23.3（1997）: 499–545.

Selting, Margret, "Prosody as an activity-type distinctive cue in conversation: The case of so-called 'astonished'," In Couper-Kuhlen, E. & M. Selting eds., *Prosody in Conversation: Interactional Studies*（Cambridge: Cambridge University Press, 1996）, pp.231–270.

Sidnell, Jack, "Questioning repeats in the talk of four-year-old children," In Gardner, H., Hilary, Forrester, Michael eds., *Analysing Interactions in Childhood: Insights from Conversation Analysis*（New York:Wiley-Blackwell, 2010）, pp.103–127.

Sidnell, Jack, "Comparative perspectives in conversation analysis," In Jack Sidnell ed., *Conversation Analysis: Comparative Perspectives*（Cambridge: Cambridge University Press, 2009）, pp.3–27.

Sorjonen, Marja-Leena, "On repeats and responses in Finnish conversations," In Ochs, E., E. A. Schegloff & S. A. Thompson eds., *Interaction and Grammar*（Cambridge: Cambridge University Press, 1996）, pp.277–327.

Stevanovic, Melisa, Auli Hakulinen, and Anna Vatanen, "Prosody and grammar of other-repetitions in Finnish: Repair initiations, registerings, and affectivity," *Language in Society* 49.4（2020）: 553–584.

Stivers, Tanya, "Modified repeats: One method for asserting primary rights from second position," *Research on Language and Social Interaction* 38.2（2005）: 131–158.

Svennevig, Jan, "Trying the easiest solution first in other-initiation of repair," *Journal of*

*Pragmatics* 40.2（2008）: 333–348.

Tannen, Deborah, "Repetition in conversation: Toward a poetics of talk," *Language* 3
（1987）: 574–605.

Weiner, Susan L., and Donald R. Goodenough, "A move toward a psychology of
conversation," *Discourse Production and Comprehension* 1（1977）: 213–224.

Wilkinson, Sue, and Celia Kitzinger, "Surprise as an interactional achievement: Reaction
tokens in conversation," *Social Psychology Quarterly* 69.2（2006）: 150–182.

Wu, Ruey-Jiuan Regina, "Initiating repair and beyond: The use of two repeat-formatted
repair initiations in Mandarin conversation," *Discourse Processes* 41.1（2006）: 67–
109.

# 口语交际中的话语填充 *

北京语言大学　李先银　刘明萱　崔世虹；
华中师范大学　宿潇予

## 1.　引言

　　自然口语交际受时间压力的影响，在线性输出上并非总是整齐和流畅的。说话人出现思维或话语组织障碍时，会出现一时想不起来或找不到合适的词语或表达方式的情况，交际进程也会因此出现一段时间空白。为了避免交际中空白时间过长而丧失话轮或造成尴尬，说话人会尝试使用一些手段来填补这段时间空白，这就是话语填充。例如：

　　（1）［里脊］

　　01　　粉：柠柠檬［里脊］?

　　02→白：　　　　　［里脊］，就是，呃，就是酸甜口的里脊肉

　　03　　　　　　嘛，铺洒柠檬汁的那种。

　　例（1）中第 02 行共出现两个"就是"。其中，第一个"就是"和"里脊"之间有明显停顿，删除后不影响话语意义的表达，它在"柠檬里脊"和说话人意欲组织的解释内容之间起填补时间空白的作用，无任何实际含义，这里的"就是"属于填充标记的用法；第二个"就是"是

---

　　*　基金项目：国家社科基金一般项目"互动语言学视角下负面情理立场表达研究"
　　　（21BYY158）。

动词短语，表示判断、解释。

　　话语填充是自然口语交际中常见的现象。鲁迅很早就注意到了这类现象，他在《且介亭杂文·答曹聚仁先生信》中曾说："讲话的时候，可以夹许多'这个这个''那个那个'之类，其实并无意义，到写作时，为了时间、纸张的经济，意义的分明，就要分别删去的，所以文章一定应该比口语简洁，然而明了。"陈建民（1984：170–175）考察独白性的讲述后发现，北京人在思维出现障碍后，常使用口头语"这个这个""后来，后来""基本上""反正""就是说""那什么"等以及不成词语的"嗯嗯呀呀"来填空。

　　尽管话语填充常见且普遍，但由于书面语在语言学研究史中长期占主导地位，这类口语中司空见惯的现象并未引起学者的关注，在语言学研究中没有得到足够的重视，只有当口语特别是自然口语进入语言学研究视野中，话语填充才会被注意到。较早的关注来自对自然交际中犹豫标记的观察（Maclay and Osgood，1959；Goldman，1968；Rochester，1973）。

　　会话分析学者在考察真实语言互动时也关注到了填充现象。Schegloff（1979）在考察话语修补时发现，当说话人想不起来下一个词语的时候，可能采取将当前词语声音拖长的方式来争取思索的时间，以便完成遣词（word search）。这里的声音拖长其实就是填充的一种方式。Goodwin（1979，1981）注意到，当下一个词出现输出困难时，说话人会重复当前话语的全部或部分来延迟下一个词的输出。延迟下一个词的输出，是因为说话人通过重复的方式做填充争取到了遣词的时间。Diessel（1999:154）则较早注意到在自然口语中指示代词被用来做填充成分的用法，以解决遣词困难（word–formulation trouble）。Hayashi和Yoon（2006）进一步发现，指示代词用于填充是跨语言的普遍情况。乐耀（2020）详细报告了汉语"那个"用作填充的情况。

　　国内外诸多学者均对话语填充现象进行了讨论研究，各家关于话语填充的界定标准不尽相同，对话语填充成因以及手段的考察缺乏系统性和全面性，话语填充功能的相关研究也比较少。本文将就话语填充的界定和成因两个方面评述相关重要研究成果，综合汉语已有填充手段的研究成果，全面考察话语填充在话语中的功能，试图为话语填充的进一步研究提供参考。另外，我们还将从类型学视域考察话语填充用法，并探索这一课题研究进一步发展的方向。

## 2. 话语填充的界定

前人对话语填充的考察多从填充手段入手，与其相关的术语名称五花八门，如"填充词"（filler）、"犹豫标记"（hesitation makers）、"填充停顿"（filled pause）、"占位语"（placeholder）、"感叹犹豫词"（interjective hesitator）等。国内研究者大多采用填充标记（刘淑珍，2015；洪秋梅，2017；崔世虹，2021）、填充语（马冬梅，2012；贾琦等，2013）、填充词（习晓明，1988）、填空词（张爱玲，1993）、填塞语（刘楚群，2015，2020）等说法。不同研究者对填充标记的定义不完全相同，多从成因、话语位置和语义功能等方面对其进行定义。

从填充发生的成因方面考虑，Goffman（1981）将填充标记定义为：说话者在遇到一时无法提取或不愿表达的词或词组时发出的一种有声证据，以证明他正在从事言语产出的劳动。贾琦等（2013）指出填充语是一种话语标记，是填充会话中因思索词语、思考表达、表示踌躇造成时间空隙的语音现象或词语，其自身不含命题内容，且不与其他话语构成应答关系、照应关系、接续关系、修饰关系。姚剑鹏（2020）指出填充词亦称编辑词（editing term）（Levelt，1983:45）或编辑表达（editing expression），是用来填充言语交际中常见的语流暂停所致的空隙时间的词。

从话语位置方面考虑，Fox（2010）将填充标记定义为：用于当前词语（current word）完成之后，去延长下一个词汇项（next word due）出现的一切非沉默手段。洪秋梅（2017）延续了位置方面的考虑，将填充标记定义为：经常出现在口语中，用于完成当前词或句之后和目标词或句之间的一种不表示逻辑关系，句法上具有可选性且不具有语义真值的一切帮助完成表达的手段。

从语义功能方面考虑，张爱玲（1993）指出英语里的填空词就是指那些可以用来填补沉默的时间，使谈话连续不断的表达方式。刘淑珍（2013）指出填充标记语是标记语的一个类别，在言语交际中没有概念义，是一类不表达命题具体内容、用于填充停顿，并在话语交际中具有一定的语用功能和意义的标记语。这一定义存在问题，填充标记的确具有语用功能，但其在话语中没有实际含义，这也是填充标记在过去被许多学者称为"无意义的冗余成分"的原因之一。大多数的学者都从这一角度对填充进行定义。

此外，Smith 和 Clark（1993）从使用手段的角度将填充标记定义为：说话人使用诸如 uh 和 oh 之类的感叹词，有时为叹息、口哨或自言自语的现象等。这一定义太过于单薄，并没有揭示填充标记的全貌。

话语填充是非常复杂的现象，填充手段同样具有多样性和复杂性，单从某一个角度进行定义显然不够全面。从成因角度的定义来看，造成填充的原因复杂多样，从话语位置上对填充标记进行定义则不够精确，有时无法把握"当前词句"和"目标词句"的范围。基于此，崔世虹（2021）结合了成因、话语位置、语义功能三个方面，将汉语自然口语中的填充标记定义为：会话进程中用来填补话语空白，在句法上不充当任何成分，以停顿、拖长或语调短促为主要韵律特征的无意义的语言单位。它的功能仅在于填充时间，或者说占据了一定的时间流。

非流利研究体系中也有话语填充的相关概念，如马冬梅（2012）提出的非流利填充语，指的是"非故意、以声音或词汇形式填补语流但未表达计划语言内容的现象"，具体包括准词汇填充语（um、uh、ah、er、m 等）、拖音和词汇性填充语（ well、and、you know 、I mean、yeah、okay、so、then 等）。王希竹和金晓艳（2021）在研究韩国汉语学习者口语产出时提出了第二语言非流利停顿现象，将对内容理解无意义的非词音节（如"e""eng"）、有意义词汇（如"那个""然后"）归入其中。刘楚群（2015，2020）提出了填塞语，指的是一般因口语表达的临场性、即时性而产生的现象，基本上不含任何信息内容，也没有明显交际价值，是填充在话语中的累赘性成分，往往是说话人难以自控的无意识言语表现。他同时强调了填塞语和话语标记之间的区别，认为"话语标记是一种主观可控性行为，是说话人对自身话语进行主观调控而采取的话语策略，因此都具有某种特定的语篇功能；而填塞语是一种客观无意识行为，是说话人不自觉的言语习惯，不具有任何主观可控的语篇功能"。"非流利填充语"和"填塞语"这两个术语都强调使用的非主观性，认为它们都不是说话人主动采取的话语手段，这是很明显的填充词即症候观点（filler-as-symptom）。

Clark 和 Fox（2002）在讨论填充词 uh/um 时总结了前人的三种观点，分别是：第一，填充词即症候（filler-as-symptom），认为 uh 和 um 是说话过程中无意识或非主观的结果；第二，填充词是非语言信号（filler-as-nonlinguistic-signal），认为 uh/um 是信号，可以用来保持发言；第三，填充词是词语（filler-as-word），认为 uh/um 是英语中的感叹词。他们认为 uh/um 属于传统的英语感叹词，但在话语中产生了更多的隐含意义，并且强调 uh/um 的使用不是无意识的。

我们可以看到，学界对于话语填充的界定是存在争论的，主要集中在能否认定它们是说话人的主观行为这一问题上。有大量话语填充的界定并没有关注填充手段的使用是主观还是非主观的因素，如贾琦等（2013）、刘淑珍（2013）、洪秋梅（2017）等，有学者认为这是说话人主观采取的话语策略，如 Goffman（1981）、Smith 和 Clark（1993）、Clark 和 Fox（2002）等，也有学者认为填充游走在主观与非主观之间，如苗兴伟（1996）所说"有意或无意"等。在非流利研究体系中，填充则常常被认为是非主观、不可控的行为，如马冬梅（2012）、刘楚群（2015）等。

我们认为，话语填充内部存在两种区分，一种是主观的，即说话人在组织话语时采取的话语策略；另一种则是非主观的，如老年人、阿尔茨海默病患者在输出话语时无意识产出的填充。关于区别话语填充是主观的还是非主观的，目前所做的研究还比较少，未来需要进一步深入研究。

# 3. 话语填充的成因

　　说话人在对话中如果因为无法继续下去而导致输出延迟，通常会使用话语填充。前人研究提出，这种情况下使用填充标记、填充词等进行填充的具体原因主要有：说话者遇到了组织困难（Levelt，1983，1989；贾建军，2008；王希竹、金晓艳，2021）；说话者正在遣词（James，1975；Goodwin and Goodwin，1986；Goodwin，1987；张爱玲，1993；周爱洁，2002）；说话人对某件事存疑或不确定（Smith and Clark，1993；Brennan and Williams，1995）；说话人仍在从事言语产出活动（Goffman，1981；苗兴伟，1996），例如决定说什么（Cook，1969；Brotherton，1979）或者怎么说（Boomer，1965；Cook，1971）。以上原因基本上都是从输出障碍的角度提出的。

　　也有一部分学者从话语权维持的角度探究填充标记、填充词等使用的原因，如说话人想要维持话轮（Maclay and Osgood，1959；Rochester，1973；Mahl，1987；周士宏、崔亚冲，2019）；说话人想要让出话轮或开启下一话轮（Schegloff，1982；Beattie，1983）；说话者已经结束话轮（Cook and Lalljee，1972）；说话者在寻求帮助以完成当前的话轮（Goodwin and Goodwin，1986）。

　　一部分学者从认知心理方面探究话语填充的成因，早期研究认为填充停顿（filled pauses）与焦虑相关联，填充是因为焦虑在起作用（Mahl，1987）。习晓明（1988）指出话语往往是即兴而发，说话人思想不集中会产生"m，erm，er"等语音组合填充。许家金（2008）也指出思索填词通常是心理紧张等造成的思维混乱的话语表现。Hayashi和Yoon（2010）指出当说话者遇到记忆困难时，会使用指示代词作为填充。刘淑珍（2015）指出填充标记语主要是在交际者犹豫、停顿、思维短路等情况下使用。王希竹、金晓艳（2021）在考察韩国汉语学习者口语产出时指出，当被试在口语测试过程中出现了较严重的言语计划困难或言语生成障碍时，长时间的无声停顿会对表达者造成较大的心理负担，说话人会选择采取无声停顿和填充停顿连用的措施。

也有研究从认知负荷角度出发观察到语言交际中存在不流畅现象，由此出现话语填充，而话语填充又表现为话语输出的不流畅。有证据证明，认知负荷是话语不流畅现象的一个重要预测指标。交际任务的长度、复杂度等会影响认知负荷的变化，如在较长的话语之前（Shriberg，1993；Oviatt，1995），或说话人对当前话题内容不熟悉时（Bortfeld et al.，2001；Merlo and Mansur，2004），常出现不流畅现象。姚剑鹏（2010）认为在言语交际中，时间压力、任务复杂性、概念复杂性、话题复杂性等因素给话者带来了认知负载，使话者加重工作记忆负担，需付出额外的认知资源来应对认知负载的因素，导致话者无法及时地进行言语资源的编码，从而出现填充。交际场景、交际对象的变化等也会导致填充的发生，如 Corley 和 Stewart（2008）发现，不流畅现象出现的概率随语境的变化而不同，与面对机器讲话相比，说话人在面对其他人交流时话语表达会更加流畅；与独白相比，在对话中话语表达的流畅度更高。

还有研究表明，话语填充的发生也有情感方面的原因，如说话者出于礼貌（Fischer，1999；Jefferson，1974）、正在犹豫、羞于说或不愿意说等原因。张爱玲（1993）认为讲话时免不了不时出现一些停顿，但在停顿时又不能中断谈话，否则会引起窘迫或慌乱，别人可能以为你无法说下去而接过话头，于是出现了填空词。丛玉青（2016）指出正是交际的即时性使交际过程中不可避免地出现停顿空白，甚至造成话轮的丢失，给人一种不礼貌的印象，这与交际双方所需要遵守的合作和礼貌原则相违背。为了避免这种尴尬和局促，在日常的言语交际过程中，人们会使用"就是"来填充，缩短交际过程中停顿空白的时间，达到一种缓和交际氛围的效果。

综合现有研究可以发现，前人对话语填充原因的探讨多是列举的，对原因的揭示分别是从不同的角度分析的，缺乏同一角度下的全面分析。同时可以发现，有些原因是比较表象的，可能较难被称为话语填充出现的原因，如说话人正在犹豫。至于说话人为什么犹豫，可能还有更深层次的原因。

# 4. 话语填充的手段及分类

学界从位置、语义、性质和构成等角度对填充标记进行划分。Clark 和 Fox（2002）根据话语位置将填充标记分为句内填充及句外填充，并认为听话人对句内填充的接受度较低。王立非、祝卫华（2005）根据语义将填充标记语分为无含义标记语（well，oh，yeah，oh yah，un，en，eh，um）和有含义标记语（you know，you see，I mean）。刘淑珍（2015）在此基础上进一步细化，增加了末尾填充标记语这一类别。刘楚群（2015）考察了老年人口语表达中的"这个""那个"，根据填塞性质将其分为延缓性填塞、替代性填塞和习惯性填塞。洪秋梅（2017）根据构成角度将填充标记划分为韵律型填充标记、词汇型填充标记和语法型填充标记。

通过观察自然口语语料，我们发现，在真实的语言互动交际中，并不是所有的输出延迟导致的时间空隙都会被填充，有时候说话人不采取措施，而是利用短暂停顿或沉默，思索或者组织后续话语。利用短暂停顿或沉默思索遣词，存在一定的风险。思索的时间不可预期，停顿的时间不可控，一旦时间过长，一方面可能丧失话语权，另一方面长时间的沉默会给交际者带来"冷场"的尴尬。对时间空隙进行填充是比较合适的选择。总体上讲，填充的手段通常有三种：一是声音拖长，二是重复，三是使用填充标记。

## 4.1 声音拖长

声音拖长（sound stretch），是指说话者为了在大脑中搜索目标词而延长当前词语的最后一个音节，用以填充思维障碍在口语表达过程中产生的时间空隙。例如：

（2）[香港]

01 Z：所以说他们 .. 报道的更多的就是他们 .. 整个一个香港

02　　　　的那个：是吧？

03 →L：对，他们会觉得自己是一个：自己是一个这个：范围。

04　　Z：啊对，自己在一个圈儿里。

05　　L：对。

L 在香港学习过一段时间，向 Z 介绍其对香港的印象。根据之前 L 的介绍，Z 得出初步结论，香港的新闻偏向于报道香港当地的事情（第 01 行），但是因为在讲述中 L 处于 K+ 位置，Z 处于 K– 位置，Z 对自己的结论并不足够自信，因此"那个"的"个"声音有所拖长，并在话轮结尾产出了一个附加的"是吧？"，目的是求取 L 的确认。第 03 行 L 用"对"首先做了确认，然后在对此问题进一步阐述中遇到"范围"的遣词困难，L 所说的"自己是一个"的最后一个音节"个"有所拖长。显然这次音节拖长操作没有为遣词争取到足够的时间，所以说话人重复了话轮中的部分片段"自己是一个"，而且使用了一个填充标记"这个"，且"个"还进行了声音拖长。最终，L 争取到足够的时间找到"范围"这个词。声音拖长有时和其他手段（如重复和填充标记）结合起填充作用。

遣词障碍是驱动话语填充的动力之一，但不是全部。组织障碍同样需要时间来思考最优的组织方案。为了实现最优的话语组织，说话人也可能会采取声音拖长的方式争取时间。例如：

（3）[谈论香港的教育]

01　　Z：他们的教育的福利，比如说小学初中他们是免费

02　　　　的吗？

03 →L：对，我感觉：咝：对，应该是免费，因为我听别人

04　　　　说过，就是或者是只是收很少很少的钱。

在第 01 行 Z 向 L 询问香港的小学、初中是不是免费的，这里采用的是"吗"字问句，显示出 Z 对此问题没有预设知识。从 L 的回答

来看，L 使用"我感觉""应该是""听别人说过"等，似乎说明 L 对此问题也不是非常确信，因为没有第一手的消息，所以 L 在回答的时候比较小心。首先以"对"作出肯定的回答，后续的"我感觉"有一个声音拖长，接下来有一个"咝"吸气音的拖长，表明说话人觉得要准确回答这个问题是有难度的，他需要小心组织话语。两次的声音拖长都是为精心组织话语而争取时间。"应该是免费""就是或者是只是……"表明，话语填充争取来的时间为后续话语组织的准确性提供了帮助。

汉语中，声音拖长通常不会把一个词拆开分别对字进行拖长，即不会说"或：者""哪：个"，也不会说"或：者：""哪：个："，通常拖长的是当前词的最后一个音节，人们不会将声音拖长置于一个词的中间。从认知的角度讲，这体现了人们认知的整体性和组块化。

## 4.2　重复

当后续话语输出困难时，重复当前话语的全部或一部分是一种填充办法。临时想词、寻找用例或考虑其他，这样边说边想的情况容易出现"卡壳"的现象，陈建民（1984：170-175）注意到不同年龄的人常常有不同的解决办法，其中重复上一句话是一个好的办法。重复的部分可以是句子的全部，也可以是句子的一部分。例如：

（4）［倒文］

01 → W：第三个就是关于呃归纳它整个书中关于语序的语序的，

02　　　　比如说它有时候就是说倒文呐，

03　　　　有的时候说属于什么欸什么什么在先乎什么，

04　　　　后乎什么，是吧？

这是一段上课的录音独白。老师在课上布置作业，要求学生归纳《马氏文通》中关于语序的内容。第 01 行提出了这个语序作业，但是后续需要一定的思考时间来列举说明有关语序的例子，因此说话人重复了

"语序的"，为组织后续话语争取了时间。

有时重复填充只体现在一个词上。例如：

（5）[《马氏文通》]

```
01    W：还有一个就是它的＝呃＝对于它《马氏文通》它的
02          思想在西方有没有什么影响，就是它对汉语的一种
03          研究，它对，这个要得查资料，这个我们书上没有，
04          是吧？
05          这个它在西方，或者说在国外，在域外有没有
              什么影响？
06→         比如说在日本呐，在在在在在在欧美啊，有没有人
07          关注到《马氏文通》。
```

W 老师讲到《马氏文通》在域外的影响，第 06 行也进行了举例，先以日本为例，很顺畅，在举第二个例子"欧美"时出现了卡壳，她重复了 6 次"在"以争取时间。

## 4.3  填充标记

除了声音拖长和重复，用较为固定的语言形式来填充是最为普遍的情况，填充的语言形式可以是词、短语，甚至小句。在某些特定的语言中，会有一些语言形式经常被征派来承担填充的任务，最后发展成为填充标记。根据语料考察，汉语常用的填充标记包括：叹词"呃""嗯""啊"，代词"这个""那个""什么"等，固定结构"就是"。

### 4.3.1  叹词填充

叹词是表示感叹、呼唤、应答等的一类词，成员比较固定，但是多数叹词语音变化大，同时是多功能的。有些叹词常用来做填充标记，主要是一些单音节的叹词，如"呃""嗯""啊"等。做填充标记的时候，

它们不同程度地丧失了原有的叹词意义，仅表示有声填充。[①]叹词填充多数伴随声音拖长，以便争取更多的时间。例如：

（6）[科研]

01→WTL：那：…那你觉得国内大学的这个：呃：教育的这

02　　　　个：方式，

03→　　或者是科研力量的话，你觉得，

04　　　　唑：呃：你有什么一些看法呢？

05　LQ：国内高校的：…嗯：他们国内高校的这些，

06　　　　我觉得：在科研这块儿，其实：，

07　　　　跟国外比起来差距还是挺大的，距离还是很远的。

08　　　　有些高校之间的竞争非常的：…有时候：

09　　　　…感觉有点：太：…太过于功利化。

10　WTL：哦。

11　LQ：　是这样。


　　WTL 询问 LQ 对国内大学的教育方式和科研力量有什么看法，但在组织提问的话语时遇到了一些组织困难。为了争取话语组织时间，她使用了较多的叹词填充，如"呃""嗯"，且基本上都做了声音拖长。这里的"呃""嗯"不再具有原有的叹词意义，完全可以自由替换。本例还有一个叹词"唑"（第 03 行），基本上是一个拖长的吸气音，也是填充标记。

### 4.3.2　指示词填充

　　指示词用作填充标记是较为普遍的跨语言现象，如在执行遣词填充时，日语使用远指代词 are（Hayashi，1993），韩语使用中指代词 ku（Kim and Suh，2002：195），爱沙尼亚语用 see。这种跨语言的证据

---

① 尽管用作填充标记的"呃""嗯""啊"丧失了叹词的意义，但有时候意义丧失得不一定彻底，可能多少还保留了原有的叹词意义，且书面写法上还通常写为叹词形式的汉字，因此我们这里还是将其称为叹词填充，而不是无意义的语音形式。

表明指示代词或冠词在话语中经常被用来执行遣词的任务（Keevallik，2010）。汉语的指示词"这个""那个""什么"等也常常用作填充标记。很早就有人注意到指示代词用于填充的情况。如鲁迅在《且介亭杂文·答曹聚仁先生信》中说，讲话的时候，可以加许多"这个这个""那个那个"之类，陈建民（1984：170–175）发现，北京人在思维出现障碍时，爱用口头语"这个这个""那什么"等指示词类填充。乐耀（2020）基于自然口语语料的考察发现，占位填充功能是"那个"重要的扩展功能。刘红原和姚双云（2022）认为复合型话语标记"那个什么"在言谈交际中承载着占位填充的互动功能。

从我们搜集的语料来看，汉语里指示词填充是比较普遍的现象，主要的指示词有"这个""那个"，以及组合的"这个什么""那个什么""这个谁""那个谁"等。例如：

（7）［筷子颜色］

01　　S：你的筷子为什么那么红？

02 → Z：因为我放：我夹了一下那个，这啥？哦，因为我夹

03　　　　了一下那个那个 .. 火龙果。

04　　S：你确定不是你口红沾的颜色吗？

05　　Z：不是，我口红哪是紫色的，我口红橘的好不。

S 因为发现 Z 的筷子变成了红色而提出疑问，Z 作出了回答，"为什么"和"因为……"的问答构成一个毗连相邻对。不过 Z 在解释原因的话语输出中遇到了一些困难，既包括选词困难（如"放"修正为"夹"），也包括记忆困难，一下子想不起来刚刚用筷子夹了什么。仔细观察筷子后，辨识出来是什么东西，不过话语输出时并不顺畅，她用重复的"那个那个"做了填充，然后输出"火龙果"。

在解决记忆困难进行的填充中，通常会使用"这个/那个+疑问代词"的组合形式，一方面用"这个""那个"进行填充，另一方面用疑问代词进行占位。疑问代词主要有"什么""啥""哪儿"等。例如：

（8）［吃香港菜］

01 →Z：早知道咱们应该去：咱们应该去吃那个什么 --

02　　S：自助吗？

03　　Z：不是。吃港呃：吃：香香港菜。

　　Z和S讨论吃什么好，Z突然想起来其实应该去吃"香港菜"。不过话到嘴边时出现了记忆困难，一下子想不起来了。Z首先采取了重复填充，重复了"咱们应该去"这部分，但是没有争取到足够的记忆时间，然后使用了"那个什么"进行填充和占位，在句法上把句子完结了。因为Z使用了多重填充手段（重复填充和指示代词填充），S截断了Z的话语，主动提供帮助，不过S对"自助"不是确信的，Z否定了选项"自助"，继续回忆"香港菜"。回忆的过程仍然不够顺畅，所以又使用了"呃"和声音拖长的填充手段。

### 4.3.3　结构填充

　　很多语言中，有些话语标记衍生出填充标记的用法，如英语的y'know, you see。有的高频填充小句甚至词汇化为一个固定结构，如英语的whatchamacallit（来自what you call it）。陈建民（1984：170-175）观察到的结构填充主要有"基本上""就是"。语料显示，"基本上"用作填充标记比较少见，"就是"用作填充标记的情况很多。Biq（2001）最早提出口语中的"就是"可作为停顿填充词来保持话轮。张惟和高华（2012）、姚双云和姚小鹏（2012）等都将停顿填充归入话语标记"就是"的话语功能之一，史金生和胡晓萍（2013）也注意到"就是"有标记迟疑的功能。

　　前人注意到的停顿填充词和标记迟疑，都是"就是"的填充用法。"就是"填充多用于组织困难。例如：

（9）［研究生期间生活费来源］

01　　杜：北语不是特别大，是吧？生活费一个月多少钱啊学

| 02 | | 姐大概？ |
| 03 | →王： | 生活费，昂我们的话就是 .. 这个：它不是每个月有 |
| 04 | | 五百块钱的补助吗？ |
| 05 | 杜： | 对对对。 |
| 06 | →王： | 然后我的话我是就是：没有跟家里要钱， |
| 07 | → | 然后是那个：是 .. 就是：开学之前自己做了一个兼职， |
| 08 | | 然后跟那个赚的钱好像是：三千吧， |
| 09 | | 然后过来之后反正就平常的话再做点兼职， |
| 10 | | 就周六周天，可能我们会监考，就监考什么的， |
| 11 | | 然后就报名监考这种，然后就基本上还是挺够的。 |

杜向王询问研究生每个月的生活费。王不是直接给出一个数字，而是选择了"长讲述"方式。"长讲述"增加了话语组织的难度，因此多处使用了"就是"进行填充。第 03 行，王首先使用了"生活费，昂我们的话就是……"这样的直陈方式，不过说话人临时改变为列举方式，这种回答方式上的变化意味着需要重新组织话语，因此说话人使用了"就是"和"这个"做了填充，然后引出列举的第一项补助。第 06 行，王补充了跟生活费问题不直接相关的一个情况：没有跟家里要钱，以此引出列举的第二项"兼职"（第 07 行）。讲述这份兼职时也使用了声音拖长的"就是"填充话语组织上的时间空隙。

"就是"的填充用法来自"是"的判断用法。在判断词用法"X 是 Y"上，如果话语行进到"是"这儿，句子是不完整的，在语法和韵律上都没有结束，这是语言交际者共知的。当讨论抽象话题这样的交际任务时，通常都是长讲述或复杂讲述，说话人常常使用"话题＋就是＋阐述"的话语结构，这样的包装策略一方面可以帮助说话人第一时间讲明并占据话题，另一方面"就是"处做停顿可以缓解后续长讲述中说话人的生理和心理上的压力。在这样的使用环境中，"就是"进一步发展成为填充标记。作为填充标记的"就是"可以单用，也可以作拖长使用，还可以重复使用，可以满足多种时长的填充需要，成为具有较高适应性的填充标记。例如：

（10）［谈话感受］
01 → Z：我感觉 .. 这个录音还有一种那种就是 .. 后现代那种
02 　　 x：小说那种 .. 感觉，
03 → 就是 .. 就是：谁马元不是写写小说经常写着写着就开始
04 　　 跟读者对话，
05 　 我就觉得我跟你交流交流着〈@ 就开始跟我同学进行对
06 　　 话 @〉。

　　在 Z 谈论对录音的感受的这段话中，由于话题是抽象的、虚空的心理感受，话语组织困难较多，多次用"就是"进行填充，既有单用的，也有重复使用的，还有拖长使用。

# 5. 话语填充的功能

　　对填充标记的探究主要从交际者心理、标记信息和话语结构三个角度进行。交际者心理方面，部分学者从说话人角度出发，认为犹豫标记用来表示当前话轮还未完成，为言语计划创造时间，是寻找下一单词、短语或想法的时间指示（Maclay and Osgood，1959；Goldman，1968；Rochester，1973）。Clark 和 Fox（2002）指出说话人对"uh、um"的产出有一定的控制权，认为犹豫标记有助于话语意义的传递，可以用于表明说话人放弃话轮，邀请听话人共同完成该话轮的意愿。Pfeifer 和 Bickmore（2009）、Clark 和 Fox（2002）的观点基本一致，认为填充词属于实际意义上的词，是说话人用来保持话轮持续性或放弃话轮的附属信号。陈建民（1984）指出说话人在思维出现障碍后会不自觉地重复一些字眼，填补一时说不上来话的空当。贾建军（2008）以 Levelt 会话模式为框架，指出填充词可协助完成构思、组织表达、发言，以及预示话语形式和内容的变动。侯冰洁（2016）指出填充话语空隙在说话人的自我监控过程中发挥着重要作用。

还有许多学者从听话人心理角度探讨话语填充的功能，认为话语填充的使用有助于促进听话人对后续话语的理解（Swerts et al.，1996；keevallik，2010；Brennan and Williams，1995）。Susan 和 Maurice（1995）认为填充可作为听话人了解说话人元认知状态的线索。

从对后续话语信息的标记作用来看，Fox（2001）指出"uh"可以帮助听话人识别后续言谈中出现的词汇。Pfeifer 和 Bickmore（2009）也认为"uh"或"um"可以预示新的、即将到来的信息，提高话语的可识别性。Schegloff 和 Lerner（2009）指出在话轮之前用于应答话轮的"well"往往预示着说话人即将开启一个观点相左或不完全同意的评价。Clorley 和 Hartsuiker（2011）进一步指出任何类型的延迟都有助于单词识别。

还有部分学者从话语结构的角度探讨话语填充的功能。刘淑珍（2015）指出填充标记涉及话语命题内容的组织结构，涉及话语对命题内容的态度和交际者之间的双向交流，有语境建构功能、人际情感功能和话语衔接功能。朱霖（2017）认为填充标记具有语篇组织功能及语境调整功能。洪秋梅（2017）指出话语填充标记具有话语修补的启动标记功能、话轮功能（话轮维持、抢占话轮和结束话轮）和话题转换功能。

近年来，汉语学界更多地聚焦于填充标记的个案研究，将填充作为一项语用功能归入话语标记的用法，分析话语标记所具有的填充功能（许家金，2008；刘丽艳，2009；姚双云、姚小鹏，2012；张惟、高华，2012；乐耀，2020；等等），但通过观察自然会话语料全面、系统地考察汉语话语填充的互动功能的研究较少。通过观察语料，我们发现话语填充在序列组织、人际互动等方面具有维持话轮、缓解时间压力、开放协助窗口的互动功能。

## 5.1 维持话轮

说话人因出现组织困难、回忆困难等输出延迟造成时间空隙时，容易被听话人解读为放弃话语权，因此说话人通过话语填充而不是沉默的形式向交际的另一方发出信号，提示听话人当前话轮还在进行，避免听话人抢夺话轮。例如：

（11）［和理发师开玩笑］

01　B：他是哈尔滨的吗？

02　H：他：他家不是哈尔滨的，他是在哈尔滨学的这个：

03　　　［手艺］，

04　B：［美容美发］

05　H：他家是那个：伊春吧，就是那那块儿都是山区树林

06　　　啥的，森林，林区。

07　B：他就是不想回，h黑龙江真的太远了。

08　H：对，他：说他就是想（0.4）对青岛还挺感兴趣的。

09　B：但是黑龙江真的和俄罗斯好近啊，我觉得（.）它几

10　　　乎就一步之遥。

11　H：嗯，黑河那块儿近一点儿吧，黑河。

12　（1.2）

13　B：利路修〈@@〉利老师说我去北京都比我去莫斯科近。

14　H：@@@@@

15→H：然后，然后我就跟我 tony〉就是〈闲唠嗑开玩笑，

16　　　我说，那那个啥的，我说到时候呃那个，咋的来的，

17→我说啥来的，我说我整个什么

18　　　项目，然后你你给我入点儿股啥的，你不想干了。

19　　　然后他说，行啊，那支持你，

20　　　我说那就，咋的，口头支持我，我说你，你得拿点儿资金呐。

21　B：@@ 你想搞个什么项目．

22　H：〈@ 我也不知道 @〉

23　B：@@ 我也给你入个股。＝

24　H：＝我说我想创业。

25　B：多少它也是点儿钱呐。

26  H：@@@@

H 在给 B 讲述自己和理发师在理发过程中发生的事时产生了记忆困难和组织困难。从第 15 行开始，H 使用"然后"标识信息分界（姚双云，2022），后续话轮与位于其前的话轮中心信息不同，讲述的是其与理发师的交谈内容，具体谈话内容是记忆里非常细节的部分，对大量的、具体的谈话内容的回忆使 H 在话语组织上出现了困难。可以看出 H 的讲述并不顺畅，记忆困难和组织困难频频发生，H 不断使用填充标记如"那个啥""呃"等填充时间空隙，"我说啥来的"明示了说话人当前正处于记忆困难中。说话人通过话语填充告诉听话人后面还有新的信息要添加进来，避免长时间的停顿被听话人解读为放弃话语权，从而维持当前话轮。从语料中我们可以观察到，H 在 15–20 行保持了对话互动中的发言权，没有出现话轮让渡的现象。

从对语料的观察可以看出，有话语填充的时候几乎很少发生话轮丧失。

## 5.2  缓解时间压力

当说话人在话语表达过程中遇到话语输出的困难或障碍时，会通过填充占据时间，减少停顿和沉默，避免长时间的沉默对交际双方造成"冷场"的压力和尴尬。例如：

（12）[霉霉的新专辑]

01  小意：下周 .. 不是下周（X）市下周五霉霉就（TSK）

02  小璇：啥呀。

03  小意：新专啊。（TSK）

04  小璇：下周五？

05  小意：对啊下周五…周五嘛然后 .. 二十：[一号]。

06  小璇：                              [XXX]

07  小璇：她 ..〉我我我我没有 −−〈=

08  小意：=〉你看〈=（（小意向小璇展示手机屏幕））

| 09 | 小璇：＝我 ...（1.2）... 我没有 .. 周五吧 .hh〉是周五， |
|---|---|
| 10 | 绝对是周五。〈他们好 .. 好像 |
| 11 →| 就是因为美国他们那边 .. 呃：计算的问题，〉就是 |
| 12 | 他们一般发新歌新专都是周五，为了冲 B 榜嘛。〈＝ |
| 13 | 小意：＝嗯。 |
| 14 | 小璇：就 B..Billboard〉他们一般都是周五的中午十二点 |
| 15 | 〈... 然后就 .. 可以记录 ..［下周的销量］。 |
| 16 | 小意：［按正好咱们］这边儿也能 ... 听［到］。 |
| 17 | 小璇：　　　　　　　　　　　　　　　　［对］。 |

小意和小璇在讨论美国歌手泰勒·斯威夫特（即霉霉）发布新专辑的时间。小意在第 01 行开启话题，小璇在第 04 行对时间"下周五"提出质疑。在小意确认时间是"下周五"并出示手机上的信息后，小璇对"下周五"这个时间的确认程度不断加强（第 09–10 行），并尝试解释歌手发新专辑通常选择周五的原因。小璇在第 11 行阐述原因的话语表达中遇到了遣词困难，短时间内找到决定时间的准确原因并选择一个合适的词语表达对她来说是比较困难的，因此小璇在话语表达中出现了一个小于 0.6 秒的短停顿，利用短暂停顿来搜寻目标词失败后，为避免过长的停顿给交际双方带来尴尬和压力，说话人小璇使用无意义音节拖长的形式进行填充，体现了说话人的遣词过程，为产出"计算的问题"争取了时间。从后续话轮可以知道"计算的问题"指对新专辑发售数量的计算问题。

## 5.3　开放协助窗口

填充的使用客观上也向听话人展现了说话人当前的困难，开放了提供协助的可能窗口，实现合作共建（Lerner，1987）。例如：

（13）［备考英语期中考试］

01　Y：我：〉先准备把它那个课后题〈给：...［过一遍。］

```
02   M:                                        ［做完了。］
03   Y:［对做一遍过］一遍然后背一背。
04   M:［嗯嗯嗯。］
05→ Y:.hh 然后再有就是 ..uh: 她不是还要考那个什么 ..［翻译］。
06→ M:                                          ［翻译。］
07   Y:对 ... 要把 ... 文本看一遍儿看尤其是她以前考的那些
08      题里边儿 .. 就是她的课后
09      作业里面。=
10   M:= 嗯嗯。
```

　　M 在向 Y 请教如何备考英语期中考试，Y 在提出首先复习课后题后，在第 05 行继续补充除了课后题以外考试的其他内容，但在产出具体题型时 Y 遇到了产出困难，使用填充标记"那个什么"进行填充并出现了短暂停顿，向听话人 M 发出当前话语产出遇到障碍的信号，邀请 M 共建话轮，第 06 行 M 产出"翻译"同时和 Y 产生交叠。这个合作共建表明听话人理解了当前说话人的意图。第 07—09 行 Y 对 M 的产出给予肯定回应，验证了听话人所给予的句法完结较为得当。

# 6. 余论

　　本文对话语填充的界定、成因和手段做了总结与分析，全面考察了填充在话语交际中的功能。我们认为，话语填充在以下几个方面还存在较大的研究空间。

　　一是类型学视野下的汉语话语填充研究。跨语言的相关研究发现，不同语言都有一定的手段和形式来实现填充。可以采用无意义的语音形式来填充，如英语的 uh/uhm，希伯来语的 e（Schegloff，1979；Clark and Fox，2002），汉语的"呃""啊"等；可以采用词语填充，特别是指示代词和疑问代词，如汉语的"这个""那个""什么"，日语的 ano（"那个 +N"）和 are（"那个"）（Hayashi and Yoon，2010），爱沙尼亚语的 see（Keevalik，2010）；有的语言还可以采用一些凝固化的构式或小句，如英语的 y'kown、like 和 whatchamacallit（来自 what you call it），汉语的"比如说""好像是""也就是说"等。国内有些研究关注到了跨类型学视角的研究，但是较少从汉语话语填充手段出发，探究其与其他语言的话语填充手段之间的联系和差异。在汉语中，有些指示类的填充手段存在类型学共性，如"这个""那个"，但有些则是汉语所特有的，如"就是""就"，其中的缘由是什么？

二是不同话语类型中的填充研究。话语填充本质上是说话人对时间的管理，是遇到输出困难时的一种被动反应，在不同的话语类型中可能会有不同的反应，比如独白中是怎样的反应，对话中是怎样的反应。也可以观察不同类型对话中话语填充的情况，如机构会话和日常对话的差异等。甚至还可以观察不同年龄对话者对话中的话语填充情况，特别是老年人。话语填充的使用情况是观察老年人语言能力衰退的一个窗口。

三是不同类型话语填充手段的使用情况。通过观察使用上偏好、共同点和差异，可以考察话语填充手段的时间管理效能，进一步观察对话的时间本质。

四是跨学科的研究。互动语言学是跨学科的研究取向。比如结合心理学来看话语填充在话语组织上的作用，通过心理学实验解释填充使用的成因和动机，揭示话语任务难度、任务类型等对填充的影响，再比如结合社会学来看填充后的补偿问题。

五是来源研究。话语填充形式绝大多数都不是原生的，多来自其他词类或形式。跨语言研究表明，指示代词用于填充是普遍现象，除此之外，不同语言仍有独特的话语填充标记，如汉语的"就是"。考察话语填充形式的来源及其背后的演变机制是非常重要的研究任务。

总之，话语填充本身是非常有价值的现象，值得好好研究，同时，也可以通过对话语填充的研究，进一步思考对话的本质、对话的时间管理机制等问题。

# 参考文献

陈建民，1984，《汉语口语》，北京出版社。

崔世虹，2021，《汉语自然言谈中的指示类填充标记》，硕士学位论文，北京语言大学。

丛玉青，2016，《电视访谈节目中话语标记"就是""就是说"研究》，硕士学位论文，曲阜师范大学。

侯冰洁，2016，《言语自我监控中的填充暂停研究》，《东北师大学报》( 哲学社会科学版 ) 第 2 期。

洪秋梅，2017，《现代汉语口语中的话语填充标记研究》，硕士学位论文，北京语言大学。

贾琦、赵刚、孙莉，2013，《日语填充语及其功能》，《日语学习与研究》第 1 期。

贾建军，2008，《填充词的生成原因和语用功能》，《武汉船舶职业技术学院学报》第 3 期。

刘楚群，2015，《老年人口语填塞性"这个 / 那个"调查研究》，《南开语言学刊》第 2 期。

刘楚群，2020，《老年人口语"呃"类填塞语研究》，《语言战略研究》第 1 期。

刘红原、姚双云，2022，《复合型话语标记"那个什么"的互动功能与浮现动因》，《语言研究》第 2 期。

刘丽艳，2009，《作为话语标记的"这个"和"那个"》，《语言教学与研究》第 1 期。

刘淑珍，2013，《填充标记语语用习得与失误》，《语言与文化研究》第 1 期。

刘淑珍，2015，《填充标记语的语用功能研究》，《海外英语》第 8 期。

马冬梅，2012，《口语非流利产出分类体系研究》，《外语与外语教学》第 4 期。

苗兴伟，1996，《日常会话语篇中的语言非流利现象》，《四川外语学院学报》第 2 期。

史金生、胡晓萍，2013，《"就是"的话语标记功能及其语法化》，《汉语学习》第 4 期。

王立非、祝卫华，2005，《中国学生英语口语中话语标记语的使用研究》，《外语研究》第 3 期。

王希竹、金晓艳，2021，《韩国留学生口语产出非流利停顿现象研究》，《东疆学刊》第 3 期。

许家金，2008，《汉语自然会话中话语标记"那 ( 个 )"的功能分析》，《语言科学》第 1 期。

习晓明，1988，《填充词及其用法》，《教学研究（外语学报）》第 3 期。

姚剑鹏，2010，《自然言语自我重复研究》，《外国语文》第 5 期。

姚剑鹏，2020，《交际策略视角下的会话填充词研究》，《外语与翻译》第 2 期。

姚双云，2022，《敏感位置、认识状态对互动功能的影响——以独立话轮"然后（呢）"为例》，《语言教学与研究》第 5 期。

姚双云、姚小鹏，2012，《自然口语中"就是"话语标记功能的浮现》，《世界汉语教学》第 1 期。

乐耀，2020，《指示与非指示：汉语言谈交际中"那个"的用法》，《语言教学与研究》第 1 期。

张爱玲，1993，《英语中的填空词及其功能》，《外国语（上海外国语学院学报）》第 5 期。

周爱洁，2002，《论 4/3/2 活动对提高英语口语流利性和准确性的影响》，《外语教学》第 5 期。

朱霖，2017，《汉语口语填充标记研究》，硕士学位论文，南京师范大学。

周士宏、崔亚冲，2019，《从连接到填充占位——口语中"然后"话语功能的统一性解释》，《励耘语言学刊》第 2 期。

张惟、高华，2012，《自然会话中"就是"的话语功能与语法化研究》，《语言教学与研究》第 1 期。

Beattie, Geoffrey. 1983. *Talk: An Analysis of Speech and Non-verbal Behaviour in Conversation.* Open University Press.

Biq, Yung-O.2001. "The Grammaticalization of 'Jiushi' and 'Jiushishuo' in Mandarin Chinese." *Concentric: Studies in Linguistics*27(2), 53–74.

Boomer, Donald. S. 1965. "Hesitation and grammatical encoding." *Language and Speech* 8(3), 148–158.

Bortfeld, Heather, Silvia D. Leon, Jonathan E. Bloom, Michael F. Schober, and S. Brennan. 2001. "Disfluency rates in spontaneous speech: Effects of age, relationship, topic, role, and gender." *Language and Speech* 44:123–147.

Brennan, Susan E., and Maurice Williams. 1995. "The Feeling of another's knowing: prosody and filled pauses as cues to listeners about the metacognitive states of speakers." *Journal of Memory and Language (JMemL)* 34:383–398.

Brotherton, Patricia. 1979. "Speaking and not speaking: Processes for translating ideas into speech." In Siegman, Aron Wolfe and Feldstein, Stanley eds., *Of Speech and Time:*

*Temporal Speech Patterns in Interpersonal Contexts.* Hillsdale (N.J.): Erlbaum.

Clark, Herbert H. and Jean Fox Tree. 2002. "Using *uh* and *um* in spontaneous speaking." *Cognition* 84:73–111.

Cook, M. 1969. "Anxiety, speech disturbances and speech rate." *British Journal of Social and Clinical Psychology* 8:3–21.

Cook, M. 1971. "The incidence of fifilled pauses in relation to part of speech." *Language and Speech* 14:135–139.

Cook, M. and Lalljee M. G. 1972. "Verbal substitutes for visual signals in interaction." *Semiotica* 6:212–221.

Corley, Martin, and Oliver W. Stewart. 2008. "Hesitation disfluencies in spontaneous speech: The meaning of um." *Language and Linguistics Compass* 2.4: 589–602.

Corley, Martin and Robert J. Hartsuiker. 2001. "Why Um Helps Auditory Word Recognition: The Temporal Delay Hypothesis." *PLOS ONE* 6: e19792.

Diessel, Holger.1999. *Demonstratives: Form, Function, and Grammaticalization.* Amsterdam: John Benjamin.

Fischer, K. From. 2000. *From Cognitive Semantics to Lexical Pragmatics: The Functional Polysemy of Discourse Particles.* Walter de Gruyter.

Fox, Barbara A. 2010. "Introduction," In Amiridze N., Davis Boyed.H. and Maclagan. M., eds., *Filler, Pauses and Placeholder* (Amsterdam/Philadelphia: John Benjamins Publishing Company).

Fox, Tree, Jean. 2001. "Listeners's uses of um and uh in speech comprehension." *Memory & Cognition* 29:320–326.

Goffman, Erving. 1981. *Forms of Talk.* Philadelphia (PA: University of Pennsylvanai Pres).

Goldman-Eisler Frieda. 1968.*Psycholinguistics: Experiments in Spontaneous Speech.* New York: Academic.

Goodwin, Charles. 1979. "The interactive construction of a sentence in natural conversation." In George Psathas, ed., *Everyday Language: Studies in Ethnomethodology.* New York: Irvington.

Goodwin, Charles. 1981.*Conversational Organization: Interaction between Speakers and Hearers.* New York：Academic Press.

Goodwin, Charles. 1987. "Forgetfulness as an interactive resource." *Social Psychology Quarterly* 50:115–131.

Goodwin, M. Harness. and Goodwin Charles. 1986. "Gesture and coparticipation in the activity of searching for a word." *Semiotica* 62:51–75.

Hayashi, Makoto. 1993. *Joint Utterance Construction in Japanese Conversation*. Amsterdam: John Benjamins.

Hayashi, Makoto and Yoon Kyung-eun. 2006. "A cross-linguistic exploration of demonstratives in interaction: With particular reference to the context of word-formulation trouble." *Studies in Language* 3:485–540.

Hayashi, Makoto and Kyung-Eun Yoon. 2010. "A cross-linguistic exploration of demonstratives in interaction." In Nino Amiridze, eds., *Filler, Pauses and Placeholder*. Amsterdam/Philadelphia: John Benjamins Publishing Company.

James, Deborah Marjorie. 1975. "The syntax and semantics of some English interjections." Ph.D. diss., University MicrofilmsAnn Arbor, Mich.

Jefferson, Gail. 1974. "Error correction as an interactional resource." *Language in Society* 2:181–199.

Keevallik, Leelo. 2010. "The interactional profile of a placeholder: The Estonian demonstrative *see*." In Nino Amiridze, eds., *Filler, Pauses and Placeholders*. Amsterdam/Philadelphia: John Benjamins Publishing Company.

Kim, Kyu-hyun, and Kyung-Hee Suh.2002. "Demonstratives as prospective indexicals: *ku* and *ce* in Korean conversation." In Noriko Akatsuka and Susan Strauss, eds., *Japanese/Korean Linguistics*.Stanford CA: CSLI Publications.

Lerner, Gene. H. 1987. *Collaborative Turn Sequences: Sentence Construction and Social Action* (Doctoral Dissertation., University of California at Irvine).

Levelt, Willem. J. M. 1983. "Monitoring and self-repair in speech." *Cognition* 14:41–104.

Levelt, Willem. J. M. 1989. "Self-Monitoring and Self-Repair." *Speaking: From Intention to Articulation*12:458–499.

Maclay, Howard and Charles E. Osgood. 1959. "Hesitation phenomena in spontaneous English speech." *Word (Worcester)* 15:19–44.

Mahl, George.1987.*Explorations in Nonverbal and Vocal Behavior*.Hillsdale, NJ: Erlbaum.

Merlo, Sandra and Letícia Lessa Mansur. 2004. "Descriptive discourse: topic familiarity and disfluencies." *Journal of Communication Disorders* 37:489–503.

Oviatt, Sharon. 1995. "Predicting spoken disfluencies during human-computer interaction." *Computer Speech Language* 9:19–35.

Pfeifer, Laura. M. & Timothy Bickmore. 2009. "Should Agents Speak Like, um, Humans? The Use of Conversational Fillers by Virtual Agents." In Ruttkay, Michael Kipp, Anton Nijholt and Hannes Högni Vilhjálmsson, eds., *Proceedings 9 of the 9th International Conference*.Netherlands: Springer Berlin Heidelberg.

Rochester, Sherry. R. 1973. "The significance of pauses in spontaneous speech." *Journal of Psycholinguistic Research* 2:51–81.

Schegloff, Emanuel A. 1979. "The relevance of repair for syntax-for-conversation." In Tammy Givon, *Syntax and Semantics 12: Discourse and Synta*. New York: Academic Press.

Schegloff Emanuel A. 1982.*Discourse as an Interactional Achievement: Some Uses of 'uh huh' and Other Things that Come between Sentences*. Washington: Georgetown University Press.

Schegloff, Emanuel A and Gene H. Lerner. 2009. "Beginning to Respond: Well-Prefaced Responses to Wh-Questions." *Research on Language and Social Interaction* 45:91–115.

Shriberg, Elizabeth. E. 1993.Preliminaries to a theory of speech disfluencies.Ph.D. diss., University of California.

Smith, Vicki. L. and Herbet H. Clark. 1993. "On the course of answering questions." *Journal of Memory and Language* 32:25–38.

Swerts, Marc, Anne Wichmann and Robbert-Jam Beun. 1996.*Filled Pauses as Markers of Discourse Structure: Proceedings of the International Conference on Spoken Language Processing*. Philadelphia: IEEE Press.

# 话语延伸现象研究 [*]

北京大学　韩金虹　张文贤

## 1. 引言

在汉语口语交际中，我们经常能看到以下语言现象 [①]:

（1）好复古啊这个。

（2）有些回忆嘛肯定。

这一类句子分别由前置部分"好复古啊""有些回忆嘛"和后置部分"这个""肯定"两部分组成。根据语料可以发现，前置部分和后置部分在句法结构、韵律、语义等方面存在一定的关联。

国内外研究均对该类现象进行了探讨，取得了较为丰硕的成果。不同研究的视角不同，对这类句子的界定术语也不同。静态视角下的研究对这一现象界定的标准不尽相同。黎锦熙（1924/1956：31）、陆俭明（1980）、杨德峰（2001）等从句法结构的角度分析这类句子，认为这是一种易位、倒装或者移位句，是常规句子的某种语序变化。张伯江和方梅（1994，1996/2014：70-91）从语篇的角度进行描写，将它称为主位后置句。席建国和张静燕（2008）从认知语言学的角度观察这类句子，

---

\* 张文贤为本文的通讯作者。基金项目：国家社会科学基金一般项目"互动语言学视角下负面情理立场表达研究"（21BYY158）。

① 例（1）、例（2）出自笔者自行收集的语料。

认为这是由"图形"和"背景"组成的话语后置句，认知角度的研究还有文旭（2020），他认为这是一种右移位构式。动态视角下的研究将这类句子放入行进的会话序列中。赵元任（1968/1979：75）、陈建民（1984：210-227）等根据后置部分出现的机制，初步将这类句子界定为追加（或追补），史有为（2017）将之定义为话尾巴。还有一些研究如 Ford 等（2002）、陆镜光（2004a）采用会话分析的研究范式，将之称为延伸句或增额句。

为了叙述方便，本文统一使用"话语延伸"或"延伸句"来指称这一现象。本文将以静态、动态两种视角为线索，分别评述关于话语延伸的重要研究成果，聚焦话语延伸的界定、形式和功能的相关研究。

## 2. 话语延伸研究的静态视角

静态视角下的话语延伸的相关研究关注句子的句法结构，聚焦句子的语序变化。静态视角下的研究认为句子有一种常规的语序，易位、倒装和移位句都是由常规语序句经过语序变化而衍生出来的非常规的句子，恢复原来语序后意义不变。另外，篇章和认知的角度拓宽了对延伸句的研究视角，有利于更加全面地解释延伸句的生成机制。

### 2.1 易位、倒装与移位

国内对话语延伸的研究始于黎锦熙（1924/1956：31）。黎锦熙最早发现汉语中存在一种"直接倒装"的现象，即有一种"变式的主位"是直接倒装在谓语之后的。例如：

（3）来了吗，他？

从这里可以看出，黎锦熙是从句法结构的角度描述话语延伸的，虽然这是较浅的、零散的论述，但是它开启了国内对话语延伸的研究。

早期的一些研究从句法结构角度描写话语延伸，认为延伸句中

前置部分和后置部分的关系，从句法结构上看是易位或倒装。陆俭明
（1980）认为在汉语口语中，处于同一句法结构下的"相互对立而又
相互依存"的句法成分可以互相易位，这种现象就是话语易位。就此，
陆俭明对易位句做出了较为全面的描写，总结出易位句的四个特点：
（1）易位句的前置部分一定是语句重音，后置部分一定轻读；（2）易位句
的语义重心一定在前置部分上，后置部分永远不是语义重心；（3）两个倒
置的成分可以还原到原来的位置，还原后意思不会改变；（4）句末语气词
一定出现在前置部分之后，一定不会在后置部分出现。他还区分了易位句
和一些"倒装句"的不同。一些"倒装句"，例如"什么都会""一文钱也
不花"等，其"倒装"的成分仅是受意义关系影响而确定的主语和宾语，
而非根据结构关系而确定的主语和宾语，因此不算是易位句。此后的一些
学者对易位句的探讨都受到了这一研究的影响。朱德熙（1982：221-222）
认同陆俭明对易位句和一些"倒装句"的区分，并认为后者只能解释为
"受事主语句"或"宾语提前"，陆俭明界定下的易位句才是真正的倒装句。

　　20世纪90年代前后，一些学者借用句法理论特别是生成语法来分
析倒装句，其观点与陆俭明、朱德熙二位先生一致。这些学者采用语
法成分移动的办法来解释倒装句，其中主要分为两派：左移位说（left-
dislocation）和右移位说（right-dislocation）。左移位和右移位的区别
在于句子成分的移动方向是提前还是后置。如 Packard（1986）赞成
的是左移位说，认为倒装句基本上都应该分析为谓语的提前。Cheung
（1997）、Bougerie（1998）和 Guo（1999）赞成右移位说，认为后置部
分是从原句中间经过移位挪到句子后边去的。

　　国内学者在陆俭明（1980）的基础上进行了更深入的研究，对易位
句的讨论主要集中在以下几个方面：易位句的语句重音、语义重心以及
前置部分和后置部分之间的语音停顿问题。

　　杨德峰（2001）认同陆俭明（1980）对句法结构和语气词的讨论，
但是认为其对语音和语义的讨论具有一定的绝对性，并接续了对易位句语
句重音和语义重心的讨论。语义重心方面，杨文认为易位句后置部分的语
义强度有三种情况：一是语义强度很弱，不负载任何信息；二是语义强度

较强，负载一定的次要信息；三是语义强度很强，是语义重心。杨文认为判读语义强度的依据是看其是否可以省略，后置部分越可以省略，说明语义强度越弱，而是否可以省略需要看说话的语境是否允许省略。

语句重音方面，易位句的后置成分不一定轻读，如果后置部分比较复杂，一般很难轻读，例如：

（4）通知各室主任来这儿，你下午上了班。

例（4）中"你下午上了班"是一个主谓结构，不可能每一个词语都轻读，一定是其中几个词轻读。后置成分轻读与句子的性质也有一定的关系。一般来说，陈述句、疑问句的后置部分轻读，但是祈使句、感叹句的后置部分不一定轻读，例如：

（5）出来呀，你！（祈使句）
（6）少先队员呢，还！（感叹句）

杨德峰（2001）提出的易位句语句重音的观点得到了张燕春（2001）的验证。张燕春以北京口语为语料，用语音实验的方法探讨了易位句中的语音问题。她发现易位句的前置部分和后置部分之间是否停顿影响着语句重音的位置。如果两部分之间没有停顿，易位句的语句重音就在前置部分；如果两部分之间有停顿，易位句的语句重音就在后置部分。

后来，张燕春（2004）又发现易位句的语义重心和后置部分的轻重读情况更有联系。她认为易位句中后置部分的轻重程度分为三种情况：第一，轻读时，语义强度最弱；第二，为普通重音时，语义强度较强；第三，重读时，语义强度最强。其中，前两种情况的语义重心在前置部分，第三种情况的语义重心在后置部分。

## 2.2　主位后置、话语后置与右移位构式

将话语延伸现象命名为易位、倒装或移位，仅从单句句法结构的角

度描写了话语延伸现象，但是这些术语对该语言现象的解释不够全面。张伯江和方梅（1994，1996/2014：70-91）在语篇层面进一步描写了这种语序变化的现象，并分析了其动因和制约因素。

张伯江和方梅（1994，1996/2014：70-91）将句法结构和信息结构结合在一起。他们运用了"主位—述位"的概念，描写了主位在前、述位在后的语序，将这种语言现象解释为主位后置。其理由主要有两点：第一，主语后置句中，前置部分总是重读，后置部分总是轻读，这和主位轻读、述位重读的语音模式是一致的；第二，隐含在上文语境、说话现场或者听说方共知的概念中的信息往往出现在后置部分，这是全句中最次要的信息，而前置部分的信息常常是由后置部分引发的评述。

话语后置和右移位构式的说法大多来自认知语言学的视角。席建国和张静燕（2008）认为由"图形"和"背景"组成的不对称现象，就是话语后置。例如：

（7）当作家，比方说。

在例（7）中，前置部分是"当作家"这个概念实体的图形，后置部分"比方说"是这个概念实体的背景。图形处于句首位置，是句子凸显的信息焦点；背景淡化了信息，是对信息的"有界化"处理。图形和背景负载的信息强度表现出一定程度的不对称，反映出了说话人对事件的概念化结果。

文旭（2020）不认同前人"移位"的说法，认为名词短语的右偏置不是通过移位而来的，右偏置本身就是一种"构式"。这种构式有特殊的认知参照点，是说话人对同一情景进行识解的结果，遵循"并列结构制约"和"左分支条件"的规定。

总而言之，静态视角下关于话语延伸现象的研究从句法、篇章和认知层面进行了较为深入的探讨，对我们研究其内部结构以及形式的多样性和复杂性具有重要的意义。在探讨这一语言现象形成的动机时，部分研究不可避免地涉及语用层面，为这一现象的动态视角研究提供了一定的基础。

# 3. 话语延伸研究的动态视角

静态视角下的一些研究在探讨话语延伸现象出现的动机时，触及了动态视角，但是并没有具体点明或者进行深入探讨，如赵元任（1968/1979：75）认为这是一种"无计划的句子"，朱德熙（1982：221-222）提到前置部分是"脱口而出"的，后置部分带了一点"补充的味道"，等等。对话中的句子是行进中的句子，因此从动态的视角研究话语延伸现象是十分必要的。动态视角将句子放进会话序列中，观察其在互动交际中的特点和作用。

## 3.1 追补与话尾巴

一些研究初步运用动态视角，将话语延伸现象界定为追补或者追加。赵元任（1968/1979：75）在讨论"有计划的句子"和"无计划的句子"时提及追补语的概念。他认为一个完整的句子后添加的临时想起的话，是一种"无计划"的"插入语"，这指的就是追补语。他没有将后置部分看成由前置部分衍生的非常规现象，而是看成说话人在"无计划"的情况下插入常规的句子，这实际上开始有了对话语延伸研究的动态视角。这种表述在其论述中较为零散，但是开启了国内"追补说"的研究专题。

陈建民（1984：210-227）对追加的定义进行了展开论述。他认为，说话的时候，说话者将急于说出的信息先表达出来，因为先说出的话不够准确或具体，其会在后置部分进行补充，这就是追加现象。陈建民细致地将追加现象进行了分类。他认为，追加分为语法上的追加和修辞上的追加，其中语法上的追加又分非固定性追加和固定性追加。非固定性追加是指追加的成分不固定，这是口语里最普遍的现象。固定性追加是由非固定性追加发展而固定下来的说法，例如"几点了都"。

张燕春（2004）对追补和易位进行了辨析，认为易位和追补既有联系又有区别。大多数易位句也是追补句，但是追补句不一定涉及易位现象。说话者在说了完整的句子之后，还会因为意犹未尽而追加一些补充、注释或更正内容，这些内容就是追补成分。追补成分存在可复位和不可复位两种情况。

后来，史有为（2017）发现，追补句的后置成分其实是一种句子碎片，是句子主体结束后多出来的依附型小句。他借用相声界的说法，将后置部分称为"话尾巴"——"话"即句子主体，后面依附的句子碎片比较短，就像一条"尾巴"。以此为基础，他鉴别出了五类不属于话尾巴的句子。第一类，只有话的起头，没有后半截述谓成分的半截句不属于话尾巴句。半截句可以补足，话尾巴不能补足，例如"我看他快直转眼，眼泪要……"。第二类，把"人称代词＋感觉或述说动词"结构放在句子后的后置高端小句不是话尾巴句，例如"咱妈就不能消停两天·我告诉你"。第三类，前置部分和后置部分表达不同的命题，中间却没有停顿的句子不属于话尾巴句，例如"干什么呢·这是弄得！"。第四类，"是吧·不是"之类的判断小句后置的句子不是话尾巴句，例如"来劲了·是不是？"。第五类，句子主体在后置部分，前置部分为辅助的句子不是话尾巴句，例如"我原来，我就认识你们组织里的人"。

## 3.2 增额与延伸

动态研究视角下，部分研究采用的是会话分析的研究范式。在会话分析领域，Sacks、Schegloff 和 Jefferson（1974）讨论了互动交际中话轮交替组织的规则，这为从会话分析角度研究话语延伸奠定了理论基础。他们认为话轮构建单位（turn constructional units，TCUs）中存在话轮转换相关处（transition relevance place，TRP），这个转换相关处存在发生话轮转换的可能。当当前说话人的话轮到达 TRP 时，如果没有指定下一个说话人，也没有人选择接管话轮，那么说话人可以继续延伸和扩展话轮。

在英文文献中，有很多术语指称话语延伸，例如 Goodwin（1980）的增添话语（added segment）、Schegloff（1996）的延伸话语（extensions）以及 Ford 等（2002）的增额（increment）。Ford 等（2002）提出了增额（increment）的说法，他们认为增额是指在话轮可能转换处延展出的起非主体作用的从句，并将增额分成延伸（extension）和自由成分（free constituents）两种。其中，延伸是指后置部分直接接续在完整话轮之后，与完整话轮在语义、句法上连贯，而自由成分虽然也直接接续在完整话轮之后，但与完整话轮在语义、句法上不连贯。如例（8）为延伸，例（9）为自由成分：

（8）

Bob said that he was at least goin'eighty miles an <u>hour</u>.

→ with the <u>two</u> of 'em on it.

（9）

Curt: That guy was（dreaming）.

→    <u>fifteen</u> thousand dollars〔for an original Co:rd,

这里，英语的延伸句不涉及倒装，只是语义上增补，句法连贯，顺序和常规句是一样的。实际上,汉语的现象要复杂很多。陆镜光( 2004a )综合英语的研究方法和汉语的复杂现象，将前人研究中所涉及的易位、追补、话尾巴等现象统一处理为"延伸句"，这样可以让句法、语义和语用层面相统一。他认为句子前后各存在一个位置，分别为"句首前位"和"句末后位"，延伸句就是句末后位出现相应成分的句子。随着时间的推移，这种句子从话轮结构上看是从话轮构造单位推移到话轮转换地带，从句法结构上看是主体句过渡到后续语，从信息结构上看是主要信息推移到补充或扩充信息，这些结构是平行存在的。

总而言之，动态视角下对话语延伸语言现象的研究从"追补说"开始逐步深入，探讨了延伸话语在会话序列中所扮演的角色，拓宽了观察话语延伸的视野，对我们探讨话语延伸的会话功能具有重要的意义。

# 4. 话语延伸的形式与功能研究

## 4.1  话语延伸的形式研究

前文提到过，在研究易位句时，运用的视角是静态的，认为易位句可以还原为语序正常的句子。陆俭明（1980）基于这一特点将易位句的形式详细地分成四大类：主语和谓语的易位、状语和中心语的易位、述语和宾语的易位以及复谓结构组成成分之间的易位。首先，主语和谓语的易位包括形容词谓语句、主语为施事的动词谓语句、主语为受事的动词谓语句、主谓谓语句和名词谓语句，例如：

（10）酸不酸，这梨？

（11）放假了吗，你们？

（12）找着了吗，你的书？

（13）身体好吗，你？

（14）上海人，你？

其次，不是所有的状语都能和中心语发生易位现象，只有某些固定的副词和某些介词结构充当的状语可以构成易位句，副词如"快起床了，八点了，都。"，介词结构如"你到底什么意见啊，对这个计划？"。再次，述语和宾语的易位形式受限于宾语是体词性还是谓词性。最后，复谓结构的易位包括连动结构的易位和递系结构的易位，如"她去公园了，带了孩子""快回去，叫他"，但是并非所有复谓结构都能发生易位。之后的很多研究（杨德峰，2001；张燕春，2001，2004）对于延伸句形式的探讨都基于陆俭明的研究。

从语篇的层面上看，张伯江、方梅（1996/2014：70-91）根据后置部分的语义类型，将主位后置句的形式分为五大类：后置部分表示时间和空间，表示人或事物，表示非直接参与者，表示原因、目的、方式和条件的句子，以及后置部分虚化的句子。首先，表示时间和空间的后置部分，可以是普通时间词或方位词，也可以是表示时间和空间的介词结构，如张伯江、方梅（1996/2014，77）：

（15）我是太急了点刚才。

（16）我也看见了你，在望远镜里。

其次，表示人或事物的后置部分的结构包括：人称代词，"指示词＋名词"，"领属性定语＋名词和光杆普通名词"。复次，表示非直接参与者的后置部分通常表现为一个介词结构。说话人用介词引进动作的参与者，这个参与者和动作并非直接相关，但是在语境中必须存在，如张伯江、方梅（1996/2014，73）：

（17）
"好小说和坏小说用什么标准来区分？"
"以我画线。"丁小鲁说，"我喜欢的就是千古佳作，我不喜欢的那就是狗屁不通。"
"就这么直接说——对作者？"

例（17）中，"对作者"体现了双方互通的常识，即小说一定有作者，是语境中必须存在的旧信息。又次，表示原因、目的、方式和条件的后置部分大多是动词性成分。最后，虚化的后置部分是指自身语义减弱而形成的凝固形式，即在口语里，系动词和一些心理动词（包括"说"）前边加上指示代词或人称代词，如"何必呢你说？"。

另外，张伯江和方梅认为主位后置实际上是常态句和省略句之间的过渡现象，因此后置部分的一些形式有省略程度的差别。各类后置成分的可删略度排序依次是：虚化的主位成分＞代词＞一般名词性成分＞动词性成分＞介词结构＞副词，可删略度从左到右依次递减。李先银、张文贤等（2023）将延伸话语的形式类型细分为指称对象延伸、限制语延伸、修饰语延伸、连接成分延伸、插入语延伸和感叹复合延伸六种。

除了延伸句的语言形式，Ford 等（2012）利用多模态资源，将话语延伸伴随的身体视觉行为（bodily-visual practices，BVP）纳入考察范围。他发现了谓词性话轮（verbal turn）和身体视觉行为的五种位置关系：第一，在一个可能完成的谓词性话轮后，BVP 出现的位置可能与延伸部分相同；第二，说话者认为在话轮转换相关处有插入的可能性，因此会使用 BVP 来暗示话轮的结束；第三，BVP 在谓词性话轮进行中出现，一直延续到话轮转换相关处结束的位置；第四，BVP 在谓词性话轮或话轮转换相关处启动并继续，平行于言语动作序列类型；第五，当前说话者在 TCU 中发起 BVP，听话者用相同的 TCU 和 BVP 回应，一旦当前说话者解码出了这种回应，他会放弃正在进行的 TCU。

## 4.2　话语延伸的功能研究

黎锦熙（1924/1956：31）提及了话语延伸功能，他指出话语延伸是为了体现出说话者"急问和惊叹"的情感。一些学者在探讨易位的机制时，也提到了后置部分的功能。例如，张伯江和方梅（1994）提到主位后置现象出现的原因是语用学的简练原则和清楚原则，这样说话人可以把最重要的信息明确传达给对方。杨德峰（2001）也提及说话人运用易位句的原因是察觉到说出的话语有悖于语用的真实原则，所以用这类句子来补充说明或者精确信息。

一些研究从语篇方面总结了延伸句的功能（邓奇，2008；张伯江、方梅，1996/2014：70-91）。邓奇（2008）较为全面地阐述了延伸句的五个语篇功能。第一，它具有话题引入的功能。句子将话题推到句子主位上，使信息焦点提前，引入将要谈论的人或事物。第二，延伸句具有设置场景的功能。延伸句限定了说话的场景和空间范围，之后可以借此引出发生的事件，促进了语篇的平稳发展。第三，延伸句具有突出焦点的功能。把要强调的信息放在后置部分，引导听话者按照信息焦点调整语篇。第四，延伸句具有焦点对比的功能。如果对话中的两个相关的延伸句都把信息焦点放在后置部分，那么就可以进行焦点对比，突出语篇的焦点。第五，延伸句具有使语篇衔接连贯的功能。前置部分放置旧信息，后置部分放置新信息，遵循了语篇信息译码和解码的从旧到新的顺序，使上下文衔接更加连贯。张伯江和方梅（2014：70-97）也尝试将易位句放进动态的过程中进行研究，认为这种现象是常规句和省略句之间的一个过渡。易位句比省略句更明显地点出主题，可以使句子的语义更加明确，不易产生误解。

陆镜光（2000，2004a，2004b）一直致力于用会话分析的范式来研究延伸句，并发现了话语延伸在话轮交替中的功能。首先，从会话结构来看，这类句子的后续部分是话轮交替机制中话轮后续手段，基本作用是把句子延长，这样可以给听话人更多的时间做好接话轮的准备，减少话轮间的时间间隙，使话轮的转换进行得更顺畅。其次，话语延伸是一种会话手段，用来先交代重要信息，然后补充或者扩充前面的信息，信息结构可以标示为"主要信息＋辅助信息"。但是，后续语承载的信息不总是次要的，关于其影响因素陆文并没有详细讨论。另外，陆镜光在讨论汉语延伸句时，并未对后续语的具体互动功能进行明确的描写。Lim（2014）补充了延伸句的后置成分的互动功能，具体概括为：调节立场（modifying stances）、澄清（clarifying /disambiguating）、重述序列行为（reformatting /reformulating the sequential action）和确保听话人接过话轮（securing /pursuing recipient's uptake）。徐晶凝（2019）从互动机制的角度细致观察了重复追补句和复合追补句后续成分的语义功能。她指出，重复追补句的后续部分具有表达时间和空间信息、表明立场、指出陈述对象、描述行为信息、强调关联意义的功能；复合追补句后续部分的功能就是前边单一功能的两两叠加。李先银、张文贤等（2023）将延伸句的互动功能概括为调节，在时间因素、语用因素、话语形式长度等因素制约下，延伸句从信息以及立场两个方面对话语进行实时调节。

# 5. 研究展望

本文主要从静态视角和动态视角对延伸句的相关界定以及已有研究做了综述。从静态视角来看，以往研究首先区分了受意义关系影响而确定的主语和宾语的倒装以及因对话需要而出现的倒装句。其次，从单句的句法结构角度上条分缕析地列举了延伸句的特点，并对影响延伸句语义重心的因素进行了推测和验证。再次，从语篇层面分析了延伸句的信息结构，为探讨延伸句的信息焦点问题提供了支撑。最后，认知层面的研究拓宽了对延伸句产生机制的考察视野。从动态角度来看，以往研究从自然口语对话的角度鉴别出了不属于延伸句的句子，对话语延伸的本质有了更清楚的认识，对其在话轮转换中起到的作用进行了总结与分析。

当然，静态视角和动态视角的研究并不是完全割裂的。从历史推进的角度来看，话语延伸的研究趋势基本上是从静态到动态，从结构主义到功能主义和互动研究，这与语法理念的进化和发展是一致的。话语延伸的研究越来越关注其交际互动功能，代表社会行为以及言谈环境对表达形式的影响。

我们也发现目前已有的研究还不够充分，首先，延伸句是出现在口语中的现象，把延伸句和自然口语对话情况相结合的动态视角研究出现时间比较晚，还属于有待深入探讨的领域。其次，从已有的研究来看，大部分研究停留在对延伸句宏观层面的探讨，但是对于一些特殊句子（如句末重复现象）是否属于延伸句还需要进一步甄别。句末重复现象比较特别，例如"你吃什么啊你""这是你的书吗这"等，一些学者认为这是间隔重叠（董为光，2011）或不完全叠连（李先银，2016），而另外一些学者认为这种语言现象中有些属于人称代词复用结构（张旺熹，2012）或是情态性重置句（刘探宙，2018），并较为详细地分析了后置部分为人称代词复用结构的延伸句的情感表达功能。如张旺熹（2012）认为包括愤怒、不满、嘲讽之类的负面情感是其承载的最基本的情感类型。假负面情感的表达，如打趣、嗔怪、假装生气等，也是此类延伸句较为基本的情感功能。对于此类句子与延伸句之间的划分，还存在模糊的地方，仍需进一步研究。

除了以上研究不足，汉语的话语延伸现象也有其独有的特点，对其特性的研究还不充分。国外的话语延伸研究以英语的延伸句（Ford et al.，2002，2012）和跨语言对比研究（陆镜光，2004b）居多，其中英语的延伸句只是语义上增补，顺序和常规句是一样的。而汉语的现象要复杂很多，延伸句的语义、句法和韵律之间都有千丝万缕的联系，还有很大的研究空间。此外，我们认为，对话语延伸的界定还应从韵律角度进行进一步探讨。所谓的后置部分究竟是一个独立的TCU，还是前置部分的延伸？这一问题已有一些学者试图从韵律上加以解释。如 Luke 和 Zhang（2007）认为完整语调（full intonation）是一种独立的语调，非完整语调（non-full intonation）是一种从属语调。如果后置部分是前置部分的延伸，那么它会伴随非完整语调。Zhang（2012）还发现，快速冲破（rush-through）和紧密接续（latching）是说话者延伸话语的手段。由此可见，话语延伸在韵律方面的问题仍是未来可以进一步研究的课题。我们期待更多、更好的研究成果出现。

# 参考文献

陈建民，1984，《汉语口语》，北京出版社。

邓奇，2008，《从功能主义视角看汉语口语中的倒装句》，《吉林省教育学院学报》第 4 期。

董为光，2011，《汉语重叠式概说》，《语言研究》第 2 期。

黎锦熙主编，1924/1956，《新著国语文法》，商务印书馆。

李先银，2016，《自然口语中的话语叠连研究——基于互动交际的视角》，《语言教学与研究》第 4 期。

李先银、张文贤等，2023，《汉语口语互动语法：基于时间管理的观察》，中国社会科学出版社。

刘探宙，2018，《句末的情态性重置和重申性再现》，《世界汉语教学》第 1 期。

陆俭明，1980，《汉语口语句法里的易位现象》，《中国语文》第 1 期。

陆镜光，2000，《句子成分的后置与话轮交替机制中的话轮后续手段》，《中国语文》第 4 期。

陆镜光，2004a，《说延伸句》，载中国社会科学院语言研究所《中国语文》编辑部编《庆祝〈中国语文〉创刊 50 周年学术论文集》，商务印书馆。

陆镜光，2004b，《延伸句的跨语言对比》，《语言教学与研究》第 6 期。

史有为，2017，《认识"话尾巴"——兼议"句子碎片"》，《语言教学与研究》第 1 期。

文旭，2020，《右移位构式：句法、语义与认知》，《现代外语（双月刊）》第 5 期。

席建国、张静燕，2008，《话语后置的认知基础及其功能分析》，《语言教学与研究》第 6 期。

徐晶凝，2019，《交际互动视角下的追补句——易位句 / 延伸句 / 话尾巴句研究补遗》，《中国语文》第 5 期。

杨德峰，2001，《也论易位句的特点》，《语言教学与研究》第 5 期。

张伯江、方梅，1994，《汉语口语的主位结构》，《北京大学学报》（哲学社会科学版）第 2 期。

张伯江、方梅，1996/2014，《汉语功能语法研究》，商务印书馆。

张旺熹，2012，《汉语人称代词复用结构的情感表达功能——基于电视剧〈裸婚时代〉台词的分析》，《当代修辞学》第 3 期。

张燕春，2001，《易位句中的语音问题》，《汉语学习》第 4 期。

张燕春，2004，《再谈易位句的特点》，《常州工学院学报》第 1 期。

赵元任，1968/1979，《汉语口语语法》，商务印书馆。

朱德熙，1982，《语法讲义》，商务印书馆。

Bougerie, Dana S., "Expanding the scope of the sentence-final position: postposed modals in Cantonese," In Stephen, Matthews, eds., *Studies in Cantonese Linguistics*(Hong Kong: Linguistic Society of Hong Kong, 1998), pp. 133–46.

Cheung, Yam-Leung, "A study of right-dislocation in Cantonese" (M. Phil. thesis, Chinese University of Hong Kong, 1997).

Ford, Cecilia E., Barbara A. Fox and Sandra A. Thompson, "Constituency and the grammar of turn increments," In Cecilia E. Ford, Barbara A. Fox and Sandra A. Thompson, eds., *The Language of Turn and Sequence* (Oxford: Oxford University Press, 2002), pp.14–38.

Ford, Cecilia E., Sandra A. Thompson and Drake Veronika, "Bodily-visual practices and turn continuation," *Discourse Processes*49(2012)：192–212.

Goodwin, Marjorie Harness, "Processes of mutual monitoring implicated in the production of description sequences," *Sociological Inquiry* 50(1980): 303–317.

Guo, Jiansheng, "From information to emotion: the affective function of right-dislocation in Mandarin Chinese," *Journal of Pragmatics* 31(1999): 1103–1128.

Lim, Ni Eng., *Retroactive Operations: on Increments in Mandarin Chinese Conversations* (University of California, Los Angeles, 2014).

Luke, Kang-kwong and Wei Zhang, "Retrospective turn continuations in Mandarin Chinese conversation," *Pragmatics Quarterly Publication of the International Pragmatics Association* (IPrA), 17(2007): 605–635.

Packard, Jerome L., "A left-dislocation analysis of 'afterthought' sentences in Peking

Mandarin," *Journal of the Chinese Language Teachers' Association* 21(1986): 1–12.

Sacks, Harvey, Emanuel A. Schegloff, and Gail Jefferson, "A simplest systematics for the organization of turn taking for conversation," *Language* 50(1974): 696–743.

Schegloff, Emanuel A., "Turn organization: one intersection of grammar an interaction," In Elinor Ochs, Emanuel Schegloff, and Sandra A. Thompson, eds., *Interaction and Grammar* (Cambridge: Cambridge University Press, 1996), pp.52–133.

Zhang, Wei, "Latching/rush-through as a turn-holding device and its functions in retrospectively oriented pre-emptive turn continuation: findings from Mandarin conversation," *Discourse Processes* 49(2012): 163–191.

# 话语延伸及相关现象的研究述评及思考<sup>*</sup>

厦门大学　乔雪玮　乐　耀

## 1. 引言

在口语交际中，言者在一段完整的话语<sup>①</sup>完成后常会临时添加某些成分，前后两部分在句法、韵律、语义上或多或少存在关联。这种现象在会话分析和互动语言学研究中被看作话语扩展或延伸（increment）。例如<sup>②</sup>：

（1）海燕：我奶奶她就挺偏心的 . 对孙子 .

例（1）中，言者增添的"对孙子"是对前一话语的补充，句法上可还原为前一话语的状语。除了句法上的关联，话语延伸还有多种表现

---

  * 基金项目：国家社科基金一般项目"汉语口语修补现象的语法研究"（20BYY175）。
本文原刊于《语言教学与研究》2024 年第 3 期，收入文集时做了略微改动。感谢张惟老师和《语言教学与研究》匿名审稿专家提出的修改意见和建议。
① 本文所指的"话语"在句法和语义上完整独立，但是在韵律上可能是完结语调，也可能是非完结的。韵律上非完结的话语后出现的延伸成分经过历时演变可能发生语法化，详见 5.3 小节。这也是本文标题不使用"句末"的原因。感谢匿名审稿专家提醒笔者表述清楚这一点。
② 该例来自笔者转写的自然会话语料。本文所涉及的会话转写符号（具体可参看 Jefferson，2004）说明如下："["和"]"分别表示交叠（overlap）开始和结束；"."和","分别表示下降和延续语调；"_"表示重音；"〈"表示急冲；"-"表示语音截断；"："表示声音延长；"。"表示声音较轻；"·h"表示吸气；"( )"表示听辨不清和存疑的话语。例（1）不等同于 Schegloff（1996，2000）提出的"increment"。本文所指的"话语延伸"属于话轮延续（turn continuation）这一大类，而 Schegloff 所指的"increment"是其中的一个次类。会话分析和互动语言学的研究也常使用"increment"泛指话语延伸相关现象。

类型，其本质是一个连续统（Vorreiter，2003）。

国内外不同理论取向的研究均对该类现象进行过探讨，但各家使用的术语、界定标准和涵盖范围不尽相同。本文将以会话分析、互动语言学和功能语言学的研究范式为线索，分别评述关于话语延伸及相关现象的重要研究成果，进而聚焦汉语学界的相关研究，在此基础上反思话语延伸的本质，并用发展的眼光审视研究范式的转变以及该课题研究的新动向。

# 2. 会话分析和互动语言学的研究范式

会话分析和互动语言学的研究以话轮交替组织为起点，揭示了话语延伸的各种表现及类型，关注其在互动交际中的功能。

## 2.1 从 Sacks、Schegloff 和 Jefferson（1974）说起

在会话分析领域的经典之作中，Sacks、Schegloff 和 Jefferson（1974）认为话轮构建单位（turn constructional unit，TCU）可由各级大小不同的语法单位构成，TCU 的可能完结处（possible completion）可发生话轮转换，即话轮转换相关处（transition relevance place，TRP)。该文系统讨论了互动交际中话轮交替组织的规则。其中的一条规则（即该文中的1c）指出，当前说话人的话轮已到达 TRP 时，若未指定下一说话人，也没人选择接管话轮，那么当前说话人可以选择继续说话，使话轮得以扩展和延伸。同时，文章还指出像上述这种同一说话人的话语延续是话轮交替失败的修补手段，因为在本可以发生话轮转换的地方，对方并未接管。上述观点是会话分析和互动语言学范式下研究话语延伸的起点和理论基础。

## 2.2 会话分析和互动语言学的经典研究

Sacks、Schegloff 和 Jefferson（1974）虽然论述了话轮交替组织的话轮延续规则，但对延续前后两部分之间的关联性等问题并未展开论述，

直到 Schegloff（1996）再次论及该话题。Schegloff 认为互动中的语法对话轮—序列位置敏感（positionally sensitive），尤其强调 TCU 的开端和末尾两处的重要性。文章根据话轮交替规则将 TCU 可能完结处后的延续分为两类，一类是新的 TCU，另一类则是对前一个 TCU 继续延伸，区别在于第二类延续的话语与前面的 TCU 有语法连续性。例如：

（2）Ava:　< I'll give yih call tomo [ rrow. ]

　　　　Bee:　　　　　　　　[ Yeh: ] 'n[ I'll be ho:me t'mor ] row.

　　　　Ava:　　　　　　　　　　[ When I- I get home. ] I

　　　　Ava: don't kno-w- I could be home by- ·hh three,

　　　　　　　　　　　　　　　　（引自 Schegloff，1996：90）

例（2）中的 "When I- I get home." 作为状语，与 Ava 的上一话轮存在语法连续性。同时，作者还注意到话语延伸除了可由同一说话人产出，还可由他人产出。Schegloff（1996）虽然并未专门讨论话语延伸现象，但较早从语法角度对其进行了界定，后续相关研究都以此为基础。

Schegloff（2000，2016）[①] 的两篇文章是专题讨论话语延伸现象的。作者延续 1996 年从语法连续性方面的界定，强调大多数话语延伸在语法上都能与前一 TCU 的末尾衔接在一起。话语延伸部分和前一 TCU 在语法形式上绝大多数是 "TCU（句子）+ 延伸（词或短语）"。此外，发生在话轮转换空间（transition space）的延伸常常具有避免歧义、强化强调、预示后续话语、弱化立场等功能。这两篇文章的主要特点为从序列位置方面将话语延伸分为三类：下一节拍延伸（next beat increment）、间隙后延伸（post gap increment）和他人话语后延伸（post-other-talk increment）。不同序列位置的延伸与会话功能之间是否有对应关系，值得进一步思考。

Ford 等（2002）相较于 Schegloff（1996，2000，2016）所囊括的

---

① Schegloff（2016）是在 Schegloff（2000）会议发言稿的基础上完善修改而成。

研究对象，还纳入了自由成分（free constituent）。自由成分在句法上与前一 TCU 无关联，是新的会话行为（主要是表达评价），但语义上有紧密关联，最典型的是独立名词短语（unattached NP）。例如：

（3）Ava:［° (That's nice)°

　　　　Bee:［She had it yesterday. Ten:: pou:nds.

（引自 Ford et al.，2002：27）

例（3）中的"Ten:: pou:nds."与前一 TCU 无语法连续性，但语义上存在紧密关联。在韵律上，非自由成分延伸的第一个重读音节和其前 TCU 最后一个重读音节的音高相同，或比它更低，而自由成分则有音高重置（pitch reset）[1]。该文在判断和界定的方法上不只依赖句法因素，还综合了语义、语用和韵律，为后续相关的跨语言对比研究奠定了基础。

### 2.3　跨语言的对比研究

国际语言学期刊 *Pragmatics* 和 *Discourse Processes* 分别在 2007 年和 2012 年开设了关于话语延伸的跨语言比较研究专号，拓宽了该课题的研究范围（Ono & Couper-Kuhlen，2007）。一些研究发现对延伸部分的性质判断要考虑具体语言形式在不同语言中的语法化程度，比如芬兰语的 et（tä）小句（Seppänen & Laury，2007）。话语延伸的功能在不同语言中也有差异，像纳瓦霍语中的话语延伸在其民族文化中大多不是为了吸引听者做出回应（Field，2007）。

跨语言的对比研究促进了学界对各类话轮延续的系统性认识。Vorreiter（2003）通过对英语、日语和德语的对比分析，综合句法、语义、韵律因素将话轮延续逐层划分为 TCU 延续和自由成分、附加（add-on）和非附加、替换（replacement）、附着（glue-on）[2] 和插入（insertable）

---

① Walker（2004）通过声学分析，进一步证明了典型的话语延伸在音高、音强、语速和其他发音特征上都与前面依附的 TCU 表现出连续性和整体性。

② 这里的"附着"就是 Schegloff（1996）所讨论的具有语法连续性的类型，如例（2）。

等。文章特别强调类别之间没有绝对界限，在各语言中都存在难以归类或处于中间状态的情况。据 Luke 等（2012）介绍，除英语外，现已有德、日、韩、汉、芬兰、纳瓦霍语的话语延伸现象研究。鉴于不同语言的语序和语法结构差异，各类话语延伸在不同语言中的使用倾向也不同。Couper-Kuhlen 和 Ono（2007）发现英语作为中心语居左（left-headed）语言，其附着类最多，而德语在句法完结的右框（right brace）后出现的插入类更多（Auer，1996）。跨语言的对比研究展现了不同语言的话语延伸特征和功能，揭示了语法和互动交际之间的互育关系。

## 2.4　小结

会话分析和互动语言学范式下的研究最先关注话轮交替组织中的话轮延续现象，对其性质做了初步界定。在跨语言对比研究的推动下，学者们对其划分的标准从最初只依靠句法，逐步拓展到将语义、语用和韵律因素纳入其中，建立起了较为全面的话轮延续体系。

# 3. 功能语言学的研究范式

功能语言学范式下对话语延伸相关现象的研究主要有两方面：一是"右偏置"（right dislocation）研究，主要从信息结构、语序和话语功能角度进行界定和解释。二是"右缘"（right periphery）研究，关注处于话轮边缘位置的语言形式的共时特征与历时变化。

## 3.1　右偏置

右偏置的界定是以小句的基本语序结构为参照点。偏置是表指称性的句法成分因语用目的而发生位置变化置于小句句法边界外的现象，是一种标记性的话语结构类型[①]。例如：

---

① 左偏置（left dislocation）和右偏置虽然都在小句的外围，但左右偏置与小句中的某一成分是同指关系。二者都与话语中的信息结构密切关联，都是在句子层面通过语序变化来标记话题。在功能语言学的文献中，二者经常被放置在一起进行讨论。

（4）She's a smart cookie, that Diana.（转引自 Lambrecht, 2001: 1051）

例（4）中的"that Diana"与代词"She"共指，出现在了小句边界之外。Chafe（1976）认为话题可以作为提早实现的主语（topics as premature subjects），出现在格位框架前（即左偏置）。与此相对，逆话题（antitopic）（即右偏置）出现在格位框架之后。Chafe 主要以句子为观察的基点，从话题的层面将二者的位置视为镜像分布。Tenenbaum（1977）较早使用左偏置和右偏置这一对术语进行了对比讨论：左偏置是重新引入已知指称；右偏置除了表示追加（afterthought），还可表示惊讶和怀疑。

Lambrecht（1981）更为全面地将这两类现象放在一起研究，沿用了话题和逆话题这一对术语，认为这类现象是在句子表层编码话题—说明的关系。话题不受句法制约，独立于动词所处的句法结构，可以有重音，只是受语用制约。与此相对，逆话题的格标记要和前面的动词一致，并不能承担重音、前面无停顿，在句法和韵律上都融入句子结构之中。作者从语法、语用和韵律方面对比分析了二者的差异，强调它们并非镜像关系。

上述研究都是将左、右偏置与句子层面的话题关联起来讨论。Givón（1983）反对将话题看作离散的、自主的实体，认为语篇中句子层面的话题连续性（topic continuity）蕴含于篇章层面的主题连续性（thematic continuity)之中，而左、右偏置都是标记话题的手段。于是，Givón 分析了左、右偏置在标记话题连续性上的差异。

对于右偏置而言，其性质和功能与其他结构有千丝万缕的联系。[①] 其中，学者们对右偏置与追加之间的认识分歧较大。Hyman（1975）将相关的现象都纳入追加这一概念下。追加即说话人在句子完结后，由于意识到刚才表达不清或模棱两可，添加新的话语，而该话语位于非正常

---

① 关于右偏置与双重附着结构（clitic-doubling construction）、外置结构（extraposition construction）等结构之间的关系，可参看 Lambrecht（2001）。

语序位置。追加的话语前面本有停顿，但经过历时变化后可能会被删除，将追加话语合并（incorporation）进前面小句的语调曲拱中，最终造成基本语序的变化。

有些学者则综合多种因素将右偏置与追加或修补进行区分。Lambrecht（1981）认为追加承担重音，前面通常有停顿，而逆话题则不是这样。Geluykens（1987，1994：89–124）发现右偏置除了追加和修补，还有提问和表达情感等功能。Ziv（1994）认为右偏置只出现在句末，而追加则可以插入句中。语义上，右偏置的句外名词短语必须与句内指称成分共指，而追加则可以是语义替换而不必共指，且会出现一些修补标记。因此，追加是未经计划偶然出现的修补现象，右偏置则是高度预设的（highly presuppositional）。Fretheim（1995）认为右偏置属于语法现象，而追加不是。但右偏置和追加的区别性特征并非绝对，存在很多中间状态，甚至可能有历时上的关联。Grosz和Ziv（1998）发现在希伯来语中右偏置的句外名词短语有明显的格标记，必须与句内共指代词的格范畴一致，而追加则可以是没有形态标记的光杆名词短语。

## 3.2　右缘

各种层级的语言单位或结构中均可能有核心和边缘之分。从左右位置上来看，话语延伸处于右缘位置。Kaltenböck 等（2011）将传统的句子语法（traditional sentence-grammar）和接入语语法（thetical grammar）都纳入话语语法（discourse grammar）的理论体系中。其中，接入语从句子语法中通过征派过程（cooptation）而产生，出现在话语的边缘。它包括不被句子语法规则所囊括的评价小句、疑问尾句、左右偏置、追加、叹词等位置游离的成分。因此，话语延伸在该理论框架下被纳入接入语语法之中。

Traugott（2015）将边缘成分界定为话轮或话语的开端、末端这一范围内出现的语言形式，既包含句内的边缘成分（如对比焦点前置等），也包括句外的边缘成分（语用标记或话语标记）。该文认为右缘包括疑问尾句、回溯性对比标记（retrospective contrastive marker）等，具有请求回应、放弃话轮、预示后续话语等功能。它们的前面不一定必须有停顿，常常在韵律上融入前面的小句中。此外，该文还通过历时语料证明核心小句（承担句子命题意义）和边缘成分之间不是截然二分的，句法和韵律上都是梯度变化的连续统。

学界对于左、右缘的功能异同有两种相反的认识倾向。一种观点认为左缘倾向于话轮接管、语篇衔接，表达说话人的主观性，而右缘倾向于让出话轮、请求听话人确认，表达交互主观性，即左右缘的不对称假说（Beeching & Detges，2014；Detges & Waltereit，2014）。而有的学者则认为左右缘都可表达（交互）主观性，是对称镜像分布（Traugott，2014；Onodera，2014）。

Detges 和 Waltereit（2014）讨论了法语第一人称代词"moi"出现在左右缘时的功能差异。如果出现在左缘，它主要有指称对比、话题转移等衔接功能，而在右缘主要有用于对话语的评价和协商等情态功能。该文支持了 Beeching 和 Detges（2014）提出的左右缘不对称假说，强调了这种不对称源于言语交际在时间上的线性展开特征。与此相反，Traugott（2014）以英语的"no doubt"和"surely"为例，通过历时语料证明左右缘不对称还未完全规则化。（交互）主观性更与其本身意义和语境相关，而与左右缘的位置关联不大。

在左右缘的讨论中，不同语言的研究者建立起各种句子边缘结构模型。Detges 和 Waltereit（2014）赞成左右缘不对称，综合信息结构、句法和韵律因素建立了法语边缘模型。相反，Onodera（2014）介绍了日语句子层级模型[①]，强调日语句子的左缘和右缘都可以表达主观性和交互主观性，是对称的镜像分布。不同语言的句子边缘模型使话语延伸被纳入更大体系内，从左右、内外、共时和历时以及跨语言的对比中拓宽了该课题的研究思路。

---

① 日语句子层级模型也被称为洋葱皮模型（onion-skin model），包括行为层、事件层、评价层、交流层，由内而外依次分布。

### 3.3　小结

对右偏置的研究主要是基于句子的基本语序和信息结构，对比了其与左偏置在语用功能上的差异。另外，学者们对于右偏置和追加的关系有较大争议，从句法、韵律和语用上进行了辨析。但由于这些研究大多没有利用自然会话语料，一些结论被互动语言学研究质疑，研究认为左右偏置的功能是在会话序列中由局部语境触发的（locally occasioned）（Doehler et al.，2015）。

右缘这一概念是基于位置上的界定，包括的类别较多。[①] 在不同语言相关问题的研究中，有关左右缘功能是否对称的争议颇多。其实，支持左右缘不对称的学者也意识到这一假说只是程度的问题，并非绝对（Beeching & Detges，2014）。此外，右缘相关研究的主要特点在于其不仅从共时上讨论功能的异同，还注重从历时角度研究话语延伸的语法化和语用化演变。

## 4. 汉语相关现象的研究

汉语话语延伸相关现象的研究可以追溯到 20 世纪 20 年代。倒装、易位、主位后置和右偏置的研究主要是基于语序变化，普遍认为有常规句和变式句的区分。追补（追加）、话尾巴和句末重复的研究则主要从交际过程的线性生成出发，不再强调语序的"正"与"倒"。汉语延伸句的研究从会话中的话轮构建单位和话轮交替组织出发，认为话语延伸是为满足局部互动需求而动态构建的语言形式，是由其所处的交际环境所塑造的。

### 4.1　倒装、易位、主位后置和右偏置

汉语的相关研究最初基于常规的句子结构关系和语序，认为话语延

---

① 不同层次的单位都有核心和边缘这一梯度变化（Beeching & Detges，2014），如动词论元结构之外的状语、句子边缘的左右偏置、话轮边缘的疑问尾句或话语标记等。

伸现象是对正常的、合乎语法的句子进行创造性变化而导致的"倒装句"和"易位句"。倒装或易位的部分必须能还原回正常语序的位置且意义不改变。黎锦熙（1924/2007：38）认为"来了吗，他"这种"变式的主位"，主要表达口语中的惊叹和急问语气。陈望道（1932/1997：219-221）则将倒装归为积极修辞，认为"随语倒装"在口语中只起语气上的作用，不涉及思想条理和文法组织，以此区别于书面上的"变言倒装"。Chao（1968/1979：44）未明确界定何谓倒装句，但将倒装句归为整句的一种结构，所举的例句都是主谓倒装。

陆俭明（1980）首次全面研究了汉语口语中的易位句。陆文综合语音、语义、句法和语气词的位置，总结了易位句的四个特点：（1）重音在前，后置轻读；（2）语义重心在前；（3）后置可复位，意思不变；（4）语气词在前置成分后，不能在后置成分后。陆文根据句法结构关系对易位句进行了细致分类，并对易位句和倒装句进行了辨析。文中有关易位句的界定和判断标准对此后的汉语相关研究产生了重要影响。但是，杨德峰（2001）认为关于易位句语音和语义的界定过于绝对化。后移部分的读音轻重与成分的复杂程度有关，与句子的性质（句类）有关。后移部分的意义是一个语义连续统，需要根据语境来判断。这一点在张燕春（2001，2004）的语音实验研究中得以直接验证。高岳（2016）进一步归纳出了易位句后移部分的语义类型，对易位句的特征进行了补充。陈满华（2022）探讨了次话题易位的限制和规律，认为非轻音化的易位成分具有相对独立性。

主位后置和右偏置的相关研究主要聚焦主述位结构和话题—说明结构的变化。张伯江、方梅（1994，1996：52-70）认为话语中的主位后置是介于省略句（只有述位）和非省略句（主位—述位）之间的一种表达策略。主位后置句的功能是强调述位、避免歧义（追补和修正），在不同语境中的作用强弱程度不同。梁源（2005）认为粤语易位句的成因在于凸显焦点或新信息，而将表达旧信息的主位置于述位后。

右偏置的相关研究大多从认知和交际两方面解释。Guo（1999）认为右偏置的话语功能是从概念功能到人际功能的连续统，人际功能比信

息管理功能更凸显。周士宏（2008）认为句末话题是言者为了追求交际
互解而使用"指称与角色相分离"的编码方式。席建国、张静燕（2008）
运用图形—背景理论，将话语后置解释为认知上凸显焦点变化经过概念
化过程而表现出的标记性结构，有缓和面子、表达质疑等语用功能。文
旭（2020）则将右偏置解释为认知参照构式，凸显的焦点从句内的指称
成分移到句外，后者参照前者，形成语义共指关系。

## 4.2　追补（追加）、话尾巴和句末重复

　　不同于强调顺序的正与倒，追补（追加）、话尾巴和句末重复的研
究不再将这些现象看作正常句子的变化形式，而是注重话语在时间线性
上的展开特性，将其视为常规的话语现象。吕叔湘（1942/2014：439）
认为这种现象是由于感情激动而先说出前面的，后面的话语是补充出来
的。Chao（1968/1979：76）明确使用"追补"的概念，认为这类现象
是口语在未经计划的情况下，临时加在已完结的句子后面而形成的，与
书面语中欧化句式的倒装不同。

　　支持"追补说"并专题探讨的代表文献主要有：陈建民（1984）、
史有为（1992，2017）、徐晶凝（2019）。陈建民（1984）认为语法上
的追加是说完了又想起来补充、注释或更正的现象。追加部分也可不轻
读、加语气词、作为语义重心。由于自然言谈是朝着单一方向动态行进，
"想跟不上说"是形成追加的首因。陈文从时间和心理上进行解释，直
接否定了句子成分的移位观。

　　史有为（1992）提出"双结构追补紧缩句"的概念，认为是前后
两个重复的语义结构在语法层面上进行省略而形成。本质是语义层和语
法层的不对等关系造成的。这一解释在一定程度上与生成语法的理论取
向有契合之处，具有较强的创新性和探索性。①史有为（2017）提出的
"话尾巴"是指句子主体完成后多出来的一截依附型句子碎片。它在结

---

　　①　感谢匿名审稿专家提醒笔者注意这一点。生成语法理论框架下对汉语话语延伸相关现
象的研究有"移位说"（Cheung，2009）和"联合结构说"（Tang，2015）。由于篇幅所限，
本文不再详细介绍这些观点。

构上具有不合格的可能性，其结构和意义都依附于句子主干。史文认为话尾巴是处于语言和言语之间应激层的一种策略或手段，是由于作为正常交际心理预期的整体（句子）碎裂而造成的。徐晶凝（2019）强调追补句是交际互动中信息传递和句法机制相互作用而形成的语法现象。可追补成分要受到句法的牵制和影响，具有游离于核心谓语动词之外的可能性。

话语延伸除了添加新的语言形式，还包括在句末完全或部分重复前面句子中的某一成分。汉语研究很早就将句末重复和倒装、易位放在一起探讨。Chao（1968/1979：45）提及了"黑猫吃，黑猫！"这类句末重复现象与倒装密切相关，但未详细论述。孟琮（1982）从位置、频次、语音轻重和停顿角度分析了该现象的特点，发现与陆俭明（1980）对易位句特点的认识高度吻合。易位句和句末重复在口语中使用频率不相上下，语音特点相同，且主要类型都是名词性成分。作者将二者纳入言语在线生成的视角下进行对比，主张它们属于同一大的范畴。

史有为（1992）则明确将倒装、易位和句末重复等现象纳入追补这一范围内，进行统一解释。相较于易位，句末重复只是完全或者部分重复了前一语义结构中的某一成分。二者都是在第一个语义结构完成后产生第二个语义结构，只是外在语法层的表现不同。史文既注意到了这些相关现象的共性，也辨析了它们在韵律、语义、功能上的细微差异。

刘探宙（2018）则注意到了句末重复本身并非完全同质，从功能上可以分为两类。情态性重置句主要用于情绪态度的表达，语势较强，并不要求听话人回应。重申性再现句用于重述信息，语势较弱，是为了追求听话人回应而采取的策略。刘文细致区分了二者在语音、语法、语用上的差异，强调了话语在韵律上的停顿与否是区分不同性质语言现象的重要因素。

### 4.3　汉语延伸句的研究

随着会话分析方法在汉语研究中的应用，一些学者开始探索自然会话中的话语延伸现象。陆镜光（2000）认为汉语的句子成分后置是言者为了避免话轮交替出现太长间隙，从而延长先前完结的句子作为话轮延续手段。此后，陆镜光（2004a）提出了"延伸句"的概念，将句子成分后置、句末重复和句末替换等类型都统一处理为话轮转换地带的后续语。作者明确将延伸句视为一种常规句式。基于这一观点，陆镜光（2004b）通过对比汉、英、日、希腊语和法语，发现汉语相较于其他语言更倾向于通过语序凸显焦点，汉语的延伸句使用频率比英语高。这种临时的语用手段已逐渐成为汉语的常态。

　　后续研究则更加细致地在自然会话中考察汉语话语延伸的类型、特征和功能。Luke 和 Zhang（2007）分别从句法、韵律、语义/语用和信息焦点四个参数讨论，认为 TCU 扩展在句法上要与宿主（host）TCU 有关联、韵律上是附属语调（subordinate intonation）、语义和语用上是回溯性的（retrospective）且不承担焦点信息。文章尤其强调韵律的附属语调特征是最具辨识性和决定性的因素。Luke（2012）归纳了汉语话语延伸的四种会话功能：强化语气、提供背景信息、用于限制和修正、进行阐释而避免歧义。这两篇文章分别在性质界定和会话功能两方面进行了深入探索，对后续相关研究有很大启发。

　　Lim（2014）和刘奕（2014）的两篇文章都是对汉语话语延伸进行全面系统研究的博士学位论文。Lim（2014）基于 Couper-Kuhlen 和 Ono（2007）的分类体系，详细描写了汉语话轮延续各次类的表现和特点。文章从韵律、句法和语义等因素综合考虑，认为汉语话轮延续的各次类与宿主 TCU 的关联度呈连续统：非附加 ＞ 附着 ＞ 插入 ＞ 替换 ＞ 自由成分。基于同一分类体系，刘奕（2014）侧重从音高、音强和语速三个方面讨论汉语话语延伸的韵律依赖度。作者发现话语延伸的韵律依赖度和强调功能成正比，和信息承载量及话轮组织功能成反比，探讨了韵律表现和会话功能的关联。

## 4.4　小结

　　倒装句和易位句的研究是以句子为观察点，细致地描写了前后两部分的句法结构关系。持这一观点的学者将后置部分视为完整句子的一个句法成分。因此，倒装和易位都是正常语序句子的变体。主位后置和右偏置的研究是以主—述位结构和话题—说明结构的基本顺序为观察点，将其视为语用功能和认知参照驱动下的变化形式。

追补句和话尾巴的研究不是以语序的正与倒为观察起点，而是关注到话语的时间进程性，意识到该类现象在语言中的常规性，而非正常句子的变化形式。这类研究更多地从语义和功能上进行分类。此外，句末重复作为话语延伸的一个次类，汉语学界的相关研究较早地将其与倒装、易位、追补放在一起进行讨论，认识到了它们是同一大范畴下的不同表现形式。

汉语延伸句的研究运用会话分析的方法，从话轮构建单位和话轮交替组织出发，考察话语延伸在局部互动语境中的成因和表现类型，更加强调其语境适应性和动态构建性，拓宽了这一课题的研究视野。研究者们发现了汉语话语延伸的插入、非附加类型较多，附属语调是其主要韵律特征。这些显著特征为话语延伸现象的跨语言对比研究提供了新的补充。此外，陆镜光（2004a）将话语延伸纳入句法系统考察，为汉语句子研究提供了新视角。

# 5. 一些值得思考的问题

## 5.1  话语延伸现象的本质是什么？

在自然会话中，TCU 完结后可能会发生话轮延续，也可能发生话轮交替（Sacks，Schegloff & Jefferson，1974）。无论是言者的自我延续还是听者的接话，都可能会产生两种性质的单位。要么是新的 TCU，要么是前一 TCU 的扩展或延伸。但是，自然会话中的基本单位需要考量句法、语义、韵律和语用等多种因素[1]。另外，话语延伸与宿主 TCU 之间的关联性也涉及多重因素。这就导致了对话语延伸现象范围划分和特征归纳上的困难。

---

[1]  关于会话交际中基本单位的判断问题，可参看乐耀（2017）的介绍。

我们认为话语延伸的产生动因来自会话修补，而其出现的位置在话轮转换空间内。因此，话语延伸更像是一种隐性修补（Lim，2014）。绝大多数的话语延伸是说话人自己完成，这符合"自己优先于他人发起修补"的偏好（Schegloff et al.，1977）。但是，一个 TCU 完结后也可能会发生话轮交替并由听话人完成延伸。Lerner（2004）从发起者和完成者角度对话语延伸进行讨论，认为其包括自启自完成、自启他完成、他启自完成和他启他完成等。这些类别正好对应着修补启动和完成的主要类型（Schegloff et al.，1977）[①]。

Luke（2021）认为合作完结（collaborative completion）和他人延伸都是不同说话人作为同一方（party）组织一个 TCU，都可归入协同产出（joint production）。但是，合作完结和他人延伸产生的动因并不完全相同：前者是在 TCU 完结前抢先完结（pre-emptive completion），主要发生在机会空间（opportunity space）；后者是将前一说话人的话轮视为不完整的，延伸的目的是使其修补充分，发生在话轮转换空间。

## 5.2 研究立足点有什么改变？

在该课题的研究历程中，由于研究理论范式的差异，各类研究立足的基本单位也有所不同。倒装、易位、右偏置的相关研究主要是以句子为基本单位。主位后置句的研究则是以主述位结构为基本单位。这些研究都主要从说话人的单方视角，基于具有正常语序的结构，以正和倒的顺序变化为研究起点，将话语延伸视为语用或认知因素影响下的灵活变化形式。

追补（追加）、话尾巴、延伸句、右缘的相关研究是从言谈交际的时间线性上来看语言形式的组织过程。话语延伸不再被认为是某一种正常语序结构的变体。基于会话分析和互动语言学范式下的延伸句研究，立足于会话的话轮构建单位，对句子的认识不再局限于说话人的单方视角，而将

---

① 匿名审稿专家认为话语延伸与会话交际者在构建 TCU 过程中处理局部偶发现象（local contingencies）关联更大。说话人还可能使用像"or something"等附加性的后置话轮成分（additional post-positioned turn components）调整自己之前的话语（Heritage，1984：274–277）。我们将话语延伸的本质视为修补，是从更广义的角度来看修补（可参看郑上鑫等，2022）。感谢审稿专家指出这一点。

句子视为交际双方在实时互动中为满足和适应偶发（contingent）的局部环境（local circumstance）而共建的，是在不断扩展和修补中实现的模态资源。

虽然从语序的正与倒方面来探讨这类现象对汉语语序研究来说是很好的切入点（Tai & Hu，1991），但"'顺装'和'倒装'把句子成分的位置绝对化了"（吕叔湘，1979：68）。朱德熙（1985：78 -79）深刻地认识到易位句不能还原为被包孕的词组。沈家煊（2019：155 -157）和张伯江（2021）全面否定了倒装说和易位说，将话语延伸视为两个零句的并置。可见，易位句本质上是语用中的话语现象，只从结构上的正与倒来观察并不能很好地揭示其根本性质。

### 5.3　该现象有哪些研究价值？

从共时层面来看，话语延伸是会话中实时产生的一种语用现象。从历时来看，语用中的话语不仅受既有语法规则的制约，自身还会发生进一步演变。话语延伸的一些类型会频繁地黏附在句末用于表达说话人的语气和态度，并进一步语用化，如固化结构"也没准儿""也说不定"（张伯江、方梅，1996：60）。而另一些则会进一步语法化，像粤语后置时间副词"先"已经演变为疑问句的句末助词（邓思颖，2006）。粤语后置传信话语标记"话"（waa$^6$）与表达强调的语气词 o$^3$ 频繁共现后融合演变为句末传信助词"喎"（wo$^3$）（Yap et al.，2014）。目前关于汉语话语延伸的语法化演变研究主要集中在粤语，而且主要是插入类型。吕军伟、俞健（2021）认为东南汉语方言中许多副词后置现象受语言接触的影响较大，部分类型朝着语气助词演变。Hyman（1975）则认为语言接触和追加都可能是语序变化的影响因素[①]。所以，东南汉语方言中广泛存在的副词后置现象在多大程度上受语言接触或追加的影响，值得进一步研究[②]。

关于句末重复的演变，其首尾相同的框式结构容易形成构式。孟琮

---

[①] Hyman（1975）通过分析尼日尔—刚果语系的克鲁（Kru）语，认为该语言的语序由 SOV 向 SVO 演变是受口语中的追加而触发，经由语言接触而扩展。

[②] 感谢柯妍同学提醒笔者关注南方方言中的副词后置现象。

（1982）认为汉语中固定格式"X 什么 X"本质上就是句末重复，主要表否定意义。史有为（1991）和张金圈（2020）都支持这一观点。从互动构式语法（Interactional Construction Grammar）视角下探讨会话互动中的惯例或序列如何整合成为一个构式（Lim，2021），除了分析"X什么 X"的语用动因和形义匹配关系，也要重视梳理构式的历时演变过程，进一步从话语功能、认知加工和语法化三方面综合进行研究。另外，疑问尾句或附加问也可能语法化为句末语气词，如粤语中的"吓话"（邓思颖，2016）。那么，附加问和前面的陈述句形成照应关系，在多大程度上与句末重复存在关联？类似的还有"啊""嘎"等代句词，出现在一句话说完后，"作用等于把这句话重复一遍"（Chao，1968/1979：292）[①]。这些问题都还有进一步考察的空间。

因此，作为话语和句法的接口，从历时演变视角研究话语延伸能更好挖掘它与情态范畴、语气范畴、完句范畴之间的复杂关联。话语延伸与相关范畴的互动研究直接关系到我们如何看待汉语的句子和完句问题（史有为，1997：164-189；陆镜光，2002；Yap et al.，2014；叶婧婷、陈振宇，2014），有助于深入认识汉语语法的特点（朱德熙，1985；沈家煊，2019；张伯江，2021）。

### 5.4　如何从话语延伸现象看待语言与互动交际的关系？

话语延伸根植于互动言谈交际之中，互动的行为活动是通过多种模态资源相互协作建构而成。因此，除了充分分析语法这一模态资源，同样作为构建互动行为资源的韵律特征和身体视觉惯例（bodily-visual practice）不应该被忽略。Ford 等（2012）较为系统地分析了话轮延续中交际双方的身体视觉惯例与话轮转换相关处的多种组合模式，揭示了身体视觉动作在话轮延续中的重要作用。话语延伸更深入的研究应该在作为其自然栖息地的日常会话中进行，探讨各种模态资源如何在互动交际中相互协作或制约。

---

①　Chao（1968/1979：292）认为代句词和句末助词的读音不完全相同。

话语延伸与宿主 TCU 在句法、语义、韵律的关联上可能会表现出多种类型。由于汉语语序的类型特征，学界的相关研究多集中在插入和重复两类。虽然已有研究描写了话语延伸的其他类型，但是还未深入比较各类型之间的异同。各类话语延伸所处的序列位置与互动功能之间有何关联？与其语法、韵律特征有何关联？与其伴随的身体视觉动作有何关联？这些都是探讨语言和互动关系时应考虑的问题。

话语延伸是在自然会话中未经计划产生的、在时间线性上逐步展开的话语现象（Doehler et al.，2015）。由于话语延伸是为满足实时互动需求而设计，其多种多样的表现形式是在书面语或篇章独白语料中无法观察到的。倘若通过细致转写的自然会话语料进行研究则会有更多的发现。

# 参考文献

陈建民，1984，《汉语口语里的追加现象》，载中国语文杂志社编《语法研究和探索（二）》，北京大学出版社。

陈满华，2022，《次话题易位及相关问题》，《中国语文》第 6 期。

陈望道，1932/1997，《修辞学发凡》，上海教育出版社。

邓思颖，2006，《粤语疑问句末"先"字的句法特点》，《中国语文》第 3 期。

邓思颖，2016，《英语和汉语疑问尾句的句法分析》，《外语教学与研究》第 1 期。

高　岳，2016，《当代北京口语语序易位现象的功能研究》，载方梅主编《互动语言学与汉语研究》（第一辑），世界图书出版公司。

黎锦熙，1924/2007，《新著国语文法》，湖南教育出版社。

梁　源，2005，《语序和信息结构：对粤语易位句的语用分析》，《中国语文》第 3 期。

刘探宙，2018，《句末的情态性重置和重申性再现》，《世界汉语教学》第 1 期。

刘　奕，2014，《汉语会话增量研究：语言结构与功能》，上海外国语大学博士学位论文。

陆俭明，1980，《汉语口语句法里的易位现象》，《中国语文》第 1 期。

陆镜光，2000，《句子成分的后置与话轮交替机制中的话轮后续手段》，《中国语文》第 4 期。

陆镜光，2002，《在进行中的句子里辨识句末》，载徐烈炯、邵敬敏主编《汉语语法

　　研究的新拓展》（一），浙江教育出版社。

陆镜光，2004a，《说延伸句》，载中国社会科学院语言研究所《中国语文》编辑部
　　编《庆祝〈中国语文〉创刊 50 周年学术论文集》，商务印书馆。

陆镜光，2004b，《延伸句的跨语言对比》，《语言教学与研究》第 6 期。

吕军伟、俞健，2021，《语言接触视野下东南汉语方言副词后置语序及功能演变》，
　　《民族语文》第 1 期。

吕叔湘，1979，《汉语语法分析问题》，商务印书馆。

吕叔湘，1942/2014，《中国文法要略》，商务印书馆。

孟　琮，1982，《口语里的一种重复——兼谈易位》，《中国语文》第 3 期。

沈家煊，2019，《超越主谓结构——对言语法和对言格式》，商务印书馆。

史有为，1991，《语野问答》（四），《汉语学习》第 4 期。

史有为，1992，《一种口语句子模式的再探讨——"倒装""易位""重复""追补"
　　合议》，载史有为《呼唤柔性——汉语语法探异》，海南出版社。

史有为，1997，《汉语如是观》，北京语言文化大学出版社。

史有为，2017，《认识"话尾巴"——兼议"句子碎片"》，《语言教学与研究》第 1 期。

文　旭，2020，《右移位构式：句法、语义与认知》，《现代外语（双月刊）》第 5 期。

席建国、张静燕，2008，《话语后置的认知基础及其功能分析》，《语言教学与研究》第
　　6 期。

徐晶凝，2019，《交际互动视角下的追补句——易位句 / 延伸句 / 话尾巴句研究补
　　遗》，《中国语文》第 5 期。

杨德峰，2001，《也论易位句的特点》，《语言教学与研究》第 5 期。

叶婧婷、陈振宇，2014，《再论汉语的完句性》，载复旦大学汉语言文字学科《语言
　　研究集刊》编委会编《语言研究集刊》（第十三辑），上海辞书出版社。

乐　耀，2017，《互动语言学研究的重要课题——会话交际的基本单位》，《当代语
　　言学》第 2 期。

张伯江，2021，《复杂句式的扁平化——纪念朱德熙先生百年诞辰》，《中国语文》第
　　1 期。

张伯江、方梅，1994，《汉语口语的主位结构》，《北京大学学报》（哲学社会科学版）
　　第 2 期。

张伯江、方梅，1996，《汉语功能语法研究》，江西教育出版社。

张金圈，2020，《从在线话语到句法构式："X 什么 X"结构来源再探》，《语言教育》
　　第 3 期。

张燕春，2001，《易位句中的语音问题》，《汉语学习》第 4 期。

张燕春，2004，《再谈易位句的特点》，《常州工学院学报》第 1 期。

郑上鑫、乔雪玮、乐耀，2022，《论对位置敏感的嵌入修补》，《语言教学与研究》第 6 期。

周士宏，2008，《论汉语的"句末话题句"》，《云南师范大学学报》（对外汉语教学与研究版）第 4 期。

朱德熙，1985，《语法答问》，商务印书馆。

Auer, Peter.1996. "On the Prosody and Syntax of Turn Continuations". In *Prosody in Conversation: Interactional Studies*, edited by Elizabeth Couper-Kuhlen and Margret Selting, 57–100.Cambridge: Cambridge University Press .

Beeching, Kate and Ulrich Detges.2014. "Introduction". In *Discourse Functions at the Left and Right Periphery: Crosslinguistic Investigations of Language Use and Language Change*, edited by Kate Beeching and Ulrich Detges , 1–23. Leiden and Boston: Brill.

Chafe, Wallace L.1976. "Givenness, Contrastiveness, Definiteness, Subjects, Topics, and Point of View". In *Subject and Topic*, edited by Charles N. Li, 25–56, New York: Academic Press.

Chao, Yuen Ren. 1968. *A Grammar of Spoken Chinese*. Berkeley and Los Angeles: University of California Press. 吕叔湘译《汉语口语语法》，商务印书馆，1979。

Cheung, Lawrence Yam-Leung. 2009. "Dislocation Focus Construction in Chinese". *Journal of East Asian Linguistics* 18(3): 197–232. https://doi.org/10.1007/s10831–009–9046–z.

Couper-Kuhlen, Elizabeth and Tsuyoshi Ono. 2007. "'Incrementing' in Conversation: A Comparison of Practices in English, German and Japanese". *Pragmatics* 17(4): 513–552. https://doi.org/10.1075/prag.17.4.02cou.

Detges, Ulrich and Richard Waltereit. 2014. "Moi je ne sais pas vs. Je ne sais pas moi: French Disjoint Pronouns in the Left vs. Right Periphery". In *Discourse Functions at the Left and Right Periphery: Crosslinguistic Investigations of Language Use and Language Change*, edited by Kate Beeching and Ulrich Detges, 24–46. Leiden and Boston: Brill.

Doehler, Simona Pekarek, Elwys De Stefani and Anne-Sylvie Horlacher.2015. *Time and Emergence in Grammar: Dislocation, Topicalization and Hanging Topic in French Talk-in-Interaction* . Amsterdam and Philadelphia: John Benjamins Publishing Company.

Field, Margaret. 2007. "Increments in Navajo Conversation". *Pragmatics* 17(4): 637–646. https://doi.org/10.1075/prag.17.4.07fie.

Ford, Cecilia E., Barbara A. Fox and Sandra A. Thompson. 2002. "Constituency and the Grammar of Turn Increments". In *The Language of Turn and Sequence*, edited by Cecilia E. Ford, Barbara A. Fox and Sandra A. Thompson, 14–38. Oxford: Oxford University Press.

Ford, Cecilia E., Sandra A. Thompson and Veronika Drake. 2012. "Bodily-Visual Practices and Turn Continuation". *Discourse Processes* 49(3–4): 192–212. https://doi.org/10.10 80/0163853X.2012.654761.

Fretheim, Thorstein. 1995. "Why Norwegian Right-Dislocated Phrases are not Afterthoughts". *Nordic Journal of Linguistics* 18(1): 31–54. https://doi.org/10.1017/ S0332586500003097.

Geluykens, Ronald. 1987. "Tails (Right-Dislocations) as a Repair Mechanism in English Conversations." In *Getting One's Words into Line: On Word Order and Functional Grammar*, edited by Jan Nuyts and Georges De Schutter, 119–129. Dordrecht: Foris.

Geluykens, Ronald. 1994. *The Pragmatics of Discourse Anaphora in English: Evidence from Conversational Repair*. Berlin and New York: Mouton de Gruyter.

Givón, Talmy. 1983. "Topic Continuity in Spoken English". In *Topic Continuity in Discourse: A Quantitative Cross-language Study*, edited by Talmy Givón, 343–363. Amsterdam and Philadelphia: John Benjamins Publishing Company.

Grosz, Barbara and Yael Ziv. 1998. "Centering, Global Focus, and Right Dislocation". In *Centering Theory in Discourse*, edited by Marilyn A. Walker, Aravind K. Joshi and Ellen F. Prince, 293–307. Oxford: Oxford University Press.

Guo, Jiansheng. 1999. "From Information to Emotion: The Affective Function of Right-Dislocation in Mandarin Chinese". *Journal of Pragmatics* 31(9): 1103–1128. https:// doi.org/10.1016/S0378–2166(98)00094–0.

Heritage, John. 1984. *Garfinkel and Ethnomethodology*. Cambridge: Polity Press.

Hyman, Larry M. 1975. "On the Change from SOV to SVO: Evidence from Niger-Congo". In *Word Order and Word Order Change*, edited by Charles N. Li, 113–147. Austin and London: University of Texas Press.

Jefferson, Gail. 2004. "Glossary of Transcript Symbols with an Introduction". In *Conversation Analysis: Studies from the First Generation*, edited by Gene H. Lerner, 13–31. Amsterdam and Philadelphia: John Benjamins Publishing Company.

Kaltenböck, Gunther, Bernd Heine and Tania Kuteva. 2011. "On Thetical Grammar". *Studies in Language* 35 (4): 852–897. https://doi.org/10.1075/sl.35.4.03kal.

Lambrecht, Knud. 1981. *Topic, Antitopic and Verb Agreement in Non-Standard French.* Amsterdam and Philadelphia: John Benjamins Publishing Company.

Lambrecht, Knud. 2001. "Dislocation". In *Language Typology and Language Universals: An International Handbook* Vol. 2, edited by Martin Haspelmath, Ekkehard König, Wulf Oesterreicher and Wolfgang Raible, 1050–1078. Berlin and New York: Walter de Gruyter.

Lerner, Gene H. 2004. "On the Place of Linguistic Resources in the Organization of Talk-in-Interaction: Grammar as Action in Prompting a Speaker to Elaborate". *Research on Language and Social Interaction* 37(2):151–184. https://doi.org/10.1207/s15327973rlsi3702_3.

Lim, Ni-Eng. 2014. "Retroactive Operations: On 'Increments' in Mandarin Chinese Conversations". Ph.D. dissertation, University of California, Los Angeles.

Lim, Ni-Eng. 2021. "An Interactional Perspective on Grammaticalization of Turn-Initial Linguistic Forms in Turn-Final Position: The Case of Chinese Turn-Continuations". *Journal of Pragmatics* 182:221–238. https://doi.org/10.1016/j.pragma.2021.06.013.

Luke, Kang-kwong. 2012. "Dislocation or Afterthought? A Conversation Analytic Account of Incremental Sentences in Chinese". *Discourse Processes* 49(3–4): 338–365. https://doi.org/10.1080/0163853X.2012.658502.

Luke, Kang-kwong. 2021. "Parties and Voices: On the Joint Construction of Conversational Turns". *Chinese Language and Discourse* 12(1): 6–34. https://doi.org/10.1075/cld.00035.luk.

Luke, Kang-kwong, Sandra A. Thompson and Tsuyoshi Ono. 2012. "Turns and Increments: A Comparative Perspective". *Discourse Processes* 49 (3–4):155–162. https://doi.org/10.1080/0163853X.2012.664110.

Luke, Kang-kwong and Wei Zhang. 2007. "Retrospective Turn Continuations in Mandarin Chinese Conversation". *Pragmatics* 17(4): 605–635. https://doi.org/10.1075/prag.17.4.04luk.

Ono, Tsuyoshi and Elizabeth Couper-Kuhlen. 2007. "Increments in Cross-Linguistic Perspective: Introductory Remarks". *Pragmatics* 17(4): 505–512. https://doi.org/10.1075/prag.17.4.01ono.

Onodera, Noriko O. 2014. "Setting up a Mental Space: A Function of Discourse Markers at the Left Periphery (LP) and some Observations about LP and RP in Japanese". In *Discourse Functions at the Left and Right Periphery: Crosslinguistic Investigations of Language Use and Language Change*, edited by Kate Beeching and Ulrich Detges, 92–116. Leiden and Boston: Brill.

Sacks, Harvey, Emanuel A. Schegloff and Gail Jefferson. 1974. "A Simplest Systematics for the Organization of Turn-Taking for Conversation". *Language* 50 (4): 696–735. https://doi.org/10.1016/B978–0–12–623550–0.50008–2.

Schegloff, Emanuel A. 1996. "Turn Organization: One Intersection of Grammar and Interaction". In *Interaction and Grammar*, edited by Elinor Ochs, Emanuel A. Schegloff and Sandra A. Thompson, 52–133. Cambridge: Cambridge University Press.

Schegloff, Emanuel A. 2000. "On Turn's Possible Completion, More or Less: Increments and Trail-offs". Paper presented at the Euro-Conferences on Interactional Linguistics, September, Spa, Belgium.

Schegloff, Emanuel A. 2016. "Increments". In *Accountability in Social Interaction*, edited by Jeffrey D. Robinson, 239–263. New York: Oxford University Press.

Schegloff, Emanuel A., Gail Jefferson and Harvey Sacks. 1977. "The Preference for Self-Correction in the Organization of Repair in Conversation". *Language* 53(2): 361–382. https://doi.org/10.2307/413107.

Seppänen, Eeva-Leena and Ritva Laury. 2007. "Complement Clauses as Turn Continuations: The Finnish et (tä) clause". *Pragmatics* 17(4): 553–572. https://doi.org/10.1075/prag.17.4.06sep.

Tai, James and Wenze Hu. 1991. "Functional Motivations for the So-Called Inverted Sentences in Beijing Conversational Discourse". *Journal of the Chinese Language Teachers Association* 26(3): 75–104.

Tang, Sze-Wing. 2015. "A Generalized Syntactic Schema for Utterance Particles in Chinese". *Lingua Sinica* (1): 1–23. https://doi.org/10.1186/s40655–015–0005–5.

Tenenbaum, Sarah. 1977. "Left and Right Dislocations". In *Haya Grammatical Structure: Phonology, Grammar, Discourse*, edited by Ernest Rugwa Byarushengo, Allesandro Duranti and Larry M. Hyman, 161–170. Los Angeles: University of Southern California.

Traugott, Elizabeth Closs. 2014. "On the Function of the Epistemic Adverbs Surely and no Doubt at the Left and Right Peripheries of the Clause". In *Discourse Functions at the Left and Right Periphery: Crosslinguistic Investigations of Language Use and Language*

*Change*, edited by Kate Beeching and Ulrich Detges, 72–91. Leiden and Boston: Brill.

Traugott, Elizabeth Closs. 2015. "Investigating 'Periphery' from a Functionalist Perspective". *Linguistic Vanguard* 1(1): 119–130. https://doi.org/10.1515/lingvan-2014-1003.

Vorreiter, Susanne. 2003. "Turn Continuations: Towards a Cross-Linguistic Classification". *Interaction and Linguistic Structures* 39. http://www.inlist.uni-bayreuth.de/issues/39/index.htm.

Walker, Gareth. 2004. "On Some Interactional and Phonetic Properties of Increments to Turns in Talk-in-Interaction". In *Sound Patterns in Interaction: Cross-linguistic Studies from Conversation*, edited by Elizabeth Couper-Kuhlen and Cecilia E. Ford, 147–169. Amsterdam and Philadelphia: John Benjamins Publishing Company.

Yap, Foong Ha, Ying Yang and Tak-Sum Wong. 2014. "On the Development of Sentence Final Particles (and Utterance Tags) in Chinese". In *Discourse Functions at the Left and Right Periphery: Crosslinguistic Investigations of Language Use and Language Change*, edited by Kate Beeching and Ulrich Detges, 179–220. Leiden and Boston: Brill.

Ziv, Yael. 1994. "Left and Right Dislocations: Discourse Functions and Anaphora". *Journal of Pragmatics* 22(6): 629–645. https://doi.org/10.1016/0378-2166(94)90033-7.

# 会话分析中的道义权利

西北大学　周　燕

## 1. 引言

互动中的社会行为（social action in interaction）是当前会话分析与互动语言学研究的核心，研究角度包括社会行为的语言和非语言表现形式、话轮组织和序列位置，以及不同组织结构体现出的社会关系等。受政治学、哲学中的"权威"（authority）概念及会话分析中的"认识权威"（epistemic authority）的启发，Stevanovic 和 Peräkylä（2012）、Stevanovic（2011）率先提出了"道义权威"（deontic authority）、"道义权利"（deontic right）[①] 的概念，即提议行为中说话人决定他人未来行为的权利。在后续研究中，Stevanovic（2018）又将其扩展到对说话人未来行为的决定权。近年来，研究者应用道义权利等概念分析了日常对话及机构性对话中的请求、建议等行为，为理解社会行为的语言形式及其背后的社会权利关系提供了新角度。本文介绍了相关概念的提出与发展、道义权利在社会行为研究中的应用，以及对未来研究的展望。

---

① Stevanovic 等（2018）常常交替使用"道义权威"与"道义权利"这两个概念，但 Stevanovic（2018）解释过两者的区别："道义权威"预设了对话双方的不对等关系（deontic asymmetry），更适用于说明有权势的一方单独决定未来事件的情况（例如命令）；"道义权利"不带预设地讨论对话双方在权利分配上的协商竞争关系，包括双方权利较为平等的情况（deontic symmetry），因而应用范围更广。

## 2."道义权利"概念的提出与发展

"道义权利"概念的提出是抽象理论与实证分析相结合的成果。一方面，"权威"与"权利"一直是政治学、哲学、社会学等领域中的重要概念，哲学家 Bochenski（1974）提出权威分两种维度，在知识、专业和经验上具有的权威被称为"认识权威"；在社会地位层面制定规则及决定他人行为的权威被称为"道义权威"。另一方面，近年来会话分析学者聚焦于认识权威，分析了医患沟通、课堂互动及新闻访谈等机构性对话中的相关现象，从而将抽象的概念落实到具体的交际行为中，直接启发了 Stevanovic 提出道义权利的理论。根据理论发展的脉络，本小节先厘清认识权威、认识权利、认识立场（epistemic stance）和认识状态（epistemic status）等概念，再具体介绍道义权威、道义权利、道义立场等相关概念。

### 2.1 认识权威、认识权利、认识立场和认识状态

认识权威指说话人在知识、经验上的权威。一般来说，在互动中，说话人对于自己的背景和经验具有认识权威，因为只有他们自己具有获取相关信息的权限。认识权利[①]指对话双方有权利获取知识并且决定如何获取知识（Heritage and Raymond，2005）。Heritage 和 Raymond（2005）发现在评价行为中，起始位置的一次评价（first assessment）和回应位置的二次评价（second assessment）都可使用一定语言形式来降低或强化说话人的认识权威。在例（1）中的第 02 行，Norma 在起始位置用言据标记"seems"降低了自己在一次评价中展示的认识权威。与之相反，在例（2）中的第 07 行，Emma 对 Margie 的朋友 Pat 做出一次评价，反问句"isn't she a doll"强化了她的认识权威。然而，Emma 是第一次见到 Pat，并没有直接经验，Margie 才是 Pat 的朋友。在第 08 行，

---

① 与认识权威、认识权利相关的概念还可参看 Labov 和 Fanshel（1977）提出的 A、B 事件（A-event，B-event）、Kamio（1994，1997）的"信息域"（territory of information）、Stivers 和 Rossano（2010）的认识域（epistemic domain）等。

处于回应位置的 Margie 用反问句"isn't she pretty"强调了自己的认识权威。

（1）（Heritage and Raymond，2005:18）

01　Bea：　hh hhh We:ll，h I WZ gla:d she c'd come too las'ni :ght=

02　Nor：　-⟩=Sh［e seems such a n］ice little［l a dy］

03　Bea：　　［（since you keh）］　［dAwf'l］ly nice 1*i'1

04　p*ers'n. t hhhh hhh We:ll，I［ː j's］

05　Nor:　［I thin］k evryone enjoyed jus....

（2）（Heritage and Raymond，2005:29）

01 Emm：　　=Oh honey that was a lovely luncheon I shoulda ca: lled you

02　s:soo［:ner but I:］1:［lo:ved it.Ih wz just deli :ghtfu［:1.］=.

03　Mar:［((f))Oh: : :］［° (　　　　　　)　　［We11］=

04　Mar:=I wz gla［d　　y。u］(came).]

05　Emm:［'nd yer f:］friends］'r so da:rli :ng，=

06　Mar :　=Oh:::［:itwz:］

07　Emm:［e-that P］a:t isn'she a do:［:11?］

08　Mar:　-⟩　　　　　　　　　　　　［iY e］h isn't she pretty，

Heritage（2012a）进一步区分了认识立场①和认识状态两个概念。虽然两者都是相对概念，指会话双方"谁知道得更多"，但认识立场指会话双方在话轮中所呈现的知识情况，而认识状态指交际过程中说话人的

---

①　关于"立场"（stance）在语言学中的定义以及不同类型的立场，如认识立场、情感立场、道义立场、受益立场等，还可参看 Ochs（1996）、Du Bois（2007）、Du Bois 和 Kärkkäinen（2012）、Heritage（2012a, 2012b）及 Clayman 和 Heritage（2014）等。

实际知识水平，两者有一致与不一致的情况。Heritage（2009）用以下医患对话中医生询问患者婚姻状况的不同问法说明了两者的区别。

（3）（Heritage，2009:9）

a）是非疑问句：Are you married?

b）陈述 + 附加疑问：You're married, aren't you?

c）是非陈述疑问：You're married？

在三种问句中，医生与病人之间的相对认识状态并未变化，但不同的句式选择呈现了医生不同的认识立场。Heritage 将对话双方认识立场的高低称为"认识坡度"（epistemic gradient）。在第一句是非疑问句中，医生呈现出自己作为未知一方的立场（K–），认识坡度较陡；相较之下，第二句由陈述句和附加疑问句组成，说明医生对于所述事件更为自信，认识坡度变缓，但仍待对方确认；最后，第三句的是非陈述疑问句说明医生对于病人已婚这件事很有把握（K+），认识坡度更平缓。值得注意的是，交谈双方的认识立场和认识状态会随着信息交换而不断变化，并非固定。

## 2.2　道义权威、道义权利和道义立场

受到"权威"和"认识权威"等概念的启发，Stevanovic 和 Peräkylä（2012）提出了道义权威、道义权利等概念。道义权利最初指说话人在提议行为中对他人未来行为的决定权，Stevanovic（2013）将其扩展为说话人在建议、请求、命令等会话行为中对他人及对自己未来行为的决定权。Stevanovic 也区分了道义立场（deontic stance）和道义状态（deontic status）：道义立场指说话人在话轮中展现的对于未来行为的决定权；道义状态指说话人实际对于未来的决定权。也就是说，道义权利关系在根本上是会话双方对未来事件的权利分配，无论实际权利如何，双方都可以利用不同的语言形式和互动资源表达自己的道义立场。例（4）展示了说话人对他人的指令行为，祈使句、疑问

句、陈述句三种句式的道义坡度（deontic gradient）由高到低，呈现出说话人由强到弱的道义立场。

（4）（Stevanovic，2018:377）

（a）Shut up!

（b）Would you please be quiet?

（c）I'm sorry. I can't hear the radio weather report.

与例（4）相对，例（5）中的三种不同句式，陈述句、是非疑问句、特指疑问句，体现了说话人决定自己未来行为的权利高低。

（5）（Stevanovic，2018:377）

（a）I'll submit my dissertation now.

（b）Do you think that I could submit my dissertation now?

（c）When do you think that I could submit my dissertation?

Stevanovic（2011，2018，2021）也提出了道义立场与道义状态一致（deontic congruence）、不一致（deontic incongruence）的情况，尤其强调下一话轮中受话人（recipient）是否认同说话人对双方权利的分配。

在例（6）中，芬兰教会的牧师（P）和领唱（C）在工作会议中一起讨论未来活动的安排。牧师在第 01–02 行以断言的形式做出提议，把未来事件作为一个事实信息告知对方，没有留出空间让领唱参与决策，展现出高权威的道义立场。领唱在第 03 行的"okay"说明他接受了牧师的安排，同时认同了这种不平等的权利分配，双方的道义立场和道义状态保持了一致。

（6）（Stevanovic and Peräkylä，2012:304）

01 P: 〈muistis?　　on〉（.）se on tossa（.）
　　　memorial?Is　　it is in+there

```
           〈there'll be a Memorial〉(.) it'll be ( )
02 seurakuntatalolla (.) kerhohuoneessa,
   at the Parish House (.) in the Society Room,
03 C: →     #okei ⌈:#,
            #okay ⌈:#,
04 P:       ⌊ et mulhan on kastes sitte,
            ⌊ so I have baptism then
            ⌈ as I'll have a baptism
05  (0.2)
```

　　与例（6）相反，例（7）中牧师和领唱的道义立场和道义状态并不一致。牧师在第 01–04 行提议在仪式中播放某些音乐，寻求领唱的同意，展现了较为平缓的道义坡度。然而，领唱在第 05 行并没有简单地同意提议，而是用告知的形式提出确实会播放这些音乐。领唱的回应在道义立场上呈现出单方面决定未来事件的权威性，同时拒绝了牧师在前一话论中平等分配权利的道义立场，这种不匹配体现了双方道义立场和道义状态的不一致。

（7）（Stevanovic and Peräkylä，2012:30）

```
01   P:-〉.mhhhhh siihen kivis     kylla?  hyvin
     in+it would+fit certainly well
     .mthhhhh what would nicely fit here are
02   ei 00 pakko teha niin mutta
     not is must to+do so     but
     it doesn't need to go that way but
03   kavis   hyvin ninku, .hhhh ↑ tavallaan
     would+fit well like      in+a+way
     what would fit here kind of like, .hhh ↑ in a way are
04   ne, (0.4) ne   laulut.
```

those, (0.4) those songs.

05 C: -〉.HH no ↑ ne (.) ↑ onkin  sitten varmaan tahain.=

well they are+indeed then probably here

.HH well ↑ they'll ( ) indeed be here then probably.=

06 P: =nii.=

=yea.=

Stevanovic（2015）还将说话人的道义主张（deontic claims）区分为即时道义主张（proximal deontic claims）和远期道义主张（distal deontic claims）。即时道义主张指说话人开启、保持、结束当前会话行为序列的权利；远期道义主张指说话人决定自己及他人未来行为的权利。Stevanovic 认为即时道义主张与会话分析中的经典概念"条件相关"（conditional relevance）（参看 Schegloff, 2007）有相同之处但侧重点不同。条件相关强调会话结构中前后件行为之间的关系，即序列后件行为（second pair part）行为受到序列前件（first pair part）行为的制约，说话人需根据前件行为作出相关的回应；即时道义权利聚焦于会话行为的主体，指序列前件说话人对序列后件说话人的制约，以及拥有对当下会话进程的决定权。这组概念在近些年的研究中尚未得到广泛应用，或有待讨论。

在道义权利的概念提出之前，有不少研究讨论了权利关系对社会行为语言形式的影响。例如，Heinemann（2006）分析了照护服务对话中老人提出服务请求的语言形式和他们对权势（entitlement）关系的考虑。Curl 和 Drew（2008）进一步发现请求行为中，当说话人使用高权势语言形式（如"Can you…"）时，通常不考虑影响请求通过的时间、难度等不确定的偶然因素（contingency），而当说话人使用低权势语言形式（如"I wonder if…"）时，通常考虑了这些偶然因素。

这些研究可以追溯到 Sacks、Schegloff 和 Jefferson（1974）提出的受话人设计（recipient design）原则，即会话的组织和设计体现了说话人对特定受话人各方面情况的考量，但权势、权威等概念都只考虑了说话人一方在某一固定时刻是否拥有权利。道义权利的创新之处在于将权利关系看作互动双方对权利的分配，并且这种分配是一个双向、动态协商的过程，这为理解日常对话和机构性对话中的相关社会行为提供了全新的角度。下文具体介绍近年来应用道义权利理论的会话分析及互动语言学相关研究。

# 3. 道义权利在社会行为研究中的应用

根据 Stevanovic 和 Peräkylä（2012）的理论，提议行为中，对话双方都会努力达成一种对称、平等的道义权利分配，于是提议一方会用不同方式降低强加性（imposing）。后续研究大多沿着这一思路展开，并集中于提议、请求等起始位置的行为，少部分研究考察了回应行为。3.1 小节主要回顾芬兰语、英语日常对话相关研究，3.2 小节着重介绍机构性对话相关研究，3.3 小节简单介绍分析汉语相关现象的研究。

## 3.1 日常对话中的语言形式与权利关系

日常对话中，说话人可以灵活运用不同的语言形式表达提议、请求等，同时表达出不同的权利关系。例如，在芬兰语中，零人称情态动词结构具有模糊性，可以解读为偏道义的指令行为，也可以解读为偏认知的评价行为。Couper-Kuhlen 和 Etelämäki（2015）发现这种模糊性是说话人协调道义权利的一种方式。当受话人将其解读为指令行为时，双方呈现出不对称的道义权利关系；当受话人解读为评价时，双方具有对称平等的权利关系。Stevanovic（2013）发现人们也常用 "mä aattelin et"（I was thinking）等表达说话人想法的结构做出提议，从而降低说话人的道义权威，将决定权分配给受话人。

Couper-Kuhlen 和 Etelämäki（2014）在芬兰语和英语中还观察到被他们称为"分工提议"（division-of-labor proposal）的类构式语言形式，即在同一话轮中提出请求并做出相应承诺［"(you) do X, I'll Y"］。这类结构不仅将给予、请求等单边行为（unilateral）转化为双方共同决定（bilateral）

的提议行为，同时将不平等的权利关系转化成平等对称的关系。

在英语中，Thompson 等（2021）发现"let's""why don't we""modal declaratives""modal interrogatives"四种格式都可以完成提议行为，但呈现出由强到弱的不同道义立场。Thompson 等（2021）认为格式的选择体现了说话人对受话人是否接受提议的预判：强道义形式（如"let's"）常用于受话人在对话中已经表示出接受提议的倾向，而弱道义形式（modal declarative，modal interrogative）常用于受话人尚未表明是否会接受提议的情况。

在分析回应行为时，研究者主要关注受话人是否认同起始话轮对权利的分配，以及如何在回应位置凸显自己的道义权利。Thompson 等（2015）研究了对远期请求（remote request，请求未来行为）的肯定性回应行为。他们将 Curl 和 Drew（2008）提出的权势和不确定偶然因素与道义权利概念结合起来，提出当回应者使用的语言格式（例如"I will X""I will Y"等）体现出较强的道义权利时，回应者表现出强主体性、高权势、低偶然性的态度；反之，当回应者使用的语言格式体现出较弱的道义权利时（例如"okay""I will"等最小回应语），回应者表现出弱主体性、低权势、高偶然性的态度。

当受话人拒绝合作或不同意起始话轮的权利分配时，回应位置就会产生不同形式的阻抗行为（resistance），以表达不同的道义立场。例如，Hoey（2022）发现英语第一人称祈使格式"lemme X"[①]常用于搁置前述话轮所投射的条件相关行为，而优先执行说话人的单边行为。在例（8）中，Amanda 第 03 行的提问所投射出的条件相关行为本应要求 Beth 对提问做出回应，然而 Beth 并没有提供回应，而是要求对方许可自己先进行其他行为，"lemme finish texting this then we can talk"（第 05 行）。Hoey（2022）发现说话人在使用"lemme X"这一格式时往往已经开始或即将实施所述行为，实际上预设了对方的许可，或者说，是自我授权，并未给对方表达拒绝或参与决定的机会。

---

① Hoey（2022）原文多用"lemme"同"let me"。

（8）（Hoey，2022:97）

```
01          # (1.1)
02 fig      #1
03 Amanda: whatta you gonna wear tonight?
04          (1.3)
05 Beth:    lemme finish texting this then we can talk about
06          w (h) hat I'm wearing.
```

## 3.2   机构性对话中的语言形式与权利关系

与日常对话不同，机构性对话中互动双方通常具有不对等的权利关系，并且由专业知识或主体经验等形成的认识权利能转化成道义权利（Stevanovic，2021），决定有关主体的未来行为，因而机构性对话中的社会行为受到认识权利和道义权利的交互影响。本小节着重介绍医患对话中的道义权利，并简要介绍其他权利不对称对话的相关研究。

医患对话中的诊疗方案决策是研究的重中之重。首先，医患对话在认识权利上具有异于其他对话的特殊性：医生在医学领域具有专业知识（epistemic of expertise），但病人对于自身的健康情况具有经验知识（epistemics of experience）（参看 Heritage，2013；Lindström and Weatherall，2015）。其次，两种认识权利的竞争进而导向医患双方不同的道义权利，医生的专业权威让他们有权利和责任提出诊疗方案，而病人作为身体的主人具有接受或者拒绝诊疗方案的最终决定权。近年来，医患对话相关研究集中于医生给出诊疗方案的不同形式和病人在回应位置进行阻抗的方式。虽然各国医患关系和语言特征各不相同，但研究结果都说明了沟通诊疗方案的复杂性。诊疗方案的决策过程并不是"以病人为中心"或"以医生为权威"的简单对立，而是动态的、合作与博弈并行的。

医生选择不同的语言形式给出诊疗方案，体现出他们不同的认识立场和道义立场。Toerien 等（2013）对比了英国医生提出诊疗方案的两种方式：列举多种方案（option-listing）和直接推荐某一方案（recommending）。他们发现前者体现了医生让渡出一部分道义权利，让病人有机会参与到决策过程中，因而更容易使病人接受。Landmark 等（2015）在挪威语对话中也观察到类似做法，但他们发现医生的列举往往具有倾向性，并非"一视同仁"地推荐每个方案。

Stivers 等（2018）将英国和美国医生推荐诊疗方案的方式细化为五种：宣告（pronouncement）、建议（suggestion）、提议（proposal）、给予（offer）、断言（assertion）。宣告最直接地体现了医生的绝对认识权威和道义权威，无论是强形式（如"I'll start you on treatment with iron."），还是弱形式（"I think we need to give you an anti-inflammation agent."），都呈现出医生的单方面决定，病人没有参与决策的空间。其他四类方式在认识和道义两个维度上有不同程度的弱化，其中建议仍然体现了医生的认识权威，但将最终决策权交给了病人（如"You could try Clarintin for that."）。当采用提议的形式给出诊疗方案时，医生在认识和道义两个维度上都让渡出一部分权利，邀请病人共同参与决策（如"Why don't we try this？"）。给予将提出和执行治疗方式的权利均交给病人（如"If you'd like I can give you a sample of a nasal steroid spray"）。在他们调查的英、美两个医患对话语料库中，宣告都是最主要的提出诊疗方案的方式，其次是建议，但英国医生比美国医生更常使用提议、给予和断言等让病人参与决策的方式，他们推断这可能是由两国医患沟通方式和医疗环境的文化差异造成的。

除了一般医患沟通，Ekberg 和 LeCouteur（2020）在基于认知行为疗法（Cognitive Behavioral Therapy）的心理咨询谈话中发现多数心理咨询师建议来访者改变未来行为时并未征求病人的意见，因而这类治疗建议通常遭到病人拒绝。反之，当咨询师采用苏格拉底式提问策略征求来访者意见时，来访者感受到自己的认识权利和道义权利得到尊重，往往主动提出改变某一行为方式，并且更乐于接受咨询师的后续建议。

医生提出诊疗方案后，病人可能接受也可能做出阻抗。Landmark 等（2015）发现当病人认同医生的推荐时，病人常常表达专业知识的缺乏（如"I know nothing about it"），从而避免承担责任或参与决策；当病人并不认可医生的方案时，病人会通过强化医生的道义权威（如"If I have to"）来阻抗医生的建议。在阻抗的具体方式上，Ekberg 和 LeCouteur（2020）在认知行为疗法心理咨询中发现来访者常用外在因素限制、身体状况不允许、此前努力并无实效等三种"理由"拒绝心理咨询师的建议。

面对病人的阻抗，医生如何应对呢？ Stivers 和 Timmermans（2020）在儿童癫痫病诊疗对话中发现，医生会根据家长的阻抗方式采用相应的沟通策略，说服家长采取他们提出的诊疗建议。当家长因为偏好（preference）其他治疗方式而阻抗医生的建议时，医生坚持自己的认识权威和道义权威，向家长施压（pressuring），以说服家长。当家长以恐惧（fear）某种药物等方式质疑医生建议时，医生采用劝说（coaxing）的方式转变家长态度。当家长以自己作为照护者的经验挑战医生的诊疗方案时，医生通常会尊重家长的认识权利和道义权利，照顾到家长的顾虑（accommodation），而调整诊疗方案。不过，当遇到病人的较强阻抗时，研究者在不同语言的医患对话中都发现医生会把最终决定权交给病人，体现出"以病人为中心"的理念（参看 Landmark et al., 2015; Lindström and Weatherall, 2015; Stivers et al, 2018）。

除了医患沟通，研究者也考察了其他权利不对称的环境中交谈双方如何用不同语言形式和序列结构协调认识权利和道义权利。例如，一些研究集中考察了家长与孩子之间的对话。这种对话虽然属于日常对话，但双方的权利并不对等，家长如何给出指令，孩子如何回应，以及家长权威和孩子自主性之间的较量都是值得讨论的。Antaki 和 Kent（2015）发现家长在指令中常常给孩子提供正反两种选择，但第二种选择常常是一种警告或威胁，实际上进一步强化了家长的权威。Kent（2012）则分析了孩子对家长指令行为的三种不同回应行为：顺从（compliance）、阻抗和初步顺从（incipient compliance）[参看 Schegloff（1987）]。顺从是指令行为的优先回应（preferred response），说明回应方认可了说话人的绝对权威；阻抗作为非优先回应（dispreferred response），展示了说话人对前一话轮权利分配的挑战，在家庭对话中，孩子的抵抗通常会引发家长程度更高的指令。Kent 发现在顺从和阻抗之间，还有第三种方式——初步顺从。在例（9）中，爸爸在第 04 行发出指令，要求女儿 "Eat nicely please"，孩子 Emily 先用身体和动作展示出好好吃饭的样子（第 06-14 行），看起来顺从了命令，但在第 15 行，Emily 用 "Pardon me" 说明正在进行的行为是自发的，而非回应爸爸的命令。通过初步顺从，孩子拒绝了爸爸的道义权威，把命令行为转化成自主行为。Kent 的研究凸显了序列位置在分析权利关系中的重要性，也对家长权威与孩子自主性之间的较量，以及儿童社会化等相关研究颇有启发。

（9）（Kent，2012: 721）

01　[（2.2）]

02　Dad　　[（（looks at Emily））]

03　Emily　[（（continues to look at dad））]

04　Dad →　Ea:t ni :cely ° 　please-°

05　[（2.8）]

06　Emily　[（（continues to look at dad））]

07　Dad　　[（（purses lips and tilts head））]

08　Emily　（（puts her cutlery down with a bang））

09　[（9.2）]

10　Emily　[（（reaches for her glass and has a drink））]

11　Emily　M:mm

12　[（4.9）]

13　Emily　[（（finishes drinking and puts her glass back

14　　down））]

15　Emily　（（small burp））（0.3）Pa:rdon me:

16　[（8.0）]

```
17    Emily  [ ( ( straightens plate and licks food off her
18       thumb ) ) ]
```

近年来，道义权利理论开始在不同机构性对话中得到应用，如课堂中的师生对话（Ishino and Okada，2018），教师与家长的对话（Caronia，2023），服务场合中工作人员与顾客的对话（Fox and Heinemann，2019；Kuroshima，2023），以及工作会议中领导与下属、同事之间的对话（Van De Mieroop et al.，2020）。这些应用研究不仅体现了道义权利作为一种理论框架的解释力和延展力，也为未来开展交叉学科研究提供了新角度。

### 3.3 汉语相关研究

分析汉语会话行为的研究者运用认识权威等理论研究了日常对话和机构性对话中的一些现象（Wu，2018；Yang and Wang，2021；Li and Ma，2016；王楠和张惟，2020；等等），但应用道义权利等概念分析会话行为的研究仍处于起步阶段。日常会话方面，Wu 和 Yang（2022）应用道义权利相关概念分析了请求、提议、建议三类指令类行为中的语气词"吧"。Kendrick（2018）发现提问、告知、评价行为中的"吧"具有降低说话人认识权威的作用。受此启发，Wu 和 Yang（2022）认为，不带"吧"的简单陈述句在命令、单方面决定、指令等行为中凸显了说话人的道义权威，而"吧"调节了道义权威梯度，降低了说话人提出指令的强加性，从而把命令、单方面决定、指令转化为请求、提议、建议，更易于接受。例（10）中，Si 和 Tian 是朋友关系。在第 08 行，Si 提议"咱们去吃饭吧"，经过扩展（第 09-12 行）后，Tian 在第 13 行接受了这个提议（"xing lei"）。相较于简单陈述句，语气词"吧"降低了说话人的道义权威，使受话人共同参与对未来行为的决策。

（10）（Wu and Yang，2022: 499）
```
01 Si:       at    zai   tushuguan      le:?=
```

```
          you       at      l ibrary        PRT
          Are you in the library?
02 Tian: =eng: zai le .
          Yeah at PRT
          Yeah, I'm.
03        (0.4)
04  Si :  zanmen qu     chi fan ba ?Hehe⌈hehehehe
          we     go     eat     meal PRT
          Let's go for lunch ba? (laughter))
05 Tian:        ⌈ni e    la?
          you hungry       PRT
          You are hungry?
06        (0.5)
07  Si :  .hh eng mei- wo meiyou        e,
          yeah noI      not     hungry
          Uhm no- I'm not hungry,
08        danshi WO   keshui de       bu     xing((laughter))
          but    I    sleepy ASP      no     okay
          but I'm extremely sleepy.((aughter)
09 Tian: xing       lei.
          okay       PRT
          Okay.
```

汉语医患沟通方面，于国栋（2023）在门诊对话中发现医生常用宣告、建议、给予三种方式给出诊疗方案，分别对应于不同的序列位置与诊疗内容，体现出医患双方在不同环境中的认识权利与道义权利。其中，宣告常见于医生给出明确的诊断结果以及解释之后，给出进一步治疗的必要生物医学手段，凸显医生的医学权威，并不邀请患者参与决策。建议行为出现在宣告类诊疗方案之后，用于提出辅助性治疗手段或对生活方式的指导，此时患者具有一定主体性，可以采纳或拒绝医生的建议。给予类行为出现在医生明确提出不需要治疗的诊断结果或已提出宣告、建议类诊疗方案之后，用于提出缓解症状的一些非必要手段，此时患者具有更强的决定权。三种诊疗方案的给出方式中，宣告行为最能凸显医生的专业知识与专业权威，建议与给予行为则让患者更多参与诊疗方案的决策。于国栋指出，医患沟通具有其内在社会规约，医生给出诊疗方案的方式与序列环境错位时，患者常做出阻抗行为。因此，虽然医学人文鼓励患者参与诊疗方案的决策过程，但是医患沟通应遵循社会规约，在不同序列环境中要考虑到医患双方的认识与道义权威关系，以促进有效沟通。

除了医患对话，汉语会话研究者也对其他语体中的道义权利关系进行了探索。例如，Ran 和 Hung（2019）结合心理学"道德判断"的概念，分析了公共场所中的旁观者干预话语。他们认为旁观者的道义权威源于他们的公共空间意识和社会责任感，而非机构性谈话中如医生、教师等具有权威的社会角色。作为社会成员，每个人都有权利享受安全平和的公共空间，也有责任遵守社会秩序，一旦发生破坏社会秩序的行为，旁观者则有权干预、终止不当行为。不过，旁观者的道义权威不是绝对的，尤其跟警察以及当事人相比，因而旁观者的干预行为在语言形式上体现为由弱到强的连续体。根据语言形式的直接程度，Ran 和 Hung（2019）将他们分为终止、陈述后果、建议等强干预语言形式，以及道德判断、恳求呼吁、表明立场等弱干预形式。在他们的小样本分析中，干预者更常使用强干预形式，但在干预效果上，间接展示道义权威并利用情绪的弱干预形式更能阻止不当行为。

# 4. 未来研究展望

本文对道义权利等相关概念的提出与发展、道义权利在日常对话和医患沟通等机构性谈话中的应用以及汉语相关研究进行了简要介绍。虽然已有研究成果颇丰，但仍有许多现象待深入探索。首先，当前研究主要集中于提议、请求等起始行为，对其他社会行为，尤其是回应位置的社会行为的道义权利研究仍比较匮乏。序列组织和位置对于理解社会行为有重要价值，如 Heritage 和 Raymond（2005）发现起始位置的评价行为"占尽先机"，天然地展示了较强的认识权威，回应位置的第二评价者需要升级（upgrade）评价才能凸显独立的认识权威。那么，道义权利是否遵循同样的规律？

其次，当前对道义权利的研究在语言类型、会话类型和互动资源上仍有局限性。在语言类型上，当前研究集中于英语和欧洲语言，汉语、日语及其他语言的研究较少，更缺乏跨语言、跨文化的对比研究以及对第二语言学习者的社会行为的研究。在会话类型上，医患沟通以外的其他机构性对话仍待深入研究。在互动资源上，当前研究重点仍是语言形式，韵律、视觉、手势等多模态互动资源尚未得到充分讨论。

道义权利理论的提出一方面受到认识权利、权威等已有概念的启发，另一方面挑战了既有理论的局限性，体现了会话分析领域理论扩展与创新的生命力。在应用上，道义权利理论大大加深了我们对社会行为的语言形式及其背后体现的权利关系的理解，并且在各类机构性谈话中得到广泛应用。未来随着研究的深入，道义权利的理论价值和应用价值将惠及更多研究者和从业者。

# 参考文献

于国栋，2023，《诊疗方案给出方式、诊疗内容与序列位置之关系的会话分析研究》，《外国语（上海外国语大学学报）》第 1 期。

王楠、张惟，2020，《处方建议行为的会话分析研究》，《现代外语》第 1 期。

Antaki, Charles and Alexandra Kent, "Offering alternatives as a way of issuing directives to children: Putting the worse option last," *Journal of Pragmatics* 78（2015）：25–38.

Bochenski, M. Joseph, "An analysis of authority," In Frederick J. Authority eds., *Authority*（The Hague, NL: Martinus Nijhoff, 1974），56–85.

Caronia, Letizia, "Epistemic and deontic authority in parent–teacher conference: Referring to the expert as a discursive practice to（jointly）undermine the teacher's expertise,"

*Journal of Teacher Education* 0（2023）：1–15.

Clayman，Steven and John Heritage，"Benefactors and beneficiaries，" In Paul Drew and Elizabeth Couper–Kuhlen，eds.，*Requesting in Social Interaction* Vol. 26（Amsterdam: John Benjamins Publishing Company，2014），pp.55–86.

Couper–Kuhlen，Elizabeth and Marja Etelämäki，"On divisions of labor in request and offer environments，" In Paul Drew and Elizabeth Couper–Kuhlen，eds.，*Requesting in Social Interaction*（Amsterdam: John Benjamins，2014），pp.115–144.

Couper–Kuhlen，Elizabeth and Marja Etelämäki，"Nominated actions and their targeted agents in Finnish conversational directives，" *Journal of Pragmatics* 78（2015）：7–24.

Curl，Traci. S. and Paul Drew，"Contingency and action: A comparison of two forms of requesting，" *Research on Language & Social Interaction* 41（2008）：129–153.

Du Bois，John. W，"The stance triangle，" In Robert. Englebretson eds.，*Stancetaking in Discourse: Subjectivity，Evaluation，Interaction*（Amsterdam: John Benjamins，2007），pp.139–182.

Du Bois，John. W. and Elise Kärkkäinen，"Taking a stance on emotion: Affect，sequence，and intersubjectivity in dialogic interaction，" *Text & Talk* 32（2012）：433–451.

Ekberg，Katie and Amenda LeCouteur，"Clients' resistance to therapists' proposals: Managing epistemic and deontic status in cognitive behavioral therapy sessions，" In Camilla Lindholm，Melisa Stevanovic，and Elina. Weiste，eds.，*Joint Decision Making in Mental Health: An Interactional Approach*（Springer International Publishing，2020），pp. 95–114.

Fox，Barbara and Trine Heinemann，"Telescoping responses to requests: Unpacking progressivity，" *Discourse Studies* 21（2019）：38–66.

Heritage，John and Raymond Geoffrey，"The terms of agreement: Indexing epistemic authority and subordination in assessment sequences，" *Social Psychology Quarterly* 68（2005）：15–38.

Heinemann，Trine，"Will you or can't you?: Displaying entitlement in interrogative requests，" *Journal of Pragmatics* 38（2006）：1081–1104.

Heritage，John，"Questioning in Medicine，" In Alice Freed and Susan Ehrlich，eds.，*Why Do You Ask? The Function of Questions in Institutional Discourse*（Oxford: Oxford University Press，2009），pp. 42–68.

Heritage，John，"Epistemics in action: Action formation and territories of knowledge，"

*Research on Language and Social Interaction* 45（2012a）: 1–29.

Heritage, John, "The epistemic engine: Sequence organization and territories of knowledge," *Research on Language and Social Interaction* 45（2012b）: 30–52.

Heritage, John, "Action formation and its epistemic（and other）backgrounds," *Discourse Studies* 15（2013）: 551–578.

Heritage, John and Raymond Geoffrey, "The terms of agreement: Indexing epistemic authority and subordination in assessment sequences," *Social Psychology Quarterly* 68（2005）: 15–38.

Hoey, Elliott. M, "Self-authorizing action: On *let me X* in English social interaction," *Language in Society* 51（2022）: 95–118.

Ishino, Mika and Okada Yusuke, "Constructing students' deontic status by use of alternative recognitionals for student reference," *Classroom Discourse* 9（2018）: 95–111.

Kamio, Akio, "The theory of territory of information: The case of Japanese," *Journal of Pragmatics* 5（1994）: 427–453.

Kamio, Akio. *Territory of Information*（Amsterdam: John Benjamins Publishing Company, 1997）.

Kent, Alexandra, "Compliance, resistance and incipient compliance when responding to directives," *Discourse Studies* 14（2012）: 711–730.

Kendrick, Kobin. H. "Adjusting epistemic gradients: The final particle ba in Mandarin Chinese conversation," *East Asian Pragmatics* (2018), 3(1), 5–26.

Kuroshima, Satomi, "When a request turn is segmented: Managing the deontic authority via early compliance," *Discourse Studies* 25（2022）: 114–136.

Labov, William and David Fanshel, *Therapeutic Discourse: Psychotherapy as Conversation*（Cambridge, MA: Academic Press, 1977）.

Landmark, A. M. D., Pål Gulbrandsen, and Jan, Svennevig, "Whose decision? Negotiating epistemic and deontic rights in medical treatment decisions," *Journal of Pragmatics* 78（2015）: 54–69.

Li, Li and Wen Ma, "Request sequence in Chinese public service calls," *Discourse Studies* 18（2016）: 269–285.

Lindström, Anna and Ann Weatherall, "Orientations to epistemics and deontics in treatment discussions," Journal of Pragmatics 78（2015）: 39–53.

Ochs, Elinor, "Linguistic resources for socializing humanity," In John J. Gumperz and

Stephen Levinson, eds. *Rethinking Linguistic Relativity* ( Cambridge: Cambridge University Press, 1996 ), pp.407–437.

Ran, Yongping and Huang Xu, "Deontic authority in intervention discourse: Insights from bystander intervention," *Discourse Studies* 21 ( 2019 ) : 540–560.

Sacks, Harvey, Emanuel A. Schegloff, and Gail Jefferson, "A simplest systematics for the organization of turn-taking for conversation," *Linguistic Society of America* 50( 1974 ): 696–735.

Schegloff, Emanuel. A., "Analyzing single episodes of interaction: An exercise in conversation analysis," *Social Psychology Quarterly* 50 ( 1987 ) : 101–114.

Schegloff, Emanuel. A., *Sequence Organization in Interaction* ( Cambridge: Cambridge University Press, 2007 ).

Stevanovic, Melisa, "Participants' deontic rights and action formation: The case of declarative requests for action," *Interaction and Linguistic Structures ( InLiSt )* 52 ( 2011 ).

Stevanovic, Melisa. *Deontic Rights in Interaction: A Conversation Analytic Study on Authority and Cooperation* ( PhD diss., University of Helsinki, 2013 ).

Stevanovic, Melisa, "Displays of uncertainty and proximal deontic claims: The case of proposal sequences," *Journal of Pragmatics* 78 ( 2015 ) : 84–97.

Stevanovic, Melisa, "Social deontics: A nano-level approach to human power play," *Journal for the Theory of Social Behaviour* 48 ( 2018 ) : 369–389.

Stevanovic, Melisa, "Deontic authority and the maintenance of lay and expert identities during joint decision making: Balancing resistance and compliance," *Discourse Studies* 23 ( 2021 ) : 670–689.

Stevanovic, Melisa and Anssi Peräkylä, "Deontic authority in interaction: The right to announce, propose, and decide," *Research on Language & Social Interaction* 45 ( 2012 ) : 297–321.

Stivers, Tanya, John Heritage, Rebecca. K. Barnes, Rose McCabe, Laura Thompson, and Merran Toerien, "Treatment recommendations as actions," *Health Communication* 33 ( 2018 ) :1335–1344.

Stivers, Tanya and Federico Rossano, "Mobilizing response," *Research on Language and Social Interaction* 43 ( 2010 ): 3–31.

Stivers, Tanya and Stefan Timmermans, "Medical authority under siege: How clinicians transform patient resistance into acceptance," *Journal of Health and Social Behavior* 61（2020）: 60–78.

Thompson, Sandra A., Barbara A. Fox, and Elizabeth Couper-Kuhlen. *Grammar in Everyday Talk: Building Responsive Actions*（Cambridge: Cambridge University Press, 2015）.

Thompson, Sandra A., Barbara A. Fox, and Chase. W. Raymond, "The grammar of proposals for joint activities," *Interactional Linguistics* 11（2021）: 123–151.

Toerien, Merran, Rebecca Shaw, and Markus Reuber, "Initiating decision-making in neurology consultations: 'recommending' versus 'option-listing' and the implications for medical authority," *Sociology of Health & Illness* 35（2013）: 873–890.

Van De Mieroop, Dorien, Jonathan Clifton, and Avril Verhelst, "Investigating the interplay between formal and informal leaders in a shared leadership configuration: A multimodal conversation analytical study," *Human Relations* 73（2020）: 490–515.

Wu, Ruey-Juan Regina, "Indexing epistemic authority/primacy in Mandarin conversation: Aiyou-prefacing as an interactional resource," *Journal of Pragmatics* 131（2018）: 30–53.

Wu, Yaxin and Shuai Yang, "Power plays in action formation: The TCU-final particle ba（吧）in Mandarin Chinese conversation," *Discourse Studies* 24（2022）: 491–513.

Yang, Zi, and Xueming Wang, "Diagnosis resistance in Chinese medical encounters and its implications on medical authority," *Journal of Pragmatics* 176（2021）: 1–14.

# 会话分析视角下的语码转换

休斯敦大学 王 玮

## 1. 什么是语码转换？

语码转换（code-switching）通常被理解为同一段话语中两种或多种语言的交替使用（Auer, 1984；Clyne, 1987；Gumperz, 1982）。例如：

（1）不要担心，it's not a big deal，我来处理。
（2）我真的觉得他特别 lucky。

语码转换相关的术语众多，在讨论之前有必要厘清不同术语之间的差别。

首先，"语码转换"本身既可以用作一个上位术语（cover term），涵盖不同类型的转换，也可以指称其中一种具体的转换，如（1）所示的句间转换。Auer（1984, 1995）把"语码转换"用于指称狭义的转换，他把这种转换定义为"不可在句法上预测何时回归初始语言的转换"（without a structurally determined return to the first language）（Auer, 1984: 26），而可以预测的转换被他称为"转移"（transfer）。他使用"语言切换"（language alternation）来涵盖"语码转换"和"转移"两个子概念。事实上，Auer 所言的"语码转换"可理解为句子及更大单位的转换，而"转移"则为词和短语层面的转换。Auer（1998）用"语码插入"（insertion）替代了"转移"，也有学者使用"语码混用"（code mixing）

来指代这个概念（Bokamba，1989；Gibbons，1987；Muysken，2000）。

从句法的角度，学者们通常将语码转换分为"句内转换"（intra-sentential switching）和"句间转换"（inter-sentential switching），大致与"语码转换"和"语码插入"对应。值得注意的是，后者强调的是转换的结束点是否具有可预测性，而前者是一个以句子为单位的分类。

此外，在双语研究中另外一组常用的概念是"话轮内转换"（within-turn switching）和"话轮间转换"（between-turn switching）。这一组概念的核心是在话轮转换处双方的语言选择是否一致。

为了方便指称，本文使用"语码转换"作为上位概念，涵盖各类转换，用"句内转换"指称句子内部的语言切换；用"句间转换"指称出现在句子边界的语言切换。

语码转换作为一种显著的双语现象，在社会语言学、句法学、语言习得、心理学、自然语言处理等诸多领域都受到了极大的关注。在社会语言学范畴内，有宏观和微观两种研究视角。宏观视角的研究把语码转换看成一种社群行为，关注社群整体的文化习俗、规范、身份认同、权力关系等与语码转换之间的关系（Albirini，2011；Gal，1988；Gardner-Chloros，2009；Gumperz，1982；Hall & Nilep，2015；Woolard，1988）；微观视角的研究不关心对话以外的社会文化因素，它把语码转换放到具体的语境中，去追问语码转换作为一种会话现象和手段对会话本身起到了哪些作用（Auer，1984；Li Wei et al.，1992；Li Wei & Milroy，1995）。本文正是从微观视角出发，梳理和回顾会话分析框架下的语码转换研究。在21世纪初，数位学者发表了语码转换在会话分析理论或语用学视野下的研究综述（何自然、于国栋，2001；王瑾、黄国文、吕黛蓉，2004；刘正光，2000；蒋金运，2000），这几篇文章提供了有用的理论概要，但对于会话分析在语码转换上的缘起、发展和转向以及这一理论的具体操作方式涉及较少。本文希望通过理论和具体案例相结合为读者提供会话分析在语码转换上更全面、更直观的认识和一种可为之所用的分析思路。

## 2. 为什么使用会话分析框架研究语码转换？

　　语码转换研究要回答的一个核心问题是：为什么要转换？在 20 世纪 80 年代以前，学者们往往把答案指向语言以外的因素，比如话题的变化、交际场景的变化、会话者之间关系的动态变化。Fishman（1971）主张将言语活动（speech events）与语言选择对应起来，用以解释语码转换现象。这一观点的实质是把语言的切换理解为受不同的言语活动驱动（例如正式的商务交谈和非正式的闲聊），是言语活动的变化带来了语码的转换。另外一个被频繁引用的早期研究是，Blom 和 Gumperz（1972）归纳出两种类型的语码转换：场景性转换（situational code-switching）和隐喻性转换（metaphorical code-switching）。前者是由场景的变化引发的语码转换。这一类型与 Fishman 的观点实质相同，都暗含了一个假定：某些会话场景或者某类言语活动存在一种默认的、"合适"的语言。场景变了，与之相伴的默认语言也会且应该随之变化。隐喻性语码转换则与说话人的交际意图有关，常用来表达态度、专业性或者人际关系的距离。

　　Myers-Scotton 在 Blom 和 Gumperz（1972）、Gumperz（1982）等研究的基础上提出了著名的语码转换的标记性理论（the markedness model）。这一理论建立在 Grice（1975）的会话含义（conversational implicatures）的基础上，它认为每种语言或者语言变体都有一套与之对应的权利和义务（rights and obligations），而这样的对应关系存在于说话人的心理现实中，是交际能力的一部分（Scotton，1983）。也就是说，Myers-Scotton 认为说话人非常明确在任何一个交际场合中哪种语言是无标记语言（unmarked choice，普遍默认的语言选择），哪种语言是有标记语言（marked choice，非常规的语言选择）。在 Myers-Scotton 的体系里，Blom 和 Gumperz（1972）定义的场景性语码转换可以理解为从一种无标记的语言切换到另一种无标记的语言。Myers-Scotton 举了一个这样的例子，在西肯尼亚的 Luyia 地区，一个公司进门处的保安和来访人员最初用斯瓦希里语交流，当来访人员表明自己是本地人以后，两人的交流用语切换为 Luyia 方言。

在 20 世纪 90 年代末，Myers-Scotton 将标记性理论进一步发展为"理性选择模型"（the rational choice model），其核心是用"理性"来解释说话人的选择，因为一般来说，说话人会通过语言选择（包括语码转换）来使自己的益处最大化（Myers-Scotton，1999）。这一模型的核心与标记性理论相同，都是通过鉴别一个语言选择是否符合这个交际场景的默认语言来解读它所产生的交际意义（social meaning）。不同之处是理性选择模型为交际意义的产生过程提供了阐释，而标记性理论不涉及这个部分。

在标记理论蓬勃发展的 20 世纪 80 年代，Auer 在 1984 年发表的专著 *Bilingual Conversation*，为语码转换开启了新的研究范式。Auer 一方面犀利地指出了 Blom 和 Gumperz（1972）、Gumperz（1982）体系中的内在矛盾：场景性转换基于语言和场景存在一对一的对应关系，这样的转换符合某个场景默认的语言，因而场景性转换本身不具任何交际意义；隐喻性转换则是违背了该场景的默认语言，进而产生会话含义，因此隐喻性转换是存在交际意义的。那么，从整体上看，语码转换到底是否具有交际意义呢？Blom 和 Gumperz 的体系无法提供答案。另一方面也是更重要的一点，Auer 对 Blom 和 Gumperz 定义的场景（situation）提出质疑，认为"场景"不是静态的、先验的、存在于实时交际以外的。相反，Auer 认为"场景"是动态的，是在交际过程中逐渐建立起来的（interactively achieved），而非事先定义的（pre-determined）。

此后，Meeuwis 与 Blommaert（1994）、Li Wei（1998，2005）对于 Myers-Scotton 的理论也提出了相似的批判。他们批评标记性理论把场景和语言视为一一对应的关系，把语码转换的交际意义看成先验性的（认为从一种语言切换到另一种都具有某种约定俗成的意义，与具体使用的场景无关），从而把语码转换简化成了可预测的、毫无创造性的简单重复。

会话分析理论不同于标记性理论，它反对研究者将语码转换与某些归纳出来的功能关联起来，不认为语码转换的意义等同于说话人的意图。

正如 Auer（1984）所言，"意义"既不能和说话人的意图画等号，也不能和听话人的理解画等号，如果这两者不能在交际的过程中具体地呈现出来（materialize），那么它们对于会话研究也就没有了意义。因此，会话分析关注的是交谈双方展现出来的意图和理解，而不是他们外在的身份、社会地位或者文化归属这样的宏观属性。会话分析采用微观视角（micro-level），从会话参与者的视点出发，去探究语码转换对于会话双方以及交际场景的意义。

　　具体来说，会话分析在方法论上有以下特点。首先，它基于自然对话的录音或录像以及转写出来的文本（transcripts）。对话中看似细枝末节的地方反而是研究者关注的要点，比如停顿、迟疑（hesitation）、谈话的重叠（overlap）、语音语调的变化等。这些细节能透露说话人的意图和对对方意图的理解，从而帮助研究人员还原参与者的视点。这也是会话分析区别于其他研究方法的一个重要方面，它限制了研究者的主观解释空间，因而能更客观地揭示出会话组织结构的本质。

　　其次，会话分析不依赖于"背景信息"（如说话人的年龄、性别、职业、身份认同），说话人的社会身份或者他们对自己对话的反思和评论也都不在研究的范围内。相反，研究者关注的是交谈双方是通过什么样的"程序"（procedures）来实现对对方话语的解读的。这并不意味着会话分析理论否认背景信息在对话中的相关性，而是这一理论更关注这类信息如何在对话中呈现出来。具体到语码转换来看，Li Wei（1998）指出我们不能假定某种转换是为了彰显说话人的身份认同、态度或者权力关系等外在因素（或者背景信息），我们需要做的是用语料展示出说话人的这些背景信息是如何被呈现出来、如何被听话人理解，以及如何被接受或者拒绝的。

　　Li Wei（1998）借用了 Auer（1992）用来描述交际场景的一组概念："自身携带"（brought along）和"实时生成"（brought about），将标记性理论和会话分析理论很好地统一了起来。他认为一种语言选择的本身的确携带了某些社会性、符号性的特征（brought along），标记性理论强调的便是这个侧面。会话分析理论强调的是意义在对话中"浮现"

的过程，是说话人通过语码转换在交际场景中即时生成的那一部分意义（brought about）。

# 3. 语码转换的会话功能

　　前面探讨了会话分析理论在语码转换研究上的独特之处和优势，本节将通过几个有代表性的研究展示如何利用这一理论框架分析语码转换在自然对话中的功能。

　　Auer（1984）最早将会话分析理论引入双语对话之中。如前所述，他重新定义了"场景"，把语码转换带入了微观的研究领域，从会话参与者的视角分析语码转换承载的功能。具体来说，Auer 首先根据关涉的对象把语码转换分为两类：一类是"话语相关的转换"（discourse-related code-switching），另一类是"参与者相关的转换"（participant-related code-switching）。前者指与谈话内容和话语组织相关的转换，比如话题转换、强化对比，或者会话参与者的改变（例如新的参与者加入谈话之中）。值得注意的是，与之前的研究不同，Auer 不认为是话题转换导致了语码转换，他认为两者之间不是因果关系，而是语码转换帮助说话人实现了话题转换。Auer 将语码转换的这一功能和 Gumperz（1982）所言的"场景化"（contextualization）联系起来，指出语码转换跟语调、手势、眼神类似，都是场景化的一种手段（contextualization cue）。"参与者相关的语码转换"，则是与说话人的偏好相关，常常出现在会话参与者之间的语言协商（language negotiation）之中，即不同参与者有各自偏好的语言，而会话中存在一个默认的原则，那就是尽可能地使用同一种语言进行对话，因而参与者之间会有一个关于使用何种语言的"角力"的过程。同样值得注意的是，Auer 不认为说话人因为对某种语言有偏好，就会在对话中通过语码转换切换自己更喜欢的语言。Auer 反对研究者先验地为说话人假定一种"偏好的语言"（preferred language）。他通过对意大利语和德语的双语儿童 / 少年的会话分析，证明了说话人是通过语码转换来表明自己的语言偏好的，而不是反过来。

另外，Auer 根据语码转换的长度将其分为两类，"转移"和"语码转换"（狭义）（参考第 1 节的术语简介）。与前一分类结合起来，就形成了四分的格局："话语相关的语码转换""话语相关的转移""参与者相关的语码转换""参与者相关的转移"。需要指出的是，Auer 认为"话语相关的转移"跟说话人暂时无法想起某个词或者短语的说法有关，并为这个观点提供了论据：这几个例子都是在"转移"出现以后，说话人明确表示这个切换是不合适的，或者他在交际的默认语言里（暂时）找不到对应的词，甚至在找到相应的词以后很快地修补了之前的"转移"。在 Auer 看来，这些举动表明说话人认为这样的"转移"是会话中一个需要修补的问题。因此，Auer 把参与者相关的转移视为与说话人的语言能力不足有关。关于这一结论，第五节会进一步探讨。

"话语相关的转移"是这四种类型中最罕见的，它跟说话人的语言能力无关，更多的是起到语用上的对比作用或者引用其他人的话语。例如 Auer 分析了一段两个生活在德国的意大利小孩之间的德语对话（Auer，1984：63–64），他们在讨论意大利和德国的饮食方式。Agostino 赞成意大利的饮食方式，从早到晚吃意大利面，而 Alfredo 更喜欢德国的肉菜，两人针锋相对。Alfredo 用德语说"你得注意你的身体健康"（意指 Agostino 总吃意大利面不健康），Agostino 套用了这个句式用德语回敬"你得注意你的钱包"。有趣的是，Agostino 在说钱包这个词时切换成了意大利语。Auer 分析这个切换时唤起了意大利南部这个"场景"（与相对贫穷的生活方式联系在一起），跟 Alfredo 用德语说出的"身体"形成了鲜明的对比。

在 Auer 之后，另一位具有代表性的学者 Li Wei 也运用话语分析框架做了大量语码转换的研究。他的语料来自生活在英国 Tyneside 地区说粤语—英语的双语群体。他对 10 个家庭的共 58 名参与者进行了数月的田野调查，收集了 23 小时的自然对话语料。他所调查的参与者涵盖了老、中、青三代移民，为其后的一系列研究奠定了丰富的语料基础。Li Wei 虽采用会话分析的手段，但他与 Auer 的研究模式不完全相同。Auer 是纯粹的会话分析模式，Li Wei 则是把一些宏观的社会学研究框

架和会话分析结合起来。早期，他和他的合作者提出"两步走"的研究
思路（Li Wei et al., 1992；Li Wei & Milroy, 1995），先用社会网络模
型（social network analysis），然后用会话分析来讨论粤语—英语的语
码转换。随后，他又尝试把理性选择模型与会话分析结合起来，从宏观
和微观两个角度更加立体地研究语码转换（Li Wei, 2005）。

在 Li Wei 等（1992）研究中，研究的第一步是对参与者进行社会
网络调查，通过非正式的访谈和观察鉴别出与每个参与者交往最密切的
20 个人使用何种语言。他得出的结论是祖父母一代在其社交网络内几
乎完全使用粤语；父母一代呈现出过渡性的特征，既有英语又有粤语；
子女一代以双语为主，在社交网络内部只有少数纯英语和纯粤语的使
用。作者认为比起简单的代际划分，这样的社会网络分析能更好地揭示
参与者的语言使用偏好。这个研究的第二步进入微观分析模式，用会话
分析的框架进行话轮分析（turn-by-turn analysis），鉴别出语码转换在
交际中的三种功能。一是标记偏好的功能。他发现，不同代际的参与者
之间的对话里，常常通过语码转换来标记出非偏好型回应（dispreferred
response）。如例（1），A（母亲）用英文问 B（儿子）有没有完成作业，
这个问题实际上是间接要求儿子做功课。在 2 秒的沉默后，A 转换成粤
语问了同样的问题。又过了 1.5 秒，B 终于用了和 A 的前一个话轮不一
样的语言回答了 A 的问题——他做完了作业，也就是间接拒绝了 A 的
要求。两处非常显著的沉默是典型的非偏好型回应的信号，延迟回答，
而 B 的语码转换（切换成与前一问题不同的语言）进一步凸显了这个非
偏好的特性。作者也提到，语码转换的这一功能主要集中在不同代际的
对话，而且转换的方向通常是子女一代从粤语转换成英语；同一代际的
语码转换较少用来标记非偏好型回应。

（1）（Li Wei et al., 1992: 151）

  A: （4）Finished homework?

   （2.0）

  A:  Steven, yiu mo wan sue?

　　　　　　　［want to review（your）lessons］
　　　　B:　　（1.5）I've finished.

　　除此之外，作者还发现了语码转换在会话修补（repair）和标记前序列（pre-sequences）方面的功能。关于会话修补，说话人常常通过切换到另一种语言来指出对方话语或者自己话语中的问题，即发起修补。前序列在会话分析理论中指用于清除某些潜在"障碍"的话轮。比如向听话人发起午饭邀请之前询问对方是否有空，这个询问以及对方的回答就构成了邀请的前序列。作者发现语码转换可以用于标记前序列，也就是说，说话人利用语码转换来区分言语活动中的"前奏"和"主旋律"。

　　Li Wei 和 Milroy（1995）是对 Li Wei 等（1992）会话分析部分的扩展，它使用了与 Li Wei 等（1992）同样的语料和例子，更加深入地分析了语码转换的标记偏好和修补两大功能。值得注意的是，这两篇文章所关注的语码转换都是句间的转换；句子内部的转换（词和短语层面）不在考察的范围内。

　　Li Wei（1998）在方法论上有一个很大的转向，作者批评了标记论的"先验性"（在某种程度上给语料强加了研究者的视角），也坦率地批评了自己之前的文章（Li Wei et al.，1992；Li Wei & Milroy，1995）。Li Wei 指出，在这几篇文章里，思路是这样的：说话人之所以切换语言，是因为他/她的语言偏好，或者说他/她不喜欢别人用某种语言跟他/她说话。作者坦言，这样的解释对于深入理解语码分析的会话功能帮助不大，因为这些结论几乎可以从田野调查的信息中直接得出。因此，作者提出了"自身携带"（brought-along）和"实时生成"（brough-about）这一组概念。之前所述的解释思路属于前者，是会话以外的要素，而 Li Wei（1998）则是要处理语码转换在对话中实时生成的意义。作者举了一个母亲和她的两个孩子之间对话的例子，如例（2）。女儿 A 请求妈妈 B 帮她剪纸板，妈妈此时正在旁边的椅子上织毛衣。女儿的这个请求是用英文提出的，妈妈用粤语回答"什么"，这既是一个非偏好型回应，又是一个间接的、让女儿切换成粤语的要求，但是女儿坚持用英文，而妈妈也坚持不帮忙且用粤语重复"什么"。作者指出，这个例子很好地呈现出说话人的语言偏好：女儿坚持说英语表明了她作为年轻一代更喜欢用英语交流，母亲坚持说粤语，即使这意味着双方的谈话可能因为僵持而进行不下去，但这也映照出母亲这一代更偏好用粤语交流。

（2）（Li Wei, 1998: 171）

A is an 8-year-old girl, and C is A's 15-year-old brother. B is their mother who is in her forties.

A Cut it out for me（.）please.

B（2.5）

A Cut it out for-me（.）mum.

C ⌈ Give us a look.

B 　⌈ Mut-ye?

　　（'WHAT?'）

A Cut this out.

B Mut-ye?

（'WHAT?'）

C Give us a look.

　　（2.0）

B Nay m ying wa lei?

（'YOU DON'T ANSWER ME?'）

A（To C）Get me a pen.

Li Wei（2005）主张将理性选择模型（此后缩写为 RC）和会话分析结合起来，他认为后者是对前者很好的补充，前者涉及对话以外的社群和社会关系，而后者从对话内部进行分析。这个研究所使用的语料跟作者以前研究的很不一样，他用的是同一个女孩的四段家庭对话。参与者使用的语言是普通话和英语。在这篇文章里，作者以关于提要求的序列（request sequences）为例，用 RC 和会话分析结合的方式对例子进行分析。例如，他举了一个小女孩向妈妈要零花钱的例子。在提出要求之前的铺垫中，女孩用的都是普通话，而提要求的时候，她切换成了英语。作者从 RC 角度分析，女孩用英文提要求可以让她"躲"在另一种语言（家庭中相对更少使用的语言）里，不必提供太多解释。RC 能提供的分析就到此为止，而会话分析则可以往前推进一步。女孩提出要求的语言和前面铺垫时的语言形成对比，这个语码转换就起到了"场景化"（contextualize）的作用，把"前奏"和"主旋律"区分开了。这篇文章的不足之处在于语料分析部分略显简略，没有用足够的例子证明 RC 和会话分析叠加在一起后在语料分析上的优越性。此外，在分析不同的例子时偶有互相龃龉的情形，如同样是母亲使用和女儿相同的语言来回应其要求，同样是母亲的这一语言选择与她自己之前使用的语言不同（之前说普通话，回应时说英语），作者在有的例子中分析这样的语言选择表明了母亲的拒绝，属于非偏好型回应（dispreferred response），因为这里的语码转换体现了一种对比（与自己之前的语言形成对比）；在另外的例子中，作者却认为这样的语言选择帮助构成了母亲的积极回应（准许了女儿的请求），因为母亲从自己之前的语言切换成女儿所使用的语言，从而与女儿"结盟"（align）。

在前述研究的影响下，学者开始用会话分析的范式研究各自语言中语码转换的现象。Paraskeva（2010）讨论了生活在伦敦的希腊—塞浦路斯人的语码转换。他认为语码转换的会话功能为标记自我修补（self-repair）、标记非偏好型回应、会话呼应（conversational coherence）、获取关注（request of attention），这些功能基本没有超出 Auer 和 Li Wei 等人讨论的范围。

Gafaranga（2000）考察了在比利时生活的卢旺达人的语码转换，他们日常使用法语和卢旺达语（Kinyarwanda）。Gafaranga 对语码转换的考察不是最终目的，他旨在通过语码转换研究双语对话中修补的组织结构。作者指出，双语使用者在遇到词汇输出障碍（即暂时无法记起某个概念）时有三种解决模式：第一种是在既定语言里通过同义词、更曲折的表达方式来让听话人明白；第二种是使用另一种语言中所对应的词，但维持当下的交际语言，即 Auer 所说的"语码插入"（insertion）；第三种是完全切换到另一语言，从而回避输出障碍。作者把第二种称为介质修补（medium repair），把第三种称为他语修补（other-language repair）。作者用会话分析的框架研究参与者是否着眼于（orient to）语码切换时的"他语性"（other-languageness），即语码切换是不是不得已之举，或者指出自己想不出在当下的交际语言中如何表达某个概念。作者的分析为鉴别双语对话中的"基准语言"（base language）提供了一个可行的方案。关于语码转换和"基准语言"的鉴别在其他研究中也有涉及（Dimitrijević，2004）。

与庞杂的语码转换的总体相比，从会话分析角度考察语码分析的交际功能的研究只是一个小的支流，然而这一方法论对语码转换在社会语言学、社会文化范畴方面的研究有深远的影响。不少学者采用这一视角探讨不同人群（如儿童、青少年和二语学习者）在不同场合（如教室、诊所，以及互联网上）的语码转换情况。受篇幅所限，本文暂不讨论这一部分研究。

## 4. 语码转换在人际关系调节上的功能

如果说第 3 节回顾的文献是语码转移的"本体"研究，那么这一节我们将探讨语码转移除会话组织以外的功能，特别是在人际关系调节方面的意义。

Williams（2005）考察了美国华裔家庭中一对母女之间争执的语料，母亲（五十岁上下）是一代移民，女儿（二十几岁）在美国出生长大。作者论证了家庭角色对于语言使用，特别是对语言切换的影响。更有意思的是，作者指出，语码转换在这样的家庭争执中重新塑造了家庭角色和家庭关系。利用会话分析框架，作者在微观层面分析了语码转换所起到的标记偏好的作用，母亲和女儿都有很多表述通过语码转换来表明自己和对方的立场不同。女儿试图通过语言上的操作获得更"权威"的家庭角色，而母亲试图维护自己作为家长的角色。语码转换在这样充满张力的对话中起到了重新定义家庭关系的作用。

Zhu（2008）讨论的也是华裔家庭内部的对话，但她关注的重点是家庭的内部关系、文化价值观和语码转换的情况。在她的语料中，语码转换不仅用来标记非偏好型回应，作者用会话分析理论论证了语码转换还是家庭内部斡旋和调节关系、明确价值取向甚至身份认同的手段。如例（3），母亲用中文告诉女儿明天晚上不能出去玩，因为他们要去母亲的一个朋友家。女儿采用了和母亲不同的语言——英文来挑战母亲的决定，这就开启了二人的冲突。在冲突中，母亲切换成英文回答女儿的"质问"，但会用中文重申自己的立场，凸显家长的权威。女儿使用的大多数是英文，她挑战了母亲的价值观，指出是母亲答应了去朋友家不等于自己同意。在母亲发出指责（第 131 行）、女儿辩解（第 132 行）以后，有一个 23 秒的沉默。打破沉默的是女儿，她第一次语码转换成中文，进一步解释自己不愿跟母亲去别人家的原因。作者指出，移民家庭的父母和子女之间有着天然不同的价值观，因而产生冲突。语码转换作为交际对话中的一种资源常常被子女用来作为反对父母价值观念和习俗的手段，从而帮助构建了某种新的家庭关系。

（3）（Zhu, 2008 : 1812）

Episode 1

（A: mother, around 40-year-old; B: daughter, in her late teens.）

121 A: Ni mingtian wanshang bu neng chuqu［a.

（You can't go out tomorrow evening PA.）

122 B:　　　［Hey, why not?

123 A: Women yao qu Ma Shushu jia, bushi gen ni shuo guo le ma?

（We are going to Uncle Ma's house. Haven't I told you before?）

124 B: When?

125 A: Tomorrow!

126 B: Yes, but you never told me.

127 A: I just told you.

128 B: Yes, but you didn't tell me before.

129 A: Shangci Ma Shushu tamen lai, bushi shuohao women
　　　yao qu ma?

（The last time Uncle Ma came here, didn't we agree to go
there?）

130 B: But You agreed that. I didn't know.

131 A: Don't shout at me!

132 B: I'm not shouting.

　　　（23.0）

133 B: Wo gen Tina shuohao yao qu tamen jia ne.

（I've agreed to go to Tina's house.）

134 A: Qu nar a?


　　Su（2009）考察了台湾闽南话和普通话之间的语码转换。作者将
会话分析和量化研究结合起来，论证了语码转换在处理可能影响双方面
子（face-threatening）的情形上的作用。例如说话人替女儿向自己的哥
哥提出录音的要求，以帮助女儿进行学术研究。在向哥哥解释研究的目
的和录音的方法时，说话人在闽南话和普通话之间来回切换，用以调节
和听话人（哥哥）之间的距离。作者指出，语码转换和其他方式（包括
代词的使用、韵律）一起，作为场景化的手段，帮助说话人在一个非常
微妙的情景下（向亲人提出请求）转换立场和身份（footing）（Goffman，
1981），以调整和听话人之间的关系（例如，作为女儿的"代理人"vs.
作为听话人的妹妹），通过制造某种模糊性（ambiguity）达到交际目的，
即获得听话人的许可和支持。

# 5. 小结

本文对会话分析理论在语码转换研究上的兴起和发展做了简要的梳理，并且回顾了利用这一理论探讨语码转换的会话功能和互动功能的研究。在已有的相关研究中，学者主要考察的是句间转换在话语组织和人际关系调节上的作用，而句内转换尚未进入会话分析的研究视野。Auer（1984）认为句内转换（transfer/insertion）通常是由于说话人暂时无法记起某一概念的说法而切换到另一种语言，它并不会影响听话人接下来的语言选择。Li Wei 和 Milroy（1995）把句内转换称为 Level C 语码转换，认为这类转换多出现在比较成熟、稳定的双语社群，使用者的双语能力相差不多。因此，作者在接下来的一系列研究中都没有探讨这类转换。那么，句内语码转换果真如 Auer 所说，仅仅用于词汇输出困难之时吗？它是否毫无交际上的重要性？它的出现不会给听话人接下来的语言选择带来影响甚至限制吗？笔者在 Wang（2024）一文中对这些问题展开了讨论，着重分析了句内语码转换在交际上的功能。

另外，国内的语言环境复杂，既有普通话和方言的接触，又有普通话、方言同民族语言的接触，在这样的环境下，语码转换是非常普遍的现象。不少学者从社会语言学的角度，特别是运用顺应理论，对语码转换的心理动因进行了探讨（于国栋，2000，2004；李艳，2010）。会话分析所提供的微观视角是对已有研究很好的补充，同时为方言接触和民族语言接触提供了新的研究思路和研究材料，这也将更好地促进语码转换研究的本土化。笔者相信，随着学界对语码转换研究的深入，尤其是对其社会交际功能研究的深入，我们会对双语现象及语言转换有更为客观的、不带偏见的认识。

## 参考文献

何自然、于国栋，2001，《语码转换研究述评》，《现代外语》第 1 期。

蒋金运，2002，《语码转换研究述评》，《南华大学学报》（社会科学版）第 3 期。

李艳，2010，《从语用顺应论角度谈语码转换现象》，《广州大学学报》（社会科学版）第 7 期。

刘正光，2000，《语码转换的语用学研究》，《外语教学》第 4 期。

王瑾、黄国文、吕黛蓉，2004，《从会话分析的角度研究语码转换》，《外语教学》第 4 期。

于国栋，2000，《语码转换的语用学研究》，《外国语（上海外国语大学学报）》第 6 期。

于国栋，2004，《语码转换研究的顺应性模式》，《当代语言学》第 1 期。

Albirini, Abdulkafi. 2011. "The sociolinguistic functions of codeswitching between Standard Arabic and Dialectal Arabic," *Language in Society* 40 (5): 537–562.

Auer, Peter. 1984. *Bilingual Conversation*. John Benjamins Publishing.

Auer, Peter. 1992. "Introduction: John Gumperz's approach to contextualization," In *The Contextualization of Language,* edited by Peter Auer and Aldo Di Luzio, 1–38. Amsterdam/Philadelphia: John Benjamins.

Auer, Peter. 1995. "The pragmatics of code-switching: A sequential approach," In *One Speaker Two Languages,* edited by Lesley Milroy and Pieter Muysken, 115–135. Cambridge: Cambridge University Press.

Auer, Peter. 1998. "Introduction: Bilingual conversation revisited," In *Code-Switching in Conversation*, edited by Peter Auer, 1–24. London: Routledge.

Blom, Jan-Petter, and John J. Gumperz. 1972. "Social meaning in linguistic structure: Code-switching in Norway," In *Directions in Sociolinguistics*, edited by John J. Gumperz and Dell Hymes, 407–434. New York: Holt, Rinehart and Winston.

Bokamba, Eyamba G. 1989. "Are there syntactic constraints on code-mixing?" *World Englishes* 8 (3): 277–292.

Clyne, Michael. 1987. "Constraints on code switching: How universal are they?" *Linguistics* 25 (4): 739–764.

Dimitrijević, Jelena. 2004. "Code-switching: Structure and meaning," *Facta Universitatis-Linguistics and Literature* 3 (1): 37–46.

Fishman, Joshua A. 1971. *Sociolinguistics*. Rowley, MA: Newbury.

Gafaranga, Joseph. 2000. "Medium repair vs. other-language repair: Telling the medium of a bilingual conversation," *International Journal of Bilingualism* 4 (3): 327–350.

Gal, Susan. 1988. "The political economy of code choice," In *Codeswitching:*

*Anthropological and Sociolinguistic Perspectives*, edited by Monica Heller, 245–264. Berlin/New York/Amsterdam: Mouton de Gruyter.

Gardner-Chloros, Penelope. 2009. "Sociolinguistic factors in code-switching," In *The Cambridge Handbook of Linguistic Code-switching*, edited by Barbara E. Bullock and Almeida Jacqueline Toribio, 97–113. Cambridge Cambridge University Press.

Gibbons, John. 1987. *Code-Mixing and Code Choice: A Hong Kong Case Study*. Clevedon: Multilingual Matters.

Goffman, Erving. 1981. *Forms of Talk*. Philadelphia: University of Pennsylvania Press.

Grice, Herber Paul. 1975. "Logic and Conversation," In *Syntax and Semantics 3: Speech Acts*, edited by Peter Cole and J. L. Morgan. New York: Academic Press.

Gumperz, John J. 1982. *Discourse Strategies*. Cambridge Cambridge University Press.

Hall, Kira, and Christopher Nilep. 2015. "Code-Switching, Identity, and Globalization," In *The Handbook of Discourse Analysis*, edited by Deborah Tannen, Heidi Hamilton, and Deborah Schiffrin, 597–619. New York: Wiley.

Li, Wei. 1998. "The 'why' and 'how' questions in the analysis of conversational code-switching," In *Code-switching in Conversation: Language, Interaction and Identity*, edited by Peter Auer, 156–179. London: Routledge.

Li, Wei. 2005. "'How can you tell?': Towards a common sense explanation of conversational code-switching," *Journal of Pragmatics* 37 (3): 375–389.

Li, Wei, and Lesley Milroy. 1995. "Conversational code-switching in a Chinese community in Britain: A sequential analysis," *Journal of Pragmatics* 23 (3): 281–299.

Li, Wei, Lesley Milroy, and P. S. Ching. 1992. "A two-step sociolinguistic analysis of code-switching and language choice: The example of a bilingual Chinese community in Britain," *International Journal of Applied Linguistics* 2 (1): 63–86.

Meeuwis, Michael, and Jan Blommaert. 1994. "The 'markedness model' and the absence of society: Remarks on code-switching," *Multilingua* 13: 387–423.

Muysken, Pieter. 2000. *Bilingual Speech: A Typology of Code-mixing*. Cambridge: Cambridge University Press.

Myers-Scotton, Carol. 1999. "Explaining the role of norms and rationality in codeswitching," *Journal of Pragmatics* 32: 1259–1271.

Paraskeva, Marina. 2010. "Code-switching in London Greek-Cypriots: A conversation analysis account," *Newcastle Working Papers in Linguistics* 16: 108–121.

Scotton, Carol M. 1983. "The negotiation of identities in conversation: A theory of markedness and code choice," *International Journal of the Sociology of Language* 44: 115–136.

Su, Huey-yi. 2009. "Code-switching in managing a face-threatening communicative task: Footing and ambiguity in conversational interaction in Taiwan," *Journal of Pragmatics* 41 (2): 372–392.

Wang, Wei. 2024 "Insertional code-switching as interactional resource in Mandarin-English bilingual conversation," *International Journal of Bilingualism,* 1–20.

Williams, A. M. 2005. "Fighting words and challenging expectations: Language alternation and social roles in a family dispute," *Journal of Pragmatics* 37 (3): 317–328.

Woolard, Kathryn A. 1988. "Code-switching and comedy in Catalonia," In *Codeswitching: Anthropological and Sociolinguistic Perspectives,* edited by Monica Heller, 53–76. Berlin/New York/Amsterdam: Mouton de Gruyter.

Zhu, Hua. 2008. "Duelling languages, duelling values: Codeswitching in bilingual intergenerational conflict talk in diasporic families," *Journal of Pragmatics* 40 (10): 1799–1816.

# 互动视角的指称研究

中国社会科学院语言研究所　方　迪

## 1. 引言

指称（referentiality）从本质上来说探讨的是语词与外部世界中实体的联系。对指称问题的探讨在多元学术背景下展开——哲学、逻辑学、语言学都将指称作为它们的研究课题之一。宏观上，语言学所关注的指称研究可以分为语义、语用和话语—篇章三个主要方面（Chen，2009）。其中语义指称关注相关形式本身的词汇语义所涉及的脱离语境的指称；语用指称是指词语在具体语句中的指称，除了本身的词汇语义之外，还依赖于具体语境和说话人的意图；话语—篇章指称除了上述语义、语用因素，还涉及说话人在话语环境中使用特定词语的目的。

作为语言中核心的语义—语用范畴，指称研究中的核心问题，就是真实语言使用中的指称编码形式与指称属性的关系。从跨语言的角度来看，指示词（demonstrative）和代词（pronouns）是用于指称的专门形式，它们的作用可以细分为指示和称代[①]。然而，具有指称功能的形式远不限于指示词和代词——在实际话语／篇章中，说话人／作者会采用多种形式对同一对象进行指称，比如对讲述中的某个人物进行指称，以下

---

[①] 吕叔湘（1985）采用的"指代词"这一术语，就源自这两种功能。以"这"为例，如果后面有名词，它的作用是指示（如"这孩子"）；如果后面没有名词，它的作用是称代（也兼指示，如"这是我的书"）。在吕先生的研究体系中，只有指代词才涉及"指称"的问题。

八组形式都是可供选择的：A）人称代词；B）专有名词；C）"这/那（＋量词）＋名词"；D）光杆普通名词；E）数词（＋量词）＋名词；F）"一"（＋量词）＋名词；G）量词＋名词；H）定语小句＋名词。[①]不同指称形式所对应的指称性质不同，同时显示出说话人/作者对相关语词所代表的实体在话语中地位的建立与管理。

　　真实语言使用中的指称运作规律与形式选择的制约因素受到话语功能语言学者的普遍关注。学者们解释的角度主要集中在认知和/或语篇因素方面。比如，Chafe（1980）采用口语叙事体材料，对叙事话语中的信息流（information flow）以及不同信息在认识上的激活状态进行了探讨；Givón（1983）采用三种方法测量回指距离，探讨与指称连贯密切相关的话题延续性（topic continuity）；汉语方面，Tao（1996）揭示出，基于线性产出的话题连续性之外，话语的层次结构也是零形回指使用的重要条件；针对特定类别的指称还发现，叙事的情节与指称形式之间存在必然联系（如人物指称）（刘畅等，2019）。归纳起来，话语/篇章中的指称形式受到指称距离、话题延续性、可识别性、概念可及性以及叙事结构等因素的影响，这些主要涉及话语组织，以及说话人/作者的主观认知等。

　　本文主要梳理阐释互动视角下指称研究的相关成果。所谓互动视角，是指采用会话分析（Conversation Analysis）和互动语言学（Interactional Linguistics）的理论方法对相关语言事实做出分析的视角。一方面，从学术发展的角度来说，互动视角下的研究很大程度上是话语功能语法的进一步发展。材料方面，互动视角聚焦于日常互动言谈（talk-in-interaction），特别是自然口语对话中的语言使用；方法方面，互动视角采用常人方法论（ethnomethodology），通过对日常社会交际的近观分析探讨语言形式的组织运用及交际中的意义解读。另一方面，相较于之前的语言分析视角，互动视角下的语言研究取得了重要突破，更多地揭示出指称在社会交际行为中的多重作用，并挖掘受话人对于指

---

①　前七组指称形式是陈平（1987）提出并参照四组指称概念进行分析的。

称形式及其功能的塑造。

## 2. 指称的互动视角

从互动交际角度来看，指称意味着指向（point to）话语语境中的某个实体，从而建立起对该实体的共同注意（shared attention），以便达成某些交际目的（Enfield，2013）。进行指称（making a reference）是在互动过程中实现的一种普遍而基本的交际行动，同时作为其他行为活动的载体（vehicle）。这一行动无疑是通过多种互动资源共同实现的，既包括词汇、句法等言语成分，也包括身势动作等非言语成分。这些手段往往同时发生、协同作用，并不存在哪一种手段优于或统辖其他手段，尽管语言学者会对语言手段予以格外关注。

对于指称的构建（reference formulation）来说，说话人需要根据交际对方（受话人）、当前互动语境和所处的行为活动，从一系列词汇、句法以及多模态的可能性中做出选择，从而建立并保持对互动中某一实体的交际聚焦（communicative focus）。从这个意义上说，指称构建既是一个形式选择问题，也是话轮设计（turn design）的问题。话轮的设计本质上是面向受话人的设计（recipient design），因此可以说，指称构建体现了说话人相对于受话人的某种策略，不仅具有主观性，更具有交互主观性（intersubjectivity）。[①]值得注意的是，指称的构建可能并非一步实现的，而是参照了之前的互动过程，并综合多种互动资源交互达成的。例（1）出自 Ford 等（2013），其中（1a）所示的话段从语法构成（名词短语 + 副词性小句）上看无法归入任何完整的句法单位类型，然而，结合（1b）和（1c）所示的相关互动语境及伴随的韵律和身势动作，就能理解此处产出这一"反常"的指称形式的目的。

---

① 交互主观性反映了对交际中对方的认识、立场、情感、态度等的关注，总体上可以概括为"共享的理解"（Duranti，2010）。对于指称问题而言，交互主观性主要体现为双方的"互解"，后文阐释相关研究时，也采用了"互解"的说法。

（1） a. 结构模式：［the café de yin ya:ng?］NP +［when he was tw-te:n?］AdvClause

b. 该单位所在的互动对话语境

1        （3.5）

2 Abbie:    mmmm.

3        （1.5）

4 Terry:    gosh.

5        （1.0）

6 Abbie:    ［0（    ）0］

7⇒ Maureen:［the café］de yin ya:ng? when he was tw- te:n?

8 Terry:    yeah:.

9        （1.2）

10 Maureen:［0that is really something.°    ］

11 Terry:    ［an-    an-    no:te,（.）］the uhm

（Ford et al., 2013: 29）

c.（b 片段发生的 5 分钟前，在录像画面之外的另一位说话人 Pam 首次提到 Café de yin yang 这幅画）

1 Pam:    did you notice the lovely a::rt?

2        （0.2）

3 Pam:  → my nephew did this when he was te［n.

4 Maureen:                  ［grea::t,

（Ford et al., 2013: 31）

从微观视角来看，（1b）中第 7 行指称形式的产出中，名词短语末音节 ya:ng 带有明显的上升音调和音节延长，而 ya:ng 的末尾并没有软腭闭合（velar closure）就直接发出了后续的状语小句，同样以上升音调结束。这说明状语小句作为之前名词短语的增额成分（increment），引出这幅画作者的年龄信息，同时被解读为话轮终结引发对方回应。从之前的序列来看，片段（1b）的 1-5 行 Abbie 和

Terry 都处在某种"未参与的状态"（non-engagement）——微小的发声没有进一步的言语扩展，都注视面前的桌子，没有眼神交流；而 Maureen 则在第 1 行将目光锁定在墙上的画作上，并且右手从环抱姿势移动到腮部（见图 1）。通过五分钟以前的 c 片段可知，Maureen 锁定的这幅画被另一人 Pam 高度评价（第 3 行），b 中第 7 行的指称形式实际上是引起话题的恢复，并再次表达如此小的年龄画出这样作品的正面立场。而 Maureen 在产出之前的一系列举动，实际上开启了一种协同行为（concerted action），在旁边的人受邀加入，引起对场景中已谈论事物的共同注意（见图 2）。这些身势动作连同这一指称形式，以及之前的口腔（vocal）声响共同构成了交互矩阵（interactive matrix），其中同步的、相互阐释的行为轨迹得以被所有交际者共享。

**↑ ↑ ↑**
**Maureen   Abbie   Terry**

**图 1　Maureen 注视画作并将右手移到腮部**

**图 2　Maureen 托腮动作完成同时，Terry 将目光转向 Maureen**

这个例子很好地说明了互动视角下指称的分析思路：结合当前所处的社会行为，从局部的（local）、特定的（particular）话轮产出细节及交际参与者的多模态表现，以及宏观的行为序列、话题管理等，探讨指称构建的过程以及形式选择的动因。

# 3. 指称形式与互动中的指称构建

## 3.1 交际原则与选择偏好

指称的构建体现了特定行为活动中的系统化选择。特定的指称形式一方面要符合信息传递层面的具体性和准确性（对比时间指称形式，"大概明天这个时候"、"大概午饭时候"和"明天"），另一方面要适配于它所在的话轮实施的社会行为。正如 Schegloff（1972a）所指出的，任何指称构建形式（referential formulation）都会构成一个对当前言语事件（speech event）中所有元素的复杂分析。这些元素因具体的交际事件而异，包括言者和听者分别是谁，他们的关系如何，言者的交际目的，等等。

指称对象的语义类型往往对应于不同的交际目的，因此，互动视角下的指称研究区分对人物的指称（person reference）、时间的指称（time reference）、地点的指称（place reference）等。研究成果最为集中体现在人物指称方面。互动对话中交际者对指称形式的选择受到交际原则的制约，从而形成多种偏好（preference）。[①]Sacks 和 Schegloff（1979：24）提出指称人物时存在两大原则——对象识别（recognition）与形式最简（minimality），表述如下：

（2）英语会话中人物指称的两大原则

ⅰ）对象识别：指称的形式应该引导并使得受话人知晓当前所指的人；

---

① 偏好（preference）反映的是会话结构中词汇选择、话语设计、行为选择等方面的不平衡交替呈现出的一种模式化的排序。最典型的例子是回应的偏好性——比如对一般评价（assessment）来说，赞同是受偏好的（preferred）回应（Pomerantz，1984）。这种偏好体现的是社会秩序，而非心理倾向。

ⅱ）形式最简：指称应当通过一个简单的指称形式[①]做出。

根据上述原则，识别性的指称形式（recognitional form）是受话人知晓并能识别所指对象的形式，比如双方都认识的人的名字（如Mary）；非识别性形式（non-recognitional form）则指受话人不知晓或不需做出识别的形式，比如带有描述语的形式（如"the woman who sits next to John in staff meeting"），而仅包括名（"first name only"）就成为同时满足两个原则的首次提及某人的默认选择。当这两个原则出现矛盾时，对象识别是更优先满足的，而形式最简原则会通过后续的增额予以"松绑"（relax）：

（3）A：... well I was the only one other than than the uhm tch Fords?, Uh Mrs. Holmes Ford? You know uh [ the the cellist?

B：　　　　　　　　　　　　　　　　[ Oh yes. She's she's
　　　　　　　　　　　　　　　　　　 the cellist.

Levinson（2007：30-31）对上述原则进行了细化和扩展，上述两个原则在他的体系中分别表述为识别原则（recognition）和经济原则（economy），后者除了采用单一指称形式之外，还包括采用专名而非描述，以及仅采用姓名二项其中之一。此外，Levinson还提出以下三点[②]：

（4）人物指称的其他制约因素（Levinson，2007）

ⅰ）使指称方式适应受话人，如展现与受话人的关系"你姐姐"（而非"我"什么人）；

ⅱ）使指称方式适应正在实施的行为，如"你儿子又在捣乱"

---

① 这里说的指称形式是指从语言单位上来说，采用单个单位的形式指称相关对象，因此像 John 和 John Smith 都是最简的，因为相对于指称对象来说，他们都是"单个单位"。这与后来的一些文献中仅仅看形式上的简短（John 相对于 John Smith 是更简形式）有所不同（参看 Levinson，2007）。

② 以下三项制约因素的举例出自笔者。

服务于抱怨行为；

iii）考虑其他"局部的制约"（文化、机构场所等），如亲属关系、社会身份等。

Enfield 和 Stivers 主编的文集 *Person Reference in Interaction: Linguistic, Cultural, and Social Perspectives* 考察了多种语言和文化族群中的人物指称系统，发现特定文化可能带有特定的规则与禁忌。比如巴布亚新几内亚的罗塞尔岛上的 Yélî Dnye，就对姻亲关系的指称有所禁忌，并倾向于避免直呼所指对象的名字（Levinson，2007）。而在对泽套语（Tzeltal）的考察中，Brown（2007：199）提出另一种指称上的偏好——联结性（association），即"尽可能地将所指对象与当前谈话参与者建立联结"。

上述提到的交际原则很大程度上是跨语言普遍的，而不同语言的差异在于两点：一是如何体现这些原则，比如前文提到的联结性，泽套语中指称对象往往与受话人而非说话人联结（即使相关对象与二者都有联系），而在英语或汉语的非识别性指称中，这种联结倾向就不明显；二是对于交际原则造成的不同偏好的相对排序，即当某些原则发生冲突时，哪一个优先满足（参看 Stivers et al.，2007）。

## 3.2 交际过程、序列位置与标记性

之后的研究中，结合序列的推进，"对象识别"和"形式最简"这两大基本原则有了进一步扩展。指称形式的最简偏好，体现了话语组织中对于会话进程（progressivity）的考虑；可识别性指向的是双方的共识（common ground），与互解（intersubjectivity）的达成相关。Heritage（2007）以指称修复手段为切入点，讨论了说话人如何在会话行进性中和互解达成平衡。指称的修复意味着相关对象的识别出现问题，需要打破会话行进性，进行重新指称。按照将会话行进性打断的强弱程度划分，指称修复的手段可归纳为以下类别：

1）最简单、微小的打断是在话轮构建单位（turn-constructional

unit，TCU）的边界前后，即转换空间修复（transition space repair）。（Schegloff et al.，1977）

a. 通过 TCU 延展的方式，一方面最大化地保证了序列的推进，另一方面也使互解性的问题以内嵌的方式得到处理。如：↓Cyd rang this evening Cyd Arnold.[①]

b. 通过"标记尝试"（try-marking）语调邀请受话人对指称识别表示顺道的（en passant）认可。

c. 起始的指称形式 +"you know X/remember X？"邀请受话人确认。

2）采用插入语（interpolation）框定人物指称。这种情况下受话人的确认往往与修复项的产出略微交叠，且确认形式本身也尽量短小。

3）从受话人角度，识别出现显性问题时，说话人可能做出两次指称尝试，也可能多次。

a. 当扩展修复指称之后，受话人毫无问题地宣称做出了识别并被接受。

b. 当扩展修复指称之后，受话人不仅是产出简单的认可，还做出了进一步扩展。

4）交际者可以放弃追寻指称对象的辨识，将其视为对当前交际任务不重要，从而保证指称对象所在的交际活动的推进。

a. 说话人随后替换为一个"占位者"（place holder）角色，如：This friend of ours。

b. 受话人鼓励会话继续推进，虽然没有表示完全辨识，但表示辨识并不重要。

5）另一些时候，交际者则明显追求指称的辨识，进行重新指称（re-referencing）。这往往发生于人物的辨识成为整个序列的完

---

① 位于开头的人物指称语 Cyd 未被对方辨识，说话人通过 TCU 末尾延展的方式再次产出了完整的姓名 Cyd Arnold，在没有打断话语行进的情况下，通过全名消除了可能的辨识问题，实现了互解。

全聚焦点时。

上述材料表明，Heritage（2007）揭示出充分的指称（adequate reference）是一种双方共享的责任，受话人不仅是被动地追溯指称对象，也可以主动做出指称的调整，表现为他发修复（other-initiated repair）。同时，将对象识别和形式最简这两项指称偏好引申为会话行进性和互解——会话序列更为根本的组织原则。Heritage 指出，会话行进性与互解的平衡可能偏向推进会话，说话人往往隐含地做出努力，在没有显性修复的情况下实现指称识别；如果过分从会话的主线偏离，不仅有碍于会话进程，还可能产生默认情况之外的解读。

宏观会话结构组织之外，可选的具体指称形式之间的功能差异也受到关注。Schegloff（1996）建立了指称形式的描写框架。他首先区分了"绝对指称"（reference simpliciter）与其他指称。前者指说话人只是单纯地指称某人，而没有特别的目的或实施额外行为；后者则在指称之外实现了某些额外的行为。Schegloff 进而区分了指称的起始位置和后续位置（initial and subsequent position），即在一个序列中某个指称是首次做出还是在之后的位置做出，以及指称的起始形式和后续形式（initial and subsequent form），即表达形式通常用作首次指称（如人名 John）还是用作后续位置的指称（如 he）。从位置和形式两个维度出发，就可以对指称的标记性（markedness）做出描述（见表 1）。

表 1　Schegloff（1996）关于指称标记性的描写框架

|  | 起始形式 | 后续形式 |
| --- | --- | --- |
| 起始位置 | （Ⅰ）无标记 | （Ⅲ）有标记 |
| 后续位置 | （Ⅳ）有标记 | （Ⅱ）无标记 |

从会话分析的角度来看，早期的研究更多关注无标记的情况，即通常情况下人们采用何种手段进行人物指称。后来互动语言学的相关研究

更加关注反复出现的（recurrent）、"有标记"的形式选择（表1中Ⅲ、Ⅳ）。这类情况代表着更加特殊，也更具互动含义的指称惯例；这类指称被 Schegloff 称为"复杂指称"（complex reference），其蕴含的意味在于位置与形式发生错位，往往具有除指称之外的其他互动交际目的（详见第 4 节叙述）。

### 3.3　指称与修复

会话互动中的语言组织规律往往通过反常的（abnormal）情况显现。[1]具体到指称问题上，就是考察指称出现问题时（辨识理解上有问题之时），交际者采用何种方式修复并解决。从这个意义上说，修复可以作为探讨指称惯例的窗口（Enfield，2013）。

Lerner 等主持了 *Research on Language and Social Interaction* 的专刊——指称和修复的交会点，就专门通过修复来探讨指称问题。具体来说，他们探讨的是"指示性修复"（indexical repair），往往包括两个阶段，且没有任何预示成分的同话轮修复。其中，Lerner、Bolden、Hepburn 和 Mandelbaum（2012）探讨了指称调节（reference calibration）的修复，具体来说是拓宽或缩窄指称对象的范围。他们发现，指称缩窄用于更好地适应指称形式所归属的行为，或是调节信息的确认度；指称拓宽则使指称的构形（formulation）适应于言者（或听者）的知识状态，并且指称的拓宽往往有明面的解释，因此属于"非偏好的"调节形式。[2]

Kitzinger、Shaw 和 Toerien（2012）考察了指示语上的修复，指出之前谈话中没有完整指称的指示语，或许在处理可能存在的理解问题，还实现其他的行为目的。比如指示性的人称代词用于始发人物，用于建立注意焦点的连续性，并取消所指对象与当前话轮的联系；Bolden、Mandelbaum 和 Wilkinson（2012）指出，指示性修复在其话轮回应缺

---

[1]　这是由会话分析与互动语言学采用的常人方法论（ethnomethodology）决定的。

[2]　后续进一步的澄清或解释，是非偏好话轮设计的特征之一（Pomerantz，1984）。

失或不充分的情况下，采用完整指称形式进行修复，从而重新完成话轮，关联受话人回应；指示修复因此可隐性地用于更具互动意义的任务，如预示即将到来的不赞同或结构上的不一致（dis-alignment）。Hepburn、Wilkinson 和 Shaw（2012）考察了对自我和受话人指称的修复，特别是"I"和"you"。他们发现这类修复并非限于常规性的理解问题，而是服务于当前的互动任务——从自我指称的常规形式到自我描述语（如：I →a girl from a convent）的修复用于展现所指对象与当前话轮行为的相关性。Bolden 和 Guimaraes（2012）的修复则比较了俄语、巴西葡萄牙语、英语的转换空间修复，考察了不同语言的语法如何使说话人对指示性表达做出"类修复的"操作，从而服务于互动上"敏感行为"（delicate action）的实施。

综上可知，作为常见的会话惯例，修复为探讨指称构建的机制提供了丰富的资源。除了人物指称，也有研究对地点指称的修复表现做出探讨（Kitzinger et al.，2013）。这种考察指称的方法还应用于不同语言中的指称修复，体现出制约指称的交际原则的不同排序。如例（3）所示，在英语中"仅包括名"是首选的，而当这一形式遇到问题时，才会采用完整姓名或描述语；Yélî Dnye 语中指人首先采用的是描述语，而修复发起后才会采用人名（Levinson，2007）。

# 4. 指称与互动因素的相互塑造

至此已经说明，指称形式的选择体现了对宏观行为序列以及微观局部互动语境的适应。本节将通过具体例证，归纳说明目前研究中讨论较多的互动因素，也将阐释互动交际对指称性质的认识的推动。

## 4.1　指称形式的塑造因素

### 4.1.1　会话结构与参与框架

指称形式中包含指示性表达（indexical expressions），特别是人称代词、指示代词，可以体现话轮之间的关联性（Sacks et al.，1974）。

这就涉及话轮彼此相连构成的序列之中的衔接、呼应、连贯等问题。Fox（1987）考察了口语对话和书面语篇中的回指（anaphora）现象，并指出自然对话中指称形式的选择反映了说话人对于当前序列结构的理解——完整的名词短语（起始形式）表示当前序列已被视为结束，而代词（后续形式）则显示当前序列仍在延续。例（5）中在序列即将走向终结（第6行）之时，说话人采用代词形式将当前话轮与之前谈话进行回连（tying），重新投入（re-engage）之前的话题（第10行）——以专名的形式引入（第2、3行）。

（5）代词与序列延续："Jessie"（Fox，1987: 39）

1　A: Hello

2　B: Is Jessie there?

3　A:（No）Jessie's over at her gramma's for a couple of da:ys.

4　B: Alright, thank you,

5　A: You're wel:come ?

6　B: Bye,

7　A: Dianne?

8　B: Yeah,

9　A: OH I THOUGHT that was you,

10 →A: Uh–she's over at Gramma Lizie's for a couple days.

11　B: Oh okay,

在一项后续的研究中，Ford 和 Fox（1996）讨论了英语对话中单个语句"*He* had. *This guy* had, a beautiful, thirty-two O:lds"中的指称选择。该文综合分析了指称形式所在话轮的语音韵律特征、前后互动过程，以及几位交际者的空间位置关系和注视（gaze）方向，指出由人称代词到名词短语的转换，体现了"参与框架"（participation structure）的转变，前者表明与受话人已经进行的行为的延续，而后者则表明所指派的受话人的变换，并标志其行为从对象辨识转向评价。例（6）是一个汉语的例子。

（6）汉语对话中代词转为名词短语（方迪，2022：162）

1　　R：而且那雅芳，雅芳说：

2　　　我觉得太阳这个人有点人心险恶，

3　　　但是她，她，就是雅芳认为，

4　　　我是没有见过真正的人心险恶是什么样儿的。

5 → L：（.）她 – 那这人也挺有意思的。

6　　　（0.8）hh

7　　R：而且我觉着：

8　　L：还没有见过真正的人心险恶……

第 5 行说话人产出代词后进行了自我修复，重新选择"这 + 类名"形式进行回指，表明自己从之前的讲述中脱离出来，转而开启评价行为（方迪，2022），这与上述英语研究的结论具有一致性。可见，这种"由简入繁"的指称貌似一般指称原则的反例，实则恰恰反映了交际者对序列结构和参与框架的关注。

### 4.1.2　成员归类与行为构建

成员的类别（members' categories）是会话分析关注的经典课题（Sacks，1992），已发展出"成员归类分析"（membership categorization analysis，MCA）这一专门分支。某些指称表达形式代表着某个范畴类别，应当将诸如名词短语等语言形式与当前正在展开的活动相结合，看它们如何通过序列行为将成员与特定范畴相连，也可能通过提及"类别限定的活动"（category-bound activities，Sacks，1992：249）而关联特定范畴类别。

Land 和 Kitzinger（2007）用第三人称形式进行自我指称，通过这种方式来展现他人（受话人或不在场第三者）的观点，从而服务于当前话轮的行为；说话人利用成员类别的指称丰富性（richness）进行自我呈现，赋予当前行为的受话人理解。

Whitehead 和 Lerner（2020）讨论了像 somebody 这样的泛指形式（generic reference）的使用条件。他们指出这类非识别性指称形式可用于语境敏感的互动任务，服务于当前话轮的行为构建（action formulation）。如例（7），Chloe 将 Claire 的恭维（第5-7行）转向某个泛指的、不确定的人，因此在赞同对方的同时转化了对方施加给他的恭维；如果是一个特定的人，则该话轮就将此人视为值得称赞的，从而将恭维导向此人。

（7）泛指形式 somebody 构建转化恭维的赞同回应（Whitehead and Lerner，2020: 50）

1　　CHL: A:nd I'd like tuh still⌈lea:rn.

2　　（0.3）

3　　CHL: ↑ You can learn from⌈anybody you play ↓ with.

4　　（0.5）

5　　CLA: Oh yeah well I- g- I got to find out about that-（0.7）one diamond⌈bluff becuz

6　　my God（I）ben playing with yih all this time 'n ↑ I didn' know. hh I just named

7　　my suit,（h）w（h）'n yih say one club I name the best suit I go ↑ ::t.

8　　（0.2）

9　　CHL: Yah.

10　　（1.0）

11 → CHL: We:ll that's what I understood I learned that from somebody.

Lerner 和 Whitehead（2022）基于 Sacks（1992）提出的成员归类

手段（membership categorization devices，MCDs）[①]探讨了自我呈现（self-presentation）手段。他们考察的单纯的自我指称形式（I、me、my、mine 等）被视为过于简单的会话表现。这些默认形式是"专门术语"，不包含年龄、性别、身份等任何类别层面；显性的自我归类格式，如"作为一个 X（讲话）"就需要额外的解释。具体归纳如下：

（8）类别指称的互动功能

a. 通过取消当前行为与特定范畴类别的相关性，阻止受话人可能的关联解读。

如：They term me as being Black, and I– I support Barack Obama for one reason and one reason only… Because of what he says, it's the content of his character…

b. 当交际者面临对他们成员的身份可能的错误指派时，单纯自我指称随后通过范畴归类的方式细化。比如受话人很可能得出某个错误类别时：

I'm– I'm Chinese, so I'm not defending the white people or anything, I'm just saying,（0.5）you know（y–）（.）just– this– the– the fact is the fact, huh?

c. 通过对比性纠缠（contrastive entanglement），说话人实现隐性的类别化的自我指称。说话人仍然用单纯自我指称形式（如"I"），但通过加入对比重音进行特殊化，使其被解读为指示某类特定的人。如（下划线代表对比重音）：

I mean it do（h）esn't m（h）atter what I think, Wayne I wanna know what you th（h）ink.

汉语方面也有学者结合成员归类的视角对泛指形式做出探讨。Tao

---

① 其主要思想是，人们对于某类范畴的普遍认知会投射到其每个成员中，任何充任这一范畴（群体）实例的人就被视为其中一个成员；对成员的归类可用于随时为某人的行为或想法提供充分解释（account）。

（2019）指出汉语会话中泛指形式（以第二人称"你"为主）往往用于三种社会行为：1）复杂告知；2）劝说；3）论辩。这三种行为都代表着有标记的互动场景，呈现出不同程度的交际者立场分歧。而其中的代词形式被识别为泛指而非特指，有赖于会话中的时间处所框架、参与框架、同现的韵律及眼神或身体表现，以及伴随的相关语言成分等。方迪（2022）指出，对话中将个体指称扩大到某个类别的指称宽化，在进行成员归类的同时可以体现交际者的定位（position），从而服务于立场的协调。

### 4.1.3　认识状态

互动交际中，双方的认识状态（epistemic status）和认识立场（epistemic stance）时刻处于拉锯与协调之中（Heritage，2012）。对于指称而言，其根本目标在于达成某种程度的、充分的共同理解，于是对方关于所指对象的认识，就是说话人所观照的基本要素。所谓识别性指称和非识别性指称，也正是在这一基础上提出的（见上文 3.1）。Lerner等（2012）关于指称调节的研究发现，就指称对象进行缩窄或拓宽，与说话人对于信息来源的确认度有关。前者对认识确信度进行升级，而后者则从更加准确具体的构形降级，降低确认度。乐耀（2017）关于汉语会话中指称调节的研究也显示，认识状态的不平衡是指称缩窄（文中称"窄指"）的动因，而指称的拓宽（文中称"宽指"）体现了与所述信息距离的拉近或拉远，从而提升或降低对信息的确认度。

Raymond 和 White（2017）对时间指称构形（time reference formulation）进行了分类，他们首先将时间指称分为绝对型（absolute TRs）和事件相对型（Event-relative TRs）。前者通过共享的时间度量尺度体现，如"六个月""从 1979 年到 1984 年"等；后者则在指称中引入事件，如"自从我来这儿以后"，在时间线定位的同时可能还带有说话人的隐含义。在此基础上，根据 Labov 和 Fanshel（2022）从认识角度对事件类型的划分[①]，以上两大类可以进一步细分如下（见表 2）。

---

① Labov 和 Fanshel（1977: 100–101）根据说话人与听话人的相对认识状况对事件类型做出区分，以 A 为说话人、B 为听话人，描述如下。A 事件：说话人所知较多，听话人所知较少。B 事件：听话人所知较多，说话人所知较少。AB 事件：听说双方都知道。O 事件：所有在场的人都知道。D 事件：可知性有争议。

表 2　基于认识对时间指称的分类

| 绝对型 | 非计数 | | 3 月 30 日 | 不需选择度量单位，不带主观评价 |
|---|---|---|---|---|
| | 计数 | | 两小时内 | 需要选取度量单位供听话人感知；可能带有估测、夸张等 |
| 事件相对型 | 共同架构 | O- 架构 | 在圣诞节 | 激活共享的社会文化常识或成员信息 |
| | | AB- 架构 | 咱们上课前 | 凸显人际关系 |
| | B- 架构 | | 你孩子的派对之后 | 说话人投射对听话人时间表的认识权限 |
| | A- 架构 | | 我生日那天 | 说话人将听话人视为了解个人时间表隐私的；不需要对听者的时间表有所了解 |

在此基础上，Raymond 和 White（2022）讨论了时间指称的识别性，特别是英语会话中"when-"构形的时间指称。他们发现引入相关事件的"when-"构形，其识别性可以为当前行为提供可解释性（accountability）。[①]通过分析这一构形如何指称过去和未来时间指称，避免理解上的困难。他们指出可识别性是一个多维和层级性的概念，并且可识别性的程度高低是在特定社会行为中协商确立的，当识别度对于当前行为"足够好"时，可以推进后续的行为。

### 4.1.4　主动性

主动性（agency）是指说话人对于他们交际行为所具有的控制及责任（commitment）的类型及程度（Enfield，2011）。主动性关涉以下问题。交际参与者对自身交际行为具有什么类型的控制和责任？在多大程度上对他们的交际行为具有控制力，负有责任？之前研究已经证明，回应行为中不同小句形式的回应体现交际者主动性上的差异（Thompson et al.，2015，Ch.4）。Raymond、Clift 和 Heritage（2021）表明，主动性同样塑造着交际者指称形式的选择。起始指称形式在后续交谈中，没有用零形回指（zero anaphora），而使用了相同的名词词

---

① 可解释性，也称为"可示性"（陶红印，2021），指社会交际的规则可以被观察，其含义得到解释说明。

组进行指称的现象，具体包括两种序列语境：1）确认或否认（回应）中的认识立场；2）序列 / 话题发起的道义立场。研究发现，在回应中重新引入完整名词短语（NP），表明说话人主动强调自身的认识优先性（epistemic primacy）和独立性。如例（9），对方采用不同问句形式，寻求对水箱领有者的确认，而 Vic 的回应仍然采用专名（Alex）指称，宣称对当前知识的优先权利，这种隐性的不赞同也是彰显主动性的首要语境。

(9）含 NP 的否认回应

1 → Rob: But those were uh:::［Alex's tanks.

2　Vic:　　　　　　　［and a fi:ve.

3　Vic: Huh?

4 → Rob: Those're Alex's tanks weren't they?

5　Vic: Pardon me?

6 → Rob: Weren't– didn't they belong to Al［ex?

7 → Vic:　　　　　　　　　［No: Alex has no tanks，=

8 →　　=Alex is tryin' to buy my tank.

而在发起位置上，之前的研究表明，首发形式的使用与新的行为序列相关（Fox，1987；Schegloff，1996）。本研究进一步指出，在话题管理中完整 NP 有效地提出了新的规程（agenda），通过道义上的主动性，减弱或打破话题和 / 或序列前后的连贯，同时可能带有颗粒度（granularity）的转变——从泛指的情形到具体的事件。在分析了以上两大类情况引申出的其他行为类型之后，Raymond 等归纳如下：像 NP 这样的发起形式标示了首发性（firstness）；这类形式用于后续位置所体现出的主动性，源自减弱或脱离语法方面对之前话轮的依赖。

### 4.1.5　多模态表现

指称形式往往与多模态表现共同产出。比如手指动作（pointing），就是建立联合注意以及构建指称的重要资源；局部的指示性表达往往运用手指手势来实现（Clark，2003；Kendon，2004；Levinson，2004）。Balantani 和 Lázaro（2021）讨论了瑞士德语中的指示情态词"so"（"like this"）在建立联合注意（joint attention）用法中的多模态表现。之前 Stukenbrock（2015）指出，so 可以标识之后的手势，这一手势对话语的理解是必要的——so 将受话人注视的方向引向手势，它所投射的具身动作包括象征性或描述性手势，也包括完整的身体展演。Balantani 和 Lázaro 进一步指出，手指手势用于将受话人的注意引向环境中的某一物体或空间，而与 so 结合时，则构建一种方式的指称，并指示某一行动的结果。手指建立起详细观察／注意的范围，引向行为的结果；言语部分"so"则强调这一目标需要以特定的方式被识解。有时这一惯例是前瞻性的（prospective），而有些情况下则是回溯性的（retrospective）。

指称形式产出的多模态特征呈现出一定的跨语言共性。李晓婷（2019）指出"这样"指代方式时，经常同时出现身体动作，表演／展演（enact）所指代的动作方式。

## 4.2  对指称的认识

### 4.2.1  不确定性与流动性

基于书面语的研究探讨不同形式指称性质的判定，而基于互动对话的研究则揭示出，指称是一个双方交互的动态过程。一方面，指称对象的识别与指称地位的确立，可能是多次修复或延伸，对构形进行调整的结果。乐耀（2017）就提出"窄指"可用于逐步确立言谈对象，通过不断附加修饰限定成分，使起初无指的对象变为有指甚至定指。例（10）出自完权（2023：192），从一个句法上无定的形式（第3行），随后通过窄指附加限定（第5行），到用代词进行回指（第7行），直至采用句法上有定的形式（第11行），所指对象的指称属性一直处于发展变化中。

（10）

1    窦：您 . 您知道就是说 . 呃 =

2    你（（面向蒋））知道那个事儿吗？

3  →一个 [ 女生 ]，

4    蒋：    [ 嗯 . ]

5 → 窦：高二的，

6    蒋：嗯。

7    窦：就是她班主任可能看见她（.）什么早恋。

8    然后班主任就说 = 几句狠话。

9    当然他是不是说了这个话，

10   现在也是（.）有争议，

11 →但是就是这女孩儿就一直蹲在（.）几楼啊，

12   过不多会儿，

13  蒋：[ 对 . ]

14  窦：[ 就（.）] 跳下去。

另一方面，在序列行为推进的过程中，相关形式未必具有确定的指称属性，但足以满足当前互动需要。Ono 和 Thompson（2024）对指称不定的名词短语的互动功能及其理论蕴含做出了探讨，重点分析了两类现象。一是被描述为"已知"、"旧信息"或"定指"的 NP 形式，其指称对象却是不确定的；二是在类别指称（categorial designation）和特定指称（specific designation）之间来回切换。他们将这两类现象分别称为指称的不确定性（indeterminacy）和流动性（fluidity）。例（11）中，JASON 使用代词 these 的同时注视着刚刚从盘子里拿出的两个迷你胡萝卜，而受话人并不关心第 2 行所说的 these 是泛指迷你胡萝卜这个范畴，还是盘子里的那些胡萝卜。这两者都有可能，但并不需要完全确定就足以顺利推进互动。第 2 行采用了现在时（present tense），说明 JASON 将指称对象从手中拿着的两个胡萝卜转向更加普遍而不定的对象。而第 2 行随后的 they 并不回指之前话题 these 所指的胡萝卜，而是被解读为泛指"相关的人或机构"；第 7 行小句内两个 they，除非有农产品运输的相关知识才能确定具体所指，并且前后两个 they 很可能指不同人群。

（11）指称的不确定性与流动性（Ono and Thompson，2024）

1　JASON: I think it's11 funny, cause like these,

　　　　　　　［picks up and gazes at two mini carrots］

2　（0.5）these are made from ugly carrots, and they shave them down,

3　there's no such thing as like a mini carrot apparently?

4　ALAN: hm.

5　JASON: so.（0.7）I think that's an interesting nuance like –

6　ALAN: I mean at lea-- it's resourceful

7　and they're using you know what they actually grew.

例（11）说明，即使在指称对象频繁变换、难以完全确定的情况下，交际者通常期待在不对此显性标示且不做精确指称构形的情况下继续投入当前互动。

### 4.2.2　社会行为资源

4.1 呈现的有关指称形式制约因素的诸多研究，多是着眼于微观层面，分析特定形式选择背后的互动功能。从更高的层面来看，其实是指称这一语用范畴，整体作为实现互动交际行为的资源（resource）。这也说明了行为的复合性和多重性（Levinson，2013）。从社会行为的视角出发，可以对传统上的语言单位及其指称意义做出进一步认识。

Mayers 和 Tao（2019）以分类活动（categorizing activity）①为例，考察了英语和汉语对话互动中的指称表达形式（referring expression），通过分析交际者投入并观照的、可识别的分类行为中多种符号资源（手

---

①　这项研究将分类活动定义为："包含明确或隐晦地将人或事物划分（或分组）为不同类型的一切活动。"（Mayers and Tao，2019）按照这样的界定，分类活动中必然包含对类别以及类别中个体的指称。

势、身体移动、注视以及言语）的相互协调，提出理解语言单位的新思路。他们的思路主要是打破之前语言学研究对指称性意义（referential meaning）的偏好，将名词短语、谓词等单位看作协同符号系统（coordinated semiotic system）中的组成部分。由此，他们指出，尽管交际者可能表现出对指称的关注，特别是当他们就词语指称意义进行争论的时候，但这种关注往往因为相关指称与正在进行的分类活动相关。如例（12）的汉语会话片段，交际者采用的相关指称形式"你们家房子""我们家房子 / 我们这个房子 / 我们的房子"等连同一并产出的手指（pointing）、身体移动等非言语资源，共同服务于有关好公寓 / 差公寓，以及谁的公寓好或不那么好的分类。

（12）指称形式用于分类活动（Mayers and Tao，2019：348–349）

| 1 | HM: 嗳，我们这个房子是不好。我们这个房子， |
| 2 | 上次看了其他一家， |
| 3 | （（指向较远的地方，表示他曾到过的一个地方。）） |
| 4 | 他们，不是，这个房子［结构］不好。 |
| 5 | GF: 　　　　　［我觉 –］ |
| 6 | HM:（我跟你说。） |
| 7 | GF: 我觉 – 我觉得你们家房子很好了。我们的房子 —— |
| 8 | HM:（没有没有。） |
| 9 | HF: 我们家房子 .. 主要是新，其他没 – 一无是处。 |
| 10 | HM: 对。它这个结构不好。 |

尽管这项研究主要探讨英汉会话中的分类活动，但对于指称形式的动因，乃至语言单位意义的理解，都具有重要启示。

社会行为的框架，还为指称编码的跨语言对比奠定了基础。世界语言在指称的形态句法特征上呈现出多样性，而对特定对象进行指称是普遍的交际互动需求，并且这一行为也可作为多种行为活动（如讲述、评价等）的载体。基于特定行为中某类指称的跨语言对比，因此成为互动语言学下指称研究的一个重要方向。比如，英语在通行语法描写中不允许主语悬空（pro-drop），零形回指一般被认为不合法，而 Oh（2005，2006）观察到英语会话中同样存在零形回指。作为一种互动资源，它可以用于插入成分之后对之前 TCU 的重启，在讲述中标志最大限度的延续性等。这项研究表明，不仅特定的指称形式或手段（语法惯例）帮助构建社会行为，而且特定社会行为反过来对指称惯例进行塑造——基于书面语语法的某些"规则"可能在互动交际中以某种程度被放宽。

# 5. 结语

对人或事物进行准确、有效的指称是不同语言和文化普遍面临的交际问题。互动视角的指称研究秉承语法（形式与意义）与社会互动（行为活动）相互塑造的理念，从自然对话的实际过程出发，探讨交际各方如何利用言语以及非言语资源对指称进行构建、调节和关联追踪。本文在阐释相关理念的基础上，对指称惯例所涉及的交际原则与选择偏好、标记性等要素进行了阐述。随后，对互动中塑造指称形式选择的因素进行了归纳讨论，并指出互动视角的行为分析框架对指称本质的启示。

由于篇幅所限，我们重点讨论的是不同类别（如零形式、人称代词、名词短语等）的指称形式选择。实际上无论是形式还是意义方面，某些类别内部的小类，在真实使用中往往会构成候选集合，比如名词短语内部，光杆名词、数量名形式、"关系从句 + 名词"等形式，在口语独白叙事中呈现出不同功能（Tao，2002）。进一步说，在对话交际中，这些不同形式又呈现出怎样的功能分工，对互动行为的发展有怎样的影响？再如，谓词性短语通常用于对动作行为进行述谓，但在对话的某些语境下，谓词也可隐性地对动作和事件进行指称或归类（参看 Sidnell and Barnes，2013）。那么，除了人物、事物、时间、地点等实体概念外，像动作或属性等的指称在互动中如何构建，相关的表现又对语法特征的认识具有什么启示？以上都是值得进一步探讨的课题。

此外，人称代词的移指作为互动交际中一种重要的指称策略，也是重要的研究课题。汉语研究对这类现象早有关注，近年来讨论日渐热烈（张磊，2014；方梅、乐耀，2017；完权，2019；史金生、王璐菲，2022；张佳玲，2022）。在互动语言学领域，人称代词移指的相关研究主要是在角色（footing）（Goffman，1981）及相关课题下展开的（如第二人称移指方面，Kitagawa and Lehrer，1990；Kamio，2001；Auer and Stukenbrock，2018；Biq，1991；等等）。不过对于角色转换，人称代词移指只是其中一种手段。与本文所分析的指称构建一样，互动中的移指研究也需要结合韵律与身势动作等多模态表现，并联系行为的多重性，从而在语法惯例与互动惯例两个方面都取得认识的深化。无论是特定语言的具体研究，还是跨语言的比较，都还有很大的挖掘空间。

# 参考文献

陈平，1987，《释汉语中与名词性成分相关的四组概念》，《中国语文》第 2 期。

方迪，2022，《自然对话中指称选择的互动功能》，《中国语文》第 2 期。

方梅、乐耀，2017，《规约化与立场表达》，北京大学出版社。

李晓婷，2019，《多模态互动与汉语多模态互动研究》，《语言教学与研究》第 4 期。

乐耀，2017，《汉语会话交际中的指称调节》，《世界汉语教学》第 1 期。

刘畅、赵杰、张建民，2019，《书面语与口语中人物指称的差异》，《汉语学习》第 5 期。

吕叔湘，1985，《近代汉语指代词》，学林出版社。

史金生、王璐菲，2022，《虚拟对话与立场构建："你"在互动中的移指用法》，《中国语文》第 6 期。

完权，2019，《人称代词移指的互动与语用机制》，《世界汉语教学》第 4 期。

完权，2023，《说"因时"》，《当代语言学》第 2 期。

张佳玲，2022，《人称代词"你"的移指分析》，《语言教学与研究》第 6 期。

张磊，2014，《口语中"你"的移指用法及其话语功能的浮现》，《世界汉语教学》第 2 期。

Auer, Peter and Anja Stukenbrock, "When 'you' means 'I': The German 2nd Ps.Sg. pronoun *du* between genericity and subjectivity," *Open Linguistics* 4 (2018): 280–309.

Balantani, Angeliki and Stefanie Lázaro, "Joint attention and reference construction: The role of pointing and 'so'," *Language and Communication* 79 (2021): 33–52.

Biq, Yung-O., "The multiple uses of the second person singular pronoun *ni* in conversational Mandarin," *Journal of Pragmatics* 16（1991）: 307–321.

Bolden, G. B., and Guimaraes, S., "Grammatical flexibility as a resource in explicating referents," *Research on Language and Social Interaction* 45（2012）, 156–174.

Bolden, G. B., Mandelbaum, J., and Wilkinson, S., "Pursuing a response by repairing an indexical reference," *Research on Language and Social Interaction* 45（2012）: 137–155.

Brown, Penelope, "Principles of person reference in Tzeltal conversation," In Nick J. Enfield and Tanya Stivers (eds.) *Person Reference in Interaction* (New York: Cambridge University Press, 2007), pp. 172–202.

Chafe, Wallace, *The pear stories: Cognitive, Cultural, and Linguistic Aspects of Narrative Production* (Norwood, NJ: Ablex, 1980).

Chen, Ping, "Aspects of referentiality," *Journal of Pragmatics* 41（2009）: 1657–1674.

Clark, H. Herbert, Pointing and placing. In Kita, S.（Ed.）, *Pointing: Where Language, Culture, and Cognition Meet*（Mahwah, NJ: Lawrence Erlbaum, 2003）, pp. 243–268.

Duranti, Alessandro, "Husserl, intersubjectivity and anthropology," *Anthropological Theory* 10, 1 (2010): 1–20.

Enfield, Nick J., "Sources of asymmetry in human interaction: Enchrony, status, knowledge, and agency," In Tanya Stivers, Lorenza Mondada and Jakob Steensig (eds.) *The Morality of Knowledge in Conversation* (Cambridge: Cambridge University Press, 2011), pp. 285–312.

Enfield, Nick J., "Reference in conversation," In Jack Sidnell and Tanya Stivers（eds.）*The Handbook of Conversation Analysis*（Blackwell Publishing Ltd., 2013）, pp. 433–454.

Givón, Talmy, "Topic continuity in spoken English," In Talmy Givón (ed.), *Topic Continuity in Discourse: A Quantitative Cross-language Study* (Amsterdam: John Benjamins, 1983), pp. 343–364.

Ford, Cecilia E. and Barbara A. Fox, "Interactional motivations for reference formulation: *He had. This guy had a beautiful, thirty-two o:lds,*". In Barbara A. Fox (ed.), *Study in*

*Anaphora*, (Amsterdam: John Benjamins, 1996), p. 145–168.

Ford, Cecilia E., Barbara Fox and Sandra A. Thompson, "Units and/or action trajectories? The language of grammatical categories and the language of social action. In Bcatricc Szczepek and Geoffrey Raymond (eds.), *Units of Talk–Units of Action*, (Amsterdam: John Benjamins, 2013), p. 13–55.

Fox，Barbara，*Discourse Structure and Anaphora*（Cambridge: Cambridge University Press，1987）.

Goffman，Erving，*Forms of Talk*（Oxford: Basil Blackwell，1981）.

Heritage，John，"Intersubjectivity and progressivity in person（and place）reference. In Nick Enfield and Tanya Stivers（eds.），" *Person Reference in Interaction: Linguistic，Cultural and Social Perspectives*（Cambridge: Cambridge University Press，2007），pp. 255–280.

Heritage，John，"Epistemics in action: Action formation and territories of knowledge，" *Research on Language and Social Interaction* 45（2012）: 1–29.

Hepburn，A.，Wilkinson，S.，and Shaw，R.，"Repairing self- and recipient reference，" *Research on Language and Social Interaction* 45（2012）: 175–190.

Kamio, Akio, "English generic *we, you*, and *they*: An analysis in terms of territory of information," *Journal of Pragmatics* 33, 7 (2001): 1111–1124.

Kendon, Adam, *Gesture: Visible Action as Utterance* (New York: Cambridge University Press, 2004).

Kitagawa，Chisato and Adrienne Lehrer，"Impersonal uses of personal pronouns，" *Journal of Pragmatics* 14, 5（1990）: 739–759.

Kitzinger，Celia，Shaw，R.，and Toerien，M.，"Referring to persons without using a full-form reference: Locally initial indexicals in action，" *Research on Language and Social Interaction* 45（2012）: 116–136.

Kitzinger，Celia，Gene H. Lerner，Jörg Zinken，Sue Wilkinson，Heidi Kevoe-Feldman，and Sonja Ellis，"Reformulating place，" *Journal of Pragmatics* 55（2013）: 43–50.

Labov, William and David Fanshel, *Therapeutic Discourse: Psychotherapy as Conversation* (New York: Academic Press, 1977).

Land, Victoria and Celia Kitzinger, "Some uses of third-person reference forms in speaker self-reference," *Discourse Studies* 9, 4 (2007): 493–525.

Lerner，Gene H. and Celia Kitzinger，"Extraction and aggregation in the repair of individual and collective self-reference," *Discourse Studies* 9（2007）: 526–557.

Lerner, Gene H., Galina B. Bolden, Alexa Hepburn and Jenny Mandelbaum, "Reference recalibration repairs: Adjusting the precision of formulations for the task at hand," *Research on Language and Social Interaction* 45（2012）: 191–212.

Levinson, Stephen, "Deixis," In Laurence R. Horn and Gregory Ward (eds.) *The Handbook of Pragmatics*(Malden/Oxford: Blackwell Publishing, 2004), pp. 97–121.

Levinson "Optimizing person reference – perspectives from usage on Rossel Island," In Nick J. Enfield and Tanya Stivers (eds.), *Person Reference in Interaction* (New York: Cambridge University Press, 2007), pp. 29 –72.

Levinson, Stephen "Action formation and ascription," In Jack Sidnell and Tanya Stivers (eds.), *The Handbook of Conversation Analysis* (Blackwell Publishing Ltd., 2013), pp. 103 – 130.

Mayers, Patricia and Hongyin Tao, "Referring expressions in categorizing activities: Rethinking the nature of linguistic units for the study of interaction," *Studies in Language International Journal Sponsored by the Foundation "Foundations of Language"* Vol. 43, 2（2019）: 329–363.

Oh, Sun-Young, "English zero anaphora as an interactional resource," *Research on Language and Social Interaction* 38, 3 (2005): 267–302.

Oh, Sun-Young, "English zero anaphora as an interactional resource II," *Discourse Studies* Vol. 8, 6（2006）: 817–846.

Ono, Tsuyoshi and Sandra A. Thompson, "The indeterminacy and fluidity of reference in everyday conversation," In Michael C. Ewing and Ritva Laury (eds.), *(Non)Referentiality in Conversation*, (Amsterdam/Philadelphia: John Benjamins, 2024).

Pomerantz, Anita M., "Agreeing and disagreeing with assessment: Some features of preferred/dispreferred turn shapes," In J. Maxwell Atkinson and John Heritage（eds.）, *Structure of Social Action: Studies in Conversation Analysis*（Cambridge: Cambridge University Press, 1984）, pp. 57–101.

Raymond, Chase W., Rebecca Clift and John Heritage, "Reference without anaphora: On agency through grammar," *Linguistics: An Interdisciplinary Journal of the Language Sciences* 59, 3（2021）: 1–34.

Raymond, Chase W. and Anne E. C. White, "On the recognitionality of references to time in social interaction," *Language and Communication* 83, 2 (2022): 1–15.

Sacks, Harvey and Emanuel A. Schegloff, "Two preference in the organization of reference to persons in conversation and their interaction," In George Psathas ( ed. ), *Everyday Language: Studies in Ethnomethodology* ( New York: Irvington, 1979 ), pp. 15–21.

Sacks, Harvey, Emanuel A. Schegloff and Gail Jefferson, "A simplest systemactics for the organization of turn-taking for conversation," *Language* 50, 4 ( 1974 ) : 696–735.

Sacks, Harvey, *Lectures on Conversation* Vol.1 (Oxford: Blackwell, 1992).

Schegloff, Emanuel, Harvey Sacks and Gail Jefferson, "The preference for self-correction in the organization of repair in conversation," *Language* 53, 2 (1979): 361–382.

Schegloff, Emanuel A., "Some practices for referring to persons in talk-in-interaction: A partial sketch of a systematics," In Barbara A. Fox ( ed. ), *Studies in Anaphora* ( Amsterdam: John Benjamins, 1996 ), pp. 437–485.

Sidnell, Jack and Barnes, R., "Alternative, subsequent descriptions," In M. Hayashi, G. Raymond and J. Sidnell ( eds. ), *Conversational Repair and Human Understanding* ( Cambridge: Cambridge University Press, 2013 ), pp. 322–342.

Stivers, Tanya, Nick J. Enfield and Stephen C. Levinson, "Person reference in interaction," In Nick J. Enfield and Tanya Stivers ( eds. ), *Person Reference in Interaction* ( New York: Cambridge University Press, 2007 ), pp. 1–20.

Stukenbrock, Anja, *Deixis in der Face-to-face Interaktion* (Berlin/München-Boston: De Gruyter, 2015).

Tao, Hongyin, "The grammar of demonstratives in Mandarin conversational discourse: a case study," *Journal of Chinese Linguistics* Vol. 27, 1 ( 1999 ) : 69–103.

Tao, Hongyin, "The semantics and pragmatics of relative clause constructions in Mandarin narrative discourse" (汉语口语叙事体关系从句结构的语义和篇章属性 ). *Contemporary Research in Modern Chinese, Japan* ( 日本《现代中国语研究》) Vol. 4 ( 2002 ): 47–57.

Tao, Hongyin, "Generic reference to person in Mandarin conversation: An interactional perspective," Paper presented at *16th International Pragmatics Conference*, Hong Kong, 2019.

Tao, Liang, "Topic discontinuity and zero anaphora in Chinese discourse: Cognitive strategies in discourse processing," In Barbara A. Fox ( ed. ) *Studies in Anaphora* ( Amsterdam: John Benjamins, 1996 ), pp. 487–512.

Thompson, Sandra A., Barbara A. Fox and Elizabeth Couper-Kuhlen, *Grammar in*

*Everyday Talk*（London: Cambridge University Press，2015）.

Whitehead, A. Kevin and Gene H. Lerner, "Referring to somebody: Generic person reference as an interactional resource," *Journal of Pragmatics* 161 (2020): 46–56.

Whitehead，A. Kevin and Gene H. Lerner，"When simple self-reference is too simple: Managing the categorical relevance of speaker self-presentation，" *Language in Society* 51（2022）: 403–426.

# 互动视角的叹词研究<sup>*</sup>

西安外国语大学　张瑞祥

## 1. 引言

叹词（interjection）是互动交际中重要的语言手段。国外语言学和汉语语言学对 interjection 这一术语外延的界定并不完全一致。

汉语语言学中"叹词"的所指首先要满足"词"的句法条件。就分布而言，Chao（1968：815）指出，叹词与助词（particle）[①]不同，叹词是一种"永远的自由形式"（ever-free forms）[②]，而助词是黏着的。

国外语言学谈及 interjection 时，主要基于互动功能和韵律独立特征。独立用于表达对某种状况或言语反应的话语形式，都可以看作 interjection，具体来说，既可以指 oh、ah、wow 等典型的叹词，也可以指用于回应是非问的单词型应答语（如 yes/no）（Norrick，2009；Stivers，2019），还可以指 ouch、oops 等表达强烈感情的"回应性呼告"（response cries）（Goffman，1978）。[③]

从研究对象来看，汉语叹词与英语等印欧语的一些话语小品词

---

＊　本文原刊于《当代语言学》2023 年第 2 期，收入本书时稍作了修改。

① 此处的"particle"与国外语言学讨论的话语小品词（discourse particle）所指内涵不同。汉语学界多将 particle 译为"助词"，包括结构助词、时态助词、句末语气助词等类别，可参看孙德宣（1957）。本文所指"小品词"均指"话语小品词"，而非"助词"。

② "永远的自由形式"为赵元任（1979）的译法。

③ 有的学者将短语 dear me、goodness me 和小句 I tell you 也看作 interjection（Ameka，1992）。

（discourse particle）① 存在相似之处。这些小品词可以独用,大部分情况下韵律独立,并且和不同韵律模式结合,往往产生不同的功能（Couper-Kuhlen and Selting, 2018）。例如,英语"ah"采用不同的语调模式,可以表达言者不同的情感立场（Reber, 2012）。汉语"啊"作为叹词独立使用,鼓励对方继续讲述和回答对方的问题,也表现出不同的韵律特征（熊子瑜、林茂灿, 2004）。这也说明,研究叹词这类特殊的语音成分,需要考虑调值、音高、音强、音长等语音特征（陆萍等, 2014）。

相比基于单句的叹词研究,互动视角的研究② 侧重从三个维度对自然口语对话中的叹词进行考察:参与者视角、序列环境和关联方向。本文首先从研究方法出发,指出这几个方面对叹词分析的重要性,然后以与叹词表达功能有关的两个层面为线索,对相关研究成果进行梳理评述。

## 2. 海外叹词研究的动向

### 2.1　参与者视角

首先,在叹词的类别划分上,国外学者多着眼于参与者之间的互动,基于言谈参与者的视角,对叹词进行分层。

Ameka 和 Wilkins（2006）指出,叹词的选用受到交际参与者角色的影响,主导会话的说话人与受话人使用的叹词存在差异。具体来说,根据交际对象的有无,可以将叹词分为以下几种。

1）无明确交际对象使用的叹词,主要用于自我感情的抒发,如英语 ow、ugh,以及言者认识的外显,如 wow 和 oops 等。

2）针对交际对象使用的叹词,主要用于传达言者意图,并要求对

---

① 从事话语分析（Discourse Analysis）的学者多将叹词看作话语标记或话语小品词的下位范畴。从事会话分析（Conversation Analysis, CA）的学者,在术语使用上倾向于选择使用小品词（particle）而不使用"标记"（marker）（Heritage and Sorjonen, 2018）。

② 从方法论上来说,互动语言学起源于会话分析（Couper-Kuhlen and Selting, 2018;方梅等, 2018）,因此,本文所说的互动视角的研究,既包括会话分析学派的研究,也包括互动语言学的研究。

方进行回应，如引起对方注意的 Hey、Yoohoo，要求对方保持安静的 Shh 等。

而从回应角度出发，根据言谈动机或交际参与程度的差异，可以将叹词分为以下几种。

1）反馈型叹词，侧重被动附和回应，包括支持性言语反馈、发起修复以及鼓励对方继续进行讲述，如 huh、hmmm、uh-huh。

2）表态型叹词，展示对对方所说内容的态度，包括肯定（affirmation）、同意（agreement）以及拒绝（denial），如 yes、yeah。

其次，在分析方法上，会话分析学者采用下一话轮证明程序（next-turn proof procedure），从参与者的视角，考察语言形式的产出由什么话语或社会—认知因素引发，产出后又引起对方什么反馈或回应，从交际者后续话轮的实际处理中分析话语的意义解读，验证语言形式所实施的行为。

## 2.2　序列环境

言谈参与者使用语言交际的一个重要目的，是执行某种社会行为。正如 Schegloff（1996）强调的"位置敏感"（positionally sensitive）理念：语言形式与具体位置之间具有重要关联性，"某些谈话所执行的话语行为既依据话轮的构成（composition），也植根于它所处的序列位置"（Schegloff，2007:20）。

从话轮位置来看，Couper-Kuhlen 和 Selting（2018）将小品词分为独用、用于话轮之首和用于话轮末尾三类，前两类成员中的很大一部分可以看作叹词。

从序列位置来看，独用的小品词主要用作应答语，处于第二位置（second position）[①]，也可出现在扩展讲述序列中用作示续标记

---

① 第二位置是指回应话轮所处的位置，处于这一位置的成分，主要就相邻的上一话轮所设置的序列相关性（sequential relevance）或行为规程进行回应，与言者立场的表达和行为规程的管理有关。

（continuer）和结束序列的第三位置（sequence-closing third）①。话轮之首的小品词，还可以位于第一位置（first position）②和第三位置（third position）（Heritage and Sorjonen，2018）。

序列位置与功能表达密切相关。例如，英语的 well 用于话轮之首，位于第一位置时，预示说话人后续的言谈内容偏离之前讨论的话题或进行的活动；位于第二位置时，用作开启非偏好（dispreferred）回应，或提供个人不同视角的观点（my-side telling）（Heritage，2015）；位于问答序列后的第三位置时，well 建立了当前话轮和之前相邻对之间的关联：well 之前的问答序列是一个前序列（pre-sequence），well 开启的话语才是该说话人真正想要表达的内容或实施的行为，是同一说话人对前序列询问行为的解释（Kim，2013）。与 well 不同，英语的 oh 位于第三位置时，既可以自成话轮，表示言者完全理解，终结序列，也可以与后续话语连用。

从行为序列类型来看，叹词用作应答语时所回应的行为类型，是构成它们意义解读的重要因素（Sorjonen，2001），而且在不同的行为序列类型中，叹词的功能表达存在差异，表现出不同的功能侧面，体现出了一定的"序列特定性"（sequence-specific）（Thompson，et al.，2015）。

## 2.3 关联方向

Sacks 等（1974）对话轮转换机制（turn-taking system）的探讨，促使越来越多的学者开始关注互动交际中与话轮转换相关的问题，尤其是言谈参与者话语权的转换，以及各种语言资源在话轮转换相关位置（transition relevant position，TRP）所起的作用等。处于话轮之首的成分，不仅承接前一话轮，表示接收到对方的话语，还投射（project）当前话轮和之前话语在内容和行为上的关联（Schegloff，1996）。

① 第三位置包括两种情况:结束序列的第三位置和相邻对( adjacency pair )之后的第三话轮。
② 无论是开启新序列，还是找回之前的序列延续之前的言谈活动，只要是当前话轮前后的行为序列、话题或活动有所差异，这种情况下的话轮之首小品词就是处于第一位置。

　　大多话轮之首的成分具有回溯关联（backward-looking）和启下关联（forward-looking）两种指向的可能（Heritage and Sorjonen，2018：13）。前者指该成分与它之前话轮和序列的关联，后者指该成分与它后续话语的关联，具体如下。

　　1）位于第一位置的话轮之首成分，一般和后续话语发生关联，侧重启下关联。

　　2）位于第二位置的话轮之首成分，有三种情况：

　　a）回溯关联更加凸显，这种情况主要与言者认识有关，即言者认为对方话语内容或行为表达存在问题；

　　b）启下关联更加凸显，即后续话语内容偏离对方前一话轮投射的行为规程（action agenda）③，或者言者有意凸显后续话语的事件表达；

　　c）均衡关联，即后续话语内容，是言者对对方话语的可能理解或者内容扩展，一方面表达对话语内容的态度，另一方面展示个人的理解。

　　以汉语叹词"哎哟"为例，语音上是否与后续话语构成一个语调单位，与它的关联方向具有对应性（Wu，2016）。（1）是启下关联，标示后续话语与对方认知或预期不完全相同；（2）是回溯关联，标示对之前告知信息的惊讶。

（1）1　　　CC：我－看完她＝我就预感＝她那个人也不是
　　　2　　　　　　　省油。的灯。。能感觉得。出来。＝
　　　3→　　C：　　＝哎↑哟＝她根本－她 y－那什么就－
　　　4　　　　　　　我爸特倒霉。＝我跟她－她当着我们面儿，。她

---

③　行为规程，是指说话人通过询问想要完成的社会行为。如果对方识解了言者的行为意图，并对其作出正确回应，就是对行为规程的遵循，如果没有成功识解或者有意违背，则是对行为规程的偏离。具体可看 Lee（2013）和谢心阳（2021）的研究与介绍。

不敢。　　　　（Wu，2016：222）①

（2）1　　　B：完了就都捞－捞上来－（0.2）再加工

　　　2　　　（1.0）

　　　3　　　B：完了就卖给那些炸油条＝炸油饼

　　　4→　　C：哎↑哟:. hah hah［真（的）吓人哈。

　　　5　　　B：　　　　　　　　　［啊. 真－

　　　　　　　（Wu，2016：224）

总的来说，互动语言学对叹词的研究，注重以参与者视角，从具体的序列环境考察它们的分布和功能，既关注其所处的话轮位置和序列位置，也关注其关联的行为类型。与句子语法的单纯刻画词汇形式本身的意义相比，互动视角的解释能充分反映实际用法的多个维度，尤其是在认识展示和情感表达方面。

## 2.4　表达功能

### 2.4.1　认识展示

Heritage（2012）系统阐释了与认识有关的两个方面：一是认识状态（epistemic status），二是认识立场（epistemic stance）。前者侧重于言谈参与者对言谈对象是否了解以及了解的程度；后者侧重于言谈参与者在互动中如何展示并调整自己的认识，标示个人认识是否具有优势。叹词既可以用于标示言者认识状态的改变，也可以用于认识立场的协商。

Heritage（1984，1998，2002）指出，英语 oh 的核心功能是标示言者认识状态的改变（change of state），只不过在不同的行为序列类型中有不同表现。

第一，oh 对告知行为回应时，表达言者认识状态由不知到确知发生改变，示例如下。

---

① 篇幅所限，例（1）和例（2）改用汉字转写，内容与原文保持一致，但行数有所合并调整。转写符号遵循原文，具体参照 Jefferson（2004）。

（3）1　　J:　　When d'z Sus'n g［o back.=

　　　2　　M:　　　　　　　　　　［.hhhh

　　　3　　J:　　=［(　　　　)

　　　4　　M:　［u–She: goes back on Satida:y=

　　5→　J:　　=O［h:.

　　　6　　M:［A:n:' Stev'n w'z here (.) all las'week.

　　　　　　　　　（Heritage, 1984：308）

第二，当 oh 开启对疑问行为的回应时，表达言者认为对方的发问在适宜度、相关性以及预设等方面有问题。例（4）中，oh 作为回应的前言（preface），体现了 Act 对问题适宜性的质疑，即对方可以根据之前的会话信息推断出答案，无须提问。Act 后续话语进一步的扩展解释也可以佐证，示例如下。

（4）1　　Act: hhhh and some of thuh-（0.3）some of my

　　　　　　　　students translated Eliot into Chine::se.

　　　2　　I think thuh very first.

　　　3　　（0.2）

　　　4　　Har: Did you learn to speak（.）Chine［:se.

　　5→　Act:　　　　　　　　　　　　［.hh Oh yes.

　　　6　　（0.7）

　　　7　　Act: .hhhh You ca::n't live in thuh country

　　　　　　　　without speaking thuh

　　　8　　　　lang［uage it's impossible .hhhhh

　　　9　　Har:［Not no: course（Heritage, 1998：294）

第三，当 oh 开启第二评价的回应时，用于表达言者的认识不依赖于对方先前的认识，宣告个人的认识独立性（epistemic independence）。示例如下：

（5） 1　　A: They keep 'im awful nice somehow

　　　2 → B: Oh yeah I think she must wash 'im every [ week

　　　3　　A: [ God-she must（h）wash

　　　4　　　　'im every day the way he looks [ to me

　　　5　　B: [ I know it　（Heritage，2002：202）

虽然 B 在第 2 行对 A 做出的评价表示赞同，体现了双方对该评价对象有同样的认识，但是 B 使用 oh 表明，该评价是基于 B 自己独立的认识和判断，而非依赖对方评价做出的，最后一行 B 的话语也可以证明这一点。

Heritage 对 oh 的一系列研究产生了深远的影响。许多学者也开始关注其他语言中的类似成分与言者认识状态表达的关系，如日语（Mori，2006；Endo，2018）、德语（Golato，2010，2012）、芬兰语（Koivisto 2015a，2015b）。研究表明，使用叹词标示言者认识状态的改变，具有一定的跨语言共性。《语用学杂志》（*Journal of Pragmatics*）2016 年第 104 卷设置了专栏"互动中的状态改变——跨语言视角的探索"，集中探讨不同语言中用以表达该功能的成分。不过，不同语言中看似都是表达认识状态改变的叹词，也存在个性的差异。英语 oh 的不同功能，在其他语言中有可能分化为不同的叹词表达。

言谈参与者知识掌握多少的差异，也会促使说话人通过不同的话轮设计，表达认识立场，如果观点存在分歧，言谈参与者还会即时调整或协商，不断更新个人的认识立场（Stivers et al.，2011）。这可以从以下两个角度进行观察：一是说话人对对方立场的支持程度；二是说话人的回应是否与对方始发行为的偏好相符，是否遵循行为规程（Lee and Tanaka，2016）。

叹词在认识立场方面所起到的作用，主要包括两个方面：一是说话人认为对方的话语内容、实施的行为是否有问题；二是如果存在问题，说话人如何处理解决。这里的"问题"主要关涉四个方面：1）询问或告知该信息是否必要；2）提问时机是否合适；3）措辞表达是否适宜；4）认识权威①的展示。其中前三个方面主要与疑问行为有关。

有些疑问行为序列回应话轮之首的叹词，可以用于表示言谈结构形式上的不一致（disalignment）②，体现言者的回应与对方问题设置的行为规程（action agenda）的偏离。研究发现，很多语言中都有类似的情况，具体可参看 Heritage 和 Sorjonen（2018）的介绍。

结构形式上的不一致，在认识立场表达上有可能表现为立场疏离（disaffilaiton）。以日语为例，言者认为对方的话语内容存在问题，使用 eh 不仅可以独立发起修复，要求对方阐释，还可以开启后续话语，表达对对方观点的不同意，体现与对方的立场疏离（Hayashi and Hayano，2018）。

另外，Hayashi 和 Hayano（2018）还比较考察了日语 a 与 eh 之间的差异，a 和 eh 虽然都可以表示言者认识状态有所改变，但 a 相比 eh 来说，保持了结构形式上的一致性，没有违背对方的问题所设置的行为规程。

叹词除了可以突破疑问设置的会话规程或限制，还可以标示言者的认识权威。在双方观点发生分歧，或者双方认识权威的确立出现争议时，叹词的使用可以标示双方认识立场的不一致，展示出个人具有更高的认识权威。Wu（2018）指出，汉语回应话轮之首的叹词"哎哟"用于言谈双方发生分歧的语境时，说话人通过提供对方完全不知道的信息，或者个人更为详细的理解判断，表明和对方具有相同的认知，甚至比对方掌握的知识更多，进而标示个人认识权威。

当然，如果新知信息与言者从其他认识渠道获得的信息相符，或从不知到确知这样一个完整的认知过程实现时，说话人也可以使用叹词标

①　认识权威，不仅涉及言谈参与者对信息的了解程度，还与谁有权对相关事物作出描述、宣称自己的认识有关，具体可参看 Heritage 和 Raymond（2005）、Stivers 等（2011）。

②　Stivers（2008）区分了故事讲述活动中相似的两个概念：一是事件讲述过程的一致性（alignment），二是立场协商过程中的认同度（affiliation）。前者着眼于结构形式，听话人是否顺应或同意对方的讲述；后者着眼于双方情感或行为上的协商。Stivers 等（2011）做了进一步的研究。

示认识一致，日语的 hee 就表现出这样的功能（Tanaka，2013）。

总的来说，言谈参与者在实时的互动交际中，不仅借助获得的新知更新调整自己的认识状态，也通过调动既有的认识展示自己的认识立场，标示认识权威。这些互动任务，前者通过独用的叹词完成，多出现在告知序列，后者主要通过话轮之首的叹词与后续话语共同完成。

### 2.4.2　情感表达

语言的使用不仅可以用来传递信息，还可以表达情感。情感立场的表达更加关注外在的展现，也是互动的产物（Couper-Kuhlen and Selting，2018）。

叹词作为一种语言资源，同一些描述情感的形容词一样，可以用于表达情感立场。不过，叹词负载的情感表达类型又高度依赖它所出现的语境。如果需要回应某种与情感有关的行为，相比表示具体情感态度的形容词来说，叹词所体现的情感表达解读更加多元、表意更加丰富，尤其可以用于一些敏感或难以表达的情境，这也是形容词所不具备的优势（Reber，2012）。

Reber（2012）基于互动语言学的理论，重点考察了英语中用于回应话轮、韵律独立且位于话轮之首的 oh、ah、ooh 如何分别表达不同的情感。她以语音—韵律特征为框架，讨论了叹词用于不同行为序列类型时表达的不同情感立场，并进一步指出它们在序列结构组织和互动管理中的作用，前者表现为话题或序列是否结束或转换，后者表现为言谈参与者之间的认同度。研究发现，它们所受的情境限制不完全相同，ah 只能回应与负面情感表达有关的告知行为，而 oh 和 ooh 不受信息价值的影响，还可以用作积极评价的回应。

Reber（2012）的这一研究有两个方面的启示意义。第一，揭示了情感表达的呈现并非单一韵律特征发挥作用，而是调阶（pitch register）、时长、语调曲拱（intonation contour）等一系列特征组合共同作用的结果。而且，情感表达的强化程度和调阶没有绝对关联，只要与说话人的平均音高范围有所偏离，都可以看作情感表达的强化。

第二，作者明确指出叹词本身并不负载情感意义（affect-laden），使用上并不具有任意性，而是受到所处语境的影响。也就是说，对叹词情感立场表达功能的考察，需要基于其所处的序列环境，通过叹词的前后序列寻找它用于某种情感表达的证据。前文我们介绍 Heritage 关于 oh 的系列研究时，主要着眼于它所处的序列位置和序列类型，而 Thompson 等（2015）还考察了 oh 用于对告知行为的回应时，表现出的不同韵律特征，发现行为本身类别的细微差异也会对回应形式的功能产生影响。言者使用 oh 对对方主动告知进行回应时，与情感表达有关：表达好奇或惊讶时，伴随音高提升（pitch upgrade）；表达同情或移情时，出现在抱怨或问题讲述行为之后，却不会伴随音高提升。

综上所述，对叹词的细致描写，可以精确地描述它们出现的序列环境，以及在不同的序列环境中的差异，进而归纳言者选用不同叹词表达的原因。

# 3. 国内叹词研究的现状

汉语叹词研究由来已久。总体来说，前辈学者的讨论主要集中在以下三个方面：一是叹词的词类地位与词类归属；二是叹词的类别划分与分析体系；三是叹词的语音特点与功能表达。不少学者对 20 世纪以来汉语学界关于叹词的主要研究成果进行了梳理（刘双艳，2013；周有斌，2017；黄弋恒，2018），不仅包括方言叹词研究（如陆镜光，2005），也包括叹词的跨语言对比研究和对外汉语教学研究。其中，Chao（1968）和胡明扬（1987）的研究具有重要价值。

Chao（1968）敏锐地指出叹词不同于其他词类的语音特征——没有声调，但有一定的语调①，并从不同叹词的使用语境出发，结合叹词的发音位置和语调，对叹词的用法进行穷尽式的列举和提纲挈领式的分析。无论是对现象的观察还是对意义的刻画都极富洞见，具有开创

---

① Chao（1968）原文表述为"声调"（tone），吕叔湘（1979）的翻译是"叹词没有固定的字调，但是有一定的语调"，具体可参看郭锐（2002）和谢仁友（2008）的评述。

性的意义。

胡明扬（1987）则更加细致地阐释了北京话叹词的语音特征的不稳定性和超系统性。特别值得注意的是，他揭示了叹词和语气词都可以表达语气，并将其分为表情语气、表态语气和表意语气。近年来，也有学者在这一语气类型划分的基础上，进一步梳理了现代汉语叹词的系统（陈天琦、李泉，2021）。

除了叹词语音特征的独特性，前辈学者也注意到叹词的话语分布特征。

吕叔湘［2014（1942）］指出"我们感情激动时，感叹之声先脱口而出，以后才继以说明的语句"，这一论述不仅指出了叹词使用的情境，还关注到叹词出现的位置。邵敬敏（1989）分析叹词疑问句时，不仅考察了叹词所处的话轮内位置，还注意到叹词独用或位于句首时，针对前一说话人话语而发，用于应答语的情况。刘宁生（1987）更是明确指出叹词既可以用作"发语"也可以用作"接语"。可以说，这些研究与前文介绍的序列环境角度的观察十分接近。遗憾的是，这些方面的探索并没有引起汉语学界的充分重视。

近年来，当代学者讨论叹词本质和分类的宏观研究（刘丹青，2011，2012；马清华，2011），基于国外语言学叹词研究成果，在研究视角上发生了一定转变。刘丹青（2011）注意到叹词的使用与言语行为的实施有关，本质是"代句"。不过，在真实的互动中，叹词是对即时言谈话语或环境的动态表达，"代句"则更偏向一种静态分析。

基于 Ameka（1992）叹词的分类标准，汉语学界也开始关注次生叹词（second interjection）[①]的用法（刘双艳，2013；冯硕，2016；杨扬、俞理明，2018），以及"实词叹词化"的问题（刘丹青，2012；李先银，2013）。

---

① Ameka（1992）指出，基于来源对叹词进行分类，可分为原生叹词（primary interjections）和次生叹词（secondary interjections）。原生叹词指可以独立构成话语，一般不与其他词类共现，形式短小的词或语音形式，只能用作叹词，如 oh。次生叹词可以独立构成话语但语义上归属于其他词类，只是因为语义表达的需要用作叹词，如 boy。

实验语音学研究方法的运用，使当代学者对汉语叹词的个案研究更加深入，进一步揭示了叹词韵律特征与话语功能之间的关联（熊子瑜、林茂灿，2004；丁倩，2010；赵咪等，2014；巫翠双，2019；等等）。这些研究对汉语叹词韵律特征的考察，主要集中在语调方面。语调曲拱的变化又是影响叹词功能最主要的因素之一。它既可以表现言者语气的强弱，又可以展示言者的信疑程度，比如叹词使用升调和曲折调（包括降升调和升降调）时一般语气较强，倾向于表示言者疑惑或惊讶的态度；平调和降调的叹词一般语气较弱，倾向于表示言者肯定的态度。不过，叹词不同功能的呈现一般都不是由单一维度决定的，而是音高、时长、音强等多方面综合作用的结果。巫翠双（2019）发现降调的叹词"Ai"[①]均与话题结束的功能有关，但即使都是降调的"Ai"，如果时长不同，也会表现出不同的功能：降调且拉长型的"Ai"用于负面评价表达；升调且短促型的"Ai"表示状态改变。

# 4. 汉语叹词研究展望

虽然汉语叹词的研究取得了不少成果，近年来汉语学界关于叹词本质的思考以及下位分类的探讨也有一定创获，尤其是涌现出一些从互动视角进行的研究（吕芸茜，2019；梁新媛，2020；陈天琦、李泉，2021；匡鹏飞、曹亚敏，2022）[②]，但无论是宏观研究还是个案探讨，仍有进一步研究的空间。尤其是原生叹词作为叹词的原型范畴，相较于次生叹词而言，不仅数量更加繁多，而且使用频率也更高，对原生叹词等典型叹词的用法及其实际使用情况的考察，更能触及叹词的本质。我们

---

[①] 巫翠双（2019）原文使用的术语是"声调模式"，但是叹词的音高不属于声调范畴，而属于语调范畴（邓文靖、石锋，2017，2019）。这里我们使用的"降调"指涉的是语调。此外，汉语中的"Ai"，对应的汉字既可能是"哎"也可能是"唉"。

[②] 虽然这些研究体现了互动视角的研究理念，关注了叹词所处的话轮位置和序列位置，以及多模态因素的影响，但是仍存在一些局限。从研究材料上看，这些研究使用的均是访谈节目或影视剧语料，非自然产出的语料。另外，对叹词功能的研究，多从人际互动、话语组织、衔接连贯等角度进行，较少涉及叹词关涉的行为类型对其功能的影响。

可以从以下四个方面进一步研究。

## 4.1 加强基于自然口语对话材料的实证研究

汉语学界研究叹词所使用的材料，多以内省语料或书面语为主，或采用影视剧等有准备的语料。虽然部分结论可以得到自然口语语料的印证，尤其是影视作品在某些方面也可以反映口语的基本面貌，但是为了表现戏剧冲突、追求戏剧效果，很多情境下，情景喜剧或影视剧中的对话依然不可避免地出现夸张表达的情况，这样一来，就很难完全真实地展现叹词实际使用时的面貌。

互动语言学研究强调要"以实证主义的态度处理分析材料"（Couper-Kuhlen and Selting，2018），叹词的研究要取得突破，首要的解决方法就是深入它们实际使用的真实言谈，发掘足够丰富、准确而全面的语言事实。

另外，自然口语对话的不同类型，也可能造成语言手段的使用差异。根据 Couper-Kuhlen 和 Selting（2018），言语互动既可能是会话交际的主要活动，也可以是属于其他活动类型的附属举动，前者属于聚焦性互动（focused interaction），后者属于非聚焦性互动（non-focused interaction）。同一种活动类型内部，叹词的使用情境也有可能存在差异。比如，故事讲述作为一种以言语互动为核心的聚焦性活动类型，包括故事讲述前的准备、故事讲述本身和对故事讲述的回应等不同阶段。不同的阶段涉及角色交替和行为转换，尤其是故事讲述本身和对故事的回应中，叹词的序列分布可能存在差异。将故事讲述和一般活动类型进行比较，也可以发现叹词使用倾向的差异。

## 4.2 完善序列进展视角的动态分析

叹词在口语互动中高频使用，其意义解读必然会受会话语境的影响。作为存在于话语层面的句外成分，叹词应是话语研究的范畴和对象（李先银，2017），但目前很多对于汉语叹词的研究都是基于单句的静态视角，认为叹词的句法表现比较单一。如果我们将视野扩大至会话语境，叹词的"分布"就大不一样了。方梅（2017）指出对互动言谈中成分的探讨需要关注其所处的序列环境，具体包括话轮内位置和序列位置。就汉语叹词研究而言，汉语学界的既有研究多注意其所处的话轮内位置，而较少关注序列位置。

序列的开合接续是由言谈参与者共同构建的，往往从更高层次和更大范围对话语组织和话轮设计有所规定。因此，在对叹词进行研究时，需要关注其所处的序列类型和序列位置，进而结合叹词的分布，论证叹词的话语功能。

比如，汉语叹词"哎呀"所处的序列位置，既可能位于始发话轮，也可以位于回应话轮，甚至有可能出现在同一序列中的始发位置和回应位置。但是，不同序列位置的"哎呀"关联的行为类型不同，决定了其不同的功能解读。

（6） 1　　　F：我听说她上那学校〈说就她 .hh 上的那个学 –
　　　　　　　那个学院［哈

　　　 2　　　M：　　　　　　［嗯

　　　 3　　　F：弄 – 学这个〈说在全美国属〈第一〉［说是
　　　　　　　number one.

　　　 4　　　M：　　　　　　　　　　　　　　　　　［对.

　　　 5　　　M：［［对.

　　　 6 →　　F：［［.hh〈哎呀〉我说真棒［嘿］.

　　　 7 →　　M：［h 哎］呀::这 – 这因为在这工作么所以说就

　　　 8　　　.hh 近水楼台先得月（h）heh heh

（CF）

例（6）中，F 对 M 的妻子做出的积极评价，由叹词"哎呀"引出，表达了对对方妻子的赞扬，但是 M 并未明确表示对该赞扬的赞同或不赞同，而是使用"哎呀"开启回应，避免完全拒绝对方的赞扬。

### 4.3 关注叹词关联的行为类型，细化叹词表达的功能层次

赵元任（1979：15）指出，"说话是行为的一部分，人们说话是夹在动作之间或者与动作同时进行的"。Goffman（1978）同样指出，回应性呼告的使用看似是情感的自然流露，却通常受到某种行为的制约。

话语功能语言学强调对于语言现象的分析需要把握语言的形式、意义和功能。序列进展和话轮设计可以帮助我们分析会话过程，下一话轮证明程序可以帮助我们寻找叹词功能表达的依据，揭示言者使用叹词的意图。不过，言者意图并非叹词功能的全部。从对国外研究的梳理中，我们可以看到，互动语言学对叹词的研究特别关注其在交际中的行为特征，并通过比较同一语言中不同的小品词处于同一行为序列类型和序列位置的表现，来说明其功能上的差异。

汉语学界目前关于叹词分类的研究、对同一叹词的不同层面的用法探讨稍显薄弱。在未来研究中，我们应当从叹词所关联的行为以及更加宏观的活动出发，充分结合叹词关联的行为类型，归纳叹词出现的典型环境，考察它们在行为构建和识解中发挥的作用，厘清叹词本身的行为表达和叹词所处话轮以及序列的行为表达，进而揭示不同的层面在什么情境下凸显以及在什么情境下表现出融合的特征。

### 4.4 结合韵律特征等多模态互动资源，综合考察叹词真实面貌

受研究材料的限制，汉语学界关于叹词在韵律特征以及伴随的眼神、手势等多模态互动资源方面的考察，仍然不够细致，主要表现在以下两个方面。一是关于韵律特征的研究，大部分只关注了叹词音长和语调曲拱两个方面对叹词功能的影响，而叹词在音色或音质方面，以及叹词的调阶变化对其功能表达的影响，鲜有研究涉及。二是缺乏对韵律特征等多模态互动资源和序列环境的综合考察。同一叹词处于不同序列环境时，韵律特征表现有无差异，不同叹词表现出的韵律特征与其不同功能之间是否存在关联，也需要我们进一步探讨。

随着会话分析和互动语言学的发展，有学者开始对汉语叹词进行个

案研究（Wu，2014，2016，2018；于国栋，2022）。这些研究一方面主张使用真实的自然口语材料，另一方面强调摆脱单句的视角，从会话序列角度对叹词功能进行分析，不过系统性分析还不够。尽管从跨语言来看，一些小品词和叹词在功能表达上有很多相似之处，尤其是在认识展示和情感表达两方面具有一定的共性，但是汉语叹词在互动交际中的具体表现以及所使用的环境等方面，仍需进行系统性研究。另外，叹词这种高度依赖语调的表达形式，其伴随性韵律特征涉及互动行为各个方面，表明了韵律与语法的接口研究也应是我们今后重点关注的方面。

# 参考文献

陈天琦、李泉，2021，《互动视角下现代汉语叹词系统研究》，《语言文字应用》第 3 期。

邓文靖、石锋，2017，《普通话感叹词音高特征分析》，《南开语言学刊》第 1 期。

邓文靖、石锋，2019，《叹词与单字调音高特征辨析——兼谈叹词的标调》，《当代语言学》第 1 期。

丁倩，2010，《叹词"哦"的语义及其制约因素研究》，硕士学位论文，暨南大学。

方梅，2017，《负面评价表达的规约化》，《中国语文》第 2 期。

方梅、李先银、谢心阳，2018，《互动语言学与互动视角的汉语研究》，《语言教学与研究》第 3 期。

冯硕，2016，《现代汉语次生叹词研究》，硕士学位论文，华中师范大学。

郭锐，2002，《现代汉语词类研究》，商务印书馆。

胡明扬，1987，《北京话初探》，商务印书馆。

黄弋桓，2018，《汉语叹词研究综述》，《重庆理工大学学报》（社会科学版）第 7 期。

匡鹏飞、曹亚敏，2022，《从生理反应到话语组织：叹词"哎哟"的功能演变》，《语言教学与研究》第 2 期。

李先银，2013，《表达祈使的"去"在对话语境中的主观化与叹词化》，《世界汉语教学》第 2 期。

李先银，2017，《现代汉语话语否定标记研究》，世界图书出版公司。

梁新媛，2020，《现代汉语叹词岔断现象研究》，硕士学位论文，南京师范大学。

刘丹青，2011，《叹词的本质——代句词》，《世界汉语教学》第 2 期。

刘丹青，2012，《实词的叹词化和叹词的去叹词化》，《汉语学习》第 3 期。

刘宁生，1987，《叹词研究》，《南京师大学报》（社会科学版）第 3 期。

刘双艳，2013，《现代汉语叹词的词类特征研究》，硕士学位论文，浙江师范大学。

陆镜光，2005，《汉语方言中的指示叹词》，《语言科学》第 6 期。

陆萍、李知沅、陶红印，2014，《现代汉语口语中特殊话语语音成分的转写研究》，《语言科学》第 2 期。

吕叔湘，1942/2014，《中国文法要略》，商务印书馆。

吕芸茜，2019，《互动语言学视角下的汉语叹词研究》，硕士学位论文，华东师范大学。

马清华，2011，《论叹词形义关系的原始性》，《语言科学》第 5 期。

邵敬敏，1989，《叹词疑问句语义层面分析》，《语文研究》第 2 期。

孙德宣，1957，《助词和叹词》，新知识出版社。

巫翠双，2019，《互动中的话题调控与话语语音成分"Ai"的功能研究》，硕士学位论文，安徽师范大学。

谢仁友，2008，《叹词的本质特点、注音和词形》，《辞书研究》第 3 期。

谢心阳，2021，《问与答：形式与功能的不对称》，社会科学文献出版社。

熊子瑜、林茂灿，2004，《"啊"的韵律特征及其话语交际功能》，《当代语言学》第 2 期。

杨扬、俞理明，2018，《次生叹词"好"反预期标记用法及衔接功能》，《语言科学》第 1 期。

于国栋，2022，《作为汉语言语交际话题过渡讯号的"唉"》，《外国语（上海外国语大学学报）》第 2 期。

赵咪、潘雪、曹文，2014，《汉语叹词"啊"的语调研究——基于电视剧〈家有儿女〉的部分语料》，第十一届中国语音学学术会议论文。

赵元任，1979，《汉语口语语法》，商务印书馆。

周有斌，2017，《汉语叹词研究述评》，《淮北师范大学学报》（哲学社会科学版）第 5 期。

Ameka, Felix and David P. Wilkins, "Interjections," In Jan-Ola Östman and Jef Verschueren, eds., *Handbook of Pragmatics* (Amsterdam: John Benjamins, 2006), pp.1–19.

Ameka, Felix, "Interjections: The universal yet neglected part of speech," *Journal of Pragmatics* 18, 2(1992):101–118.

Chao, Yuen Ren, *A Grammar of Spoken Chinese* (Berleley and Los Angeles, USA: University of California Press, 1968), pp.299–345.

Couper-Kuhlen, Elizebeth and Margret Selting, *Interactional Linguistics: Studying Language in Social Interaction* (Cambridge: Cambridge University Press, 2018).

Endo, Tomoko, "The Japanese change-of-State tokens a and aa in responsive units," *Journal of Pragmatics* 123(2018): 151–166.

Goffman, Erving, "Response Cries," *Language* 54(1978):787–815.

Golato, Andrea, "Marking understanding versus receipting information in talk: Achso and Ach in German interaction," *Discourse Studies* 12(2010):147–176.

Golato, Andrea, "German 'oh': Marking an emotional change of state," *Research on Language and Social Interaction* 45(2012):245–268.

Hayashi, Makoto, "Marking a 'noticing of departure' in talk: Eh-prefaced turns in Japanese conversation," *Journal of Pragmatics* 41(2009):2100–2129.

Hayashi, Makoto and Kaoru Hayano, "A-prefaced responses to inquiry in Japanese," In John Heritage Marja-Leena Sorjonen, eds., *Between Turn and Sequence: Turn-Initial Particles across Languages* (Amsterdam: John Benjamins, 2018), pp.191–224.

Heritage, John, "A change-of-state token and aspects of its sequential placement," In J. Maxwell Atkinson and John Heritage, eds., *Structures of Social Action: Studies in Conversation Analysis.* (Cambridge: Cambridge University Press, 1984), pp.299–345.

Heritage, John, "Oh-prefaced responses to inquiry," *Language in Society* 27(1998):291–334.

Heritage, John, "Oh-prefaced response to assessments," In Cecilia E. Ford, Barbara A. Fox and Sandra A. Thompson, eds., *The Language of Turn and Sequence* (Oxford: Oxford University Press, 2002), pp.196–224.

Heritage, John, "Epistemics in action: action formation and territories of knowledge," *Research on Language and Social Interaction* 45(2012):1–29.

Heritage, John, "Well-prefaced turns in English conversation: A conversation analyticperspective," *Journal of Pragmatics* 88(2015): 88–104.

Heritage, John, "Turn-initial particles in English: The cases of oh and well," In John Heritage and Marja-Leena Sorjonen, eds., *Between Turn and Sequence: Turn-Initial Particles across Languages* (Amsterdam: John Benjamins, 2018), pp.149–184.

Heritage, John and Geoffrey Raymond, "The terms of agreement: Indexing epistemicauthority and subordination in assessment sequences," *Social Psychology Quarterly* 68(2005):15–38.

Heritage, John and Marja-Leena Sorjonen, "Introduction", In John Heritage and Marja-Leena Sorjonen, eds., *Between Turn and Sequence: Turn-Initial Particles across Languages* (Amsterdam: John Benjamins, 2018), pp.1–22.

Jefferson, Gail, "Glossary of transcript symbols with an introduction," In: Lerner, G.H.*Conversation Analysis: Studies from the First Generation* (Amsterdam: John Benjamins, 2004), pp.13–31.

Kim, Hye Ri Stephanie, "Retroactive indexing of relevance: the use of well in thirdposition," *Research on Language and Social Interaction* 46(2013): 125–143.

Koivisto, Aino, "Displaying now-Understanding: The Finnish change-of-state token *aa*," *Discourse Processes* 52(2015a):111–148.

Koivisto, Aino, "Dealing with ambiguities in informings: Finnish Aijaa as a 'neutral' news receipt," *Research on Language and Social Interaction* 48(2015b):365–387.

Lee, Seung-Hee, "Response Designin Conversation," In Jack Sidnell and Tanya Stivers, eds., *The Handbook of Conversation Analysis* (Chichester: Wiley-Blackwell, 2013), pp. 415–432.

Lee, Seung-Hee and Hiroko Tanaka, "Affiliation and alignment in responding actions," *Journal of Pragmatics* 100(2016):1–7.

Mori, Junko, "The workings of the Japanese token Hee in informing sequences," *Journal of Pragmatics* 38(2006):1175–1205.

Norrick, Neal R., "Interjections as pragmatic markers," *Journal of Pragmatics* 41(2009): 866–891.

Reber, Elisabeth, *Affectivity in Interaction: Sound Objects in English* (Amsterdam: John Benjamins, 2012).

Sacks, Harvey, Emanuel A. Schegloff and Gail Jefferson. "A simplest systematics for the organization of turn-taking for conversation," *Language* 50(1974):696–735.

Schegloff, Emanuel A., "Turn organization: One intersection of grammar and interaction," In Elinor Ochs, Emanuel A. Schegloff and Sandra A. Thompson, eds., *Interaction and Grammar* (Cambridge : Cambridge University Press, 1996), pp. 52–133.

Schegloff, Emanuel A., *Sequence Organization in Interaction: A Primer in Conversation Analysis*, Vol. 1 (Cambridge : Cambridge University Press, 2007).

Sorjonen, Marja-Leena, *Responding in Conversation: A Study of Response Particlesin Finnish* (Amsterdam: John Benjamins, 2001).

Stivers, Tanya, "Stance, alignment, and affiliation during storytelling: When nodding isa token of affiliation," *Research on Language and Social Interaction* 41(2008):31–57.

Stivers, Tanya, "How we manage social relationships through answers to questions: The case of Interjections," *Discourse Processes* 56(2019):191–209 .

Stivers, Tanya, Lorenza Mondada, and Jakob Steensig, "Introduction," In Tanya Stivers, Lorenza Mondada and Jakob Steensig, eds., *The Morality of Knowledge in Conversation* (Cambridge : Cambridge University Press, 2011), pp. 82–106.

Tanaka, Hiroko, "The Japanese response token Hee for registering the achievement of epistemic coherence," *Journal of Pragmatics* 55(2013):51–67.

Thompson, Sandra A., Barbara A. Fox and Elizabeth Couper-Kuhlen, *Grammar in Everyday Talk: Building Responsive Actions* (Cambridge : Cambridge University Press, 2015).

Wu, Ruey-Jiuan Regina and John Heritage, "Particles and epistemics: Convergences and divergences between English and Mandarin," In Geoffrey Raymond, Gene H. Lerner, and John Heritage, eds., *Enabling Human Conduct: Studies of Talk-in-interaction in Honor of Emanuel A. Schegloff* (Amsterdam: John Benjamins, 2017), pp.273–297.

Wu, Ruey-Jiuan Regina, "Managing turn entry: The design of EI-prefaced turns in Mandarin conversation," *Journal of Pragmatics* 66(2014):139–161.

Wu, Ruey-Jiuan Regina, "Turn design and progression: the use of aiyou in Mandarin conversation," *Chinese Language and Discourse* 7(2016):210–236.

Wu, Ruey-Jiuan Regina, "Indexing epistemic authority/primacy in Mandarin conversation: aiyou-prefacing as an interactional resource," *Journal of Pragmatics* 131(2018): 30–53.

# 回声话语研究<sup>*</sup>

北京大学　曾令媛　张文贤

## 1. 引言

在自然口语交际中，我们经常会发现一种有趣的语言现象，即说话人重复前一个说话人所说的全部或部分内容。下面两个例子<sup>①</sup>都来自自然口语对话语料：

（1）01　　　贺：不熟就变熟嘛，再说了，大家学科不一样，
　　　　　　　　　也没有什么竞争的。

　　02　　　王：学科一样。

　　03 →　　贺：学科一样。

（2）01　　　王：新来的博士学姐，没说过话。

　　02　　　贺：今天说够了。

　　03 →　　王：说够了。

例（1）中，第03行贺的回答完全重复了前一个说话人王的话语；例（2）中，第03行王的回答仅重复了前一个说话人贺的部分话语。学界将这种语言现象称为回声话语（echo utterances）。Quirk 等（1985：

---

* 　张文贤为本文的通讯作者。本文受国家社会科学基金一般项目"互动语言学视角下负面情理立场表达研究"（21BYY158）的资助。

① 　例（1）（2）来自笔者自行收集的语料。

835-838）较早关注到这一现象，他们认为，回声话语是对前一个说话人的话语进行全部或部分重复的话语。回声话语在日常交际中起到了非常重要的作用，但是目前对该现象的研究并不丰富，前人研究主要集中在回声问上，尚有很大的值得进一步探索的空间。本文将从回声话语的定义、分类和语用功能等几个方面梳理前人的文献，以期为今后的研究者提供一定的参考。

## 2. 回声话语的定义

在国外的研究中，学者大多从回声话语的形式和功能两个方面对其进行界定（Quirk et al., 1985；Sperber & Wilson, 1986；Yamaguchi, 1988）。Quirk 等（1985）最早提出了回声话语这一概念，他们认为，回声话语是对前一个说话人的话语进行全部或部分重复的话语，可以表达说话者的态度。Sperber 和 Wilson（1986）提到了回声话语与反语的关系，指出反语都具有回声性质，回声话语不仅是重复另一个人的话语，还可以表达各种意图，实现不同的语用功能，比如反讽。Yamaguchi（1988）进一步指出，回声话语大多出现在应答语中，它可以直接将他人的话语引入自己的话语中，以此来表达说话人对他人话语的态度。

国内的学者很早就注意到了回声话语这一现象，最初是在疑问句的体系下所做的观察。吕叔湘（1944）提到了"复问"。丁声树（1961）将以"吗"而非"呢"结尾的疑问句称为"回问"。王志（1990）认为回声问是以前一说话人的话语为材料而构造出来的问句。邵敬敏（1996：135）将回声问分为狭义和广义两种，狭义回声问仅指先导句为疑问句的回声问，广义的回声问先导句可以为疑问句，也可以为非疑问句。综上可以看出，国内早期对回声话语的研究主要集中在回声问上，并未对回声话语下明确的定义。进入 21 世纪后，学界开始基于语篇和话语语法的视角，更深入地讨论回声的范围与功能。陈治安、文旭（2001）沿用了 Quirk 等（1985）对回声话语的定义，向国内学界引入了回声话语这一概念，指出回声话语是重复前一个说话人说过的全部或部分内容的话语，是将别人的话语引入自己的话语中，并表达自己对该话语的态度。王灿龙（2002）在研究回声拷贝结构时指出，"回声"是后续话语对先述话语某个语言成分的回应。谢爱喜（2003）在探讨英语的回声话语现象时，将回声话语称为"回音言语"，她认为，回音言语是指全部或部分地重复别人刚说过的言语，被重复的句子类型包括陈述句、疑问句、命令句和感叹句。

王媛媛（2008）从形式和意义两个方面对回声话语进行了界定，她认为，回声话语是指，在一个话对中对前述话语的形式和意义进行全部或部分还原的回应话语。这种还原不仅指形式上的还原，还在于意义的还原，被还原的意义要在前述话语中体现。后来，有学者提出应从形式、意义和功能三个角度来界定回声话语（王长武，2014；方梅，2021）。王长武（2014）和方梅（2021）都认为，从形式来看，回声成分必须重复或还原前一说话人话语的全部或部分形式；从意义来看，回声成分的意义必须与前一说话人的话语保持基本一致，重复部分在文字表述上或在一定语境中的内容上相似；从功能来看，王文认为，回声话语要传达出说话人对他人话语的态度和认识，对他人话语进行主观评价。方文认为回声话语是为了实现某种特殊的交际目的。

和回声话语相似的概念还有"他方重复"，"重复前一话轮的全部或部分内容，包括由于说话人变化带来的针对词性、时态转换、语调等的转换，但不包括释义和实质性的改写"（Schegloff，1997）。我们认为，他方重复更多的是指说话者直接重复另一方的话语，而回声话语不仅可以是字面上重复前述话语的部分或全部内容，也可以是在心理上对前述话语进行回声，还可以是对他人思想或观点的回声，即说话人基于对他人思想的解读，将其在话语中呈现出来，这点我们将在3.2 小节中详细阐述。

关于回声话语的定义，已有的研究仍有一些模糊的地方。如前人的研究对回声话语的定义，都体现出回声话语是对前述话语的全部或部分重复，但到底重复前述话语中的多少内容才算是部分重复？张文贤、李先银（2023）明确将回声话语定义为重复前一话轮的核心成分（谓语）

并在当前话轮中作为独立的 TCU 或者 TCU 的核心成分出现的话语。这一定义突出了回声话语的两大特点：一是从位置上来说，涉及序列层面的重复；二是从功能上来说，具有独立的交际功能。

# 3. 回声话语的分类

国内外学者都对回声话语的分类进行了探讨。综观前人的研究，我们将从句类、内容以及与始发话语的形式关联两个角度梳理前人对回声话语的分类。

## 3.1　按照句类的分类

Quirk 等（1985）首次从句类方面对回声话语进行了分类，将回声话语分为回声问（echo question）和回声感叹（echo exclamation）两大类。Sperber 和 Wilson（2001）研究了回声话语与反语的关系，虽然没有明确提到回声话语的分类，但举例中包含了回声陈述（echo declarative）。陈治安、文旭（2001）最早向国内学界介绍了 Quirk 等人对回声话语的分类，并在其分类的基础上增加了回声陈述。

目前，国内外大多数学者关于回声话语的研究仍然是按照句类进行的分类，即回声问、回声感叹和回声陈述，下面就这三种句类分别进行讨论。

### 3.1.1　回声问

在回声话语的研究中，回声问是开始得最早，也是最为热门的研究话题。

在国外的研究中，大多数学者认为，回声问主要出现在应答语位置，有要求对方重复、证实和解释的功能（Quirk et al., 1985；Noh, 1998；Leech&Short, 2001）。Quirk 等（1985）将回声问分为重复性回声问（recapitulatory echo questions）和解释性回声问（explicatory echo questions）。重复性回声问句是指对前述话语寻求重复或证实，包括一般回声问句（yes-no questions）和特殊回声问句（wh-echo questions）。解释性回声问句则是对前述话语做出进一步解释说明。区分重复性回声问和解释性回声问的方法就是看下一话轮说话者是重复、证实前一话轮中的话语还是作出解释性说明。Blakemore（1994）则认为回声问应属于疑问句，它不只是对前述话语的重复，而且表达了说话者的某种思想。Noh（1998）利用关联理论，从元表征和语用充实的角度解读回声问句，和 Blakemore（1994）的结论相似，他认为回声问句和普通疑问句是类似的，只是回声问句具有元表征的用法。Noh 同样认为，前述话语中直接出现的词、短语小句或是并未直接出现的说话者内心的想法都可用于回声问中。Leech 和 Short（2001）以 Grice 的合作原则为基础，发现当人们误听或误解了前述话语中相关部分时，便会用回声问句寻求对方的重复或进一步的解释。Iwata（2003）认为回声问句与普通疑问句是不同的，因为回声问并没有对已经明确表达的话语的任何部分提出疑问，只是具有元表征用法。

国内也较早开展了对回声问的研究。吕叔湘先生（1944）提到的"复问"其实就是回声问，"你是说……吗?"是"复问"的基本形式，但他并未对"复问"进行更深入的探讨。

丁声树（1961）提出，以"吗"而不是"呢"结尾的疑问句是一种特殊的疑问句，叫作"回问"，应与普通疑问句相区别，如例（3）所示：

（3）　甲：他上哪去了？

　　　　乙：他上哪去了吗？　上图书馆去了。

这里乙所说的"他上哪儿去了吗?"就是典型的回问，是重述性回声问的一种。

王志（1990）从三个方面探讨了回声问句：一是回声问跟前面话语的关系，他认为回声问是以前一说话人的话语为材料而构造出来的问句；二是回声问的语用功能，基本功能是"表示惊奇"，伴随功能是"要求证实"和"引起否定"；三是回声问和交谈中其他谈话成分"什么"、

"不"以及"是吗"的对比。邵敬敏（1996：136-139）在对回声问的形式特点进行讨论时，按照回声问和先导句的形式与意义的关系，把回声问分成三对范畴：狭义回声问与广义回声问、全称回声问与偏称回声问、同形回声问与异形回声问。邵敬敏还注意到，回声话语语用特征可以分为三个层次：基本语用特征（体现理解焦点、形成新的话题、表示疑惑发问）、区别性语用特征（自问自答、缓冲思索、他问他答、要求证实）和附加性语用特征（明确否定、暂且肯定、转移话题、明确肯定、表面否定）。刘月华等（2004：803-804）将回声问句和疑问句、反问句并列，简单定义了回声问句，即交际中的一方按照对方所提问题的内容和形式来重复发问，回声问句的主要语用功能是表示听话人对说话人的问题不清楚、不相信或不同意，并带有一些感情色彩，如惊奇、怀疑或不满。

综上可以发现，学者对于回声问的界定存在一定的分歧。比如Quirk 等（1985）认为回声问包括一般回声问句（yes-no questions）和特殊回声问句（wh-echo questions），但国内的一些学者则认为回声问仅限于一般回声问句（yes-no questions），而不包括特殊回声问句（wh-echo questions）（王志，1990；邵敬敏，1996；罗桂花、廖美珍，2012）。王志（1990）认为，汉语中的 wh-echo questions 实际上属于随前提问，其和回声问的区别在于：随前提问的目的是追问前面话语中未给出的信息，其问句成分可以不出现在前面话语中；随前提问一定有回答，而回声问可以没有回答。邵敬敏（1996：136）同样认为，回声问是根据先导句发问的，原则上构成回声问的词语和结构都必须和先导句相同，抑或是根据先导句的局部或个别词语发问。罗桂花、廖美珍（2012）认为，回声问不包含新信息，构成回声问的词语基本在先导句中出现，但回声问亦可用来追问先导句中并未出现的信息。

关于回声问的前述话语的形式，国内学者刘月华等（2004）认为回声问的前述话语必须是问句，即邵敬敏（1996）所说的狭义回声问。然而，很多国外学者对回声问的界定都对前述话语的句法形式没有要求，前述话语可以是疑问句，也可以是陈述句、祈使句、感叹句等（Quirk et al.，1985；Noh，1998；Iwata，2003）。

国内有关回声问的研究多在机构性会话中进行，例如医患会话（张帅、龚卫东，2018；张帅，2018；魏微，2020；董菁等，2021）和法庭互动（罗桂花、廖美珍，2012；陈海庆、李凯悦，2016）。回声问是医患会话和法庭互动中的普遍现象，和在其他普通日常交际场景中出现的回声问相比，医患会话和法庭互动中回声问实现的不只是询问功能，更多的是"无疑而问"，以疑问的语气或形式全部或部分重复对方的话语，以此来实现不同的语用功能，体现出机构性交际会话的策略性和目的性（罗桂花、廖美珍，2012；张帅、龚卫东，2018；魏微，2020）。

不同的会话场景和机构性会话互动中话语权利的不对等会对互动双方使用回声问的频率和回声问的话语功能产生一定的影响。例如，医生使用的回声问的次数和比重多于病人，医患双方使用回声问主要实现的话语功能所占的比重也有所不同，如医生使用回声问主要是要求证实，其次是语境制约功能（交际者通过回声问的问答制约听话人的语境假设，"问"的提出为"答"提供语言的选择，把交际限定在特定语境中，使听话人更容易理解话语）；病人使用回声问主要是要求证实，其次是要求解释（张帅、龚卫东，2018）。在法庭互动中，回声问多出现在公诉人或法官与当事人的互动中，很少见于辩护人的问话中，从未见于当事人的话语中（罗桂花、廖美珍，2012）。这体现出机构会话互动中机构权利的不对称性导致的话语权利的不对称性、互动参与者话语类型的不对称性以及回声问的特征与功能及其分布上的不对称性（张帅、龚卫东，2018）。

虽然同属于机构性会话，医患会话和法庭互动中的回声问的话语功能还是有所区别的。例如，医患门诊会话中的回声问可以用来表达惊讶（张帅、龚卫东，2018），但在法庭互动中，回声问一般不表示惊讶，因为法庭交际中的回声问一般是在问话人已经知道答案的情况下发出的。

### 3.1.2　回声感叹与回声陈述

与回声问相比，关于回声感叹和回声陈述的研究十分薄弱，少有学者专门涉及。回声感叹（echo exclamation）和回声问一样，是重复前面话语的部分或全部内容，但不同的是，回声感叹必须用升降调或高降调（Quirk et al.，1985）。回声感叹重复的句子形式可以是陈述句、祈使句、疑问句和感叹句（陈治安、文旭，2001），如例（4）：

> （4）江夏县：哦，吴明，快与我问来！
>
> 　　吴明：我问？
>
> 　　江夏县：你问！
>
> （武纵《狱卒平冤》）

对话中，江夏县说的"你问！"就属于回声感叹。

另一类即回声陈述，回声陈述一般以句号结尾，语气为陈述语气。Sperber 和 Wilson（1986）举过回声陈述的例子，如例（5）：

> （5）Peter: The Joneses aren't coming to the party.
>
> 　　Mary: *They aren't coming*, *hum*. If that's true, we might invite the Smiths.

Mary 所说的"They aren't coming"是对 Peter 所说的"The Joneses aren't coming to the party."的回声，属回声陈述。

专门研究汉语回声陈述的文章目前有许娜（2007）一文。许文从访谈节目中共找了 60 例回声语料，其中回声问有 16 例，回声感叹 4 例，而回声陈述有 40 例，如例（6）：

> （6）主持人：翟导，等您过去的时候就好多，应该说。
>
> 　　翟俊杰：应该说是好多了。
>
> （实话实说《我的西藏岁月》）

这里翟俊杰说的话就属于回声陈述。

我们发现，前人的研究几乎很少专门关注回声感叹和回声陈述，主要集中在回声问。目前，现有的研究也主要依据 Quirk 等（1985）的分类标准，但仅仅按照回声话语本身属于哪一句类来分类，没有关注到回声话语与前述话语的关系，也不够全面。

## 3.2 按照内容以及与始发话语的形式关联的分类

除了按照句类的分类，一些学者还按照内容对回声话语进行了分类。

Sperber 和 Wilson（1981）认为，回声既可以是对他人话语的直接回声，即直接提述对方说过的话语，还可以是对他人思想或观点的回声，即说话人基于对他人思想的解读，将其在话语中呈现出来，如例（7）[①]：

> （7）丽娟妈（对丽娟）：……都几点了，还不开饭，客人都等饿了，叫他（指丽娟爸爸）少烧两个菜，来的又不是什么大客人。
>
> 丽娟（不满地说）：是啊，开水泡饭最省了啦。
>
> （电视剧《双面胶》）

例（7）背景为丽娟的男朋友第一次上门探望丽娟父母。丽娟妈、丽娟、丽娟男朋友三人在客厅闲聊，丽娟爸在厨房做饭。上面的对话中，虽然丽娟妈的话语中并未提到"开水泡饭"，但丽娟认为母亲有怠慢她男朋友的想法，所以基于此进行了夸张性提述："开水泡饭最省了啦"，来表达她的不赞同和不满（罗钱军，2019）。

除此之外，回声还可以是对社会规范或普遍预期的回声，如例（8）：

> （8）当然，您自然也有权利选择在您认为是对的时刻，依着自己认为对的那个心情做出你要离开的这个决定，所以我相信我们应该尊重一个成熟男人在这一刻做出的决定。
>
> （汪涵《我是歌手 3》）

---

[①] 例（7）与例（8）均转引自罗钱军（2019）。

例（8）的背景是歌手孙楠在电视节目《我是歌手3》中临时退赛，造成了场上的突发情况。社会对"成熟男人"的普遍预期是认真负责、考虑周到，而半路退赛不是一个"成熟男人"做的事情，主持人汪涵通过对社会规范和普遍预期的回声提述，表达了他对孙楠退赛行为的不满（罗钱军，2019）。

回声话语是相对于上一话轮的始发话语而言的，将回声话语与始发话语的语言形式进行对比，可以对回声话语进行形式上的描写。田娅丽等（2014）指出了 Quirk 等（1985）分类的不足，认为可以直接根据回声话语中是否含有 wh- 词，将回声话语分为纯回声话语（pure echos）和 wh- 回声话语。纯回声话语是指部分或全部重复前一个人的话语，而 wh- 回声话语则是在部分或全部重复前一个说话人话语的基础上，使用 wh- 词代替某些内容。这种分类虽然更简单明了，但更适合英语语境，对于汉语的回声话语的区分还是比较模糊的。

朱军（2020）基于汉语自然会话、医患对话、庭审对话三种口语语料，根据回声话语与引发语的关系，将回声话语分为三大类：复述式回声，即回声语与引发语完全一致；截取式回声，即回声语截取了引发语一部分；增量式回声，即回声语在引发语基础上增加了一些修饰、限制性成分。例（9）[①]是 B、C 两人在讨论 B 的老公，第 03 行中"单纯""真的很单纯"是对第 02 行中"单纯"的回声，分别属于复述式回声和增量式回声。

（9）01　　C：你老公真的特别…搞笑我觉得。

　　　02　　B：单纯。

　　　03 →　C：单纯。真的很单纯。

　　　04　　B：不要搞复杂了。

张文贤、李先银（2023）根据始发话语是否为问句，将回声话语分

----

① 转引自朱军（2020）。

为答案性回声和非答案性回声两大类。当始发话语为表达询问的疑问句时，答案性回声可以是长式回应，也可以是短式回应。长式回应指的是回声话语的结构与始发话语相同，而短式回应指的是回声话语的结构比始发话语短。当始发话语不是疑问句时，并不要求听话人使用回声话语来回应，在参考朱军（2020）的分类的基础上，他们根据回声话语与始发话语之间语言形式的异同，将非答案性回声话语的形式类型分为四类：完全回声、缩减回声、增补回声和混合回声。

# 4. 回声话语的语用功能

回声话语在实际使用中的主要功能是什么？说话人在使用回声话语时主要想实现什么交际意图？综观国内外研究，我们可以概括出回声话语的语用功能，主要分为以下三类：要求重复、证实或解释，表达说话者的立场以及使话轮衔接连贯。

## 4.1　要求重复、证实或解释

国内外有很多学者认为，回声话语，尤其是回声问的主要语用功能是要求重复、证实与解释（Quirk et al., 1985；邵敬敏，1996；陈治安、文旭，2001；王媛媛，2008；潘桂娟，2008；田娅丽，2014；陈海庆、李凯悦，2016；张帅、龚卫东，2018；魏微，2020）。重述性回声话语大多具有求证的语用功能，如例（10）[①]：

（10）"我要毕业了呀，家里要我回湖南去教书。"肖素似真似假地回答。她是湖南人，父亲是个中学教员。

"毕业？"

"是毕业呀。"

（宗璞《红豆》）

---

① 转引自王媛媛（2008）。

例（10）中，听话人利用重述性回声问"毕业？"，对前一说话人肖素的话语"我要毕业了呀"进行求证，从而得到了说话人肯定的证实。

解释性回声话语则要求对方解释清楚刚刚所述的内容，而不是简单地进行重复，如例（11）[①]：

> （11）"八先生待人太热心了"，王霖说，"不过你热心的名是已经出去了。——呵，不提我倒忘了。我有个舍亲，是个年轻的女眷，上次路过这里，听说也是在八先生这里打搅了许多时候，我都忘了道谢。"
>
> "年轻的女眷？"赵八哥似乎怔了一怔。
>
> （张爱玲《秧歌》）

这里赵八哥的神情是怔了一怔，可能忘记了曾经打搅他的这位女眷，所以向王霖发出解释性回声问"年轻的女眷？"，是希望对方能对此进行解释说明。

在医患会话中，回声问经常用来要求证实、解释。例（12）[②]是一段医患门诊会话：

> （12）01　　医生：多长时间了？
>
> 　　02　　病人：嗯：：：得有：：得有两三年了吧！
>
> 　　03 →　医生：两三年了？
>
> 　　04　　病人：嗯，原来没那么厉害。

在例（12）中，医生听到病人关于疾病持续时间的回答时，使用回声问重复时间信息"两三年"以寻求病人的解释，因为病人在疾病出现两三年后才来就诊，是非常不合常理的。

---

① 转引自田娅丽、王磊、高山（2014）。
② 转引自张帅、龚卫东（2018）。

在法庭问话中，回声问同样有要求确认、证实的语用功能，如例（13）[①]：

> （13）01　　公诉人：跟着的目的是什么？
>
> 　　　02　　被告：跟着的目的怕家里跟出人来。
>
> 　　　03 →　公诉人：怕家里跟出人来？
>
> 　　　04　　被告：嗯。

这里公诉人以回声问"怕家里跟出人来？"询问被告，是为了证实被告前述所说话语"跟着的目的是怕家里跟出人来"。

张文贤、李先银（2023）使用自然口语对话语料，对286例回声话语运用互动语言学的研究方法进行了分析。从行为上来看，答案性回声话语用于确认，非答案性回声话语用于确认、评价、同意与认同、修复、否定或者反驳等。

## 4.2　表达说话者的立场

话语中的立场表达（stance-taking）是指说话人对待事物、话语、情境或者言谈中涉及的其他命题表达的态度定位（参看方梅、乐耀，2017）。回声话语具有强互动性与一定的立场表达功能（朱军，2020）。

Sperber 和 Wilson（2001）在研究反讽和回声话语的关系时发现，回声话语不仅是回应他人的话语，也是回应他人未明确表达但隐藏在话语里的思想，说话人可以通过回声话语传递各种态度和情感。

国内很多学者同样认为，回声话语可以表达惊奇、喜悦、愤怒、嘲讽、揶揄、不耐烦、无奈等情感，也能表达说话人各种积极或消极的态度（陈治安、文旭，2001；王媛媛，2008；潘桂娟，2008；田娅丽，2014；张帅、龚卫东，2018）。

王媛媛（2008）认为回声话语具有人际指向的功能，对前述话语意

---

① 转引自罗桂花、廖美珍（2012）。

图表示肯定的回声话语可以表达说话人认同的情感态度，表示否定的回声话语会表达不满、嘲讽、愤怒、反驳、厌恶等情感态度，例（14）[1]傅老所说的"离不开我？"是对前述话语意图的否定，表达了他不满甚至气愤的态度。

（14）和平：谁给您下跪了，我给您盛饭去……唉，爸，您上了一天班儿也够累的吧？虽然说局里的工作离不开您，可您也得注意身体呀！

傅老：（发作）离不开我？离不开我今天怎么把我那办公桌儿给搁到……搁到妇联那屋去啦？

（电视剧《我爱我家》台词）

王长武（2014）认为，"x 就 x"等回声结构能对前一说话人进行同声回应，同时表达对前一说话人话语的肯定或否定的态度和认识。王长武（2016）还发现，引述回应格式"x 就 x"的主要话语功能就在于表达不同的立场。

张帅、龚卫东（2018）发现在医患门诊会话中，回声问同样具有人际情感功能，可以传递说话者正面或负面的情感，如不确定、怀疑、恐惧、惊讶和强调等。例（15）[2]中，第 05 行医生提出的回声问"二十多年了？"除了有寻求确认功能，还表达了其惊讶的感情，因为一般来说，病人从生病到就诊的时间不会有二十多年那么长。

（15）01　　医生：你怎么了？

02　　病人：头疼。

03　　医生：头疼多长时间了？

04　　病人：头疼，得从一开始有二十多年了吧。

05 →　医生：二十多年了？

---

[1]　转引自王媛媛（2008）。
[2]　转引自张帅、龚卫东（2018）。

06　　病人：嗯。

朱军（2020）认为，回声话语的核心功能是说话者对对方话语（引发语）所表达观点或立场不同程度、不同情感的"认同"，有认同、趋同、求证、质疑、不认同等类型，感情色彩上也有积极和消极之别。前人很多研究认为回声话语具有惊讶、喜悦、愤怒、嘲讽、不耐烦、无奈等话语功能（陈治安、文旭，2001；潘桂娟，2008；田娅丽，2014；等等），其实是在具体认同功能基础上附带的感情色彩和倾向，如"喜悦"是一种积极认同，"愤怒"是一种消极认同；"不耐烦"的认同度较低，而"愤怒"的认同度则更低。朱文的"认同"观能比较统一有序地解释回声话语的话语功能，并让回声问、回声感叹、回声陈述都可以在认同功能连续统中找到合适的归位。

方梅（2021）认为，作为应答语出现的回声话语具有负面立场表达的功能，当回声话语的说话人的认识地位同于或者高于对方，或违反会话规约"以问答问"，就会带来负面立场解读，如例（16）[①]就是"以问答问"：

（16）秦淮茹：你突然走了是许大茂搞的鬼吧？

秦京茹：什么叫许大茂搞的鬼呀，那傻柱傻了吧唧的，我能嫁给他吗？

（电视剧《情满四合院》）

## 4.3　使话轮衔接连贯

回声话语可以承接上一话轮，连贯本话轮内容，这些动态的话语功能皆服务于会话人的交际、认知和合作目的（董菁等，2021）。因使用场合不同，回声话语体现出不同的衔接功能，常见的有回声话语的话题化，如提出话题、补充话题（王媛媛，2008；罗桂花、廖美珍，2012；张帅、龚

---

① 转引自方梅，（2021）。

卫东，2018；朱军，2020）；表示倾听、思索以准备下一话轮（王媛媛，2008；罗桂花、廖美珍，2012；田娅丽等，2014；张帅、龚卫东，2018）；表示接受和反馈（罗桂花、廖美珍，2012；陈海庆、李凯悦，2016）。

王媛媛（2008）指出，话题化功能即说话者把前述话语中的全部或部分提取出来，通过回声话语使之成为一个新的话题，并针对这一话题补充自己的观点，如例（17）[①]：

（17）朱军：这么多角色当中你喜欢的是什么？

　　　赵雅芝：剧本的话我喜欢观世音。

　　　朱军：观世音，为什么？

　　　　　　　　　　　　　　　　　　　　（《艺术人生》）

例（17）中朱军对赵雅芝的前述话语"剧本的话我喜欢观世音"进行了部分提取，并在其后进行提问，进一步深入话题"剧本观世音"，使谈话继续下去。

回声话语表示倾听的功能，指说话人仅仅对前述话语进行重复，表明自己在倾听，并不争取话轮，如例（18）：

（18）赵雅芝：小的时候就像个男孩子一样。

　　　朱军：小时候像男孩子。

　　　赵雅芝：整天跑去外面玩儿，每到吃饭家里喊我好久才回来。

　　　　　　　　　　　　　　　　　　　　（《艺术人生》）

朱军对赵雅芝的前述话语进行了部分重述，以表示自己在倾听，但并没有引出新的话题。赵雅芝接着将自己的讲话进行了下去。

罗桂花和廖美珍（2012）、陈海庆和李凯悦（2016）都发现，在庭

---

① 例（17）（18）转引自王媛媛（2008）。

审会话中，法官与公诉人在提问的同时，会对当事人的回答做出接收和反馈，从而为下一话轮做准备，如例（19）[1]：

（19）01　　公诉人：你和两名被害人是什么关系？

02　　被告：（1s）嗯，我的两个亲生女儿。

03 →　公诉人：＝两名亲生女儿？

04　　被告：嗯。

第03行的回声问"两名亲生女儿？"表明公诉人接收了被告所传达的信息，同时通过提升语调对被告的话语进行了反馈，进而希望引出下一话轮。

# 5. 结语

本文从定义、分类、语用功能这几个方面梳理了前人有关回声话语的文献，也发现了前人研究的一些不足之处。目前学界对于回声问的研究较多，关于回声感叹和回声陈述的研究很少。就回声问本身而言，学者们对于回声问的界定还存在一定的分歧。在法庭审理、医患对话或课堂对话等机构性会话中，回声问出现的频率很高，那么回声问在不同的机构性会话场景中所发挥的互动功能有什么区别？这也是值得我们进一步探究的方向。在探讨回声话语的语用功能时，国内大部分学者根据对话语境来具体分析回声话语可以表达说话人什么样的态度和情感，能产生什么样的效果，主要是针对回声问进行研究，而对回声感叹、回声陈述并没有深入的讨论。对于回声问具体的话语功能本身的研究大多停留在描写层面，有待进行深入探讨。另外，我们认为还应从韵律角度进一步探讨回声话语。比如，实现同一语用功能的回声话语在韵律结构上是否类似？要求重复、要求证实和要求解释的回声话语在音高、音长上有

---

[1]　转引自陈海庆、李凯悦（2016）。

什么不同？

　　此外，除了医患会话和法庭会话等机构性会话，课堂上的师生对话也会产生大量的回声话语，但很少有学者专门对课堂教学中的回声话语进行研究。何志红（2009）研究了基于英语口语语料库的回声话语，以提高英语学习者使用回声话语的意识，更流利地进行口语交流。付滢（2011）探讨了回声话语如何在大学英语听说教学中进行应用。田娅丽（2014）则研究了语文教学中语言学回声话语的产生机制及其理解过程。在对外汉语教学方面，目前仅有刘瑞雪（2022）的研究，课堂中的回声话语是影响师生互动关系的重要因素，这一领域值得我们特别关注。

　　如果将回声话语放到回应话语这一大背景下，更能揭示回声话语的本质特点。张文贤、李先银（2023）探讨了回声话语的本质，认为回声话语是互动交际中说话人做回应时的一种话语设计方式，通过复制和粘贴始发话语的核心架构形成平行性，加强话语形式上和意义上的关联，构建共鸣，实现对始发话语所实施行为的针对性回应。这样的设计既体现出经济性，也体现了交互主观性。对回声话语的分析，其实就是对互动交际中回应设计的分析。目前，关于回声话语与其他回应形式的对比研究还比较缺乏。在以上几个方面，回声话语还有很大的探索空间，期待更好更多的研究出现。

# 参考文献

陈海庆、李凯悦，2016，《庭审会话回声问话语语调特征及语用功能》，《法制与社会》第 1 期。

陈治安、文旭，2001，《论言语交际中的回声话语》，《解放军外国语学院学报》第 4 期。

丁声树，1961，《现代汉语语法讲话》，商务印书馆。

董菁、钱玲燕、陈琦，2021，《对话句法视域下的回声话语研究——以医患话语为例》，《外国语（上海外国语大学学报）》第 4 期。

方梅，2021，《从引述到负面立场表达》，《当代修辞学》第 5 期。

方梅、乐耀，2017，《规约化与立场表达》，北京大学出版社。

付滢，2011，《回声话语的语用功能及其在大学英语听说教学中的应用》，硕士学位论文，吉林大学。

何志红，2009，《基于语料库中回声话语的口语教学》，《宜春学院学报》第 5 期。

刘瑞雪，2022，《对外汉语教学课堂中的回声话语研究——以泰国线上语言班为例》，《第十二届东亚汉语教学研究生论坛暨第十五届对外汉语教学研究生学术论坛论文集》。

刘月华、潘文娱、故璋，2004，《实用现代汉语语法》(增订本)，商务印书馆。

罗桂花、廖美珍，2012，《法庭互动中的回声问研究》，《现代外语》第 4 期。

罗钱军，2019，《论反讽性话语中的回声提述机制》，《汉语学习》第 6 期。

吕叔湘，1944，《中国文法要略》，商务印书馆。

潘桂娟，2008，《回声问句及其语用功能探析》，《燕山大学学报》(哲学社会科学版)第 2 期。

邵敬敏，1996，《现代汉语疑问句研究》，华东师范大学出版社。

田娅丽，2014，《语文教学中语言学回声话语的产生机制及其理解过程解析》，《语文建设》第 9 期。

田娅丽、王磊、高山，2014，《回声话语分类及其语用功能探析》，《黎明职业大学学报》第 2 期。

王灿龙，2002，《现代汉语回声拷贝结构分析》，《汉语学习》第 6 期。

王长武，2014，《现代汉语回声结构研究》，《理论月刊》第 11 期。

王长武，2016，《引述回应格式"X 就 X"论析》，《新疆大学学报》(哲学·人文社会科学版)第 2 期。

王瑾琼、林文琴，2014，《回声问句研究文献综述》，《考试周刊》第 36 期。

魏微，2020，《医患门诊会话中回声问语用修辞功能对构建和谐医患关系的效用研究》，《职业技术》第 9 期。

王媛媛，2008，《现代汉语回声话语研究》，硕士学位论文，华东师范大学。

王志，1990，《回声问》，《中国语文》第 2 期。

谢爱喜，2003，《英语中的回音言语探析》，《安阳师范学院学报》第 6 期。

许娜，2007，《电视访谈类节目中回声陈述分析》，《江西省语言学会 2007 年年会论文集》。

张帅，2018，《医患门诊会话中回声问的特征分析》，《上海理工大学学报》(社会科学版)第 3 期。

张帅、龚卫东，2018，《医患门诊会话中回声问的语用修辞功能研究》，《外语学刊》

第 3 期。

张文贤、李先银，2023，《回声话语：自然口语对话回应中的一种设计》，《汉语学报》第 1 期。

朱军，2020，《回声话语的认同功能——基于互动与立场表达的视角》，《语言教学与研究》第 4 期。

Blakemore, Diane, "Echo questions: A pragmatic account," *Lingua* 94.4 (1994): 197–211.

Iwata, Seizi, "Echo questions are interrogatives? Another version of a metarepresentational analysis," *Linguistics and Philosophy* (2003): 185–254.

Leech, Geoffrey, N. and Mick Short, *Style in Fiction：A Linguistic Introduction to English Fictional Prose* (Beijing:Foreign Language Teaching and Research Press, 2001).

Noh, Eun-Ju, "Echo questions: Metarepresentation and pragmatic enrichment," *Linguistics and Philosophy* (1998): 603–628.

Quirk, Randolph, Sidney Greenbaum, Geoffrey Leech and Jan Svartvik, *A Comprehensive Grammar of the English Language* ( London and New York：Longman Group LTD, 1985).

Schegloff, Emanuel A., "Practices and actions: Boundary cases of other - initiated repair," *Discourse Processes* 23.3 (1997): 499–545.

Sperber, Dan and Deirdre Wilson, Irony and the Use-mention Distinction.Edited by Cole, P. *Radical Pragmatics* (New York: Academic Press, 1981).

Sperber, Dan, and Deirdre Wilson, *Relevance: Communication and cognition* (Cambridge, MA: Harvard University Press, 1986).

Sperber, Dan and Deirdre Wilson, *Relevance：Communication and Cognition*. 2nd ed (Beijing：Foreign Language Teaching and Research Press, 2001).

Yamaguchi, Haruhiko, "How to pull strings with words: Deceptive violations in the garden-path joke," *Journal of Pragmatics* 12.3 (1988): 323–337.

# 句末语气词与句末调研究综述及互动启示

中国传媒大学　傅琳涵

## 1. 引言

　　句末语气词作为汉语中的特殊现象，其形式与功能一直以来都是研究者重点关注的问题。在句法与韵律层面，句末语气词分布于句末的特殊性质，也使其与同处句末的句末调的关系成为研究的重要方面。近年来，随着互动语言学的兴起，研究者将目光转向了句末语气词与句末调作为互动语言资源在在线生成口语中的重要作用。基于以上背景，本文将以互动视角下的句末语气词与句末调为研究对象，首先对二者的研究分别进行简要梳理，其次结合各家关于句末调的观点，梳理在不同句末调观点下有关句末语气词与句末调关系的研究，在每节末介绍互动语言学视角下汉语与外语中的相关研究，以期为汉语句末语气词和句末调更深入的研究打下基础。

## 2. 句末语气词研究

　　句末语气词作为汉语中广泛应用的重要语言资源，在形式和功能上均有很大的研究价值，下文将从形式与功能两个方面对句末语气词的现有研究进行简要梳理。

## 2.1 形式研究

在形式研究方面，研究者首先关注到了句末语气词的位置特点，基于分布特征，对其进行句法上的描写与分类。

句法特征方面，马建忠最早称助词为"助字"，认为"凡虚字用以结煞实字与句读者，曰助字"（马建忠，2010：329）。根据《马氏文通》的分类，当今所说的句末语气词大致属于助字下分三类中的"助句"的功能，主要表达情态范畴，而其他两类"助字"和"助读"则与汉语结构相关，更多表达节奏特征。吕叔湘（1982）将语气词作为辅助词的下属小类，将语气助词分为语中语气词、语尾语气词和独立语气词三类，在分类上更加明确。赵元任（1979）对句末语气词的类别进行了一定的扩展，将汉语句末连续叠加的上升尾音和下降尾音看作助词，将其视为附着于最后一个语素上的、没有唯一音质的轻声音节。

语音特征方面，对于句末语气词的语音特征的共性描写较少，集中于早期研究者的自省研究，重点描写其轻声性质。赵元任（1979）对语气词的特征进行了整体描述，认为句末语气词在语音上具有轻声的特征，且没有固定的语调；朱德熙（1982）将句末助词定义为："永远读轻声的句末虚词"，也看到了句末语气词作为一个整体词类在语音上所具有的轻声的特征。"语气词多为轻声"已经是学界的一个共识，在描述轻声特点时，研究者往往倾向于对音高特征的描写，主要强调句末语气词没有固定的音高特征的特点。

综合来看，句末语气词为轻声，没有固定语调已经成为学界的共识。同一般的轻声音节相比，句末语气词所表达的语气更加多样，与之相伴随的语音特征也更加丰富，不同的语气词甚至同一语气词在表达不同语气时自然带有不同的特征，加之句末语气词属于较为封闭的范畴，系统中的要素数量相当有限。因此，研究者往往描写具体语气词在表达不同语气时的语音特征，着眼于对句末语气词系统中的每一个要素进行尽可能完整而穷尽的描写。

赵元任（1979）从音高、音长、音强与音质角度对同一语气词表示不同语气时的语音特征进行了描述；胡明扬（1981）除了对不同语气下的句末语气词的声学特征进行描写，还关注到了位于句末的多个语气词连用的现象；邵敬敏（1996）以"吧"为例，描述了其在疑问句和陈述句中不同的语音尤其是音质层面的表现，认为句末语气词在表达不同语气时语音特征上也会存在差异。

综上，句末语气词在形式上有以下几个特点：分布上居于句末；词类上属于虚词；在语法上不自足，需要依附于其他成分存在；在语音上，句末语气词没有固定的语调，具有轻声性质，但不同的语气词因表达的语义不同，带有各自不同的语音特征。

## 2.2　功能研究

### 2.2.1　传统视角下语气词功能研究

句末语气词，顾名思义，主要用于表达语气。传统视角下的研究主要着眼于句末语气词如何表达"语气"这一功能，但关于"语气"的具体内涵，各家看法不同。

部分研究者认为句末语气词拥有标志句类兼表情感态度的双重作用，持有这一观点的研究者往往将汉语同其他屈折语进行类比，认为汉语中的句末语气词与屈折语中的动词屈折形式类似，既能表达语气又可以标示情态。马建忠（1989）基于汉语与印欧语系语言的对比，认为以句末语气词为代表的助词词类的产生与汉语作为屈折语缺乏形态变化的特点有关；认为助词的主要功能用于表达情态，在语义上分为传信和传疑两大类。赵元任（1932）在对比英汉语调时也提出，汉语助词有时相当于英语语法的屈折变化，有时相当于英语的语调。朱德熙（1982）将助词分为表达时态、疑问祈使和态度感情三类，并认为句末语气词不仅可以传递说话人的情感态度，还有标明句类的功能。王飞华（2005）在对比了汉语中"情态""语气"与印欧语系语言中"mood""modality"的概念后，认为现代汉语中句末语气词与印欧语系语言中动词形态变化在功用上是一致的，既可以标示句类，又可以作为传递主观态度的手段。邓思颖（2019）从类型学的角度对以上观点作出了证明，对比普通话、粤语、英式英语和新加坡英语句末语气词的有无和多寡，解释了为何不同语言中句末语气词的数量不同，认为屈折成分较少的弱主语句往往句末成分较为丰富，进一步证明了句末语气词承担了屈折语中屈折形式的部分功能。

同时，另一部分研究者认为句末语气词仅在人际交往中起到了传递情感态度的作用，而不在句法上作为某一情态范畴的标记。黎锦熙（1924）认为助词在语法和语义层面均没有意义，仅仅代替一种符号的作用来表达说话人的神情和态度。王力（1943）将语气词看作汉语情绪的表达手段之一，认为语气词的作用只是在语调的基础上强化情绪。胡明扬（1987）将句型、语调与语气词三者区分开来，以语气词"吗"为例，将其按照"肯定句/否定句＋疑问语调/陈述语调＋吗"的形式分为四类进行讨论，由此可以看出其认为句末语气词可以和多种句型共现，因此并不标示句类。以胡裕树（1995）为代表的研究者对语气与口气进行了区别：陈述、疑问、祈使、感叹属于语气部分；句中情感色彩的种种表达属于口气，即疑问、祈使属于语气，情感态度属于口气的范畴。左思民（2009）认为句末语气词只表达口气而不表达语气，同样并未起到标示句类的作用。赵春利（2020：44）采用了语体语法的视角，将疑问助词的功能定位为"显示"功能，认为句末语气词属于功能性的语义特征，并不具有独立的意义，句末语气词的功能在于使某些小句"显示"出一定概念性的语法意义，这一观点进一步弱化了句末语气词在标示句类方面的语法功能。

部分研究者还在功能视角下研究句末语气词，关注说话人出于何种认知心理使用何种语气词，并从概念、人际、指称三大元功能的角度对语气助词做出描述。齐沪扬（2002：141）将语气词视为一种功能语气，是表达说话人针对命题的某种主观的态度，具有表意功能、篇章功能和完句功能。徐晶凝（2008：28）将句末语气词视为一种"表现方式"，在语法和语义上都是不必要的，在语用层面则是必需成分。关于语篇功能独立研究的最具代表性的是方梅（1994：129）进行的句中语气词的篇章功能分析，即句中语气词是划分主要信息和次要信息的标志，研究将语篇功能纳入了语气词的研究视角。综合上述功能视角下的分析，可以发现，此类研究往往将说话人的意图作为句末语气词描写的主要维度，同样认为语气助词并没有标示陈述、疑问等句类的作用。

### 2.2.2 互动视角下的语气词功能研究

综上所述，可以看到，研究往往基于书面语观察总结而来。将上述结果应用于在线生产自然口语的观察，就会发现，此类研究的结论并不能解释日常自然会话中的所有情况。以疑问语气词研究为例，受到句型的影响，前人多从"获取信息""提请确认"的角度研究，但在日常会话中，我们发现，疑问句也可以出现在回应话轮中，而疑问语调或疑问的语法形式有时可以承担"答"的功能（徐晶凝、许怡，2021：13）或作为一个低确认程度的回应出现（谢心阳，2018：83）。因此，采用互动的视角关注自然口语中的句末语气词在序列分布、社会行为和认知立场等方面的表现是十分必要的。

下文将以互动视角下汉语句末语气词研究为主，对照外语研究梳理目前研究成果。

（1）汉语研究

在话轮和序列的组织方面，研究者认为句末语气词与话轮转换的投射密切相关。汉语中的句末助词，尤其是句末语气词往往出现在话轮末，标志着可能出现的话轮转换空间。李晓婷（2020：61）在对6759条顺利进行话轮转换的语料分析时发现，近36%的话轮转换位置上出现了句末语气词作为句末助词的主要组成成分，这也就说明句末语气词的使用是标志话轮结束的主要手段之一。

在社会行为方面，方梅（2016：67）以"呀、哪、啦"为例对北京话语气词变异形式的互动功能进行研究，发现与语流音变不相关的语气词，使用上出于言谈互动需求，总是与行为密切相关。"哪"除了作为"呢啊"合音表达寻求信息，还可以表示指责、问候等行为。同时，在文章结尾研究类别动词与语气助词搭配时，作者还注意到了不同语调对于行为类别的影响：如上课哪↑（表示语调，后同），表示宣告、质疑；上课哪↓，表示确认；等等。

在认识立场与情感立场方面，崔希亮（2020：50）讨论了句末语气词与言者态度之间的关系，认为句末语气词除了表达情态意义，更重要的是表达言者态度，涉及说话人的立场、观点、态度和预设等方面。高增霞（2016：80）基于电视剧语料对"吧"字句进行分析，将"吧"视为建立"即时联盟"的互动标志。徐晶凝和许怡（2021：13）基于影视剧语料研究了"啊"字是非问与纯语调是非问在不同会话序列中的分布和功能，总结出含有"啊"字是非问句相较于纯语调是非问句可以实施的三种言语行为：寒暄、断言和指令；同时说明两种疑问句所传达的疑问程度与立场联盟也有所不同：含有"啊"的疑问句疑问程度较低并且往往表达"弱不一致"的立场。

（2）外语研究

在比较汉语与外语句末语气词功能时，我们发现，句末语气词在功能和行为上存在着一定的跨语言的共性。由于句末语气词的独特性，国外研究相对较少，具体集中于对话轮末小品词（final particle）的描写。

在话轮组织方面，研究者认为话轮末小品词在话轮转换和传递认识立场上有着重要的作用（Enfield et al., 2012）。Tanaka（2000：1）在对日语的句末助词研究时发现，句末助词往往标记着即将到来的话轮转换空间。在认识立场方面，Hayano（2013）在研究日语的评估序列时发现，当说话人在认识上的优先级高于听话人时，往往会使用"yo"作为句末助词；当说话人和受话人认识水平一致时，往往会使用"ne"作为句末助词。Enfield 等（2012：197）对于芬兰语中句末语气标签进行分析，总结出了九个语气标签，表示不同的语义，这里非常类似于语气助词，但是在韵律上语气标签与前面的小句是分离的，与汉语中附着性很强的句末语气词不完全相同。在语气助词与句末调的关系方面，Couper-Kuhlen（2018）认为小品词丰富的语言可以使用不同的词汇手段来区分语气，而小品词相对不丰富的语言只能通过韵律变化等其他方式区分语气。

综上所述，无论是否标记句类，句末语气词相较于传递语义方面的命题真假性，更加倾向于语用方面的互动交际性，是会话参与者实施不同行为，表达认识立场、情感立场时使用的重要语言资源与手段。

# 3. 句末调研究

## 3.1　外语句末调理论研究

国外对于句末调的研究主要集中于英派的"语调构造理论"和美派的"自主音系音段理论"两个方面。

英派的语调构造理论以"调核"概念为中心，研究调核及其他部分的音高变化。Palmer（1922）提出调核概念，构建了英语的语调结构，并在此基础上提出了调冠、调头、调身、调核、调尾等一系列术语。Halliday（1967）在调核理论的基础上构建了调群理论，并提出了英语语调的五个基本音调，同时，认为调尾为调核段末尾音高的延续，其曲拱走向不具有独立的地位。

Bloomfield（1993）在对英语音高的研究中认为英语的音高音位用于标记句末，区分陈述句、是非问句和特指问句。后来的美派自主音系音段理论方面，特别是Pierrehumbert（1980）在其博士学位论文《英语语调的语音与音系》一文中，以英语为研究对象，较为系统地提出语调包含"音高重音"、"短语重音"和"边界调"三类不同的音高事件，区分了四种（广义）边界调分别对应降尾、高升尾、低升尾及平调尾。Pierrehumbert认为边界调能实现调群切分，有表达语气和语篇的功能。Ladd（2008）正式提出"语调音系学"的概念，将Pierrehumbert的三类音高事件简化为音高重音与边界调两个概念。

两个流派对句末调的研究在一定程度上达成了共识：句末调有划分语篇和表达情感态度的作用。句末调下降一般表示完成或确定的语气；句末调上扬一般表示未完成或疑惑的语气。

### 3.2　汉语句末调理论研究

国内研究方面，赵元任是句末调的第一位提出者，提出了"代数和"的观点，认为耳朵听见的总的语调是那一处地方特别的中性语调与比较普遍的口气语调的代数和（赵元任，2002：262），"代数和说"与"波浪说"和"橡皮带说"共同描写了语调叠加的形式。通过分析学习汉语的西方学生的发音偏误，发现在汉语中不能仅仅使用句调而排斥字调，认为"坏"出现在悬念子句的末尾，应该保持下降的语调；"好"出现在结论子句的末尾，应该保持上升的语调（赵元任，2002：745）。这一观点再一次点明了汉语声调和语调的关系。另外，在介绍汉语常见的两种调群调节时，赵元任（1932）认为汉语中所说的升/降调尾与英语中的升/降调尾概念不完全相同，汉语中的调尾变化实际上是语调对于句末音节的调节。胡明扬（1987）通过自省研究北京话语调的特征，认为北京话的音高问题不是"升"或"降"的问题，而是句末音节音高抬升的高低问题。

沈炯（1994）继承和发展了赵元任的语调观，将句末调语调描写推广到了全句的语调描写：在声调音域描写中，将赵元任"橡皮带说"中调域的加宽收窄和调阶的整体抬高降低总括为高低音线变化情况，以此观察语义重音与节奏变化；同时，他还从语调单位整体调节的角度描写了不同的口气语调，并说明了口气语调对于句末音节的影响，认为句末最后一个音节的低音线很容易受到口气语调调节的影响。

沈炯（1996）在其语调构造理论中将语调分为调冠、调头、调核和调尾四个部分，还对汉语语调中的尾音类型进行描写，认为尾音的变化会在句末产生附加口气。与赵元任语调观点类似，沈炯认为"连续叠加"的上升尾音和下降尾音属于"寄生音段"，在词汇学层面起语义作用，不属于整句性的语调调节。

吴宗济（2004：305）提出了"变调块"和"移调说"，将超出通常范围的尾部变调的升与降比作乐谱中超出音节的"收束调"。在研究方法上，将句子分为若干个基本调群单元（PC）以及可能存在的句尾变调（ED），探究不同基本调群单元的调域转化成半音后的整体移动情况。同时，通过选择不同语气的语料进行分析发现，不同语气下的半音调域非常稳定，只有句尾走调部分发生变化。

林茂灿（2004：57）把 AM 理论的"边界调"概念引入汉语语调的研究，将携带疑问信息音节的调子定义为"边界调"，研究句末音节即边界调音高曲拱点的高度和斜率大小对句子语气的影响，并认为边界调对区分汉语疑问句与陈述句的作用是"主要的、起决定性的"。蒋丹宁、蔡莲红（2003：194）认为，"无论在语气感知还是在语气分类中，声学特征和语气之间的映射关系均与语句末音节的声调相关"。

综合以上观点，我们认为，汉语虽然与英语等非声调语言有着一定的不同，但同样存在句末调，句末部分的音高调节在标示句类、表达情感态度等方面具有重要的作用。

### 3.3  互动视角下句末调研究

互动视角下句末调研究主要集中于外语中的讨论，认为句末调在话轮构建、行为实施和立场表达上均具有重要的作用。

首先，在话轮构建方面，Selting（1995：298）在对北部标准德语的句末调进行考察时发现，德语中句末调持平或轻微上扬可以用于表示话轮的保持，下降的句末调往往意味着话轮的结束。另外，书中介绍了多种语言句末调与话轮之间的关系，并认为句末调是实现话轮完成的手段，但实现方式随着语言的不同而不同。除了一般的话轮保持或让出，上升下降的句末调还可以用于区分小句首扩展"左错位"（left-dislocation）中有指称的介绍和无指称的介绍：有指称的介绍往往跟随一个下降的句末调，无指称的则相反（Geluykens，1992）。

其次，不同的句末调可以表示不同的功能。在一些语言中，说话人可以通过边界调的升降来区别"告知"和"疑问"。不同类型的升降调还可以用于区别不同类型的修复：在他人引发的修复中重复部分的上升边界调被认为是听话人提请的关于听感的检查。在相同的句法手段下，不同的句末调会产生出不同的功能。Laury（2012：213）对芬兰语条件小句和下降的句末调同时出现的情况进行考察，发现当二者同时出现时，往往产生新的互动意义。对听话人来说，下降的句末调投射的是义务角度而不是传统意义上的认知角度，即句末为下降调的 jos/if 小句独立出现时，往往被理解为"要求"或"建议"。

再次，句末调还可以用于表示说话人的认知状态。在研究英语他引修复中，研究者发现修复发起者所提出的"候选理解"（candidate understandings）的边界调与说话人的认知状态有关：当边界调为上升语调时，说话人的认知状态为［K-］；当边界调为降调时，说话人的认知状态至少是部分的［K+］（Couper-Kuhlen，2018：181）。

同时，在在线生成口语语料中，研究者发现，上升句末调与疑问、下降句末调与陈述并不构成一一对应关系。Couper-Kuhlen（2012：123）通过对英语广播电台电话语音的分析，发现英语中是非疑问句句末上升和下降语调出现的频率是相等的。由此，对英语句末调作出总括性的描写，认为不仅要将句法和句型纳入考虑范围，还要考虑到说话人的行为类型和认识立场，这样的研究角度可以为互动视角下的汉语研究提供参考。

在研究中发现，汉语互动视角下的研究多着眼于不同行为下的序列位置和语法手段的使用，对于语音手段的研究较少，对声学特征的描写比较宽泛。因此，未来互动视角下句末部分语言资源研究可以将视角放在韵律手段上，研究在不同的话轮构建和立场表达中音高、音长、音强等语音手段的作用。

## 4. 句末语气词与句末调关系研究

如前所述，在关于句末调的观点中存在着两种不同的看法，即句末轻声音节是否可以携带语调，这导致了不同研究者对于同样具有轻声性质的句末语气词的声学特征研究方法的不同。

## 4.1 句末调由句末非轻声音节携带

贺阳、劲松（1992：71）通过实验分析证明，对不同功能句型有区别作用的语调主要是句末语调，一般指的是最后一个语汇重音至句末的部分。这也就意味着持有以上观点的研究者认为，句末语气助词的出现并不影响句末调的韵律表现。此类研究者在研究时往往将句末语气词排除在外，只考虑音高作为唯一的语义实现形式，或者认为句末轻声的语气词在语调上是不独立的，其音高特征只由句末非轻声音节决定。

吴宗济（2004）按照句中有无语气词或代词的出现来区分疑问句，将带有句末语气词的问句与语调疑问句对立起来研究。阮吕娜（2004）则是直接将疑问句分为有结构标记的疑问句和无结构标记的疑问句，研究仅通过韵律手段来表达的疑问语气。林茂灿（2012：219）将对无标记疑问句的研究归入"功能语气"研究之中，所谓"功能语气"是指"完全依靠语音音高等声学参数引起的语气，不讨论带语气助词和语法标志等的语气问题"。

沈炯（1992）认为，句末语气词一般是轻声，从对偶音高的角度对该类词语的音区特征进行描写，认为语音特征由前字声调决定，与语调无关；沈炯（1994）在研究中对句末语气词与句末调共现的情况也有所讨论，认为此类情况往往会增加特殊的口气，如表达关心、迫切等。

熊子瑜、林茂灿（2003：257）基于朗读语料研究语气词"ma0"的疑问用法和非疑问用法，研究发现表达不同语气的"ma0"有不同的语音表现：在疑问语气中具有"高平、速升、缓降"的特点，在陈述句末具有"低平、缓升、速降"的特点。作者认为，产生上述不同特点是因为其受到了不同句调的影响，起区别语气作用的仍然是句调，与语气词无关。同时，他们基于电话语音语料库对助词"啊"进行分析，发现当"啊"作为句末语助词出现时，语气的变化不影响"啊"字语调上的表现。陈玉东、任倩楠（2016：70）基于广播电视语料对含有"呢"字的特指问、选择问、反问、感叹和顿歇五种类型进行声学分析，发现"呢"字在这几种类型间没有显著性差异，"呢"前音节的声学表现则会显示出不同类型之间的渐变性。

## 4.2 句末调可以由句末轻声音节携带

有观点认为句末语气词的语调是独立的，可以负载一定的韵律特征以及语义信息，即，研究者认为语气词的出现在一定程度上影响了句末调的表现，二者共同作用，呈现出整体性的表现。在研究中，持有此类观点的研究者往往着眼于句末调和句末语气词整体的韵律表现，即研究不同行为或语气下句末语气词的语音特征。

江海燕（2006：69）认为句末轻声音节可以负载语义，将疑问句和陈述句的句末轻声音节进行剪辑互换并进行听辨实验，实验结果证明，处于句末的轻声音节对于语气的实现具有决定性作用。由于句末语气词是轻声音节的一种，有理由推知，句末语气词同样可以独立负载语义。张彦（2008：53）将发音人自然朗读语料中乞免语气与劝阻语气下的句末助词"了"剪辑、替换并进行听辨实验，实验结果证明句末语气词可以独立负载相当多的语气信息，有时候甚至可以超过主句所承载的语义信息。

持有以上观点的研究者往往关注句末调与语气词共现的情况。

高美淑（2001：160）以"了""吧"为代表，采用对比的方式研究了两个句末助词在祈使、陈述、疑问语气中的音高和音长。研究发现，同一句末语气词在不同句类中的音长以及音高降幅有所不同。江海燕（2006：69）通过将含"呢"的疑问句同与陈述句同形的疑问句以声学实验的方式进行基频对比，认为在表述疑问语义时，疑问语气词兼有负载句末调和承担疑问信息的双重作用。顾文涛（2006）使用command–response 模型对粤语中句末语气词与边界调共现的情况进行研究，发现疑问信息主要集中于句末，尤其是最后一个音节上。句末语气词的语调特征是疑问句语调识别的重要标志之一，说明句末助词在语调上具有一定的独立性，并不完全是依附于句末调的轻声成分。杨纯莉（2016：164）对疑问句末语气词"吗"进行实验研究，认为疑问句的轻声音节是疑问语气的主要承担者。在对"吗"字调型的研究中，作者发现，"吗"在作为轻声配合前字调型变化的同时，在音节末产生出"缓升"的特点，即"吗"在配合语调表达之外，还具有语气表达功能的独立性，这一发现也为赵元任语调"连续叠加"的看法提供了支持。李欣然（2019）在硕士学位论文中以"吧"和"吗"为例，采用实验的方法对普通话语调短语末边界和语气词的音高进行研究，发现句末语气词的音高具有一定的自主性。杨国文（2021：87）认为小句末尾的轻声音节也可以携带语音特征，承担小句尾调的音高变化，主要起携带语气的作用。

另外，还有一些研究者从句末语助词的产生机制和声调语言特点的角度论证语调与语气助词在功能上互补，呈现出此消彼长的态势，换言之，句末语气词的出现抑制了句末调的表达。Yip（2002）在文章中提到，许多声调语言（lexical tone language）为避免声调和语调之间的冲突，往往会使用句末小品词。冯胜利（2015：52）认为语气词可以分析为语调的一种变体，句末语气词和语调是句标短语（p）层面同一机制产生出来的不同结果。

分析以上文章可以发现，大多数研究者往往将研究重点与对比分析的基础聚焦于句法结构上的一致性，而忽略了实际应用中相似结构下的功能和语义的细微不同。以语气词"吗"为例，在研究句末语气词的韵律特征或研究句末语气词是否可以携带语调时，研究者往往将陈述句、语调疑问句与含有"吗"的是非问句进行对比，将其不同点视为语气词的韵律特征，或以含有"吗"的疑问句在韵律上的变化弱于语调疑问句为论据，证明语气词分担了一部分表达语气的功能。但事实上，语调疑问句与含有"吗"字的一般疑问句的区别并不仅仅在于句末是否存在语气词，正如部分学者指出的，疑问句的不同怀疑程度往往对应着特定的疑问句类别，语调是非问有明显的"倾否"倾向，而含有"吗"字的疑问句则有中性的"求答"语义，具有更少的怀疑和惊讶（刘月华，1988：25；邵敬敏，2012：569），也就是说，二者的情感和功能都有细微的差别，相应的韵律特征也有细微的不同，单纯将含有语气词的疑问句和语调疑问句进行对比分析，无法准确地判断韵律之间的差异究竟是由语义的不同带来的，还是"吗"分担了一部分疑问功能而带来的。

若想对这个问题进行优化，还是要引入"互动"的概念，从功能和行为入手，对自然发生口语中出现在相同位置、具有相同功能的语料进行比较与分析，进而对句末语气词的韵律特征进行更加深入的描写。

# 5. 结语

在汉语中，句末语气词与句末调在标示句子结构、表达说话人情感态度方面起到了非常重要的作用，具有很高的研究价值。本文对句末语气词、句末调以及互动视角的相关研究进行了简单回顾，内容涉及形式、功能、研究方法和研究思路等各个方面。

通过回顾与梳理，我们可以看到，首先，句末语气词是一个较为封闭的系统，研究者往往针对系统中某一具体要素，对其语音、句法形式与功能特征进行尽可能穷尽的描写。从前文关于句末语气词的研究中可以看出，虽然各位研究者对不同的语气词进行了较为详尽的描写，但就语料而言，多为实验室合成的语料或者朗读语料和电视剧语料，缺少自然性，同时缺少在线生成口语中互动视角下的描写。正如方梅等（2018：1）所提到的，现有的研究多是以独白性的文本居多，对话性的文本较少，在语料的选择上有着"去语境化"和"书面语"的倾向。同时，在语义与功能的判断上，多是基于研究者作为母语者语感的自省，缺乏统一的判断维度与标准。语言作为人类重要的交际工具，从本质上看具有交际性。另外，由于句末语气词灵活、多义的特点以及其作为情绪表达手段的性质，在研究中引入互动的观点是十分必要的。

其次，句末语气词和句末调有着相当类似的分布和功能，因此，二者共现时的形式与功能也是研究者研究的重点，不同学者的研究方法与出发点各不相同，但我们大致可以看出，当句末语气词与句末调共现时，往往会伴随更加丰富的功能特点与情感表达，所以二者共现情况下的声学特征与功能特征及其关系就具有很高的研究价值。在分析前人研究的基础上，我们发现，在语音特征描写上，音高作为研究观察中较为稳定且易于控制与调节的参数，往往是研究者描写与解释的重点，但声调变化的实现不仅仅是基频的作用，音长等其他音质、超音质成分也是帮助实现声调或语调的重要成分（冯胜利，2015：52）；从沈炯的双线模型中我们也能看出，低音线的下延与节奏有关，语调方面的部分音高表现可以视为时长表现的伴随特征；另外，额外延长的音长往往会带有独特的语调特征（赵元任，2002：729），这些也证明了时长因素在语气表达上可能产生一定的作用。

最后，随着互动语言学的发展，研究语料从传统的书面独白文本扩展到在线生成的真实口语语料，研究对象与内容在数量和形式上有了进一步的扩展，研究者往往会观察到形式更加灵活、功能更加丰富、情感更加多样的语言现象。同时，研究者在传统研究视角的基础上，采用互动语言学的研究思路，从行为、认知立场、情感立场等方面入手，为传统的研究提供了新的视角与新的维度，从而对更多形态变化和功能特征的语言现象进行互动语言学视角下的分析，以期有更加完整而全面的研究与发现。

# 参考文献

曹文，2007，《赵元任先生对汉语语调研究的贡献》，《世界汉语教学》第 4 期。

陈虎，2008，《语调音系学与 AM 理论综论》，《当代语言学》第 4 期。

陈虎，2009，《英语语调研究百年综论》，《解放军外国语学院学报》第 3 期。

陈玉东、任倩楠，2016，《带"呢"句子的韵律特征分析》，《中国语文》第 1 期。

崔希亮，2019，《汉语语气词"～嘛"的情态意义》，《语言教学与研究》第 4 期。

崔希亮，2020，《语气词与言者态度》，《语言教学与研究》第 3 期。

邓思颖，2019，《句末助词的冷热类型》，《外语教学与研究》第 5 期。

方梅，1994，《北京话句中语气词的功能研究》，《中国语文》第 2 期。

方梅，2016，《北京话语气词变异形式的互动功能——以"呀、哪、啦"为例》，《语言教学与研究》第 2 期。

方梅、李先银、谢心阳，2018，《互动语言学与互动视角的汉语研究》，《语言教学与研究》第 3 期。

方梅、谢心阳，2021，《汉语对话中问句的解读——以反问句和陈述式问句为例》，

《汉语学报》第 1 期。

冯胜利，2015，《声调、语调与汉语的句末语气》，《语言学论丛》第 51 辑，商务印书馆。

高美淑，2001，《汉语祈使句语调的实验研究》，《新世纪的现代语音学——第五届全国现代语音学学术会议论文集》。

高增霞，2016，《从互动角度看"吧"的使用》，《福州大学学报》( 哲学社会科学版 ) 第 3 期。

郭红，2012，《汉语传信语气词"嘛"和"呗"》，《首都师范大学学报》( 社会科学版 ) 第 5 期。

郭锐，2000，《"吗"问句的确信度和回答方式》，《世界汉语教学》第 2 期。

何文彬，2010，《现代汉语语气助词基本功能研究综述》，《乐山师范学院学报》第 8 期。

贺阳、劲松，1992，《北京话语调的实验探索》，《语言教学与研究》第 2 期。

胡明扬，1981，《北京话的语气助词和叹词》，《中国语文》第 5 期。

胡明扬，1987，《北京话初探》，《胡明扬语言学论文集》，商务印书馆。

胡裕树，1995，《现代汉语（重订本）》，上海教育出版社。

江海燕，2006，《语气词"呢"负载疑问信息的声学研究》，《首都师范大学学报》（社会科学版）第 4 期。

蒋丹宁、蔡莲红，2003，《汉语疑问语气的声学特征研究》，《第六届全国现代语音学学术会议论文集（上）》。

乐耀，2016，《从互动交际的视角看让步类同语式评价立场的表达》，《中国语文》第 1 期。

黎锦熙，1924，《新著国语文法》，商务印书馆。

李大勤，2001，《"WP 呢？"问句疑问功能的成因试析》，《语言教学与研究》第 6 期。

李欣然，2019，《普通话语调短语末边界和语气词的音高实验研究》，硕士学位论文，中国传媒大学。

林茂灿，2004，《汉语语调与声调》，《语言文字应用》第 3 期。

林茂灿，2012，《汉语语调实验研究》，中国社会科学出版社。

刘月华，1988，《语调是非问句》，《语言教学与研究》第 2 期。

陆俭明，2016，《句类、句型、句模、句式、表达格式与构式——兼说"构式—语块"分析法》，《汉语学习》第 1 期。

罗桂花，2012，《互动语言学：语言产生于互动 互动塑造语言》，《中国社会科学报》

第 7 期。

吕叔湘，1982，《中国文法要略》，商务印书馆。

马建忠，1989/2010，《马氏文通》，商务印书馆。

齐沪扬，2002，《情态语气范畴中语气词的功能分析》，《南京师范大学文学院学报》
    第 3 期。

强星娜，2008，《知情状态与直陈语气词"嘛"》，《世界汉语教学》第 2 期。

阮吕娜，2004，《汉语疑问句语调研究》，硕士学位论文，北京语言大学。

邵敬敏，1996，《现代汉语疑问句研究》，华东师范大学出版社。

邵敬敏，2012，《论语气词"啊"在疑问句中的作用暨方法论的反思》，《语言科学》
    第 6 期。

沈炯，1985，《北京话声调的音域和语调》，林焘等《北京语音实验录》，北京大学
    出版社。

沈炯，1994，《汉语语调构造和语调类型》，《方言》第 3 期。

沈炯，1996，《关于韵律和语调的一些看法》，《第三届全国语音学研讨会论文集》。

石佩雯，1980，《四种句子的语调变化》，《语言教学与研究》第 2 期。

孙汝建，1999，《语气和口气研究》，中国文联出版社。

王波，2020，《再论现代汉语语气词"吗"的用法——基于语料库的分析》，《濮阳
    职业技术学院学报》第 5 期。

王珏，2012，《现代汉语语气词的界定标准》，《徐州师范大学学报》（哲学社会科学
    版）第 6 期。

王力，1943/2014，《中国现代语法》，中华书局。

王力，2001，《王力语言学论文集》，商务印书馆。

王萍、石锋，2020，《汉语普通话不同语句类型的音强分布模式》，《南开语言学刊》
    第 2 期。

王飞华，2005，《汉英语气系统对比研究》，博士学位论文，华东师范大学。

王咸慧，2021，《语气词"嘛"背景信息共识化功能初探》，《中国语文》第 6 期。

王余娟、黄贤军、吕士楠，2021，《疑问语气和焦点对汉语声调音高实现的影响》，
    《声学技术》第 6 期。

王跃平，2020，《试析现代汉语语气形式成分》，《语言科学》第 4 期。

吴剑锋，2016，《语气、功能与句类》，《外语学刊》第 2 期。

吴宗济，2004，《吴宗济语言学论文集》，商务印书馆。

谢心阳，2018，《汉语自然会话中的疑问式回应及其互动功能》，《语言教学与研究》

第 6 期。

熊子瑜，2003，《自然语句边界的韵律特征及其交际功能》，博士学位论文，中国社
　　会科学院研究生院。

熊子瑜、林茂灿，2003，《语气词"mao"的疑问用法和非疑问用法》，第七届全国
　　人机语音通讯学术会议。

熊子瑜、林茂灿，2004，《"啊"的韵律特征及其话语交际功能》，《当代语言学》第
　　2 期。

徐晶凝，2000，《汉语语气表达方式及语气系统的归纳》，《北京大学学报》（哲学社
　　会科学版）第 3 期。

徐晶凝，2008，《情态表达与时体表达的互相渗透——兼谈语气助词的范围确定》，
　　《汉语学习》第 1 期。

徐晶凝、许怡，2021，《"啊"字是非问与纯语调是非问》，《汉语学习》第 4 期。

杨纯莉，2016，《疑问句句末语气词"吗"的音高和语调关系研究》，《第六届东亚
　　汉语教学研究生论坛暨第九届北京地区对外汉语教学研究生学术论坛论文集》。

杨国文，2021，《汉语小句的尾调及末尾音节的声调变化》，《当代语言学》第 1 期。

张彦，2008，《语气词韵律特征研究综述》，《语言教学与研究》第 2 期。

张谊生，2021，《当代汉语新兴助词"哒""滴"的功用、特色与成因》，《语文研究》
　　第 1 期。

赵春利，2020，《汉语句末助词研究的方法论思考》，《汉语学报》第 2 期。

赵春利、方甲珂，2019，《语义语法对句末助词研究的理论价值》，《华文教学与研
　　究》第 1 期。

赵春利、石定栩，2011，《语气、情态与句子功能类型》，《外语教学与研究》第 4 期。

赵元任，1979，《汉语口语语法》，商务印书馆。

赵元任，1929，《北平语调的研究》，载吴宗济、赵新那主编《赵元任语言学论文
　　集》，商务印书馆。

赵元任，1932，《英语语调与汉语对应语调初探》，载吴宗济、赵新那主编《赵元任
　　语言学论文集》，商务印书馆。

赵元任，1933，《汉语的字调跟语调》，载吴宗济、赵新那主编《赵元任语言学论文
　　集》，商务印书馆。

赵元任，2002，《赵元任语言学论文集》，商务印书馆。

朱德熙，1982，《语法讲义》，商务印书馆。

左思民，2009，《普通话基本语气词的主要特点》，载程工、刘丹青主编《汉语的形

式与功能研究》，商务印书馆。

Bloomfield, L. *Language* (London:Allen Unwin, 1993).

Couper-Kuhlen, Elizabeth and Margret Selting.*Interactional Linguistics: Studying Language in Social Interaction* ( Cambridge:Cambridge University Press, 2018).

Couper-Kuhlen, Elizabeth. "Some truths and untruths about final intonation in conversational questions," *Questions: Formal, Functional and Interactional Perspectives* (Cambridge: Cambridge University Press, 2012).

Enfield, Nick J., Penelope Brown and Jan P. de Ruiter. "Epistemic dimensions of polar questions: sentence-final particles in comparative perspective," *Questions: Formal, Functional and Interactional Perspectives* (Cambridge: Cambridge University Press, 2012).

Geluykens, Ronald. *From Discourse Process to Grammatical Construction: On Left Dislocation in English* (Amsterdam: Benjamins, 1992).

Gu,W.,K.Hirose,and H. Fujisaki. "Modeling the effects of emphasis and question on fundamental frequency contours of Cantonese utterances"，IEEE*T ransactions on Audio Speech & Language Processing*, 14 (2006).

Halliday, M. A. K. *Intonation and Grammar in British English* (Mouton, 1967).

Halliday, M. A. K. and William S. Greaves.*Intonation in the Grammar of English* (Hong Kong：Equinox Publishing Ltd, 2008).

Hayano, Kaoru. *Territories of Knowledge in Japanese Conversation.*PhD thesis.(Ph.D. diss., Radboud University, 2013).

Heritage, John. "Epistemics in action: action formation and territories of knowledge"，*Research on Language and Social Interaction* 45 (2012):1–29.

Ladd, D. Robert.*Intonational Phonology* (New York: Cambridge University Press, 2008).

Laury, Ritva. *Syntactically Non-integrated Finnish Jos(if)-conditional Clauses as Directives* （Discourse Processes 49:213–42，2012）.

Li,Xiaoting. *Multimodality Interaction and Turn-taking in Mandarin Conversation.* (Amsterdam: John Benjamins Publishing Company, 2020).

Palmer, Harold. *English Intonation, with Systematic Exercises* (Cambridge: Heffer, 1922).

Pierrehumbert, Jent.B. *The Phonology and Phonetics of English Intonation.* (Ph.D. diss.,Harvard University, 1980).

Selting, Margret.*Prosodie im Gespriich: Aspekte einer Interaktionalen Phonologie der*

*Konversation*（Tiibingen: Niemeyer，1995）.

Tanaka, Hiroko. 2000. "Tum-projection in Japanese talk-in-interaction ," *Research on Language and Social Interaction* 33:1–38.

Yip，Moria. *Tone* ( Cambridge:Cambridge University Press, 2002).

# 附加问研究综述及互动展望

中国传媒大学 周 婷

## 1. 引言

　　附加问是自然口语中常见的句式之一，由前附句子和表疑部分构成，如"明天是星期天是吗"，说话人先说出前附句子"明天是星期天"，表明其对所说内容有一定了解，而后附加"是吗"作为表疑部分，表明说话人虽然对所说内容有一定了解，但不十分确定，需要向听话人寻求回应。附加问属于疑问句，表达的是一种弱问，在实际使用中可以表达多种功能，并具有互动的特性，能让听话者参与到会话之中。此外，附加问在语音上也具有一定的特殊性。由于语言的不同，附加问显示出一定的差异，如英语的附加问有常规型和恒定型两类，常规型就是前后两部分形态变化一致，如"It's a nice day，isn't it?"，而恒定型则是表疑部分不随前附小句的人称发生性、数、格的变化，如"It 's a nice day，right ?"。英语附加问还根据前附小句和表疑部分的肯定和否定形式，区分了极性模式和非极性模式。非极性模式就是前附小句和表疑部分同为肯定或同为否定，极性模式就是两者不一致。汉语附加问前后两部分没有形态变化，且前后句之间的肯定与否没有必然联系。虽然在不同语言中附加问的形式各异，但主要功能都是请求确认。

## 2. 附加问的概念

汉语中这类研究还比较零散，只有一些简短的说明，旨在给附加问下一个定义，这是展开附加问研究的前提。不同学者对附加问的界定有一定的差异。

吕叔湘（1942）最早在介绍疑问句的时候涉及附加问，他将附加问看作抉择问句，认为从意义上看与单纯的是非问句没有区别；徐杰、张林林（1985）认为附加问是传达较低程度疑问的反复问句，前面一般是一个陈述句，请求听话人证实疑点。丁力（1999）在研究"是不是"问句时涉及附加问的例子，指出其焦点在前附句子上。陶炼（1998）则在研究"是不是"问句的时候将相应的附加问归为正反问。徐盛桓（1999）在研究疑问句探寻功能的时候，将附加问归为叠加问——是非问的一个小类，倾向于弱发问。以上研究都是在研究疑问句时涉及附加问，并未直接给出附加问的概念。邵敬敏（1990）则明确把附加问定义为"附加在某个句子后面的一种具有特殊交际功能的疑问句"，并将其归为是非选择问句，他的定义中更多的是强调了表疑部分。黄伯荣和廖序东（2017）、张伯江（1997）则把附加问归为是非问。闫亚平（2014）在邵敬敏的理论基础上，进一步将附加问界定为"在某个句子后面附加上一定的疑问形式，而具有特定语用功能的疑问句"，突出了前附句子的作用。不同学者虽然对附加问的划分显示出一定的差异，但都认为附加问属于疑问句，表达的是一种弱问。

而国外的学者一开始就对附加问有明确的界定。Bolinger（1967）在研究英语中的祈使句时发现，当附加问前附句子为祈使句时，表疑部分的助动词只能用 will，且 you 是唯一出现在表疑部分的代词。Arbini（1969）指出前附句子中的代词形式、助动词以及时态语素这些表层的短语标记影响了英语附加问的深层结构。Ultan（1969）把表疑部分看作一种表达疑问的手段，通常附属于句子；通过比较 79 种语言中的疑问句，指出大概 75% 的语言会使用附加问，并认为可能大多数的语言中都会使用陈述性附加问[①]来请求确认。Couper-Kuhlen 和 Selting（2018）则将附加问理解为小品词，并认为其能使用不同的韵律手段表达多种功能。

# 3. 附加问的类型

这类研究是在附加问概念基础上的拓展，主要是对附加问进行分类，此时的研究还不够深入，只有一些简单的论述。

Huddleston（1970）区分了常规型和恒定型的附加问，指出常规型附加问前后极性相反，而恒定型附加问前后极性一致，并根据前附句子的不同语气来给附加问分类，分别是陈述句、疑问句、祈使句和感叹句。当常规型附加问的前附句子为陈述句时，通常表示寻求确认。Quirk 等（1985）指出附加问是由前附句子和表疑部分组成，前后两部分在性、数和格上要一致。当前附句子为肯定形式时，表疑部分则为否定形式；反之，当前附句子为否定形式时，表疑部分则为肯定形式。而前后两部分均为肯定的附加问不常见，此时没有核心调，与前附句子使用同一个语调，他并未发现前后两部分均表示否定的附加问。此外，他指出表疑部分的核心调在助词上，只有上升和下降两种形式。用上升的语调来请求确认，期望听者确定陈述内容的真实性，而用降调来对陈述加以肯定，有感叹的意味。邵敬敏（1990，1996）则将附加问分为三种格式类型，分别是"X 不 X"疑问格式、"怎么样"以及"嗯""啊"叹词单独构成的附加问。闫亚平（2014，2017）则根据前附句子的类型，将附加问分为陈述性附加问、祈使性附加问、感叹性附加问和反问性附加问，并指出前面所附句子不同时，表疑部分出现的词也会不一样。她根据格式类型把表疑部分分为"X 不 X"式、"X 吗（么）"式、"不 X 吗（么）"式、"X 吧"式、"怎么（怎么样）"式、叹词式和简略式（如"你看呢"）等七种。此外，她还关注到附加问的答语系统，分为自问他答、自问自

---

① 当附加问的前附句子为陈述句时，此时的附加问称为陈述性附加问。

答和不需要回答。

从起初一些相对零散的叙述到对整个附加问进行简单的分类，越来越多的学者注意到了附加问的特殊性，研究也逐渐深入。以上两个方面的研究是一个渐进的过程，先是关注到了附加问，指出附加问是什么，并在此基础上进一步研究其内部组成。值得注意的是，国外在对附加问进行分类时注意到了附加问的语调，而在汉语研究中则很少关注。

# 4. 语用功能

语用功能是附加问研究中最为集中的部分，主要关注附加问在不同情境下的使用，在具体表述上有一定的差别，但基本功能一致。此外，还有对比附加问功能差异的研究，包括不同语言之间的对比及英汉对译。对比不同语言中的附加问，认识不同语言之间附加问的共性和差异，外语研究多侧重于这一方面。

## 4.1 功能的分类

在功能方面，研究者从礼貌程度、情感态度等方面对附加问的功能进行分类，且此种分类存在着跨语言的共性。Algeo（1988）指出，英语中恒定型附加问暗示一个推断或陈述一个显而易见的事实或是表达一个信息请求，此时用升调比降调更有礼貌，同时包含了各种情感态度，如怀疑、不赞同等，还指出附加问具有表请求、表确认、表强制结束、表挑衅的功能。黄建（1994）将英语中常规型的附加问分为询问性、证实性、强调性、武断性和挑衅性的附加问，且这五类附加问礼貌程度依次递减，表明附加问并不都是表示礼貌，也可以用来表示无礼和粗暴。杨世登（2006）指出英语附加问的主要语用功能为信息求证/获取及会话引导/促进，并关注到了中介语中的附加问，指出使用频率低的恒定型附加问出现比例较高主要是为了求取或求证信息。Tottie 和 Hoffmann（2006）则在 Algeo 和 Holmes 的分类基础上将附加问分为寻求信息、请求确认、表明态度以及具有促进性、强制性和挑衅性六类。Holmes（1995）关注的是新西兰语中常规型的附加问，指出新西兰语中附加问的形式和功能之间没有确切的关联，且不同的词汇形式的表现也不相同，将常规型附加问的作用分为表认识状态、表挑战、促进会话和弱化语气。女性常使用促进（或邀请）的附加问，而男性则使用认知类的附加问，并将新西兰语中 eh 看作一种积极的礼貌手段。王凤香（2010）将英语中附加问的作用分为希求信息、鼓励参与、要求注意、终止对话和反击对方，并指出在这五种不同的功能下使用的语调也有所不同，除了第一类使用升调，其余均使用降调。Tomaselli 和 Gatt（2015）则关注到了意大利语，指出部分作为表疑部分的词或短语并未表现出对前附句子的依赖，法语、波兰语、德语和印度语中也是如此，其主要功能为确认说话人的假设、确认听者理解、结束话题、强调话题、听者参与等。魏莉芳（2020）聚焦英国高校研讨课语境，将附加问分为修辞型、确认型以及信息寻求型，其主要功能分别是提请注意、提请确认和提请讲述，还关注到了附加问的答语，分为无回答、单字回答和自由回答。

## 4.2　信息知晓度

这类研究关注说话人的信息状态。当说话人对信息的知晓度比较低时，则会向听话人寻求信息，而当知晓度比较高时，则能表达各类语气。

在外语的研究中，Norrick（1995）以 Hunh 为出发点，指出这类附加问与听说双方所知道的信息密切相关，Hunh 可以用来表明不确定的内容，用于开启一个新话题，经常和 so 一起出现，表示怀疑。Axelsson（2011a）则关注到英语小说对话中的陈述性附加问，指出其在小说中所占比例比较低，而祈使性附加问所占比例比较高，与口语对话中的附加问相比，小说中的陈述性附加问是以听话人为导向且大都是寻求确认，而在口语中则以说话人为中心。Wei Teng、Burn 和 Crezee（2018）则以法律口语课堂的谈话为语料，从跨语言的视角指出口译员在将英语的附加问转为汉语普通话时，会使语句丧失一些原有的语用意义，甚至会出现误解，原本的语用表达可能需要借助一些句法结构来实现。此外，作者还指出使用下降音高的附加问特别具有强制性，因为其传达了说话人的假设，并期望听话人确认。

在汉语研究中，方梅（2005）将"是不是"的线性位置和疑问程度联系起来，指出了"是不是"在共时平面的虚化差异。她指出，"VP+是不是"能确认自己的认识或征询对方的态度，不构成独立的韵律单位，而"VP，是不是"已经不具备疑问或征询的功能，总是自成独立的语调单位。郑娟曼、邵敬敏（2008）则关注到了后附否定标记的"好不好"，这其实是附加问的一种特殊用法，具有提醒、拒绝、申辩和反驳的功能，语气强度是递增的，是由语言接触而引起的，经历了由地域方言转变为社会方言的过程。余光武、姚瑶（2009）同样关注到了"好不好"，并对郑娟曼、邵敬敏的上述观点发出了质疑，认为"好不好"并未起到否定的作用，并非后附否定标记，实际表示的是辩驳语气。她们指出"好不好"是"X不X"附加问的一种，具有征询意见、请求认同、弱化制止强度和表示辩驳语气的功能，这四类功能伴随着疑问程度逐渐减弱的过程。相应的，她们并未将这些功能归为历时变化，而是看作共时层面不同语境下的语用变体，并从交互主观性和面子保全理论方面进行了解释。潘晓军（2009）讨论了表祈使语气的"好不好"，这实际上就是附加问。他根据表达的语气将"好不好"分为委婉型、命令型和反驳型，并指出这与说话人的知情状态密切相关。由于听话人所说内容没有达到说话人的预期，说话人会通过命令、委婉和反驳的方式提出相关的要求，是主观化的一种表现。荣丽华（2012）则从构式角度来看"X不X"，根据听说双方的信息知晓度，将其分为受控确认、互控确认和发控确认三种形式，其中互控确认和发控确认属于附加问，从互控到发控，发话人对信息的知晓度也逐渐增强。

通过前面的论述，我们发现，外语的研究多从某种语言或特定语境入手来观察附加问的功能，涉及的场景众多且主要关注英语中常规型的附加问，而汉语则集中在"X不X"类附加问，从构式、话语情态等角度来观察附加问。

### 4.3　跨语言对比

关于语言间对比研究，首先在汉语与其他语言对比研究方面，李佐文、刘运同（2001）对比了汉语与英语的陈述性附加问，认为陈述性附加问是为了向对方寻求证实，并指出英语中常规型附加问语调的不同表明了发话人对陈述句中的命题肯定程度的差异，即降调比升调更加肯定。英语和汉语中的附加问均在寻求证实的基础上，表达礼貌和尊重、协助对方表达和交流等。徐雪英、吴姝菲（2021）以英译研究为着眼点，指出《半生缘》的译本中确认型的附加问所占比重最高，其他功能也具有确认的倾向，在表示缓和语气的时候，多使用非极性附加问。

在其他语言间对比研究方面，Tottie 和 Hoffmann（2006）对比了英式英语和美式英语中的常规型附加问，指出英式口语中的附加问数量是美式英语附加问的 9 倍，常规型附加问在两种语言中都很常用，但美国人更常使用前否后肯的结构，而英国人更常使用前后均为肯定的结构；就表疑部分而言，在英语中多使用 have，而在美语中多使用 do。在美式英语中，主要使用促进会话的功能，而在英语中，确认性和表态的用法占了很大的比例。年纪大的人更多使用附加问。Axelsson（2011）以跨语言的视角关注了常规型的附加问，基于表疑部分与前附句子的关联性，提出表请求确认的附加问分类方法，通过对比十几种语言，指出这种语法依赖的层级是极性＜时态＜数/人＜性。Takahashi（2014）对中国香港、菲律宾、印度和新加坡四地的英语进行了对比研究，指出附加问在新加坡英语中出现的次数最多，亚洲英语中前附句子倾向于使用肯定的结构。在表疑部分方面，新加坡英语和中国香港英语则更喜欢用肯定形式，而菲律宾英语和印度英语喜欢用否定形式。

在对比研究方面，在汉语研究中，研究者主要以英语附加问为参照，对比汉语和英语中的附加问的共性和差异。在外语研究方面，无论是对比内容还是对比项目都更加丰富而具体，对不同国家的语言、同一语言下的各类变体都进行了充分的比较，对不同语言中附加问的使用情况都有具体的论述。

# 5. 语法化角度

对附加问语法化的研究主要关注附加问是如何产生的，在纵向的视角下观察疑问句的形式及相应的功能变化，观察附加问是如何在这一过程中得以出现的，这也是这类研究的主体，此外还存在少量的语言间附加问语法化的横向对比。

在汉语研究中，李咸菊（2009）以说话人传递的某个疑问信息或疑问重点为参照点，探究了"是不是""是吧"虚化的过程，指出随着句法位置的后移，疑问功能逐渐减弱。而"是不是""是吧"转移到疑问信息或疑问重点后面的时候，附加问就出现了，此时的"是不是""是吧"与前附句子的结构会变得松散。王琴（2012）则关注到"行不行"，指出随着"行不行"由句内成分到句外成分的变化，语法化程度不断加深，并从经典著作中检索语料，发现在清代时"行不行"出现了附加问的用法，表示征询，有商量的语气，其与前附句子间会出现短暂的停顿，书面书写时会用逗号隔开。闫亚平（2019）则从疑问程度出发，指出附加问是从"全疑而问"到"信疑参半而问"过程中出现的。这一过程伴随着发话人主观自我上"信"的增强，经历重新分析和整合而来。随着主观化的继续加深，从"信疑参半而问"走向"无疑而问"甚至是"不疑而问"，表疑部分的语音也发生变化。

在外语研究中，牛保义（2001）比较了英语和汉语中附加问的语法化，指出构式块、认知图式、实在式是英汉附加问语法化的主要方式，且英语附加问的语法化程度比汉语高。牛保义（2005）对英语附加问的演变过程进行了说明，指出英语附加问是从陈述句和疑问句所组成的话语中产生的，其是探询和陈述两种言语行为此消彼长的结果，其中占据优势地位的言语行为代表句子的语义指向。当陈述占据主导地位时，附加问表示证实、同意或接受；当探询占据主导地位时，附加问具有请求回答的功能。Gomez Gonzaleza 和 Dehé（2020）把没有回应的附加问当作语法化的话语标记之一。

# 6. 互动视角

话轮是会话中的重要单位，Sacks 等（1974）注意到话轮转换系统，关注会话中的参与者及其行为，探究句法单位是如何构建话轮以及话轮是如何推进的，并指出会话的互动性特征使参与者可以表达自己的理解，而参与者对上一个话轮的理解还与下一个话轮的构建密切相关。这类研究也是以此为出发点的，并关注到会话双方。

梁丹丹（2006）在关注会话中的"对吧"时涉及附加问，指出当"对吧"处于话轮结束位置和独立构成话轮时，属于疑问项，需要听话人确认，是一个可能的话轮转换信号。高华（2009）从话语情态入手，指出"好不好"附加问是在寻求许可的基础上，演化出提请注意的功能，并虚化成为话语标记，其中交互主观性是产生这种演变的主要原因。在语音形式上，"好不好"表示寻求许可的功能时，紧跟前附句子，也可以出现短暂停顿；当表示提请注意的功能时，"好不好"与前附句子连接紧密，两者之间不出现停顿。高华、张惟（2009）指出附加问的主要功能是寻求核实和请求允可，并结合会话分析的方法，指出附加问与交际双方的互动是密切相关的，说话人说出自己的观点后，寻求听话人对自己交际意图的确认，以推动会话顺利进行，并从寻求核实类的附加问中进一步引出了寻求认同的用法，指出寻求认同的功能是从寻求核实类中发展而来的。李宗江（2013）在探究疑问小句话语标记功能时指出附加问具有话轮转换、求应功能和填补思维空白的功能，其疑问形式和疑问内容是依次虚化的。在表示话轮转换时，表疑部分是附于前附句子的，一般与前附句子之间没有停顿，书面书写时用逗号，但并不标示其前必须停顿。求应功能的疑问语调比话轮转换功能要弱一些，表疑部分前后都有停顿，多数前面有逗号或句号。当表示填补思维空白时，则读得最轻，疑问语调也不完整。闫亚平

（2015）指出附加问具有人际沟通与互动功能和语篇连贯功能。在人际沟通与互动功能方面，又具体表现为求取核实、认同，具有希求应允和调节语气等功能。在语篇连贯方面，能够启动话轮、润滑话轮和自然巧妙引进第三方。附加问前附句子的语义内容和表疑部分中词的语义性质对整个附加问的语用功能有着重要的制约作用。此外，发话人的性别和地位的差异也会对语用功能产生影响。王森（2017）指出"X 不 X"附加问的话语功能是征询允准、建立互动、增强语气和话语填充。当具有增强语气的功能时，"是不是""对不对"与前句之间有明显的停顿，是独立的语调单位，而"行不行""好不好"则与前附句子结合紧密，并表达一种强烈的感情。卢勇军（2020）指出附加问核心的交互功能是提请注意。从 A、B-events 理论出发将事件信息分为言者事件信息、听者事件信息、共知事件信息和常识信息，并结合附加问在话轮所处的位置，以及出现的事件信息类型，指出当附加问位于话轮尾时发挥的是要求听者予以确认、求同意以及求反馈的功能。当位于话轮中时，则不要求听者回应，把位于话轮首的附加问看作一种省略，认为这类附加问是言者以重复的方式来强调自身的权威性。言者对附加问的知晓度都很高，但在交际中会调整确信度以推进会话。闫亚平（2020）从会话和语篇的角度入手，除关注话轮之外，还关注到话串，将范围进一步扩大，指出当附加问居于话轮和话串的不同位置时，其语用功能是不一致的，并从语篇连贯功能和人际沟通与互动功能两个角度进行解释。Sacks 等（1974）指出了附加问在话轮中能够帮助构建话轮、投射下一话轮并指定下一说话人。Kimps（2018）则对会话序列中的毗邻对、话轮和回应三方面有具体论述。在毗邻对方面，指出附加问与毗邻对、紧邻的话轮的结构密切相关。在话轮方面，指出附加问主要位于话轮尾和话轮的中间，处于话轮尾时则听话人会立刻接过话轮；处于话轮中时可以更改前附句子中的命题信息，前附句子也可以出现停顿，允许听话人开启新话轮，可以看作话轮让出的一种手段，这与 Couper-Kuhlen 和 Selting（2018）的看法是一致的。在附加问的回应方面，在有回应时，可以分为确认、分歧或不确认；如果没有回应，重要的是确认说话者是不是故意不回答。

互动方面的研究，都是以话轮为基础的。通过话轮的不断转换和开启，互动得以继续。通过观察附加问在话轮中所处的位置来确认其功能，随着研究的深入，观察越来越细致，其视角越来越多元。

# 7. 韵律特征

在韵律方面，汉语和外语的研究显示出很大差异。汉语附加问还未出现专文进行研究，只是在讨论功能时偶有提及，而在外语特别是英语的研究中，已有一些详细的论述。

在汉语研究中，邵敬敏（1990）指出汉语可以根据不同的语用意图来表明肯定和否定，而英语则通过语调的升降来实现，他还关注到附加问的口气表达，但并未对语调作进一步探究。此后，汉语附加问的研究也主要聚焦其功能，没有对韵律进行深入研究。而在外语的研究中，从一开始就关注到附加问的韵律表现，关注表疑部分末尾语调的升降与功能之间的关系，随着研究的深入，逐渐跳出了表疑部分，对附加问前附句子的音高有所涉及，对附加问的认识也越来越深入。

在外语研究中，Dehé 和 Braun（2013）指出韵律表达和语调的实现密切相关，具有独立语调单元的附加问多使用下降的语调，而非独立语调的附加问则通常使用上升的语调。该文进一步指出常规型附加问常使用独立的语调，且当表疑部分为否定时，更多使用独立的语调。处于句法短语或从句末尾的附加问使用独立语调单元的频率高于位于短语中间的附加问。此外，动词的类型也会影响附加问的韵律表达，如 have 和 do 比 be 动词和情态动词更常使用独立的语调。Kimps（2018）在总结前人研究的基础上进行了进一步的论述，将表疑部分和前附小句结合起来，关注语调单元的边界。在附加问的前附句子和表疑部分的音高方面，她指出表疑部分主要使用下降的音高运动，这也是以往学者研究得出的共识。她还统计出前附句子和表疑部分的音高组合模式的频率，其中，前附小句下降的音高和表疑部分下降的音高出现频率最高，其次是音高下降和上升的组合，并认为这种差异与说话人对信息的知晓度密切相关，上升的语调是说话者不知道，因此不得不问，而下降的语调则是因为说话者对信息有一定了解。Gomez Gonzaleza 和 Dehé（2020）关注到了英语中常规型的附加问，从重音位置、边界调、语调曲拱和表达（phrasing）四个因素入手，并结合不同的认知立场，指出除边界调外，韵律变量（表达、重音位置和语调曲拱）与立场有显著的相关性，还发现常规型的附加问经常使用独立的语调单元，并且这些具有独立语调单元的附加问的前附句子的边界调会降到很低。此外，常规型的附加问，其立场意义的实现与表疑部分中的助动词、前附句子和表疑部分的相对位置及语调曲拱等因素密切相关。

# 8. 总结和展望

通过以上讨论，我们得知，汉语和其他语言在附加问的研究方面显示出一定的差异。在外语的研究中，本文主要涉及英语附加问研究。由于汉语和英语的不同，在附加问的划分上，英语需要考虑形态，因此分出了常规型和恒定型的附加问，并探讨了附加问的极性模式，且主要研究英语中常规型附加问。汉语由于缺少形态变化，则没有相关的分类，这是由语言的特点决定的。在不同语言中附加问的主要功能都是请求确认。

从语料的选择来看，外语研究主要使用语料库，既有口语也有书面语，以口语为主，而汉语起初多从文学作品中寻找语料，自然度不够。

从研究的重点来看，外语和汉语的研究都是在观察疑问句的过程中注意到附加问这一特殊的现象，但具体方式有所不同。外语，特别是英语附加问侧重于从某一种语言入手，对该语言系统的附加问整体进行一个全面的研究，注重找出不同语言之间的差异，特别是功能上的差异，兼顾韵律上的一些表现，甚至可以说从最开始研究附加问的时候，对韵律的观察就开始了；汉语附加问则主要从特定句式入手，特别是高频使用的附加问，如"是不是""好不好"等，通过对特定句式的研究，来窥见附加问的一些共性，这些研究同样聚焦在功能方面，对相关的韵律表现很少涉及，且多限于主观感受。

在韵律方面，外语研究起初都只关注到表疑部分的音高表现，汉语中目前并未出现专门针对附加问韵律的研究，对附加问音高的表现只有简短的论述，且只注意到了表疑部分的末尾；英语附加问则逐渐跳出了表疑部分，关注到了前附小句的音高表现，并将前附小句和表疑部分的连接部分的音高表现结合起来进行研究。在附加问句的答语方面，汉语和外语的相关研究都只有简单的归纳总结，并未有细致的研究。

因此，在充分参考国内外研究的基础上，针对汉语附加问的研究现状，为了全面细致地认识汉语附加问，接下来的工作可从以下三个方面做出尝试。

首先，使用实验语音学的手段对附加问的韵律做更为细致的分析，观察前附句子和表疑部分各自具有的韵律特征。值得注意的是，汉语附加问中表疑部分形式多样，有的携带语气词，有的不带语气词，需要研究带不带语气词其功能是否相同；当带语气词时，不同的语气词之间会有什么差别。

其次，关注附加问前附句子的类型与表疑部分的关系。在前附小句和表疑部分之间，要采用多种手段进行观察。在前人的研究中多次提到表疑部分和前附句子有时候必须紧贴在一起，而有时候中间需要加标点符号隔开，不同的连接方式是否对功能产生影响。

最后，从互动视角进一步考察附加问的韵律形态与所在序列位置、行为类型及应答模式之间的关系。由于附加问多用于口语，甚至能指定特定的听话人参与到会话之中，其互动的特性十分明显。在对附加问进行全面分析的同时，还可从互动视角入手，观察附加问在不同序列位置上的功能差异。通过前人的研究，我们知道附加问的答语有多种形式，需要研究这些不同的形式是由什么引起的，不同位置的附加问的答语是否一致。此外，附加问有时不需要回应，这必然要关注到参与会话的人的表情、动作等，关注多模态资源，因此可以从多角度观察互动的因素，关注互动中参与者的种种表现。

# 参考文献

丁力，1999，《从问句系统看"是不是"问句》，《中国语文》第 6 期。

方梅，2005，《疑问标记"是不是"的虚化——从疑问标记到话语—语用标记》，载沈家煊、吴福祥、马加贝主编《语法化与语法研究》（第二辑），商务印书馆。

高华，2009，《"好不好"附加问的话语情态研究》，《深圳大学学报》（人文社会科学版）第 4 期。

高华、张惟，2009，《汉语附加问句的互动功能研究》，《语言教学与研究》第 5 期。

黄伯荣、廖序东，2017，《现代汉语》（增订六版），高等教育出版社。

黄建，1994，《论析礼貌语言——英语附加疑问句》，《外语教学》第 3 期。

李咸菊，2009，《北京话话语标记"是不是""是吧"探析》，《语言教学与研究》第 2 期。

李宗江，2013，《几个疑问小句的话语标记功能——兼及对话语标记功能描写的一点看法》，《当代修辞学》第 2 期。

李佐文、刘运同，2001，《陈述性附加疑问句的意义》，《河北大学学报》（哲学社会科学版）第 4 期。

梁丹丹，2006，《会话中"对吧"的语用功能》，《修辞学习》第 1 期。

卢勇军，2020，《互动视角下附加问句的信息类型、认识立场与交互功能——以标记为"是不是／是吧"的附加问句为例》，《语言教学与研究》第 6 期。

吕叔湘，1942，《中国文法要略》，商务印书馆。

牛保义，2001，《英汉语附加疑问句语法化比较》，《外国语（上海外国语大学学报）》第 2 期。

牛保义，2005，《英语附加疑问句的动态研究》，《外语教学与研究》第 3 期。

潘晓军，2009，《"好不好"表祈使语气的形成及虚化》，《汉语学习》第 6 期。

荣丽华，2012，《从构式角度看汉语中的"X 不 X"》，《语言教学与研究》第 6 期。

邵敬敏，1990，《"X 不 X"附加问研究》，《徐州师范学院学报》第 4 期。

邵敬敏，1996，《现代汉语疑问句研究》，华东师范大学出版社。

陶炼，1998，《"是不是"问句说略》，《中国语文》第 2 期。

王凤香，2010，《附加疑问句的语用功能》，《郑州大学学报》（哲学社会科学版）第 5 期。

王琴，2012，《"行不行"的固化及认知研究》，《中国社会科学院研究生院学报》第

4 期。

王森，2017，《基于立场表达的"X 不 X"类附加问句的话语功能》，《汉语学习》第 5 期。

魏莉芳，2020，《基于小型语料库的英国高校研讨课语境下的反意疑问句的人际意义研究》，《语言与文化论坛》第 2 期。

徐杰、张林林，1985，《疑问程度和疑问句式》，《江西师范大学学报》第 2 期。

徐盛桓，1999，《疑问句探询功能的迁移》，《中国语文》第 1 期。

徐雪英、吴姝菲，2021，《附加疑问句英译研究——以〈半生缘〉金凯筠译本为例》，《语言与文化论坛》第 1 期。

闫亚平，2014，《汉语附加问句的句法特征——基于定性与定量分析的基础上》，《江西科技师范大学学报》第 5 期。

闫亚平，2015，《现代汉语附加问句的句法形式与语用功能》，《语文研究》第 3 期。

闫亚平，2017，《现代汉语附加问句研究》，上海人民出版社。

闫亚平，2019，《汉语附加问句句法形式的浮现与发展》，《汉语学报》第 3 期。

闫亚平，2020，《现代汉语附加问句的会话位置与语用功能》，《华北水利水电大学学报》（社会科学版）第 5 期。

杨世登，2006，《英语学习者附加疑问句口语产出初探》，《解放军外国语学院学报》第 4 期。

余光武、姚瑶，2009，《"好不好"的表达功能及其形成的语用解释》，《语言科学》第 6 期。

张伯江，1997，《疑问句功能琐议》，《中国语文》第 2 期。

郑娟曼、邵敬敏，2008，《试论新兴的后附否定标记"好不好"》，《暨南学报》（哲学社会科学版）第 6 期。

Algeo,John，"The tag question in British English: It's different, i'N' it?" *English World-Wide* 9 (1988): 171–191.

Arbini，Ronald，"Tag-questions and tag-imperatives in English," *Journal of Linguistics* 5 (1969) :205–214.

Axelsson,Karin，"A cross-linguisticstudy of grammatically-dependent question tags," *Studies in Language* 35 (2011):793–851.

Axelsson,Karin，Tag Questions in Fiction Dialogue.PhD，dissertation at the University of Gothenburg，2011a.

Behzadnia,Ali and Mehdi B. Mehrani，"Young children's Yes bias in response to tag questions," *Early Child Development and Care* 188（2017）：1663–1672.

Bolinger, Dwight，"Imperatives in English. In To Honour Roman Jakobson," *The Hague:Mouton*（1967）：335–362.

Couper-Kuhlen,Elizabeth and Margret Selting，*International Linguistics:Studying Language in Social Interaction*（Cambridge: Cambridge university Press，2018）.

Dehé, Nicole and Bettina, Braun，"Tie prosody of questiontags in English," *English Language and Linguistics* 17(2013): 129–156.

Gomez Gonzaleza, Dehé，"The pragmatics and prosody of variable tag questions in English: Uncovering function-to-form correlations," *Journal of Pragmatics* 158（2020）:33–52.

Holmes,Janet，"Women,men and politeness," London:Longman，1995.

Huddleston,Rodney，"Two approaches to the analysis of tags," *Journal of Linguistics* 6 (1970)：215–222.

Kimps,Ditte，"Tag questions in conversation: A typology of their interactional and stance meanings," John Benjamins Publishing Company，2018.

Norrick,Neal R，"Hunh-tags and evidentiality in conversation," *Journal of Pragmatics* 23 （1995）：687–692.

Quirk,Leech,Svartvik，"A Comprehensive Grammarof the English Language," London:Longman，1985.

Sacks,Harvy, Emanuel A.Schegloff and Gall Jefferson，"A Simplest Systematics for the Organization of Turn-Taking for Conversation," *Language* 50 (1974):696–735.

Takahashi,Mariko，"A comparative study of tag questions in four Asian Englishes from a corpus-based approach," *Asian Englishes* 16 (2014):101–124.

Tomaselli,MariaVittoriaand Albert Gatt，"Italian tag questionsand their convers-ational functions," *Journal of Pragmatics* 84 (2015): 54–82

Tottie, Gunnel. and Sebastian,Hoffmann，"Tag questions in British and American English," *Journal of English Linguistics* 34 (2006): 283–311.

Ultan,Russell，"Some GeneralCharacteristics of Interrogative Systems," *Working Papers on Language Universals* (1969)：39–64.

Wei Teng, Jo Anna Grace Burn and Ineke Hendrika Martine Crezee，"I'm asking you again! Chinese student interpreters' performance when interpreting declarative with tag questions in the legal interpreting classroom," *Perspectives Studies in Translation Theory and Practice (0nline),*2018.

# 互动视角下的汉语话语标记研究综述 [*]

西安外国语大学　李　榕

## 1. 引言

话语标记是近年来国内外语言学界研究的热点问题之一。以"话语标记"为主题在中国知网进行搜索，共有 4169 篇文章（2023–12–24 数据）。2007~2019 年每年的发文数量都突破了 100 篇，可见汉语话语标记的研究近年来发展迅速。目前已有一些综述文章发表，如冉永平（2000），谢世坚（2009），孙利萍、方清明（2011），殷树林（2012）和田婷、谢心阳（2020），等等。与上述综述文章不同的是，本文聚焦于互动视角下的汉语话语标记研究，重点讨论会话分析学派和互动语言学学派的相关研究，总结了该视角研究的特点和优势，同时提出了未来汉语话语标记研究可以深入挖掘的三个方向，具有重要的理论意义和实践价值。

## 2. 话语标记的范畴界定及三个研究维度

### 2.1　话语标记的范畴界定

话语标记的概念源自 Quirk（1985），他发现有一些频繁出现在口

---

* 本文受国家社科基金项目"面向国际中文教育的汉语篇章指称线索研究"（23BYY141）、陕西高校青年创新团队"面向国际中文教育的汉语资源研究创新团队"的资助。

语交际中的"修饰语"，如 y'know、you see 和 well 等。语用学杂志 *Journal of Pragmatics* 在 1986 年的特辑中介绍了"小品词"（Particle）的研究现状。[①] 此后，不少学者对话语标记进行了深入探索，其中最有影响力的是学者 Schiffrin 的系列研究。Schiffrin（1987）将话语标记定义为具有顺序依赖性（sequentially dependent elements）且能划分话语单位的成分；Schiffrin（2001）又进一步细化了界定话语标记的条件，包括：（1）句法上的可分离性；（2）一般用于语段首位；（3）独立的韵律曲拱范围；（4）在局部和整体话语层面都可适用；（5）可以作为语境线索。其详细研究了 oh、well、and、but、or、so、because、now、the、y'know 和 I mean 共 11 个话语标记的语义特征、语法特征、分布特点和话语功能等。Schiffrin 的研究基于语义－应用层面，涵盖面广，影响深远。另一位影响较大的从句法－语用层面研究话语标记的学者是 Fraser。Fraser（1999）认为话语标记是从连词、副词和介词短语等句法类中抽取出来的一些词汇表达式，可以用来标示其介绍的片段与之前片段的关系。这个标准比 Schiffrin 的定义更严格，一些评价性的标记语（如 fortunately、sadly 等）和口语中非词汇形式表达式（如 oh、hum、ah 等）被排除在话语标记之外。

　　Brinton（1996）提到话语标记的相关概念有 20 多种，Östman（1981）的"语用小品词"（pragmatic particles）；Fraser（1999）的"语用标记"（pragmatic markers）；Schourup（1990）的"元话语标记"（discourse particles）；Redeker（1991）、Jucker 与 Ziv（1998）的"话语操作语"（discourse operator）；等等。这些术语有一定的分歧，需要区分。近年来逐渐统一为"话语标记"（Discourse Markers，DMs），因为这个术语包容性最强。最容易和"话语标记"混淆的是"语用标记"（Pragmatic Markers，PMs）。本文同意方梅（2012）对两者的区分：话语标记是语用标记范畴的一个子类。话语标记重在建立言谈连贯性，而语用标记重在表明说话人的态度。Fedriani 和 Sanso（2017）的新书也

---

　　① *Journal of Pragmatics* 在 1990 年还推出过"话语标记"（discourse markers）的特辑。

持相同观点。[1] 学界目前常用的"话语标记"包括上述两种标记，基于综述研究的数量考虑，本文暂不做区分。

## 2.2　话语标记的三个研究维度

Schiffrin 等（2003）在 *The Handbook of Discourse Analysis* 一书中介绍了话语标记研究的跨语言、跨语体、多角度研究的热潮，成果丰硕。[2] 随着研究的不断深入，学界对话语标记的研究呈现出研究维度多元化、研究手段多样化、研究语料丰富化的特点。下文选取三个影响较大的维度进行介绍。第一个维度是话语标记的共时功能考察。影响力较大的是连贯理论派（Coherence Theory）与关联理论派（Relevance Theory），两者都是从宏观角度系统考察话语标记的共时功能。连贯理论派以 Schiffrin、Redeker 和 Farser 等人为代表，重点考察话语标记与语篇连贯性的关系，不关注其与言谈双方或语境的联系。连贯理论派认为话语标记的主要作用是使话语更连贯，衔接更自然，为更好地理解话语提供指引。关联理论派以 Blakemore 和 Jucker 等人为代表，他们认为话语标记连接的不是话语单元，而是语境假设，其作用是明示语境假设，减少听话人理解话语时所付出的努力，两者最大的差异是是否把语境纳入考察范围。关联理论派最大的贡献在于突破了语言内部（语篇连贯），将话语标记在话语理解中的作用提高到了认知心理的高度，强调话语标记对听话人的认知推理有帮助，如 Blakemore（1987）中的两个例子对比：

（1）A: You take the first turning on the left.

　　　B: So we don't go past the university（then）.

（2）A:［Seeing someone return home with parcels.］

　　　B: So you've spent all your money.[3]

---

① 详见 Chiara Fedriani and Andrea Sanso.（Eds.）（2017）。

② 详见 Schiffrin, E. D. 等（2003）。

③ 转引自 Diane Blakemore,（1987）。

连贯理论派认为只有例（1）的"so"是话语标记，因为其联系了A和B两个话语单位；例（2）的"so"不是话语标记，因为只有一个话语单位。关联理论派认为两者都是话语标记，因为例（2）的"so"连接的是当前命题内容与说话人观察到的语境，表明了说话人基于语境所作的推断。

第二个维度是对话语标记的历时演变考察，其中影响最大的是语法化（grammaticalization）和语用化（pragmaticalization）研究。前者以Brinton和Traugott为代表。Traugott（1995）提出话语标记的语法化路径是：句子内部副词＞句子副词＞话语标记。Traugott和Dasher（2002）认为一些具有历史文献的语言（如英语、德语和日语）的话语标记来源于表达概念意义的词汇成分。支持语用化的代表是Aijmer（1997），她认为话语标记的形成应该是语用化而不是语法化的结果，原因有以下几点：（1）语用化的产物在句法上独立，缺乏融合性，而语法化强调其与邻近成分的融合；（2）语用化的考察涉及对话语境和言谈双方；（3）语用化的成分具有可选性，无真值条件。最典型的例子就是话语标记。田婷、谢心阳（2020）认为语法化和语用化最大的不同是演变结果，前者的结果是句法范畴，后者的结果是句内成分成为可以发挥篇章衔接、言者态度等语用功能的非句内成分。也有一些学者认为语用化是语法化的次类（Diewald，2011）。这与各家对话语标记和语用标记的界定不一致有关。近年来，Heine（2013）提出了"征派说"（cooptation），即话语标记的形成是一种征派过程，是从句子语法中吸收一些语言单位用于构建话语的过程。"征派"过程具有瞬时性和非线性的特征。方梅（2018）认为征派说没有考虑到话语标记形成过程中的互动和交际行为。语法本身就是交际双方相互作用产生的。离开了话语互动的交际需求，话语标记就脱离了产生的土壤，这促使我们思考互动视角对话语标记研究的重要性。

第三个维度就是互动视角下对话语标记的研究，主要是会话分析学派和互动语言学学派的相关研究。这两个学派有一些重要的共同点：

一是使用自然发生的口语语料，如 Couper-Kuhlen 和 Selting（2018）、Sacks 等（1974）和 Schegloff（1996）等；二是把观察视野从语言本身扩大到言者，扩大到对话的过程，扩大到多种互动交际资源的整合。语言结构选择与交际互动之间的关系是一种"互育"（cross-fertilization）关系。这些都是基于书面语材料只关注语言内部的研究视角所缺乏的。以下分别介绍国外和国内互动视角下的汉语话语标记研究现状。

# 3. 互动视角下的汉语话语标记研究现状

## 3.1　国外互动视角下的汉语话语标记研究

早期国外对汉语话语标记的研究不多，影响力较大的有 Biq（1990，2001，2004）讨论了"那么"、"那就是说"和"好"如何发展出话语标记的含义；Feng（2008）系统描述了多种类型的汉语语用标记，详细描写了每种类型的语义、形态和句法特性。近年来，国外汉语话语标记的研究数量不多，但开始呈现出理论探讨深入和涉及领域多样化的趋势。以"discourse marker"为主题在 Web of Science 搜索，共有 942 篇论文，与汉语相关的论文仅有 47 篇，除手语、少数民族语言、翻译等角度的研究文章外，仅余 37 篇①，这些研究可分为三类。第一类数目最多，多是讨论普通话中某个话语标记的共时话语功能，如 Chen 和 He（2001）利用 6 小时的课堂会话语料，发现"对不对"可以用于非是非问句，既不请求信息也不寻求确认，是话语标记。"对不对"在话轮构建单位的不同位置体现了不同小类的标记功能。有的研究还讨论了历时演变途径以解释共时功能的差异，如 Wang Yufang 等（2014）对比了口语和书面语中的"除非"句式，两者差异明显。口语中的"除非"句具有复述上文的功能，隐含了言者对现实的主观评价，表达了其对某一特定事件的立场和态度，如暗示可能性或为强调或澄清提供补充信息等。

---

① 主要发表在 *Journal of Pragmatics*（11 篇）和 *Lingua*（3 篇）等期刊。

Wang Wei（2017）对比了自然口语语料中"的话"的条件标记用法和话语标记用法。"的话"既能标记实指，又能标记非实指的用法是条件语境下会话暗示的结果。Wang Wei（2017）的博士学位论文利用日常对话的语料，研究了话语标记"然后"、"我觉得"和"没有"的功能类别和语调特征，包括持续时间、音调范围和重音，结果发现不同的语调特征和语音特征呈现出不同的功能和互动关系。话语标记的发展应被视为一个独立的非同步过程，即语用化，而不是语法化的一个子类型。Chen Jiajun（2017）利用 CCL 历时语料和电视谈话节目、真人秀等口语语料证明了话语标记"别说"起源于对话中的否定命令句。"对话性"对汉语语法的塑造作用值得关注。Hsieh Chen-Yu Chester（2018）分析了汉语 NCC 结构（noun-copula-clause construction）"问题是"的话语功能，其在对话中可用于回顾性的预测，也可用于表达认知立场，预示言者观点的转变，形成一种反告知行为。Yuan Mengxi 和 Yurie Hara（2018）利用语料和自然度评价实验考察了"真的"和"确实"的差异，两者对话语信息的更新贡献度不同，但都可用于断言和提问。Wang Yufang 等（2020）研究了"不过"的对比性话语标记用法。限制性的"不过"用于表达隐性分歧；取消性的"不过"用于引入显性分歧，两者都可用作元连贯标记（metacoherence markers），用来转换话题。主持人常使用"不过"来促进话语连贯。

　　第二类是多模态角度对话语标记的研究。面对面的言语交际会调用很多资源，不仅包括语言本身，还包括表情、手势和身体动作等多模态资源。关于这些多模态的资源，传统语言学关注较少，会话分析学派和互动语言学派关注较多，也因此发现了很多有趣的现象。Gironzetti Elisa（2019）分析了英语和汉语母语者之间的幽默互动录像[1]，结果发现幽默事件和言谈双方的微笑强度之间存在同步的多模态关系。当幽默事件出现时，人们更关注涉及微笑的面部区域。该研究揭示了微笑可以作为一种话语标记使用。[2]微笑等多模态的手段也是一种有实际意义的

---

① 数据来自德克萨斯 A&M 大学口语语料库。
② 具体参见 Attardo, S, Let al.（2013）。

言语交际手段。[①]Li Xiaoting（2014）系统研究了普通话口语对话的多模态互动和话轮转换情况。

第三类是习得领域的话语标记研究，可分为汉语儿童习得母语和外国人习得汉语两个角度。前者如 Yeh Kanyu 和 Huang Chiung-chih（2016）研究了 237 分钟的 5 岁儿童与同伴玩耍时的对话语料，发现 5 岁儿童掌握了"好"和"对"几种话语功能，如使用"好"作为同意标记和确认标记，还有使用"对"表示同意，在表义结构中用于表示话题转换等。话语标记语用功能的习得反映了他们的交际和社会能力的发展，可以帮助他们建立和保持与同伴的关系。后者如 Tsai, Pei-Shu 和 Chu, Wo-Hsin（2017）利用 220 分钟的在线中文课程转录语料，考察了外国学习者的话语标记习得情况，结果发现说话者个人使用话语标记的频率反映了他们使用目标语言的流利程度。使用话语标记的能力可以成为评价、评估和衡量口语内容丰富性的重要标准，并有助于教师教学方法的优化。

综上所述，近年来国外话语标记的研究呈现出涉及领域多元化（涉及儿童语言习得、二语习得及翻译、自然语言处理和心理语言学等）、研究方法多样化（质性研究或语料统计、心理实验、问卷调查等）和理论探索日趋深入的特点，这些都值得国内学界关注，尤其上述研究均是从互动角度入手，使用自然发生的口语语料，关注新材料，帮助其发现了一些前人未能注意到的新问题，在真实的互动交际中充分描写了话语标记的话语功能，探索了其与语言各层面及语言外部因素的密切联系。

## 3.2　国内互动视角下的汉语话语标记研究

国内对话语标记的研究起步较晚。早期的相关研究有 Chao（1968）将"据说""换言之"等称为弱化了的主句；廖秋忠（1986）将"总而言之""顺便一提""岂料"等词称为"篇章连接成分"。国内正式使用"话语标记"这一术语并对其进行大量研究是在 2000 年以后，如方梅（2000）和冉永平（2000）等。2000 年以后，国内对话语标记的研

---

① 李爱军（2021）也认为话语标记包括非语言的手段（如点头、身姿等行为手段）等。

究空前发展，不仅有综合性的介绍和讨论，还有大量多角度的个案研究。本节将重点综述互动视角的相关研究，其余视角的研究可参考许家金（2009）、刘丽艳（2011）、殷树林（2012）、曹秀玲（2016）、张黎（2017）和周明强（2022）等。

### 3.2.1 共时视角下的汉语话语标记研究

近年来，互动视角下对汉语话语标记的研究日益增多，影响广泛。最早从互动角度进行话语标记研究的是刘丽艳（2005），她通过大量汉语口语交际语料构建了汉语话语标记系统的分析框架，并研究了"不是""你知道"等话语标记。乐耀（2011）考察了"不是我说你"的主观性范畴和语用原则之间的互动关联。方梅（2012）发现由于会话合作原则的作用，相对于前项连词（如"因为、不但"）而言，话轮起始位置更偏爱使用后项连词（如"所以、但是"等），呈现出行域、知域、言域、话语标记虚实各类用法。言域用法是会话中的浮现义。李先银（2017）的著作详细描写了"喊、去、得了吧、你看你、真是"在自然口语中的话语分布、话语意义、人际功能和话语标记化，结果发现，不同类型的话语内容一般使用不同类型的话语否定标记，使用话语否定标记的目的在于第一时间做出反应，传递负面态度，增强话语间的关联性。姚双云、姚小鹏（2012）讨论了"就是"在自然口语中的话语标记功能。姚双云（2015）对 71 个常用连词在自然口语中的互动性进行系统研究，发现连词的使用频率和其所在语篇的互动等级正相关。田婷（2017）讨论了自然会话中"其实"的话语标记功能及言者知识立场。曹秀玲和杜可风（2018）讨论了汉语言说类元话语标记。近年来，还涌现出一批互动视角下探讨话语标记共时层面功能的研究，如"就是"（张惟、高华，2012）；"那什么"（朱军、史沛沛，2014）；"别看"（张金圈，2016）；"再怎么说"（石飞，2019）；"这下"（张文贤、方迪、张媛媛，2018）；"这样"、"这样啊"和"这样吧"（方迪、张文贤，2020）；"可又来"（张秀松，2020）；"对吧"（田咪、姚双云，2020）；"是吧"（姚双云、田咪，2020）；"早知道"（白新杰，2021）；"那个什么"（刘红原、姚双云，2022）；等等。

互动视角下的研究不仅注意到了语言内部的因素，还注意到了语言外部的因素（如体态语、社会地位和性别等），如李慧敏（2016）以"X了"话语标记为例，发现言者的语速语调、话语标记单复用的形式、话语标记的"前言后语"、交际场景和语体的差异、会话模式和言者的体态语等因素与话语标记相互制约，共同作用，多维立体式地影响话语标记功能的构建。谢心阳、方梅（2016）选取时长、音高和停延三个要素，发现了话语标记的时长要大于连词用法的时长。王咸慧（2019）发现互动过程中，高平调"啊"是言者意图进入话语的提示性符号，功能在于凸显话语的施为性。低平调"啊"可视为交际驱动下的音高回升或持续现象，体现出交际参与者对话轮的把持。张文贤、李先银（2021）以"我跟你说"为例讨论了互动交际中的认识权威表达。潘先军（2022）发现"瞧你说的"在表达不满、责备的主观性时显出了较强的女性性别特征等。杨云（2022）使用自建的多场景语料系统研究了汉语口语认识立场标记，如"可能""我觉得""我感觉""好像""肯定""真的"等，结果发现认识立场标记使用率和个人言语风格高度相关，和交际主体之间的社会关系、受教育程度显著相关，和年龄、性别基本不相关。

另外，互动视角下汉语话语标记的研究语料日趋丰富，表现之一是关注习得角度的语料，如邹立志（2018）利用汉语儿童早期会话考察了话语标记"然后"的用法。陈夏夏（2018）使用中介语语料考察了中高级汉语学习者习得汉语话语标记的现状。贺微微（2013）等探究了对外汉语口语教学中的话语标记。表现之二是关注多场景的自然发生语料，如法庭审判、商务会谈、医患对话、电视访谈和语言教学等，如贺小聘（2015）研究了中国法庭互动中的修正序列。谢群（2013）研究了商务谈判的话语互动过程。李云霞（2017）研究了对外汉语口语课堂的话语互动过程。刘静敏（2018）发现电视访谈中的话语标记可以参与话语组织、话题推进和唤起听话人的注意，表明言者的情感和态度。上述研究在语料方面都有所创新，但硕/博士学位论文居多，研究还不够深入，仍有很大的挖掘空间。

综上所述，互动视角下的汉语话语标记研究特点为：（1）视角新：

从互动视角出发，强调会话对话语功能的作用，刻画了话语标记在互动交际过程中的具体功能；（2）语料新：多使用未加工的自然口语语料，真实可靠，更贴近语言的本质；（3）结论新：因为新的研究视角和语料，互动视角下的研究观察到了很多前人尚未留意的影响因素，不仅包括语言内因素（如语音、词汇和句法等），还包括语言外的因素（如对话场景和交际者因素）等。多模态角度使研究语料更贴近真实交际过程，有助于揭示话语标记的本质。

### 3.2.2　历时视角下的汉语话语标记研究

相对于共时功能的描写，互动视角下聚焦历时演变方面的研究相对较少。目前重点研究的问题有三个。一是话语标记的演变性质，究竟是语法化、词汇化还是语用化。这方面各家的观点并不一致，主要有以下几派。（1）话语标记是词汇化形成的，如张田田（2013）讨论了"何必"的词汇化过程；张璐（2015）讨论了"问题是"的词汇化过程。（2）话语标记是语法化形成的，如曹秀玲（2010）讨论了"我 / 你 V"的语法化；史金生、胡晓萍（2013）讨论了"就是"的话语标记功能及其语法化过程。（3）话语标记是语用化形成的，如王恩旭（2018）认为"告诉你"是语用化的结果；谢心阳、方梅（2016）从韵律的角度证明了话语标记的演化不是语法化，而是语用化。（4）话语标记是双层机制形成的，如董秀芳（2007）认为从话语标记的形成可以看到词汇化与语法化是密切相关的，二者可以有一致的演变结果，也可以在同一语言形式上相继进行；侯瑞芬（2009）认为动词短语会经历语法化和词汇化，从而导致"别说"和"别提"有多种用法并存现象；乐耀（2010）认为"你像"经历了一个先语法化再词汇化的双层过程。（5）话语标记既不是语法化也不是词汇化形成的，如李宗江（2010）以"我说"为例，认为由短语或小句变为话语标记既不是典型的语法化也不是典型的词汇化过程。

二是演化动因，主流的观点是主观化和交互主观化，这与互动视角关系密切。董秀芳（2003）认为"X 说"的语义演变是语义虚化和主观化的结果。崔蕊（2008）认为"其实"的语义演变是语义虚化、主观性增强的过程。陈杰一和吴颖（2009）认为"也好"的语法化过程伴随着主观化。张金圈和唐雪凝（2013）提出"要我说"的语义演变有一种交互主观性弱化的趋势，与前人提出的交互主观化斜坡方向不太一致。王天佑（2019）认为主观化和交互主观化是促发"说实话""老实说"语法化实现的动因。那么，主观化的具体机制是什么呢？吕为光（2011）讨论了"我说什么来着"，认为其主观化的机制是语用推理。姚占龙（2008）和饶宏泉（2019）等认为语义发展、句法位置和语言简洁化等促成了话语标记的产生。姚双云（2009）通过对"所以"的统计分析提出高频使用也是演变动因之一。李蓉蓉（2022）认为平行类推、组块化、句首凸显和词义淡化是"当然了"语法化为话语标记的机制和动因。陈家隽（2016）提出功能演变的历时过程与共时用法在韵律上的静态关联之间存在一定的对应模式，即韵律本身影响话语标记的演变。

　　三是对演变路径和虚化过程的考察。这类个案研究举例如下。邵敬敏、朱晓亚（2005）对"好"虚化轨迹进行了探讨。董秀芳（2007）分析了"谁知道"和"别说"的形成过程和功能。李秉震（2009）探讨了"说"类标记的历时演变过程。王丹荣（2011）分析了"你懂的"功能的形成与泛化的不同阶段。李思旭（2012）研究了"别说""完了""就是"的语法化演变过程。刘丞（2013）以"谁说不是"为例讨论了由反问句到话语标记的演变路径。肖任飞、张芳（2014）讨论了"（更）不用说"的熟语化过程。李治平（2015）对"说来"和"来说"及"X说来/来说"功能差异进行了溯源。邵长超（2016）讨论了"才好"的虚化及其话语功能的改变。系统性研究有李宗江（2019）搜集了近代汉语时期的语用标记1600余条，分为句际关联标记、句内情态标记和言语行为标记三大类，建立了近代汉语的语用标记系统，基本展现了近代汉语时期语用标记及其演变面貌，还有陈家隽（2019）在勾勒汉语话语标记典型个案语用功能的基础上探讨了话语标记历时演变的来源、形式、过程、机制和参数等理论问题。

　　综上所述，汉语普通话话语标记历时演变方面的研究相对较少，聚焦上述三个方向，且学界观点并未统一，还有可探究的空间。值得注意的是，目前的研究多从语言内部探究其演变的过程与动因，很少讨论语言外部（如语言接触等）的影响，比如中古以来阿尔泰语系和近代以来欧化的影响。近年来，开始有一些相关研究使用新材料帮助一些悬而未决的问题找到答案，如张美兰、陈思羽（2006）以100多年前几部域外汉语教材为例，探讨了清末民初北京口语中话语标记的分布；朱一凡（2018）通过《开明国语课本》与苏教版《语文》的对比研究了现代汉语话语标记的欧化路径；等等。

# 4. 小结及未来研究方向

综上所述，近20年互动视角下的话语标记研究已有不少令人瞩目的发现，未来还可以从以下三个角度深入挖掘。一是继续拓展汉语话语标记研究的广度和深度。广度方面，可以利用汉语历时材料完善和方言多样化的优势，积极开展历时演变研究；开展普通话与方言的对比研究；开展汉语与外语、汉语与民族语的对比研究，从类型学的角度总结人类语言话语标记的共性和汉语的特色，如某些具有跨语言、跨方言共性的话语标记，类似"说"类话语标记值得重点关注；儿童与二语学习者习得汉语话语标记的研究也值得关注。深度方面，单一学科的跨界面研究或多学科的交叉研究都会推动话语研究的深入发展。基于已有的丰富个案研究，通过辨析、归纳建立汉语话语标记的资源库，总结互动情景、行为与话语标记之间的关联性，同时加入对现代汉语话语标记的历时演变动因和演变路径的系统考察，有助于更有效地揭示汉语话语标记的共时差异和演变历程。

二是集合多种研究方法。可根据具体研究问题自建语料库，结合访谈、实验和问卷等质性研究的方法，避免研究方法的单一性。采用心理实验或者脑电实验的研究大有可为。语料分析和心理实验相结合也是国际语言学研究的新趋势之一。目前，国内欠缺大规模开放性的口语语料库，大规模、多场景、高质量的口语语料库建设可以帮助我们更好地研究口语语体语法，揭示汉语话语标记等口语现象的本质。

三是大胆促进理论创新。国外话语标记理论多基于印欧语提出，语言事实和汉语差异较大。我们应当充分利用汉语独特的语言特征与丰富的方言及历时资源，大胆提出基于汉语语言事实的新理论。沈家煊先生在 2018 年中国语言学会年会上发言时提到"我们的研究成果如果只是证明人家提出的理论的正确性，那还只是处在一个低水平上"。"我们既要'学习外来'，又要'不忘本来'，要把国外好的理论和方法学到一个合格的程度，然后再加上自己的创新。"汉语语言学进入了一个理论创新刻不容缓的新阶段。

　　以上三类探索都具有重要的理论意义和实践意义，不仅有助于发现一些新议题或解决一些学界分歧，还有助于揭示汉语话语标记的本质特征，让我们更深刻地理解汉语，理解互动和语言的相互作用。

# 参考文献

白新杰，2021，《话语标记"早知道"的反事实与反预期——兼论普通话"早知道+S"的反事实虚拟句》，《语言与翻译》第 1 期。

曹秀玲、杜可风，2018，《言谈互动视角下的汉语言说类元话语标记》，《世界汉语教学》第 2 期。

曹秀玲，2010，《从主谓结构到话语标记——"我 / 你 V"的语法化及相关问题》，《汉语学习》第 5 期。

曹秀玲，2016，《汉语话语标记多视角研究》，中国社会科学出版社。

陈家隽，2016，《"我说"历时演变的韵律实验启示——兼谈功能与韵律的交叉研究》，《汉语学习》第 1 期。

陈家隽，2019，《汉语话语标记的语用功能与历时演变》，复旦大学出版社。

陈杰一、吴颖，2009，《"也好"的多功能性及重新分析》，《华文教学与研究》第 4 期。

陈夏夏，2018，《中高级汉语学习者话语标记语使用现状考察》，硕士学位论文，华东师范大学。

崔蕊，2008，《"其实"的主观性和主观化》，《语言科学》第 5 期。

董秀芳，2007，《词汇化与话语标记的形成》，《世界汉语教学》第 1 期。

方迪、张文贤，2020，《"这样""这样啊""这样吧"的话语功能》，《汉语学报》第 4 期。

方梅，2000，《自然口语中弱化连词的话语标记功能》，《中国语文》第 5 期。

方梅，2012，《会话结构与连词的浮现义》，《中国语文》第 6 期。

方梅，2018，《浮现语法：基于汉语口语和书面语的研究》，商务印书馆。

贺微微，2013，《对外汉语口语教学中的话语标记》，硕士学位论文，华中科技大学。

贺小聆，2015，《中国法庭互动中的修正序列研究》，博士学位论文，华中师范大学。

侯瑞芬，2009，《"别说"与"别提"》，《中国语文》第 2 期。

乐耀，2010，《北京话中"你像"的话语功能及相关问题探析》，《中国语文》第 2 期。

乐耀，2011，《从"不是我说你"类话语标记的形成看会话中主观性范畴与语用原则的互动》，《世界汉语教学》第 1 期。

李爱军，2021，《汉语口语语篇库：建构与标注》，中国社会科学出版社。

李秉震，2009，《"说"类话题转换标记的语义演变》，《中国语文》第 5 期。

李慧敏，2016，《影响话语标记功能及其主观性构建的因素研究——以"X 了"类话语标记为例》，《语言教学与研究》第 5 期。

李蓉蓉，2022，《"当然了"的标记化功用、演化机制及其动因》，《汉语学习》第 5 期。

李思旭，2012，《从词汇化、语法化看话语标记的形成——兼谈话语标记的来源问题》，《世界汉语教学》第 3 期。

李先银，2017，《现代汉语话语否定标记研究》，世界图书出版公司。

李云霞，2017，《对外汉语口语课堂话语互动研究》，博士学位论文，东北师范大学。

李治平，2015，《现代汉语言说词汇话语标记研究》，世界图书出版公司。

李宗江，2010，《关于话语标记来源研究的两点看法——从"我说"类话语标记的来源说起》，《世界汉语教学》第 2 期。

李宗江，2019，《近代汉语语用标记研究》，上海教育出版社。

廖秋忠，1986，《现代汉语篇章中的连接成分》，《中国语文》第 6 期。

刘丞，2013，《由反问句到话语标记：话语标记的一个来源——以"谁说不是"为例》，《汉语学习》第 5 期。

刘红原、姚双云，2022，《复合型话语标记"那个什么"的互动功能与浮现动因》，《语言研究》第 2 期。

刘静敏，2018，《电视访谈语篇中话语标记的功能分析》，《山东师范大学学报》第 2 期。

刘丽艳，2005，《作为话语标记语的"不是"》，《语言教学与研究》第 6 期。

刘丽艳，2011，《汉语话语标记研究》，北京语言大学出版社。

吕为光，2011，《责怪义话语标记"我说什么来着"》，《汉语学报》第 3 期。

潘先军，2022，《互动话语标记"瞧你说的"：从否定内容到否定情感》，《语言教学与研究》第 3 期。

冉永平，2000，《话语标记语的语用学研究综述》，《外语研究》第 4 期。

饶宏泉，2019，《连词化与话语标记化——以"包括"的双重演化模式为例》，《中国语文》第 3 期。

邵敬敏、朱晓亚，2005，《"好"的话语功能及其虚化轨迹》，《中国语文》第 5 期。

邵长超，2016，《句尾成分"才好"的虚化及其话语功能的改变》，《当代修辞学》第 1 期。

石飞，2019，《言者事理立场表达："再怎么说"的信据性》，《世界汉语教学》第 2 期。

史金生、胡晓萍，2013，《"就是"的话语标记功能及其语法化过程》，《汉语学习》第 4 期。

孙利萍、方清明，2011，《汉语话语标记的类型及功能研究综观》，《汉语学习》第 6 期。

田咪、姚双云，2020，《自然会话中"对吧"的互动功能》，《汉语学习》第 3 期。

田婷，2017，《自然会话中"其实"的话语标记功能及言者知识立场》第 4 期。

田婷、谢心阳，2020，《汉语话语标记研究综述》，载方梅、李先银主编《互动语言学与汉语研究》（第三辑），北京语言大学出版社。

王丹荣，2011，《"你懂的"：作为话语标记语的流行语》，《当代修辞学》第 2 期。

王恩旭，2018，《话语标记"告诉你"的语义解释》，《汉语学习》第 2 期。

王天佑，2019，《话语标记"说实话""老实说"的语用功能和形成机制——附论"说真的""实话说"等话语标记》，《语文研究》第 1 期。

王咸慧，2019，《从互动角度看"啊"的话语标记功能》，《汉语学习》第 2 期。

肖任飞，2014，《熟语化的"（更）不用说"及相关用法》，《语言研究》第 1 期。

谢群，2013，《商务谈判话语互动研究》，博士学位论文，华中师范大学。

谢世坚，2009，《话语标记语研究综述》，《山东外语教学》第 5 期。

谢心阳、方梅，2016，《汉语自然口语中弱化连词的韵律表现》，载方梅主编《互动语言学与汉语研究》（第一辑），世界图书出版公司。

许家金，2009，《青少年汉语口语中话语标记的话语功能研究》，外语教学与研究出版社。

杨云，2022，《互动语言学视域下的汉语口语认知立场标记研究》，博士学位论文，吉林大学。

姚双云，2009，《口语中"所以"的语义弱化与功能扩展》，《汉语学报》第 3 期。

姚双云，2015，《连词与口语语篇的互动性》，《中国语文》第 4 期。

姚双云、田咪，2020，《自然会话中"是吧"的互动功能及其认识状态》，《语言教学与研究》第 6 期。

姚双云、姚小鹏，2012，《自然口语中"就是"话语标记功能的浮现》，《世界汉语教学》第 1 期。

姚占龙，2008，《"说、想、看"的主观化及其诱因》，《语言教学与研究》第 5 期。

殷树林，2012，《现代汉语话语标记研究》，中国社会科学出版社。

张金圈，2016，《"别看"的连词化及话语标记功能的浮现》，《汉语学习》第 1 期。

张金圈、唐雪凝，2013，《汉语中的认识立场标记"要我说"及相关格式》，《世界汉语教学》第 2 期。

张黎、袁萍、高一瑄，2017，《汉语口语话语标记成分研究》，北京语言大学出版社。

张璐，2015，《"问题是"的话语标记化》，《语言研究》第 2 期。

张美兰、陈思羽，2006，《清末民初北京口语中的话题标记——以 100 多年前几部域外汉语教材为例》，《世界汉语教学》第 2 期。

张田田，2013，《试论"何必呢"的标记化——兼论非句法结构"何必"的词汇化》，《语言科学》第 3 期。

张惟、高华，2012，《自然会话中"就是"的话语功能与语法化研究》，《语言教学与研究》第 1 期。

张文贤、方迪、张媛媛，2018，《语体视角下"这下"的话语标记功能及其教学探讨》，《汉语学习》第 5 期。

张文贤、李先银，2021，《互动交际中的认识权威表达——以"我跟你说"为例》，《当代修辞学》第 1 期。

张秀松，2020，《近代汉语中语用标记"可又来"的多功能性与语用化研究》，《中国语文》第 1 期。

周明强，2022，《现代汉语话语标记系统与认知研究》，中国社会科学出版社。

朱军、史沛沛，2014，《"那什么"的话语功能》，《当代修辞学》第 1 期。

朱一凡，2018，《现代汉语话语标记的欧化路径——基于〈开明国语课本〉与苏教版〈语文〉的对比研究》，《当代修辞学》第 4 期。

邹立志，2018，《汉语儿童早期会话中关联标记"然后"的发展个案研究》，《首都师范大学学报》（社会科学版）第 6 期。

Aijmer, Karin. "I Think – an English Modal Particle," In T. Swan and O. Westvik, eds., *Modality in Germanic Languages: Historical and Comparative Perspectives*, (Berlin/ New York: Mouton de Gruyter,1997), pp.1–47.

Attardo, Salvatore, Lucy Pickering, Fofo Lomotey, Shigehito Menjo, "Multimodality in Conversational Humor," *Review of Cognitive Linguistics* 11 (2013): 400–414.

Biq, Yung-O, "Conversation, Continuation, and Connectives," *Text-Interdisciplinary Journal for the Study of Discourse* 10 (1990): 187–208.

Biq, Yung-O, "From Collocation to Idiomatic Expression: The Grammaticalization of Hao Phrases Constructions in Mandarin Chinese," *Journal of Chinese Language and Computing* 14 (2004): 73–96.

Biq, Yung-O, "The Grammaticalization of Jiushi and Jiushishuo in Mandarin Chinese," *Concentric: Studies in English Literature and Linguistics* 27 (2001): 53–74.

Blakemore, Diane, *Semantic Constraints on Relevance* (Oxford: Blackwell.,1987).

Brinton, Laurel J., *Pragmatic Markers in English: Grammaticalization and Discourse Functions*, (Berlin: Mouton, 1996).

Bybee, Joan and Joanne Scheibman, "The Effect of Usage on Degrees of Constituency: The Reduction of Don't in English," *Linguistics* 37 (1999): 575–596.

Bybee, Joan, *Phonology and Language Use*, (Cambridge: Cambridge University Press, 2003).

Chao, YuenRen（赵元任）. *A Grammar of Spoken Chinese* (《中国话的文法》)(Berkely: University of California Press.,1968).

Chen, Jiajun, "Dialogicity in dialogue: Deriving Chinese Discourse Marker bieshuo from the Negative Imperative," *Journal of Pragmatics* 110 (2017): 34–49.

Chen, Yiya and Agnes Weiyun He, "Dui Bu Dui as a Pragmatic Marker: Evidence from Chinese Classroom Discourse," *Journal of Pragmatics* 33 (2001): 1441–1465.

Couper-Kuhlen, Elizabeth and Margret Selting, *Interaction Linguistics:Studying Language in Social Interaction*, (Cambridge: Cambridge University Press, 2018).

Diewald, Gabriele, "Pragmaticalization (Defined) as Grammaticalization of Discourse Functions," *Linguistics* 49 (2011): 365–390.

Fedriani, Chiara and Andrea Sanso (Eds.). *Pragmatic Markers, Discourse Markers and Modal Particles: New Perspectives* (John Benjamins, Amsterdam/Philadelphia, 2017).

Feng, Guangwu, "Pragmatic Markers in Chinese," *Journal of Pragmatics* 40 (2008): 1687–1718.

Fraser, Bruce, "What Are Discourse Markers?" *Journal of Pragmatics* 31 (1999): 931–952.

Gironzetti, Elisa, "The Dynamics of Interactional Humor: Creating and Negotiating Humor in Everyday Encounters," *Discourse Studies* 21 (2019): 216–218.

Heine, Bernd, "On Discourse Markers: Grammaticalization, Pragmaticalization, or Something Else?" *Linguistics* 51 (2013): 1205–1247.

Heritage, John, "Oh-prefaced Responses to Inquiry," *Language in Society* 27 (1998):

291–334.

Hsieh, Chen-Yu Chester, "From Turn-taking to Stance-taking: Wenti-shi '(the) Thing is' as a Projector Construction and an Epistemic Marker in Mandarin Conversation", *Journal of Pragmatics* 127 (2018): 107–121.

Jucker, Andreas H. and Yael Ziv (Eds.). *Discourse Markers: Descriptions and Theory*, (Amsterdam/Philadelphia: John Benjamins Publishing Company.1998).

Li, Xiaoting, *Multimodality, Interaction and Turn-Taking in Mandarin Conversation*, (Amsterdam/Philadelphia: John Benjamins Publishing Company, 2014).

Östman, Jan-ola, *You Know: A Discourse-functional Approach*, (Amsterdam: John Benjamin, 1981).

Quirk, Randolph, Sidney Greenbaum, Geoffrey Leech and Jan Svartvik, *A Comprehensive Grammar of the English Language*, (London: Longman, 1985).

Redeker, Gisela, "Linguistic Markers of Discourse Structure," *Linguistics* 29 (1991): 1139–1172.

Sacks, Harvey, Emanuel A. Schegloff and Gail Jefferson, "A simplest systematics for the organization of turn-taking for conversation," *Language* 50 (1974): 696–735.

Schegloff, Emanuel A., " Turn organization: One intersection of grammar and interaction," In Elinor Ochs, Emanuel. A. Schegloff, and Sandra A. Thompson (eds.), *Interaction and Grammar* (Cambridge: Cambridge University Press, 1996).

Schiffrin, Deborah, "Discourse Markers: Language, Meaning, and Context," In Deborah Tannen, Heidi E. Hamilton, and Deborah Schiffrin (eds.), *The Handbook of Discourse Analysis* 1: (Malden, MA, USA/Oxford, UK: Wiley Blackwell, 2001 ) pp.54–75.

Schiffrin, Debroah, *Discourse Markers*, (New York:Cambridge University Press,1987).

Schiffrin, E. Debroah, Deborah Tannen and Heidi E. Hamilton, *The Handbook of Discourse Analysis*, (Blackwell Publishers, 2003).

Schourup, Lawrence, "*Discourse Markers,*" *Lingua* 107 (1990): 227–265.

Traugott, Elizabeth C. and Richard B. Dasher. *Regularity in Semantic Change*, (Cambridge: Cambridge University Press, 2002).

Traugott, Elizabeth C., "*The Role of the Development of Discourse Markers in a Theory of Grammaticalization,*" Paper presented at ICHLl XII, Manchester (1995):1–23.

Tsai, Pei-Shu and Chu, Wo-Hsin, "The Use of Discourse Markers among Mandarin Chinese Teachers, and Chinese as a Second Language and Chinese as a Foreign Language

Learners," *Applied Linguistics* 38 (2017):638–665.

Wang, Yufang, Jyun-gwang Chen, David Treanor, Hsun-Ming Hsu, "Exclusivity, Contingency, Exceptionality and (un)Desirability: A Corpus-based Study of Chinese chufei ('unless') in Spoken and Written Discourse," *Language and Cognition* 37 (2014):40–59.

Wang, Yufang, Shu-ing Shyu, Wayne Schams and Hsun-Chen Chen, "Mandarin Chinese buguo ('but') as a Metacoherence Marker in TV/radio Interview Talks," *Language and Linguistics* 121 (2020):104–114.

Wang, Wei, "From a Conditional Marker to a Discourse Marker: The Uses of Dehua in Natural Mandarin Conversation," *Journal of Pragmatics* 117 (2017):119–138.

Wang, Wei. *Prosody and Functions of Discourse Markers in Mandarin Chinese Conversation:The Cases of Ranhou, Wo Juede, and Meiyou* (Ph. D. diss., UCLA, 2017).

Yeh, Kanyu and Chiung-chih Huang, "Mandarin-speaking Children's Use of the Discourse Markers hao 'okay' and dui 'right' in Peer Interaction," *Language Science* 57 (2016):1–32.

Yuan, Mengxi, Yurie Hara, "Guiding Assertions and Questions in Discourse Mandarin dique and zhende," *Natural Language & Linguistic Theory* 37 (2019): 1545–1583.

# 互动视角下的日语话语标记研究

中国社会科学院语言研究所　胡苏红

## 1. 引言

在自然口语对话中，话语标记（discourse marker）[①]在会话参与者的交际互动中起到了重要的调节作用。话语标记的概念源于 20 世纪 50 年代，对于什么是话语标记，西方学界和汉语学界已经有一些具有代表性的定义。例如，Schiffrin（1987）认为话语标记是把谈话单位组织起来在序列上存在依存性的成分[②]。方梅（2000，2012，2018）指出，话语标记虽然在对话中不表达真值语义关系，但是在言谈中却是构架话语单位的重要衔接与连贯手段。日语的话语标记主要来源于词，包括接续词、终助词、感叹词等。其中，接续词是指出现在第二句句首，表达前后句子之间某种关系的词语（益冈隆志、田窪行则，1992：57-58），相当于汉语的连词，例如，"でも"（demo，但是）是表示转折的接续词，在日语自然口语会话中经常作为话语标记在话题转换时使用。终助词是指出现在句末，接在谓语的原形或过去式后面的助词（益冈隆志、田窪行则，1992：52），例如，"ね"（ne，啊）是表示确认和感叹的终助词，作为话语标记使用时可以表达说话人与受话人在情感上的一致（Ogi，2017）。

---

[①] 话语标记的日语名称使用最为普遍的是 "談話標識"（话语标记）。

[②] 本文在没有特殊注释的情况下外文的汉语翻译皆为笔者译。下同，不另注。

日语研究者赋予话语标记的定义大致分为以下三类。

1）将话语标记看作内心活动标记，认为话语标记是标记说话人内心信息处理过程，对会话内容产生影响的表达形式，代表性研究有冨樫純一（2000，2001，2002，2004，2020）。

2）将接续词看作话语标记的一类。例如，赵刚（2003：7）将衔接两个表达转折关系的话轮的接续词"でも"（demo，但是）归为发话衔接标记。

3）将接续词与话语标记区分开，认为话语标记是仅表达程序意义的独立表现形式。例如，胡蘇紅（2019，2021，2022）将日语中的话语标记定义为："口语中语义弱化后不表达真值语义关系，即使删除也不会影响话语的形成和命题意义的，只表达程序意义的独立表达形式。"该文同时指出，区分日语的话语标记与接续词的方法之一为话语标记不能将其前后文重组成一个语句通顺的复句，而接续词可以。

较早讨论日语话语标记的是 Matsumoto（1988）。该文章认为日语接续词在形式上的历时演变符合语法化（grammaticalization）理论，而语义功能上的演变是语用化（pragmaticalization）的结果，并以此证明了语用化是语义演变的典型方向[①]。30 余年来，国内外众多学者对日语话语标记进行了大量细致的考察，既有从不同视角出发的研究，又有不同规模的研究。

本文将从共时和历时视角研究等方面，对 21 世纪以来用外文发表的和用汉语发表的互动视角下的日语话语标记研究文章进行综述，并试图以日语的转折类接续词"けど"（kedo，但是）的历时演变过程为例，对日语话语标记的形成机制进行讨论。

---

[①]　国内外语言学界对于语法化和语用化的联系一直有不同的认识。谢心阳、方梅（2016）和方梅（2018）以及田婷、谢心阳（2020）明确指出，汉语话语标记功能的浮现从根本上说是语用化，而不是语法化。对于日语话语标记的产生机制是语用化还是语法化问题，本文将在第 4 节进行详细讨论。

## 2. 共时视角研究

近年来，随着大量日语自然口语语料库的构建和公开，越来越多的学者开始使用自然口语语料对会话者在日常互动行为中产出的日语话语标记进行共时视角的考察。这些研究既有系统分析，也有个案考察。

### 2.1　系统分析

对日语话语标记进行系统分析的研究既有对标准日语的考察，也有对方言的考察。

在标准日语中，话语标记可以有不同的表现形式，例如，藤井聖子（2013a，2013b）总结了条件类接续词作为话语标记使用时的三类表现形式：1）原本作为黏着语素（bound morpheme）使用的在会话初始位置以自由语素（free morpheme）形式出现，例如："なら"（nara，要是）；2）指示词＋接续词，例如："そうだったら"（soudattara，要是那样的话）；3）包含谓语成分的合成型，例如："具体的にいえば"（gutaitekiniieba，具体来说）。孙羽（2022）进一步指出，藤井聖子（2013a，2013b）中的第一类话语标记语义弱化主要受到四个因素的影响：1）接续词连接的语言单位；2）语体使用分布；3）情态限制条件 ①；4）作用域 ②。

此外，标准日语中同一类别的话语标记在话轮中所处的位置和实现的功能上存在差异。例如，冨樫純一（2001）指出，同样是来源于感叹词、应答词的话语标记，"あっ（a）"系列话语标记表示新信息的单纯获得，即信息获得的最初阶段；"ふーん（fuun）"系列话语标记虽然也表示新信息的获得，但是可以出现在话轮末端，并且一般不重复使用，还可以用于自言自语；"はい（hai）"系列话语标记具备信息之间的连接（linking）功能 ③。冨樫純一（2004）指出，"まあ"（maa，那个）可

---

① 例如，"だろう"（darou，是吧）是表推测的情态词。

② 作用域指行域（content）、知域（epistemic modality）、言域（speech acts）。

③ "あっ（a）"系列包括"あっ（a）""えっ（e）""おっ（o）"；"ふーん（fuun）"系列包括"ふーん（fuun）""へえ（hee）""ほう（hou）""はーん（haan）"；"はい（hai）"系列包括"はい（hai）""うん（un）""はあ（haa）"。

以用来向受话人传达说话人意见或态度的不明确性，模糊说话人的态度；句中作为话语标记使用的"ですね"（desune，是啊）起向受话人传达说话人的话轮还未顺利展开的作用[①]；"いいえ"（iie，不）等表否定的应答词作为话语标记使用时，起回避与受话人之间心理冲突的作用。

标准日语中话语标记的使用在会话参与者的亲密关系程度上也存在差异。例如，渡邊千晶、川口良（2020）指出，年轻人朋友间的对话中话语标记使用频繁，并且对话一般用"で"（de，然后）保持话轮，而中老年夫妻的对话中一般用"で"（de，然后）开启一个新的话轮。年轻人朋友间的对话一般用"でも"（demo，但是）回归话题，而在中老年夫妻的对话中没有找到类似用例。

众多研究者对标准日语中话语标记的序列组织功能（立场一致/不一致、主导权、维持长话轮等）进行了系统分析。例如，Ogi（2017）指出，说话人在使用来源于终助词[②]的话语标记"ね（ne）"和"な（na）"时，致力于在话语表达的内容和情感上与受话人保持一致，而使用"よ（yo）""さ（sa）""わ（wa）""ぞ（zo）""ぜ（ze）"时则致力于提高自己在会话中的地位。朱怡洁（2020）从主导权的交替角度考察了用于话题开始部分的话语标记。该文指出，说话人掌握会话主导权时，一般多用"でも"（demo，但是）和"あの"（ano，那个）等话语标记来开启话题，而当主导权在受话人手中时一般多用"うん"（un，嗯）等应答词类话语标记。若松史惠（2021）指出，在话题开始部分使用时，"ええと"（eeto，那个）表示谈话时的思考；"え（e）"用于唤起受话人的注意；"でも"（demo，但是）用来明确表示后续内容与前述内容相反；"なんか"（nanka，那个）用来回归到前述叙事内容进而继续进行叙述。花村博司（2022）指出，在维持长话轮的方法上，日语母语者一般采用在话轮初始位置使用话语标记的方式，而非日语母语者一般采用说错重说的方式。

---

① 颜晓冬（2011）指出，非句末使用的"ですね"（desune，是啊）的前后文中一般出现连接词语，并且多出现在年轻人的会话中。
② Ogi（2017）中提到的终助词的汉语意思可以根据语境翻译为"啊、吧、嘿"等。

以日语方言为考察对象的研究主要有琴鍾愛（2003，2004，2005）。琴鍾愛（2003，2004）考察了仙台方言中说明的场景下各类话语标记的使用情况。琴鍾愛（2005）进一步指出，从话语标记的使用情况来看，仙台方言的说话人积极向受话人分享信息，而大阪方言的说话人在与受话人的互动方面是消极的。

除了以上用外文发表的成果，贾琦等（2013）用汉语发表了关于日语"ええと"（eeto，那个）等填充语及其功能研究的文章。该文明确指出，填充语是话语标记。

## 2.2　个案考察

在个案考察中，自然口语对话中转折类接续词的话语标记研究占了很大的比重，研究成果十分丰富，不仅包括从韵律角度进行的考察，还包括从会话分析角度进行的考察。例如，Onodera（2004）指出，表示转折关系的接续词"でも"（demo，但是）和"だけど"（dakedo，但是）作为话语标记使用时均有四个功能：1）参照性的对比（referential contrast）[1]；2）语用的可推测的对比（pragmatically inferable contrast）[2]；3）功能的对比（functional contrast）[3]；4）对比的行为（contrastive actions）[4]。陳相州（2010）指出，当话语标记的"でも"（demo，但是）发挥预告前后内容为转折关系的功能时，"も"（mo）会拖长音并且音高变高，而当"でも"（demo，但是）发挥话题转移（话题展开和话题回归）的功能时则没有此类韵律特征。安井永子（2012）指出，在讲述烦恼的对话中，受话人一般通过"でも（demo，但是）+讲述相似经历"和"でも（demo，但是）+わかる（wakaru，知道）"的形式来维护说话人的面子。胡蘇紅（2019）指出，"けど"（kedo，但是）和"だけど"（dakedo，但是）在自然口语对话中都具

---

[1]　例如，个子高和个子矮属于参照性的对比。
[2]　例如，从前述话语可以推测出后续话语为相反内容属于语用的可推测的对比。
[3]　例如，对于某一提问做出明确回答后所进行的进一步补充说明属于功能的对比。
[4]　例如，话题回归、话题转换属于对比的行为。

备话题管理和话轮管理功能的话语标记用法，但是"けど"（kedo，但是）没有"だけど"（dakedo，但是）使用得频繁。Yokomori 和 Endo（2022）从互动语言学的视角考察"けど"（kedo，但是）在话轮首和话轮末的投射（project）功能时发现，话轮首的"けど"（kedo，但是）投射后续的序列为新观点，而话轮末的"けど"（kedo，但是）则是对于前述会话的补充说明。

除了转折类接续词，还有学者关注到了因果类接续词和条件类接续词的话语标记用法。例如，陳相州（2011）指出，当受话人出现意见一致的反应时，说话人会使用"だから"（dakara，所以）提出结论；意见不一致时，说话人会使用"だから"（dakara，所以）开启再次说明，此时"ら（ra）"的发音会拖长。孙羽（2014）指出，"だったら"（dattara，要是）在实际使用中条件关系弱化，具备了会话管理功能。

近年来，来源于指示词和感叹词的话语标记研究十分具有启发性。小川典子（2010）指出，"そりゃ"（sorya，那个）作为话语标记时，其指示词的语义弱化，表明说话人"当然了"的态度。冨樫純一（2020）指出，感叹词"ええ（ee）"以表示疑问的声调使用时可以用来表达（对自己或对他人）（话轮末使用时）焦躁的心情，而以"え－っ（e-）"使用时可以用来表达不满。芦野文武（2021）指出，来源于感叹词的话语标记"まあ（ma）"一共有五种功能：1）表示强烈的震惊；2）试着打开闭塞的状况，一般和说话人给受话人的建议一起使用；3）表达意见的保留和模糊回答；4）表达不关心；5）表达拒绝。鈴木基伸、梅野由香里（2022）指出，富山方言表达否定的感叹词"ナーン（naan）"相当于表达否定的感叹词"いいえ"（iie，不），从其具备会话管理功能的角度看，属于话语标记的一种。

此外，随着会话分析及互动语言学的发展，有些研究者通过观察日语自然口语对话，逐渐关注到笑声这类非语言成分在会话中的重要作用。水川喜文（1993）虽然没有明确提出自然口语对话中的笑声属于话语标记，但是指出笑声作为话题结束类型之一，可以引出话题转换的可能发生点。中河伸俊（2016）明确将笑声归为话语标记的一类，并且指出玩笑对话中的笑声通常用来标记玩笑的开始和结束。

# 3. 历时视角研究

虽然迄今为止从历时视角出发对于日语话语标记的产生过程和功能演变路径进行考察的研究成果并不多，但是已经有一些有代表性的研究，这些研究对于讨论日语话语标记的产生机制具有重要的意义。

Onodera（2004）指出，"でも"（demo，但是）的句法形态演变和出现位置的演变①符合语法化进程，而其功能的演变［从概念功能（ideational function）到人际功能（expressive function）再到人际功能 +②］符合语用化进程。

此外，还有一些研究考察了从近代到现代日语中话语标记的演变路径和功能分布。例如，東泉裕子、高橋圭子（2014）使用大量语料考察了从近代到现代"だろ（う）"［daro（u），是吧］和"でしょ（う）"［desho（u），是吧］作为句末表达形式和在话轮初始位置使用的话语标记的分布情况。该文指出，"だろ（う）"［daro（u），是吧］和"でしょ（う）"［desho（u），是吧］的演变路径可能与"去掉指示词的形式＋断定词"这种表现形式有关。東泉裕子（2017）指出，近代日语中，"だから"（dakara，所以）在话轮的左边缘③作为接续词使用时，可以用来争夺话语权、连接前述话轮、对后续话轮内容进行猜测以及告知受话人接下来为陈述结论的行为。胡蘇紅（2022）指出，从近代到现代，

---

① 从以"de（系动词 da 的动名词形式）+mo"的形式出现在前一个小句的句末用来连接两个小句（最早出现时间为 11 世纪）到以"demo"的形式出现在句首用来连接两个句子（最早出现时间为 18 世纪）。

② "でも"（demo，但是）的人际功能指 18 世纪到 20 世纪早期标记说话人反驳行为的功能，"人际功能 +"指现代日语中出现的话题展开、话题转换、提示要点等功能。

③ "Periphery is the site in initial or final position of a discourse unit where metatextual and/or metapragmatic constructions are favored and have scope over that unit.［边缘是指会话单位的起始或末端位置，该位置容易产出元篇章或元语用结构，并作用于整个会话单位。（笔者译）]"（Traugott, 2017：63）左边缘（left periphery）为会话单位（口语中为话轮）的起始位置，右边缘（right periphery）为会话单位的末端位置。

"けど"（kedo，但是）从接续词向话语标记演变的过程明显慢于"だけど"（dakedo，但是），而出现这一差异是因为"けど"（kedo，但是）从接续助词向终助词演变的进程影响了其从接续助词向接续词再向话语标记演变的进程。

## 4. 日语话语标记的形成机制

从现有的研究成果来看，关于日语话语标记的形成机制主要有两种观点，一种认为日语话语标记的形成既是语法化的结果也是语用化的结果；另一种则是认为日语话语标记的形成是语法化的结果。在讨论日语话语标记的形成机制之前，我们首先需要弄清语法化和语用化的联系和区别。

关于什么是语法化这个问题，Hopper 和 Traugott（1993：XV）认为，语法化是一个过程，在该过程中，词或语言结构在一定的语言环境中承担语法功能，并且，一旦语法化，就会继续扩展出新的语法功能。沈家煊（1994）提出语法化共有九条原则：1）并存原则；2）歧变原则；3）择一原则；4）保持原则；5）降类原则；6）滞后原则；7）频率原则；8）渐变原则；9）单向循环原则。

关于语用化的介绍可以追溯到 Aijmer（1997）。该文指出作为插入语的英语"I think"是语用化成分（pragmaticalized items），用来体现言者的态度。

虽然国内外语言学界对于语法化和语用化的联系一直有不同的认识，但是已经有学者明确表示，汉语话语标记的形成机制是语用化。谢心阳、方梅（2016）从汉语自然口语中弱化连词的韵律特征为语音强化这一点证明了汉语话语标记的形成机制为语用化，而不是语法化，因为语法化通常表现为语音融蚀。方梅（2018：XIX）明确表明，"语用标记或话语标记功能的浮现从根本上说是语用化，而不是语法化，尽管两者在某些方面存在类似的过程表现"。方梅（2018：XIV）指出，语用化与语法化的区别体现在以下三方面。

（1）语用化的产物在句法上独立，缺少融合性；语法化的成分与邻近成分的融合度高。

（2）语用化表现为语义－语用范围扩大，涉及话语情境，而非限于句子层面。

（3）经历语用化的成分具有可选性，不具备句法上的强制性，无真值条件义。语用化的典型例证就是话语－语用标记现象，其特征为：a. 辖域的泛化；b. 句法自由度的扩张；c. 不隶属于任何句法范畴；d. 不隶属于任何句法层级单位；e. 不具有句法强制性；f. 不与其他句法成分结合。

我们认为，参照以上标准，日语话语标记的形成机制也属于语用化，这一点通过"けど"（kedo，但是）的历时演变过程可以得到清楚的阐释。"けど"（kedo，但是）是"けれども"（keredomo，但是）[①] 的缩略形式，在自然口语中既有最基本的接续助词的用法，也有后期演变而来的接续词、话语标记和终助词用法，这些用法的演变路径可以归纳为图1。我们认为，"けど"（kedo，但是）由接续助词演变为接续词（路径1–1）和终助词（路径2）是语法化，而由接续词继续演变为话语标记（路径1–2）是语用化。

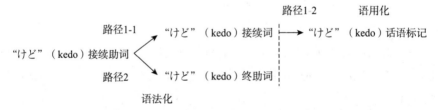

图 1 "けど"（kedo，但是）用法的演变路径

具体来讲，首先，益冈隆志、田窪行则（1992：57，58）指出，"けど"（kedo，但是）的接续词用法来源于其接续助词用法。作为接续词的"けど"（kedo，但是）出现在第二个句子的句首，表达前后两个句子之间的转折关系（《日本国语大辞典》第二版：1439）。从这一点可以看出，作为接续词使用的"けど"（kedo，但是）[如例（1）]虽然与

---

① "けれども"（keredomo，但是）是"けど"（kedo，但是）的礼貌用法。"けれども"（keredomo，但是）演变为"けど"（kedo，但是）的过程详见方梅、胡苏红（2019:4）。

邻近成分的融合度低于接续助词的"けど"（kedo，但是）[出现在前一小句的句末，如例（2）]，但是仍然属于句子层面的成分，并且具有真值语义，删除后影响句子意思的完整表达。所以，"けど"（kedo，但是）由接续助词向接续词的演变（路径1-1）仍属于语法化。

（1）彼は悔しかった。けれども、何も言わなかった。【接续词】

"他后悔了。但是，什么都没说。"（引自益冈隆志、田窪行则，1992：57）

（2）彼は悔しかったけれども、何も言わなかった。【接续助词】

"他后悔了，但是什么都没说。"（引自益冈隆志、田窪行则，1992：58）

（3）ねこのことばがにんげんにつうじるといいんだけど。【终助词】

"要是猫说的话人类能听懂就好了。"（引自国立国語研究所，1951：49）

其次，"けど"（kedo，但是）的接续助词用法向终助词用法的演变（路径2）也属于语法化。堀江薫（2014：689）提出，日语的从句和主句之间存在着双向的功能扩张（如图2）。"けど"（kedo，但是）的终助词用法属于从句的主句化，而主句的缺失（省略或者直接不需要）为"けど"（kedo，但是）由接续助词向终助词演变提供了条件。作为终助词使用的"けど"（kedo，但是）[如例（3）]虽然转折义已经消失，主要用来委婉表达说话人的意图或缓和语气，但是与邻近成分的融合度还非常高，并不能单独使用。

[从句]　　　[主句]　　　　　　[从句]　　　　　[主句]

主句现象（礼貌、身临其境）　　从句的主句化（语法形式的语用化）

**图2　从句和主句的双向功能扩张与动机（引自堀江薫，2014：689）**

最后，Matsumoto（1988）和 Onodera（2004）指出，"けど"（kedo，但是）的话语标记用法［如例（4）的抢占话轮功能］来源于其接续词用法。作为话语标记使用时，"けど"（kedo，但是）是独立的成分，与邻近成分之间缺少融合性，没有真值语义，即使删除也不会影响前后句子的语义表达。这几点均满足方梅（2018）提出的语用化条件。因此，我们认为，"けど"（kedo，但是）由接续词向话语标记演变的过程（路径 1-2）属于语用化。

（4）F112：ああ、十分生きてけるなあ。＊＊＊たちは。

"啊，那完全可以生活啊。＊＊＊（人名）他们。"

F134：けどー、うん、生きて、なんか日本みたいに湿気ないからー。

'但是－，嗯，能生活，那个因为不像日本一样湿气那么重。'

F112：ああ、そっか。その違いがあるのか。

"啊，是吗。还有这种差异呢。"（引自方梅、胡苏红，2019：8 片段）

我们认为，虽然日语其他词源的话语标记演变路径可能没有"けど"（kedo，但是）复杂，但是它们同样具备从具有真值语义的词演变为无真值语义的成分，或者从与邻近成分融合性高演变为缺少融合性的成分，再或者从句法层面演变为非限于句法层面等特征，因此，从总体上看，日语的话语标记形成机制是语用化。

## 5. 研究展望

已有研究从共时视角、历时视角出发对互动行为中的日语话语标记的表现形式、出现位置、功能等进行了系统分析和具体考察，并取得了丰富且具有启发性的新进展。我们认为今后日语话语标记研究仍有值得进一步开拓的课题。

　　首先是对韵律特征的考察。先行研究考察了日语话语标记的不同功能。同一个话语标记以不同韵律特征产出时其功能是否有差异，不同语言的同类话语标记在发挥同样功能时是否具有类似的韵律特征，都是值得以后进一步考察的课题。先行研究对"でも"（demo，但是）和"だから"（dakara，所以）这些来源于接续词的话语标记进行了考察，来源于其他词类的话语标记在韵律特征上有何特点等还亟待考察。

　　此外，使用自然口语对话的跨语言对比也是值得进一步探讨的课题。话语标记来源于自然口语，使用自然口语对话的跨语言对比研究不仅可以帮助我们更好地了解日语话语标记的特点，还可以帮助我们了解其与其他语言话语标记的共同点。近年来，话语标记的汉日对比考察出现了一些角度新颖的研究。例如，孙莉等（2015）考察了集体讨论中汉语母语者与日语母语者在话语标记使用上的异同点。田中奈緒美（2015）考察了进行话题转换时汉日话语标记的使用倾向。王琪（2018）指出，汉语的"其实"经过语法化可以作为填充词使用，而日语的"実は"（jitsuwa，其实）的语法化进程比较缓慢。方梅、胡苏红（2019）指出，日语的"けど"（kedo，但是）用作话语标记时的使用频率低于汉语的"但是"。靳园元（2020）指出，"そういえば"（souieba，话说）作为具有话题提起功能的话语标记使用时与汉语的"话说"相对应，并且都多用于网络语言环境中。夏逸慧（2021）指出，作为话语标记使用的"哈哈"等笑声符号在翻译为日语时，与句首的笑声符号仍翻译为笑声符号不同的是，句中和句末的笑声符号一般会被翻译为具有话语标记功能的词汇。日语和汉语的话语标记种类丰富，用法复杂，今后话语标记的汉日对比研究还值得我们进一步开拓。

# 参考文献

方梅，2000，《自然口语中弱化连词的话语标记功能》，《中国语文》第 5 期。

方梅，2012，《会话结构与连词的浮现义》，《中国语文》第 6 期。

方梅，2018，《浮现语法：基于汉语口语和书面语的研究》，商务印书馆。

方梅、胡苏红，2019，《汉日自然口语转折关系词对比研究——以"但是"与「けど」为例》，载潘钧主编《高等日语教育》（第 3 辑），外语教学与研究出版社。

贾琦、赵刚、孙莉，2013，《日语填充语及其功能》，《日语学习与研究》第 1 期。

靳园元，2020，《日语话语标记「そういえば」的演成——兼与汉语中的"话说"做对比》，载潘钧主编《高等日语教育》（第 5 辑），外语教学与研究出版社。

沈家煊，1994，《"语法化"研究综观》，《外语教学与研究》第 4 期。

孙莉、赵刚、贾琦，2015，《集体讨论中话语标记的汉日对比研究》，载汉日对比语言学研究会编《汉日语言对比研究论丛》（第 6 辑），华东理工大学出版社。

孙羽，2014，《刍议日语接续词"だったら"的话语标记功能》，载徐曙主编《日语教育与日本学》（第 5 辑），华东理工大学出版社。

孙羽，2022，《条件关系接续词的条件语义弱化现象研究》，载潘钧主编《高等日语教育》（第 9 辑），外语教学与研究出版社。

田婷、谢心阳，2020，《汉语话语标记研究综述》，载方梅、李先银主编《互动语言学与汉语研究》（第三辑），北京语言大学出版社。

谢心阳、方梅，2016，《汉语自然口语中弱化连词的韵律表现》，载方梅主编《互动语言学与汉语研究》（第一辑），世界图书出版公司。

赵刚，2003，《日语的话语标记及其功能和特征》，《日语学习与研究》第 2 期。

安井永子，2012，「接続詞「でも」の会話分析研究：悩みの語りに対する理解・共感の提示において」，『名古屋大学文学部研究論集（文学）』第 58 巻。

陳相州，2010，「韻律の観点から見た日本語談話標識「でも」の使用」，『言葉と文化』第 11 巻。

陳相州，2011，「コーパスを利用した日本語談話標識「でも」「だから」の使用に関する研究」，博士学位論文，名古屋大学。

東泉裕子，2017，「近代日本語における左右の周辺部表現の発達：『太陽コーパス』に見る接続助詞「から」の用法を中心に」，載小野寺典子編『発話のはじめと終わり：語用論的調節のなされる場所』，東京：ひつじ書房。

東泉裕子、高橋圭子，2014，「文末表現から発話冒頭の談話標識的表現へ」国立国語研究所『第 5 回コーパス日本語学ワークショップ予稿集』。

渡邊千晶、川口良，2020，「親しい人間関係における談話標識について：若年層友人同士と中高年夫婦の談話を比較して」，『言語文化研究科紀要』第 6 巻。

冨樫純一，2000，「非文末「ですね」の談話語用論的機能：心内の情報処理の観点から」，『筑波日本語研究』第 5 巻。

冨樫純一，2001，「情報の獲得を示す談話標識について」，『筑波日本語研究』第
　　6巻。

冨樫純一，2002，「談話標識「まあ」について」，『筑波日本語研究』第7巻。

冨樫純一，2004，「日本語談話標識の機能」，博士学位論文，筑波大学。

冨樫純一，2020，「感動詞「ええ」の派生的用法について：苛立ち・不満を示す
　　場合」，『日本文學研究』第59巻。

髙橋圭子、東泉裕子，2013，「漢語名詞の副詞用法：『現代日本語書き言葉均衡コ
　　ーパス』『太陽コーパス』を用いて」，国立国語研究所『第4回コーパス日本
　　語学ワークショップ予稿集』。

国立国語研究所，1951，『現代語の助詞・助動詞：用法と実例』，東京：秀英出版。

胡蘇紅，2019，「逆接を表す接続詞から談話標識へ：「だけど」と「けど」におけ
　　る機能拡張」，『日本認知言語学会論文集』第19巻。

胡蘇紅，2021，「逆接を表す接続表現の中日対照研究：「但是（danshi）」と「け
　　ど」を中心に」，博士学位論文，名古屋大学。

胡蘇紅，2022，「近代から現代に至る逆接を表す接続詞の使用変化：「けど類」と
　　「コピュラ＋けど類」の比較を中心に」，KLS Selected Papers4。

花村博司，2022，「日本語の接触場面会話における長いターンの維持：使用され
　　る手続きの位置と表現」，『言語研究論叢』第7巻。

堀江薫，2014，「主節と従属節の相互機能拡張現象と通言語的非対称性：日本語
　　と他言語の比較を通じて」，載益岡隆志、大島資生、橋本修、堀江薫、前田
　　直子、丸山岳彦編『日本語複文構文の研究』，東京：ひつじ書房。

鈴木基伸、梅野由香里，2022，「富山方言「ナーン」に関する一考察」，『大手前
　　大学論集』第22巻。

芦野文武，2021，「日本語の談話標識「まあ」の分析」，『藝文研究』第121巻第
　　2号。

琴鍾愛，2003，「仙台市方言における談話展開の方法：説明的場面で使用される
　　談話標識から見る」，『文芸研究：文芸・言語・思想』第115巻。

琴鍾愛，2004，「仙台方言における談話展開の方法の世代差：談話標識の出現傾
　　向から見る」，『東北文化研究室紀要』第46巻。

琴鍾愛，2005，「日本語方言における談話標識の出現傾向：東京方言，大阪方言，
　　仙台方言の比較」，『日本語の研究』第1巻第2号。

日本国語大辞典第二版編集委員会，小学館国語辞典編集部（編），2001，『日本国

語大辞典　第二版第四巻』，小学館。

若松史恵，2021，「話題開始部の冒頭に現れる言語形式についての一考察：談話標識「え」「ええと」「でも」「なんか」に着目して」，『社会言語科学』第24巻。

水川喜文，1993，「自然言語におけるトピック転換と笑い」，『ソシオロゴス』第17巻。

藤井聖子，2013a，「条件構文の談話標識化の諸相」，『コーパス日本学』第4号。

藤井聖子，2013b，「現代日本語における条件構文基盤の談話標識（化）：その形式と機能に関する類型試案」，『言語・情報・テクスト：東京大学大学院総合文化研究科言語情報科学専攻紀要』第20号。

田中奈緒美，2015，「話題転換時における談話標識の使用に関する日中比較」，『島根大学外国語教育センタージャーナル』第10号。

王琪，2018，「会話における中国語談話標識"其実"の文法化について：日本語の「実は」との対照を兼ねて」，『地球社会統合科学研究』第8巻。

夏逸慧，2021，「笑いとコミュニケーションの日中対照研究：談話標識としての中国語の笑い声表記の日本語翻訳について—」，『国際文化研究』第27巻。

小川典子，2010，「指示表現から談話標識へ：「こりゃ」「そりゃ」「ありゃ」を事例として」，『言語科学論集』第16巻。

顔暁冬，2011，「非文末「ですね」の共起傾向に関する一考察」，『比較社会文化研究』第30号。

益岡隆志、田窪行則，1992，『基礎日本語文法 改訂版』，くろしお出版。

中河伸俊，2016，「談話標識としての笑いと「お笑い」：フレーム分析の実用のための試行的検討」，『同志社社会学研究』第20号。

朱怡潔，2020，「主導権の交替から見た話題開始の談話標識」，『言語科学論集』第24号。

Aijmer, Karin, "'I think' – An English modal particle," In Toril Swan and Olaf Jansen-Westvik, eds., *Modality in Germanic Languages: Historical and Comparative Perspectives* (Berlin/New York: Mouton de Gruyter, 1997), pp.1–47.

Hopper, Paul J. andElizabeth C. Traugott,*Grammatcalization* (Cambridge: Cambridge University Press, 1993).

Matsumoto, Yo, "From bound grammatical markers to free discourse markers: History of someJapanese connectives," *Proceedings of the Fourteenth Annual Meeting of the*

*Berkeley Linguistics Society* (1988): 340–351.

Ogi, Naomi,*Involvement and Attitude in Japanese Discourse：Interactive Markers* (Amsterdam/Philadelphia: John Benjamins, 2017).

Onodera, Noriko O.,*Japanese Discourse Markers: Synchronic and Diachronic Discourse Analysis* (Pragmatics & beyond: new series 132)(Amsterdam/Philadelphia: John Benjamins, 2004).

Schiffrin, Deborah, *Discourse Markers* (Studies in interactional sociolinguistics 5)(Cambridge: Cambridge University Press, 1987).

Traugott, Elizabeth Closs, "Aconstructionalexplorationinto 'claural periphery' and the pragmatic markers that occur there," In Onodera Noriko O. ,ed.,*Periphery : Where Pragmatic Meaning is Negotiated* (Tokyo: Hituzi Syobo Publishing, 2017), pp.55–73.

Yokomori, Daisuke and Tomoko Endo, "Projective/retrospective linking of a contrastive idea:Interactional practices of turn-initial and turn-final uses ofkedo 'but' in Japanese," *Journal of Pragmatics 196* (2022): 24–43.

# 互动视域的儿童评价表达研究 [*]

暨南大学　饶宏泉

## 1. 引言：语用发展与互动视域的融合

儿童为什么能获得语言又是如何获得语言的，这些问题不断吸引学者聚焦于儿童的语音、语义及句法发展研究，直到 20 世纪 70 年代，发展语用学（Developmental Pragmatics）的兴起将人们的视野引向儿童语用发展（Ochs and Schieffelin，1979），它关注儿童如何习得必要的知识才能适当地、有效地、符合规则地在人际情境中运用言语，Ninio 和 Snow（1996）更是奠定了儿童语用发展的主要研究议题及框架。随着社会学、教育学和语言学的跨学科交叉融合，"儿童视角"和"互动视角"已然成为时代共鸣，学界广泛开展"聚焦儿童的会话分析"（child-focused conversation analysis），议题涵盖了儿童的会话修正、话轮转换、序列组织以及会话中实施的言语行为等重要领域，探索儿童的知识构建轨迹以及社会能力的发展（Wootton，1997；Gardner and Forrester，2010；Forrester，2014；Clark，2020）。近年来，不断借鉴互动语言学（Interactional Linguistics）以及多模态（Multimodal）的互动研究（Goodwin，2007；Ericsson，2012；Anstey and Wells，2013；Stivers, Sidnell and Bergen，2018；Morita，2021；Siitonen, Rauniomaa

---

[*] 本文研究得到国家社科基金后期资助项目"汉语儿童的评价表达与语用发展研究"（24FYYB026）和广东省普通高校哲学社会科学重点实验室项目（2024WSYS003）的资助，谨此致谢。

and Keisanen，2021；Tomoyo，2021；等等），成为前沿热点。2017 年 Equinox 出版公司创刊了 *Research on Children and Social Interaction* 杂志来深入讨论相关议题。可以说，在互动视域下研究儿童语言，还原了语言的互动栖息地，既有利于探讨儿童语用能力的发展，也能基于儿童语言深入思考语言与互动的关系，为互动对语法的塑造研究提供了新视角（张媛、王文斌，2019）。

人类的核心语言行为包括祈使、问答、叙述和评价（assessment）等。评价表达了对特定的人、事物或事件的正面或负面价值判断，是人类分享信息、表达情感和态度的重要手段，亦是人区别于动物的关键心智能力和重要行为基础。它关涉内在的知识体系和外在的话语表达。"评价"以怎样的语言形式在怎样的序列结构中运作，一直是互动语言学关心的核心话题，越来越多的研究聚焦于成人互动中的评价表达，在序列组织中系统考察了评价表达的形式塑造和资源选用（Pomerantz，1984；Goodwin and Goodwin，1987；Ochs and Schieffelin，1989；Heritage and Raymond，2005；Lindström and Mondada，2009；Sidnell，2014；Thompson et al.，2015；Couper-Kuhlen and Selting，2018；等等），但针对儿童的研究并不多，也未成系统。儿童的语用环境中，成人评价、同伴评价和自我评价随着年龄增长日益凸显，儿童心理学（朱智贤，1993；林崇德，1995）发现学前儿童的自我意识有了进一步发展，核心表现就是评价能力。因此，评价表达是儿童语用发展的重要观测点，也是儿童语言社会化（socialization）的重要目标（Duranti，Ochs and Schieffelin，2012），应当引起儿童语用发展研究和互动语言学的重视。本文希望就儿童的评价表达研究展开文献综述，从宏观和微观上了解儿童评价表达的特征，指出进一步研究的趋势方向，推进儿童语言学和互动语言学的交叉研究。

## 2. 国外的儿童评价表达研究

儿童发展到一定阶段，具有一定的语言表达能力和认知能力后，方能用语言来表达评价。评价表达反映了儿童的主观情感、看法思考，一直是心理学研究的热点。儿童习得和使用评价语言，既与心智理论（theory of mind）的出现有关，也与后续的学业发展有关（Bretherton and Beeghly，1982；Astington and Jenkins，1999；Harris，de Rosnay and Pons，2005）。该领域涉及语言、认知和社会等多个维度和层面，所以其语言习得研究一直与社会化、教育学范畴密切相关，而且随着儿童教育和知识建构的发展，越来越受到重视。[①]

　　国外的儿童评价表达研究主要是在语言社会化、语言教育等领域中展开的，学者们采用会话分析，从儿童和父母两个维度探讨了评价手段和评价序列，考察了评价所起的作用。虽然研究的数量有限，质量也无法与成人领域的评价表达研究相比，但确实揭示出儿童对具有序列特征的环境敏感，能综合调用语言和非语言资源实施评价、分享情感体验和立场观点。

　　Clancy（1999）以情感社会化的语言机制和资源为目标，分别研究了三对日本母亲和2岁儿童之间的会话，发现母亲和儿童共享了很多的情感词语，最高频的是形容词和动词，它们传递出对食物、行为等不同对象的积极或消极情感（喜欢/不喜欢，高兴/不高兴，渴望/厌恶，接受/拒绝，赞成/不赞成，满意/沮丧，等等），编码了具有特定情感内涵的评价内容。母亲会用这些词语来引导儿童避免危险情况或不良行为（例如，为了让儿童不要大声喊叫和假装开枪，母亲说"哦，那是可怕的"），也会明确指导儿童如何恰当地做出评价（比如模仿乌龟角色："乌龟说，太美味了！"）。作者以 kowai（"可怕的"）为例，展示了母亲引导儿童将自己视为他人评价影响的对象。另外，2岁的儿童也会使用 Kowai 来关联他们对现实和想象的恐惧，并对成人进行评价。Suzuki（1999）也讨论了消极情感的社会化问题，注意到日本母亲教儿童适当的行为是通过使用体后缀 - chau（或过去时态 - chatta），它表示说话

---

① 国外在拉波夫叙事模式（Labov，1972；Labov and Waletzky，1967）的框架下，也兴起了从发展角度对评价在叙事中的作用的研究（可参看 Drijbooms，Groen and Verhoeven，2016），但并非基于会话互动或互动语言学的分析，故而叙事评价不在本文综述范围内。

者对即将完成（或刚刚完成）的事件或行动的负面情绪。Hérot（2002）则发现，当看护者使用"快乐"和"悲伤"等情感词语时，美国的儿童就会被社会化，对其他人和动物产生同理心，所以看护者和老师的评价行为，使儿童学会了对社会和世界上的人、物与事件表现出文化上适当的积极和消极的情感立场。正如 Haruko（2012）所说，父母和教师的评价能有效实现儿童的社会化，促使儿童恰当地表达积极或消极情绪，以及有关评价对象的社会文化价值。

Filipi 和 Wales（2010）组织了一项关于"地图任务"的活动，通过对比英语世界成人和儿童（7~12 岁）的评价序列，发现成人和儿童在评价序列的组织方面存在差异，年龄较大的儿童和年龄较小的儿童在组织细节方面也存在差异。在成人和儿童的会话中，第一评价会投射第二评价作出预期的回应，成人通常会立即做出第二评价，而儿童的第二评价往往延迟或缺失。就评价的偏好组织来说，成人和年龄较大的儿童会注意面子问题，年龄较小的儿童则会以更为直接的方式表达。此外，成人不仅对任务内容本身做出评价，还会对其他人的表现做出评价，而7 岁左右的儿童则只将评价限制在对任务内容的评价上。这些都反映出儿童的年龄不同，评价范围和评价方式有显著不同。

Burdelski 和 Mitsuhashi（2010）细致考察了日本学前儿童与日托（daycare）教师、同伴的会话互动，发现了以下特点。1）日托教师经常使用评价性形容词如 kawaii（可爱）、kakkoii（酷）、ii（好）、joozu（熟练）、subarashii（很棒）、yasashii（温柔）等，伴随着具身资源，对儿童和事物做出积极评价，营造良好情绪氛围。其中最高频的就是 kawaii，其评价对象包含个人用品、玩具、儿童、动物、自然物及其他物品。该词能产生赞美、表扬、安抚等功能，老师还可以用它来解读儿童的行为，有时解读为该儿童的思想与感情，从而引导儿童控制自己的表现；有时解读为是向另一个儿童"报告"该儿童的言语和思想，这类似于转述性的"间接引语"，从而促进儿童之间的互动，建立儿童间的友好关系。2）三岁左右的儿童在与老师和同龄人互动时使用 kawaii，评价的对象是个人用品、玩具和动物。这个词能表达儿童在活动中形成的"共情"，即一种能够从他人视角理解和猜测他人的意愿和情感的能力。3）女孩是 kawaii 的主要使用者，会比男孩更多地使用该词来形容自己，她们把它当成女性性别认同的指标。4）儿童还会通过转换评价对象来表达微妙的反对意见。这些都说明日常互动塑造了学前儿童对情感、性别和关系的语言理解和使用。

Keel（2015）基于父母与 2~3 岁说法语儿童互动的视听语料库，分析了儿童始发评价（initial assessments）的多模态方式，以及如果受话人没有（立即）给出（令人满意的）回应，儿童是如何使用语言和非语言资源追求回应，如重复评价或将评价对象带到看护者面前。这说明即时的互动环境为儿童评价表达提供了必要的资源。Keel（2016）采用数据驱动（8 个说法语的家庭视听语料，每个家庭至少有 2 名儿童，其中一名 2~3 岁）和自下而上的方法，具体考察儿童是如何获得评价的。作者聚焦于评价序列，发现儿童会运用评价来表达规范性立场，表达他们对被提及的对象、活动或人的情感参与。该文有以下重要的观察和发现。1）儿童通过始发评价来引发关注、重提话题、引发恭维，此外也有实现自贬、表达抱怨等非偏好的行为评价。在抱怨之前，儿童会使用注意力引导，比如咳嗽或以具身资源对对象表达消极立场，从而延迟这一显性表达，同时预示着有些问题会接踵而至，说明儿童已经初步领会互动的微妙了。2）儿童倾向于"条件相关性"，即把自己的评价看作一种基本的社会活动，能让受话人做出相关的回应，而不是仅仅把评价表达看作他们对一个对象、一项活动或一种经历的个人立场的表达。家长对儿童的始发评价最常见的反应是同意，但并不是强一致，而是弱认同回应。3）儿童会调动和协调不同的互动资源，如序列位置、手势、面部表情和语言，以确保受话人能理解所评价对象的知识，并且，儿童还会促使受话人参与以做出积极的回应。4）儿童在互动评价中常使用短小的陈述格式如 is nice，而没有过多的设计话轮以凸显对受话人认识状态的关注。

Burdelski 和 Morita（2017）基于 13 个日语家庭中 2 岁儿童的视频（大约 150 个小时）语料，具体探讨了儿童面对成人或同伴时的始发评价，发现儿童往往会使用形容词（如：快、可爱、可怕、有趣、巨大）

以及一系列具身资源来发起评价，不仅显示他们对事情、事件的情绪反应，而且开展了一定的社会活动，比如表达一致立场、揭示过去经验或构建某种社会文化。特别值得一提的是，尽管儿童的始发评价有时来得很突然，评价表达也常常在词汇和句法上表现得更为简单直接，但在准备、启动和设计评价时，儿童常会做一些交互性的工作，建立起"参与者框架"（participation framework），试图获得受话人对当下评价对象的共同关注。这些说明，2 岁的儿童虽然语言能力还很有限，但却表现出对序列环境和序列推进模式的敏感性。他们了解始发评价能实施哪些社会行为，很可能已经具备有效开展评价所需的社会知识和语用知识，甚至会用不同的形容词来激发受话人的不同回应。

Shiro、Hoff 和 Ribot（2020）调查了 2 岁半儿童（26 个英语单语儿童和 20 个西班牙语 – 英语双语儿童）与他们母亲间的互动，发现单语儿童与双语儿童在英语的评价词汇量上没有差异，但是双语儿童的西班牙语评价词汇量要少。单语儿童和双语儿童在评价词的语义类型上存在差异。与西班牙 – 英语双语儿童相比，英语单语儿童使用更多与意志和认知有关的词语，并且更多的是谈论意志。研究表明，评价词汇的发展受到文化差异的影响，双语儿童也是双文化儿童，在两种语言使用中遵循与单语同龄人不同的发展路径。

Tam（2022）研究当英语父母和儿童在一起但执行不同的任务时，儿童可以利用 "look at/check X" 来作为寻求关注和认可的手段，会引导父母对儿童作品进展或完成情况加以关注，从而表现出一种积极的态度，认为这是一项值得关注的成就，进而邀请父母对它进行评价。这项研究展示了儿童会调用语言资源来期待评价，并扩展序列，体现了对互动序列的敏感性。

整体上看，国外已有的研究议题涵盖了评价手段、评价序列和评价功能的不同面向。

（一）评价手段。学者关注最多的还是评价性词汇手段。评价词汇的边界很模糊，Shiro、Hoff 和 Ribot（2020）基于儿童产出的所有词汇，选择那些带有态度意义，与认知、意志和情感等三类语义场有关的词汇作为评价词汇，包括评价词（Evaluative words）、与评价相关的词（Evaluation-related words）和负载评价的词（Evaluation-laden words）。更多学者则聚焦于典型的评价性形容词，也有学者关注句法结构，如 Guo（1999）以汉语 3 名 7 岁儿童日常会话中的右偏置结构（如"别瞎说了，你"）为例，说明该结构在使用中的强调功能，将受话人的注意力集中到所关注的对象上，而且常常与强烈的负面评价密切关联。不少学者还关注儿童做出评价时的其他模态表现，如眼神、表情、手势、语调等。

（二）评价序列。学者们对儿童与成人、儿童与同伴的互动研究投入了很多精力，分析序列的偏好/非偏好组织，既研究儿童的评价产出，更关注成人的评价输入以及儿童的反馈。研究中还发现儿童特别在意评价的互动构建，建立"参与者框架"、期待受话人回应，都反映出儿童对序列组织的敏感性。即使是 2 岁的儿童，也不是被动接受成人发起的看待世界的评价，而是互动参与的知识提供者和共同建构者。

（三）评价功能。学者们非常重视评价的社会行为和功能，较多的是考察家长的评价表达对儿童的影响（Goodwin，2017）。研究发现成人对儿童的评价除了用于赞美表扬、批评制裁，还有更多的功能，如行为规范、行为注释等，教育儿童恰当地与他人交流。儿童对成人进行的评价，或使用语言和非语言资源引发关注，表达心理共情、文化规范、一致认同或反对抱怨，追求成人的评价回应，在一定程度上发挥了评价创造人际关系并构建世界的作用。

总之，国外的儿童评价表达研究，其分析基础多是 Goodwin 和 Goodwin（1987）、Pomerantz（1984）基于成人互动建立的框架，而且研究中非常注重成人通过语言对儿童实施的社会化影响。因此，儿童评价表达研究还带着较多的依附色彩，尚未对儿童的主体地位和构建者角色给予充分的重视，也就难以形成对儿童评价表达手段、序列组织特征的深刻认识。此外，由于这些研究基本都是针对儿童某一年龄段所做的共性描写（还有性别、文化差异），或跨年龄段的差异分析，多是群案研究，还没有针对个案开展系统的全年龄段语用发展考察，可能会忽视儿童评价表达发展的关键期特征。

# 3. 国内的儿童评价表达研究

国内的儿童语言研究，以往比较注重对语言结构系统的发展进行研究，对儿童语用发展关注不多，当前正在话语转向之下积极关注语用领域的发展情况。学者们逐渐注重儿童的会话分析（邹立志，2018；程璐璐，2021；王德亮、蒋元群，2022），但尚未形成主要研究领域，采用互动语言学研究的很少（邹立志，2021），尚缺乏儿童会话中评价表达的专题研究。有一些关于儿童语言的研究已经注意到儿童评价的相关现象，比如，罗黎丽（2018）对5岁汉语儿童的言语交际做了分类描写，在"陈述"大类中列举描写了"评议"小类，把"评议"分为"积极评议、消极评议、中性评议"三种，但并未展开讨论。有一些研究并未专列"评价"小类，仅在例句中提到评价意义，如：王岩（2013）对儿童话语进行具体分析时认为其中一些话语具有评价义；谢翠平（2015）也收集到评价句，如"谁说我是一个坏孩子？我是好孩子！"，认为这属于儿童的"自我评价"。这些研究均没有展开具体的讨论。

张云秋、王悦婷（2011）研究了早期儿童语言中的主观化表达发展。主观化表达是采用一些特定的词语或结构以表达说话人对所说话语的评价、态度和情感。作者不仅注意到语气副词这种常见的主观评价手段，而且发现2岁左右的儿童可以通过义项派生的方式扩展词义的功能来表达主观评价，如"大灰狼把门都干掉了"中的"都"表达"甚至"义，具有强烈的主观评价色彩，这说明儿童此时已经能通过一些推理机制扩充词义，表达各种主观情感。此外，作者还观察"还""也""又"的主观义以及连字句、"是…（的）"句等的表达手段，一般都表达主观认识，包括主观态度或评价，它们大多需要一定的推理能力，有的还具有交互主观化特征，需要儿童具备交互主观化能力，大都出现在2岁至2岁8个月。虽然该文并非专门研究评价表达，但提及了儿童评价表达的多种形式手段，有助于对该专题进行深入探讨。

张云秋、李若凡（2017）在研究早期儿童语言中的情态量级时，专门探讨了情态副词即语气副词，认为它们是调节和补充情态值及主观性高低的重要手段。作者发现在儿童 3 岁之后，"原来"表示确认（必然性），对新发现情况的确认，而新发现的情况是未曾料到的，因而恍然醒悟，可见除了确认的情态意义之外，"原来"还包含了对恍然醒悟的未曾料到之新情况的确信。"当然、其实、反正"具有交互主观性，蕴含了说话人对听话人的情感、态度和评价的关注。作者认为儿童这一能力的发展说明他们在 3 岁后就开始显现出一定的语用能力并对人际功能有所理解。这一研究虽然是从情态角度切入，但所探讨的儿童评价副词的特征，有助于深化对儿童评价表达的理解。

目前，专题研究儿童评价表达的是饶宏泉、李宇明（2021）。该文在互动语言学的观照下，基于序列组织和话轮设计来具体分析 4 岁儿童的评价表达，从评价标准、指称基础、评价手段和评价互动 4 个要素入手，对 4 岁儿童进行了个案的深入描写，涉及形容词的高程度生动表达、话题评论结构、"我喜欢 / 讨厌 + 评价对象"、认识的升降调节手段、让步评价，以及在评价序列中的始发评价和回应评价等。论文还提出"知识环模型"来系统整合儿童评价表达的实现和理解机制，希望为儿童语用发展提供一个局域的分析框架。基于"知识环模型"，李怡祺（2022）对 1~6 岁儿童的评价性形容词做了发展语用学的探讨，发现评价性形容词经历由偏好无修饰语到偏好有修饰语，从感官评价占优势发展到性质评价和品行评价占优势的过程。随着句法结构的复杂化和认知水平的提高，评价性形容词的表达渐趋精细化和复杂化，从简单、笼统的评价发展到较为具体的评价，从物体特征的评价发展到事件情感的评价，从外部感知评价发展到内在品质评价，从主观情绪性评价发展到初步客观性评价，儿童评价表达的准确度和丰富性有极大提升。研究指出，儿童评价标准从主观感知发展到初步客观，主要是受内部自我主义和外部社会环境两个方面的影响。饶宏泉（2023）则以评价表达的重要手段之一"评价副词"为切入点，描写了儿童语言中高频评价副词（反正、原来、到底、正好、明明）的核心语义和典型功能，以及校准调试与拓展完善的语用表现。在此基础上，从互动构建、认知转化和语用塑造三个维度，系统探讨了儿童学习如何表达评价意义的机制。这对于深入研究评价参数（parameters of evaluation）（Hunston and Thompson，1999）有参考价值，如"确定性"评价副词相对容易习得，而"期待性"和"重要性"参数都有待"常态"认知经验的积累。

总体上看，与国外研究相比，国内的相关研究还很少，处于起步阶段。这一方面与国内外对儿童语言研究的重视程度有关，另一方面与国内外功能语法、话语研究的发展态势紧密相关。目前国内的儿童评价表达研究，基本上偏重主观化和情态视角，语用发展尤其是互动视域的研究还非常缺乏，亟须提高语言学、社会学、心理学等跨学科交叉的意识，推进专题性、系统性、理论性以及应用性研究，深刻理解不同年龄段儿童的评价话题、评价手段、评价特征及评价能力的发展规律，从而为儿童知识构建及社会化提供思考与指导。

# 4. 儿童评价表达的研究趋势与方向

评价意义属于人际元功能，儿童需进入成人语言体系后才能逐渐发展起来（韩礼德，2015）。能恰当地开展评价在儿童的语言生活中非常重要，从日常的情绪表达到主观思考的认识体现，再到人际维系的话语策略，都体现了儿童的心智发展和语言成熟。因此，我们认为，评价表达是儿童语用发展的一个非常关键的测评参项。但如前文所述，国外研究主要采用儿童社会化视角，尽管通过大量的会话分析得到了有关评价形式和评价功能的重要观察，但是与儿童语用发展的侧重点毕竟不同，国内相关研究刚刚起步，对儿童语用水平、评价能力的发展规律掌握和理论认识还存在很多短板。

儿童的语言是在语用中发展的，而互动是语言的自然栖息地，也是儿童学会语言、构建知识、体验人际关系的自然情境和必由路径，因而需要高度重视儿童的语言互动。而话语功能语法的前沿领域"互动语言学"强调的恰恰就是语言结构的塑造和社会交际互动之间的互育关系，显然这一视域有助于儿童语言学的学科建设。当下的确有不少明确以互动语言学为关键词的儿童语言研究成果，可以说是代表了二者结合的研究趋势。因此，我们主张在互动视域下开展儿童的评价表达研究。

（1）加强儿童评价表达的系统性研究。评价表达是一个动态的互动过程，其发展不仅涉及儿童语言能力，而且与认知能力和交际能力都有关，所以需要系统考察儿童评价意义的互动建构，包括不同年龄段儿童表达评价的对象议题，序列组织和话轮设计，所采用的评价手段及多模态形式，评价所发挥的社会功能，等等。此外，父母的回应是如何随着儿童的成长而变化的，是如何增加儿童互动经验的，也都是亟待解释的问题。因此，全年龄段的考察有助于形成系统性认识，从而更为深入地理解儿童的语用发展。

（2）重点关注涉儿人群的儿向评价。互动视域不仅注重儿童单向的语言产出和行为，还非常关注双向的互动反馈与回应。在儿童语言获得过程中，主要有三种不同水平的语言输入：儿向语言、目标语言和伙伴语言。其中，对儿童语言获得影响最大的是儿向语言（李宇明，1995）。儿向语言是成人与儿童交流时所使用的语言，目前的研究已经发现父母或照看者的儿向语言相关特征，但是儿向语言中的评价议题、评价方式等都还缺乏系统研究。尤其除了父母及祖辈，还有很多的社会人群，可以统称为"涉儿人群"（李宇明，2022），包括教师、医生、儿童读物作者、儿童玩具/游戏设计者与销售者等，他们的评价表达都会在一定程度上影响儿童的价值判断和态度立场，也会影响儿童对待别人评价时的表达方式。

（3）重视知识构建和社会化的视角。知识在语言互动中构建，语言在知识分享中发展。人们参与社会活动的经验会不断丰富概念世界、构建认知框架，体现在知识图式中，既有与不同的或相同的社会经历有关的社会知识图式（Social Knowledge Schemata），也有语言图式（Linguistic Schemata）（尚晓明，2016）。儿童与他人的会话互动非常重要，在儿童心智发展过程中起着关键的作用。评价作为一种知识图式，既涉及社会文化，也涉及语言行为。在不同的互动场合，基于不同的维度和标准，针对不同的人和物，采用不同的评价方式达到不同的目的，这一系列图式是如何在互动中发展和完善的，也是儿童社会化研究的重要内容。

（4）互动塑造的个体差异值得探讨。目前的儿童语言研究大都是希望寻找儿童语言共性的密码，但是从个体发展来看，差异非常显著，互动的质量和样态对于个体语言的内容及形式塑造都有重要影响。评价表达在儿童个性塑造、思维发展、情商发育和学业提升等方面均扮演着重要角色，这不仅是语言研究的议题，更是语言教育学持久关注的议题。这些都可以归入儿童语言学的范畴。

# 5. 结语和余论

儿童的评价表达研究，既需要互动语言学的视域和范式，也依赖于儿童会话语料库的基础建设。儿童自然会话的语料采集不同于成人语料，儿童的语言产出受性别、年龄、语言能力、认知能力、交际能力、性格影响很大，彼此的差异尤其明显，且人工转写的工作量也比成人的大。目前，国际上有儿童语言数据交流系统 CHILDES，国内也有一些高校（如安徽师范大学、北京语言大学、暨南大学、南京师范大学、首都师范大学等）在积极建设儿童会话语料库，相信随着儿童会话语料库的建立和完善，一定能极大地提升互动视域的儿童语用发展研究水平。

互动语言学关注的虽然是个体之间的会话，但反映的却是群体在共时层面上的语言互动实践，它探讨语法结构是如何在互动中塑造的，互动又是如何调用语言资源的。最近学界的新动向之一就是重视社会互动的纵向方法，提出"纵向会话分析"（Longitudinal Conversation Analysis）（Deppermann and Doehler，2021），探讨在个体和社会层面上，人们的互动实践是如何随时间变化的。儿童语用发展研究越来越重视在互动中探讨个体语言的历时发生与发展，已经与纵向会话分析交叉成为探讨互动实践中变化本质的重要维度，我们也期待二者在汉语研究中的融合拓展。

# 参考文献

程璐璐，2021，《学龄前儿童语用发展的取效行为研究》，中国社会科学出版社。

方迪，2021，《汉语口语评价表达研究》，社会科学文献出版社。

〔英〕韩礼德，2015，《婴幼儿的语言》，高彦梅等译，北京大学出版社。

李怡祺，2022，《儿童互动中的评价表达发展个案研究》，硕士学位论文，安徽师范大学。

李宇明，1995，《儿童语言的发展》，华中师范大学出版社。

李宇明，2022，《"涉儿人群"与儿童语言学》，学术报告，南京师范大学 9 月 25 日。

林崇德，1995，《发展心理学》，人民教育出版社。

罗黎丽，2018，《五周岁汉语儿童的言语交际研究》，中国社会科学出版社。

饶宏泉、李宇明，2021，《儿童互动中的评价表达与知识构建——以 4 岁汉语儿童的个案研究为例》，《语言文字应用》第 4 期。

饶宏泉，2022，《儿童语用发展与家庭语言生活》，《中国社会科学报》5 月 27 日第 5 版。

饶宏泉，2023，《从评价副词的习得看儿童评价表达的发展》，《语言战略研究》第 3 期。

尚晓明，2016，《儿童语用发展知识图式探究》，《外语电化教学》第 4 期。

谢翠平，2015，《儿童早期语言发展的个体发生个案研究》，博士学位论文，西南大学。

王德亮、蒋元群，2022，《基于对话句法的汉语自闭症儿童会话研究》，《天津外国语大学学报》第 4 期。

王岩，2013，《功能视角下的普通话儿童 3 岁前语言发展个案研究》，博士学位论文，吉林大学。

张媛、王文斌，2019，《认知语言学与互动语言学的可互动性探讨——宏观和微观层面》，《外语教学与研究》第 4 期。

张云秋、王悦婷，2011，《汉语儿童主观化表达发展的个案研究》，《中国语文》第 5 期。

张云秋、李若凡，2017，《普通话儿童早期语言中的情态量级》，《中国语文》第 1 期。

朱智贤，1993，《儿童心理学》，人民教育出版社。

邹立志，2018，《汉语儿童早期会话中关联标记"然后"的发展个案研究》，《首都师范大学学报》（社会科学版）第 6 期。

邹立志，2021，《互动语言学视角下普通话儿童指别标记语的发展》，《首都师范大学学报》（社会科学版）第 2 期。

Anstey, Julie. and Wells, Bill., "The uses of overlap: Carer-child interaction involving a nine-year-old boy with auditory neuropathy," *Clinical linguistics & Phonetics* 27 (2013):746–69.

Astington, Janet. Wilde. and Jenkins, Jennifer. M., "A longitudinal study of the relation between language and theory of mind development," *Developmental Psychology* 35 (1999):1311–20.

Bretherton, Inge. and Beeghly, Marjorie., "Talking about internal states: The acquisition of an explicit theory of mind," *Developmental Psychology* 8 (1982):906–21.

Burdelski ,Matthew. and Mitsuhashi, Koji., "' She thinks you ' re kawaii ' : Socializing affect, gender and relationships in a Japanese preschool," *Language in Society* 39 (2010): 65 – 93.

Burdelski, Matthew. and Morita, Emi., "Young children' s initial assessments in Japanese," In Bateman, Amanda. & Church, Amelia.(eds). *Children's Knowledge-in-Interaction: Studies in Conversation Analysis* (Singapore: Springer, 2017), pp. 231–56.

Clancy, Patricia M., "The socialization of affect in Japanese mother – child conversation," *Journal of Pragmatics* 31 (1999): 1397–1421.

Clark, Eve.V., "Conversational repair and the acquisition of language," *Discourse Processes* (2020):441–59.

Couper-Kuhlen Elizabeth.and Selting, Margret.,*Interactional Linguistics: Studying Language in Social Interaction* (Cambridge: Cambridge University Press, 2018).

Deppermann, Arnulf. and Pekarek Doehler, Simona., "Longitudinal conversation analysis: Introduction to the special issue," *Research on Language and Social Interaction* 54 (2021):127–41.

Drijbooms, Elise., Groen, Margriet. A. and Verhoeven, Ludo., "Children' s use of evaluative devices in spoken and written narratives," *Journal of Child Language* 44 (2016):767–94.

Duranti, Alessandro., Ochs, Elinor. and Schieffelin, Bambi. B., *The Handbook of Child Socialization* (Chichester: Wiley Blackwell, 2012).

Ericsson, Stina., "'That is the dad and this is the mum' : Parent-child co-construction of heterosexual identities in conversations," *Gender and Language* 6 (2012):405–32.

Filipi, Anna. and Wales, Roger., "The organization of assessments produced by children and adults in task based talk," *Journal of Pragmatics* 42 (2010):3114–29.

Forrester, Michael.,*Early Social Interaction: A Case Comparison of Developmental*

*Pragmatics and Psychoanalytic Theory* (Cambridge: Cambridge University Press, 2014).

Gardner, Hilary. and Forrester, Michael., *Analysing Interactions in Childhood: Insights from Conversation Analysis* (Wiley-Blackwell, 2010).

Goodwin, Charles. and Goodwin, Marjorie.H., "Concurrent operations on talk: Notes on the interactive organization of assessments," *IPRA Papers in Pragmatics 1* (1987): 1–54.

Goodwin, Charles. and Goodwin, Marjorie.H., "Assessments and the construction of context，" In Duranti, Alessandro.,& Goodwin, Charles.(eds.) *Rethinking Context: Language as an Interactive Phenomenon* (Cambridge: Cambridge University Press,1992), pp. 147–90.

Goodwin, Marjorie. H., "Participation and embodied action in preadolescent girls' assessment activity," *Research on Language and Social Interaction* 40 (2007): 353–75.

Goodwin Charles.,*Co-Operative Action: Learning in Doing: Social, Cognitive and Computational Perspectives* (Cambridge: Cambridge University Press, 2017).

Guo Jiansheng., "From information to emotion: The affective function of right-dislocation in Mandarin Chinese," *Journal of Pragmatics* 31 (1999):1103–28.

Harris, Paul. L., de Rosnay, Marc. and Pons, Francisco., "Language and children's understanding of mental states," *Current Directions in Psychological Science* 14 (2005): 69–73.

Haruko Minegishi Cook., "Language Socialization and Stance - Taking Practices," In Duranti, Alessandro., Ochs, Elinor. and Schieffelin, Bambi.B.,(eds). *The Handbook of Language Socialization* (Wiley-Blackwell, 2012), pp. 296–321.

Heritage, John. and Raymond, Geoffrey., "The terms of agreement: Indexing epistemic authority and subordination in assessment sequences," *Social Psychology Quarterly* 68 (2005): 15–38.

Hérot, Christine., "Socialization of affect during mealtime interactions," In Blum - Kulka, Shoshana. & Snow. Catherine E. (eds.) *Talking to Adults: The Contribution of Multiparty Discourse to Language Acquisition* (Hillsdale, NJ : Lawrence Erlbaum, 2002), pp. 155 – 80.

Hunston, Susan. and Thompson, Geoff.,*Evaluation in Text : Authorial Stance and The Construction of Discourse* (Oxford：Oxford University Press, 1999).

Keel, Sara., "Young children's embodied pursuits of a response to their initial assessments,"

*Journal of Pragmatics* 75 (2015):1–24.

Keel, Sara.,*Socialization: Parent–Child Interaction in Everyday Life* (London: Routledge, 2016).

Labov, William.,*Language in the Inner City: Studies in the Black English Vernacular* (Philadelphia, PA: University of Pennsylvania Press, 1972).

Labov, William. and Waletzky, Joshua., "Narrative analysis: oral versions of personal experience," In Helm, June. (ed.) *Essays on the Verbal and Visual Arts* Seattle (WA: University of Washington Press,1967), pp. 12–44.

Lindström, Anna.,and Mondada, Lorenza., "Assessments in social interaction: Introduction to the special issue," *Research on Language and Social Interaction* 42 (2009): 299–308.

Morita, Emi., "Shaping the perceptual field in interaction: The use and non-use of ga in the speech of very young Japanese children," *Journal of Pragmatics* 181 (2021):270–289.

*Ninio*, Anat., and *Snow*, Catherine.E., *Pragmatic Development* (Boulder, CO: Westview Press, 1996).

Ochs, Elinor. and Schieffelin, Bambi.,*Developmental Pragmatics*(New York: Academic Press, 1979).

Ochs, Elinor. and Schieffelin, Bambi. B., "Language has a heart," *Text* 9 (1989): 7–25.

Pomerantz, Anita., "Agreeing and disagreeing with assessments: Some features of preferred/ dispreferred turn shapes," In Atkinson, J. Maxwell. & Heritage, John. (eds.) *Structures of Social Action: Studies in Conversation Analysis* (Cambridge: Cambridge University Press, 1984), pp. 57–101.

Shiro, Martha., Hoff, Erika. and Ribot, Krystal. M., "Cultural differences in the content of child talk: evaluative lexis of English monolingual and Spanish–English bilingual 30–month-olds," *Journal of Child Language* 47 (2020):844–69.

Sidnell, Jack., "Who knows best?" : Evidentiality and epistemic asymmetry in conversation. In Nuckolls, Janis.& Michael, Lev. (eds.) *Evidentiality in Interaction* (Amsterdam: John Benjamins, 2014), pp. 127–54.

Siitonen, Pauliina., Rauniomaa, Mirka. and Keisanen, Tiina., "Language and the Moving Body: Directive Actions With the Finnish kato 'look' in Nature-Related Activities," *Frontiers in Psychology* 12 (2021):1–18.

Stivers, Tanya., Sidnell, Jack. and Bergen, Clara., "Children' s responses to questions in peer interaction: A window into the ontogenesis of interactional competence," *Journal of*

*Pragmatics* 124 (2018):14—30.

Suzuki , Ryoko., "Language socialization through morphology: The affective suffifi x - CHAU in Japanese," *Journal of Pragmatics* 31 (1999): 1423 – 41.

Tam, Catherine.L., "Look At/Check X: An Attention-And-ApprovalSeeking Device," *Research on Language and Social Interaction* 55 (2022): 350–75.

Thompson, Sandra.A., Fox, Barbara.A. and Couper-Kuhlen Elizabeth.,*Grammar in Everyday Talk: Building Responsive Actions* (Cambridge: Cambridge University Press, 2015).

Tomoyo Takagi., "Requesting an account for the unaccountable: The primordial nature of [NP+wa?]-format turns used by young Japanese children," *Journal of Pragmatics* 178 (2021):391–407.

Wootton, A.J.,*Interaction and the Development of Mind* (Cambridge: Cambridge University Press, 1997).

# 互动视角的手语研究：回顾与展望[*]

豫章师范学院　王雅琪；上海师范大学　陈雅清

## 1. 引言

手语是形义结合的视觉 – 手势符号体系，是聋人的语言（龚群虎，2009）。20 世纪 60 年代，William Stokoe 首次分析了手语的语言结构，提出手语是人类的自然语言（Stokoe，1960），拉开了手语语言学研究的序幕。经过 60 多年的发展，手语语言学在音系、形态、句法和语义研究等方面都取得了丰富的成果[①]，手语研究对普通语言学产生的影响也越来越大。随着会话分析和互动语言学的兴起，其互动的语料观和方法论[②]给手语研究带来了新视角和新路径。交谈互动是手语语言使用的基

* 本文发表于《豫章师范学院学报》2023 年第 5 期，是 2021 年度教育部人文社会科学研究青年基金项目"中国手语会话中的话轮转换研究"（21YJC740059）的阶段性成果。感谢谢心阳博士、杨建新博士及两位匿名评审给本文提出的宝贵意见和建议，文中错误概由作者负责。

① 近 20 年来，中国手语语言学研究方兴未艾，涵盖了手语音系研究（张吉生、伍艳红，2018；张吉生，2019）、韵律研究（朱潇，2019）、词汇研究（Chen & Gong，2020）、句法研究（倪兰，2020；刘博，2018）、语义研究（王雅琪、杨建新，2021）等各个领域。Gong（2015）全面介绍了中国手语音系、词汇、形态和句法的基本特征。

② 会话分析是起源于社会学的研究方法，由 Harvey Sacks、Emanuel Schegloff 和 Gail Jefferson 于 20 世纪 70 年代创立。互动语言学吸收了会话分析、语境化理论和语言人类学的思想和方法，成形于 20 世纪 90 年代（Ochs et al.，1996；Couper–Kuhlen &Selting，2018）。会话分析和互动语言学都关注言谈互动。"会话分析透过言谈交际这种最基本的社会互动方式来揭示社会秩序（social order）、社会实践（social practice）和社会行为（social action）的构建；互动语言学则强调从社会互动（social interaction）这一语言原本的自然栖息地（natural habitat）来了解语言的结构及其运用。"（方梅等，2018）两者虽然研究目的有所不同，但在语料观和方法论上有共通之处：均"基于真实、自然发生的谈话的录音或录像材料"（Couper–Kuhlen&Selting，2018），采取"以实证为基础的研究语言和互动的方法，对自然发生的语料进行周密的、语境化的、时间敏感的形式 – 功能分析"（陆镜光，2020）。

本形态，手语的对话性和高语境化本质也与互动语言学的旨趣相契合。近年来，互动视角下的手语研究呈现出蓬勃发展之势，给人类互动研究带来了启示。本文首先回顾了互动视角下手语研究经历的三个阶段；其次从互动语言学研究的两条路径——"从语言看互动"和"从互动看语言"梳理了手语互动研究的主要话题，回顾现有的研究成果；最后结合当前会话分析和互动语言学研究的新发展，对互动视角下的手语研究进行展望。

## 2. 互动视角下手语研究的三个阶段

　　早期手语研究大多聚焦于手语的音系、词汇和句法层面，较少涉及语篇和会话互动层面。20世纪70年代，对话语法和会话分析的兴起给手语研究带来了新思路，手语研究者开始关注手语的会话互动，其发展脉络大致可分为以下三个阶段。

　　第一阶段是对话语法框架下的手语互动研究。这一阶段的研究关注手语互动中的标记和规则。最早的手语会话研究参见 Baker 于 1977 年发表的 "Regulators and turn-taking in American sign language discourse" 一文，该文参照 Starky（1973）的对话语法研究框架，分别从说话者和听话者两个角度总结出了手语会话开始、保持、转换时使用的标记和控制手段。Wilbur 和 Petitto（1983）则重点关注话题的组织，研究了手语的"会话契约"（conversational contract），即开始、保持和结束话题的语法手段。这一阶段的手语互动研究没有参考会话分析的研究框架，尚未关注会话的可协商性、互动性和浮现性，而是把说话者和听话者孤立对待来观察手语会话中的标记和手段。

　　第二阶段是会话分析框架下的手语互动研究。这一阶段主要关注手语话轮及话轮转换，包括话轮组织、话轮分配和话轮转换模式等。其代表研究为 McIlvenny（1991，1995）对手语会话的分析。这两篇文章基于 Sacks 等（1974）和 Goodwin（1979，1981）的研究，分析了手语话轮组织中眼神注视（eye gaze）的核心作用，讨论了手语互动与有声语言互动的异同，认同 Sacks 等（1974）提出的话轮转换机制为根本的交际组织机制；同时，提出了手语会话有别于有声语言的模态差异，如手语会话参与者注视的相互排他性，参与者会话活动的局部参与性，以及手语者开启话轮时更为明示的资源（如轻拍、挥手、振动及打手势等）。强调手语互动语料的记录和转写要关注眼神注视、手势和触摸等有声语言互动中难以捕捉的资源。另外，这一阶段的手语互动研究也同有声语言一样经历了"话轮转换模式之争"①。McIlvenny（1991，1995）支持 Sacks 等（1974）提出的"单一话轮"模式；Coates 和 Sutton-Spence（2001）认为日常手语会话倾向于"共享话轮"模式。后续研究（McCleary & Leite，2013；Girard-Groeber，2015；de Vos et al.，2015）通过对手语会话交叠（overlap）的序列环境及手语话轮间隙的考察，证明了手语话轮转换遵循 Sacks 等提出的"单一话轮"模式。

　　第三阶段是会话分析和互动语言学框架下的手语互动研究。这一阶段关注手语互动与语言资源的关系，主要遵循两条路径：一是手语互动如何通过语言资源实现（从语言看互动），话题包括话轮构建与话轮转换、交叠和会话修补（repair）；二是语言资源如何在互动中运用（从互动看语言），话题包括眼神注视、手势保持、句末重复、指示手势（pointing）等。

　　这一阶段的手语互动研究引起了有声语言互动研究者的关注和兴

---

① 有声语言的话轮转换模式最早由 Sacks 等会话分析学者于 1974 年正式提出，他们认为"一个时间段一个人说话"（one party talks at a time）是会话中的常见模式，交叠与沉默都是偏离常规的现象，需要交际双方在互动中协调避免或消解。之后有学者对这一模式提出质疑。Edelsky（1981）认为日常会话中交际者可以采用两种话轮转换模式：一是 Sacks 等（1974）提出的单一话轮（single floor）模式，二是共享话轮（collaborative floor）模式，即"一个时间段多人说话"；该文认为日常会话并不要求交际者严格遵守话轮分配规则，一个时间段的话轮对每一个交际者开放，话语交叠是常态。Schegloff（2000）回应了这一质疑，认为不管会话中交叠出现的频率有多高，交际双方都是以"一个时间段一个人说话"的目标来设计构建会话的，交叠出现之后，交际双方会使用"交叠消解手段"（overlap resolution device）来协调，因此交叠并不影响"一个时间段一个人说话"的话轮转换模式。这一观点得到了多位学者的支持（Drew，2009；李先银、石梦侃，2020），他们认为交叠不代表话轮转换的无秩序，而是为了更好地互动。另外，Stivers 等（2009）对十种语言的话轮间隙时长进行了量化考察，也证明了 Sacks 等（1974）提出的单一话轮模式具有普遍性。

趣，这与会话分析和互动语言学的研究旨趣有关。会话分析旨在寻找会话交际背后跨语言、跨文化的普遍社会秩序，而手语作为人类语言之一，其会话交际理应成为会话分析的研究对象。同时，互动语言学三大理论基础之一的人类语言学本身就关注跨语言比较，这一研究要义使手语这一视觉语言顺理成章地成为互动语言学学者关注的话题之一。多项考察人类语言互动机制的跨语言研究都关注了手语。如 Dingemanse 等（2015）考察了 16 种语言（含手语）中会话修补组织方式的普遍性；Kendrick 等（2020）则发现 12 种语言（含手语）中会话行为的序列组织具有跨语言普遍性。另外，这一阶段的手语互动研究也热衷于回应互动研究的跨语言普遍性问题。如 de Vos 等（2015）关于手语话轮间隙时长的研究回应了 Stivers 等（2009）[①]，证明了手语话轮转换机制和投射性与有声语言相同。Beukeleers 等（2020）对手语会话中眼神移动的分析结果和 Holler、Kendrick（2015）的结果高度相似 [②]，说明手语交际者和口语交际者一样，都能够辨识，也一直在预测当前话轮的可能结束之处。这些跨语言研究表明，手语和有声语言在话轮转换机制、会话修补和序列组织等互动机制上都表现出较大的共性。

## 3. 手语互动机制及其实现资源

手语互动是如何通过资源（包括语言的和非语言的）实现的，是手语互动研究关注的重要话题，主要包括手语话轮与话轮转换、交叠和会话修补。

### 3.1　手语话轮与话轮转换

手语话轮和话轮转换的相关研究主要涉及手语话轮构建单位

---

[①] 该研究发现手语话轮之间的间隙时长同有声语言一样，都非常短暂（平均 227ms），会话参与者一般会提前预测后面的手势内容，准备回应内容，这说明手语会话者对话轮的可能结束处是敏感的。

[②] 和有声语言一样，手语问答序列中，未被选的参与者通常在问题结束前把眼神从当前说话者身上转移到被选参与者身上。

（TCU）、话轮边界和话轮转换相关处（TRP）的投射资源。

### 3.1.1　手语话轮构建单位

话轮构建单位（TCU）是构成话轮的成分。Sacks 等（1974）提出 TCU 这一术语时，将它视为语言单位，包含句子、小句、短语和词等语法单位。之后的研究在此基础上拓展了身体活动单位及语言和身体活动共同构成的多模态单位（李晓婷，2019）。也有研究放弃使用语言单位来讨论 TCU，而以互动行为（action）取而代之（Ford et al.，1996；Ford et al.，2013）。手语互动研究中也有相似的讨论。Girard-Groeber（2015）认同 Ford 等人的看法，认为 TCU 的界定不是那么重要，因为对会话的分析不是语言结构而是活动组织的会话常规（Ford et al.，1996），提出话轮应该包括语法单位和语法之外的资源。McCleary 和 Leite（2013）强调身势动作，如"自我整理"（self-groom）[①]、"摊手"等应该是话轮的组成部分。王雅琪（2022）对手语 TCU 的形式进行了专门讨论，认为手语互动单位可以使用语言单位来讨论，指出手语话轮构建单位形式有小句、短语、词（手势）[②] 和表情体态[③]，其中最为常见的形式是小句，其次是词、短语和表情体态。该文进一步从序列环境中考察了手语 TCU 的形式，发现手语 TCU 形式与社会行为之间存在一些互动倾向性特征。

### 3.1.2　手语话轮边界

手语的基本构建单位——手势可以分为四个阶段：准备（preparation）、

---

[①]　自我整理（self-groom），指的是会话交际者的手部动作，如触摸头发、脸颊、下巴或眼镜等。这些手部动作可能是无意的，但是在会话中容易被注意到，因此也可能作为互动组织的资源（Goodwin，1986）。Li（2014）则指出在特定的序列环境[如报告（report）]中，自我整理可以标记话轮可能结束。

[②]　手语中的词是"手势"（sign），手语会话中的手部动作既有充当"词"的手势，也有相当于有声语言中作为副语言的伴随手势，本文将手语中的"词"记作"手势"，其他伴随手势记作"手部动作"，以示区分。

[③]　表情体态是指手语中通过面部、头部、手部和身体动作来表达语言信息或互动功能的成分。有声语言互动研究中也多有讨论，一般称为多模态资源或身势动作。我们区分了词汇层面和互动层面的表情体态，词汇层面的表情体态主要作为手势的构成要素，与其他手势构成要素（手形、位置、运动和掌向）同时发出，共同构成一个手势；互动层面的表情体态可以结合手势同时发出，也可以单独构成一个话轮，执行相应的社会行为，实现互动功能（王雅琪，2022）。这里指的是互动层面的表情体态。

运动（stroke）、回落（rest position）和保持（hold）（Kita et al., 1998）。那么，话轮末手势的哪个阶段可以作为话轮边界呢？ Lackner（2009）、de Vos 等（2015）和 Girard-Groeber（2015）都讨论了手语话轮边界的问题，主要分歧在于手势的边缘阶段 [①] 是否应该作为话轮的一部分。Lackner（2009）认为应该以手势回落和手势准备来判断话轮的结束和开始。de Vos 等（2015）主张以手势运动阶段作为话轮边界。Girard-Groeber（2015）则认为话轮首手势的准备阶段是预开始成分（Schegloff, 1996），类似口语中的吸气、咳嗽或身势动作，作用是开启话轮，是话轮的组成部分；话轮末手势的运动阶段是语法单位的核心成分，形成第一个 TRP，这之后的手势保持和其他手部动作虽然不是 TCU 的一部分，但是属于话轮的一部分，起到延伸话轮的作用，形成新的 TRP。王雅琪（2022）则指出静态地把手语话轮的边界确定为手势的某一个阶段不足以探寻手语互动本质。在手语互动过程中，话轮末手势的四个阶段均可能成为话轮或者 TCU 的边界，投射话轮的可能结束，只是不同阶段的投射力不同：回落阶段对话轮结束的投射力最强，在话轮末手势进行到此阶段时看话者可以直接接过话轮；其他阶段对话轮结束的投射则需具备一定的句法和语用（社会行为的实现）条件，在句法和语用完整的情况下，看话者在多数情况下会在手势运动阶段接过话轮。我们认为对于手语 TCU 和手语话轮边界的讨论不应单纯考虑语言形式，也不能仅考虑社会行为，而应将两者结合，从会话进行的过程入手，动态地预测手语 TCU 的形塑和 TRP 的到来。

### 3.1.3　手语话轮转换相关处（TRP）的投射资源

与有声语言一样，手语会话过程的参与者也对话轮转换相关处（TRP）的投射资源高度敏感，多项研究（Beukeleers et al., 2020; de Vos et al., 2015; Girard-Groeber, 2015）都给出了证据。那么，手语

---

① 手势的四个阶段出现的构成要素不同：运动阶段出现手势的全部要素（手形、位置、运动和掌向），承载手势的完整语义信息，本文称之为中心阶段；其他三个阶段的手势构成要素都不齐全，承载的语义信息也不明确，本文称之为边缘阶段。其中，准备阶段一般仅出现手形这一要素或者只有一个手抬起的动作，保持阶段一般只保留手形和位置两个要素，回落阶段则四个要素全部退出，手下垂回到原位置（王雅琪，2022）。

交际者是如何预测 TRP 的呢？ Girard–Groeber（2015）在对瑞士 – 德国手语（Swiss German Sign Language）交叠案例进行会话分析的过程中，从语用、句法和韵律三个方面来判断 TRP，提及了语用资源有互动行为完成和序列环境，如在故事讲述的高潮前一般不投射话轮结束；句法资源有指示手势的话轮首尾重复。话轮末韵律特征[①]有手势保持且注视、摊手且注视、视线移开、手回到休息位置等。王雅琪（2022）参照 Ford、Thompson（1996）和 Li（2014）的研究，从句法、韵律和语用三个方面考察了中国手语 TRP 的投射资源，并且关注了投射资源的过程性和整体性。研究发现，句法投射资源主要包括谓语的句法位置、特殊句式和句末重复；韵律投射资源主要为停顿和话轮末韵律特征；语用投射则指当前话轮执行的社会行为。这三类投射资源在必要性、凸显性和投射距离上不尽相同。语用资源必要但不凸显，句法和韵律资源则凸显但非必要，其中句末重复是最凸显的句法投射特征，而眼神重新注视和手势重复则是最凸显的韵律投射特征。从投射距离来看，句法和语用资源通常先于韵律资源投射。需要注意的是，在会话交际过程中，会话参与者对 TRP 的判断往往不会仅凭某一个或某一类资源，而是通过一个类似格式塔的资源包裹来预测话轮可能结束之处。

## 3.2 手语会话中的交叠

交叠是会话交际中的常见现象。手语互动研究通常将交叠与话轮转换放在一起讨论，重点关注了交叠的界定、交叠的类型及其互动功能、交叠的消解手段这三个方面。

### 3.2.1 交叠的界定

如上文所述，一个手势可以分为四个阶段（准备、运动、回落和保持），那么发生在哪些阶段可以算作交叠？ McCleary 和 Leite（2013）认为手势准备阶段是话轮前动作，类似有声语言中的吸气，不能算作交

---

① 手语话轮末"韵律特征"不仅包括传统语言学研究中的节奏、语调、重音等韵律特征，也包括手语韵律单位的边界标记，如停顿、眨眼、注视、手势重复、手势保持、手下垂、摊手等特征。

叠；话轮末手势保持则是交叠的一种，如提问－回应相邻对中，提问者的手势保持会持续到对方回应结束，这里的交叠是为了话轮转换顺畅而非争夺话轮。但 Groeber 和 Pochon-Berger（2014）认为这类手势保持不应被视为交叠，因为交际双方不会使用交叠消解手段。de Vos 等（2015）认为只有手势运动阶段的交叠才能算作交叠，其判断交叠的标准是"手语交际者是否使用交叠消解手段"，该文认为其他三个阶段的交叠对手语交际者来说不会产生干扰，不需要使用交叠消解手段，故都不算作交叠。Girard-Groeber（2015）也认为交叠不包括手势准备、回落和保持阶段，其界定的标准为"语义上是否交叠"，因为手势准备、回落和保持阶段不承载语义信息，在语义层面没有交叠，故不算作交叠。我们认为，手势运动阶段的交叠会带来语义上的交叠，且手语交际者一般会使用交叠消解手段，是典型的交叠。手势保持阶段的交叠不带来语义上的交叠，手语交际者一般也不会使用交叠消解手段，但是此类交叠会对会话进展产生一定影响，或许可以单独讨论。手势准备和回落阶段既不带来语义上的交叠，也不会对手语交际者产生干扰，不影响会话进展，故不算作交叠。

### 3.2.2 交叠的类型及其互动功能

Lackner（2009）把手语交叠分为三类：第一类是反馈信号（backchannel）（如好、对），这类交叠手势的韵律不同于常规手势，往往手势运动幅度更小，时长更短且位置更低；第二类是插入型交叠，即看话者插入简短提问或者简短补充、评论；第三类交叠则是高度参与的会话，交际双方共同构建会话，同时打手势。

Girard-Groeber（2015）则根据交叠发生的话轮位置将交叠分为四类。第一类交叠发生在 TRP 上，这类交叠发生的原因在于看话者在 TRP 立刻开启了话轮，从而与当前打手势者的新 TCU 或扩充成分产生了交叠，这是看话者积极参与会话以避免出现话轮间隙的表现。第二类交叠发生在 TRP 后的手势保持或者间隙处，当前打手势者继续打出新 TCU 或者扩充成分，与看话者的话轮开始交叠了。第三类交叠发生在 TRP 前，对 TRP 的预测可能会带来 TRP 前一个手势交叠，这类交叠发生时，会话双方一般会采用交叠消解手段，使话轮转换更流畅。第四类交叠发生在 TCU 中间，这类交叠的发生可分为三种情况：一是进行会话修补（一般是自我发起他人修补）或者是会话修补后表示理解了；二是重述当前话轮，一般为看话者与当前打手势者有共同经历，向其说明知识状态；三是表达强烈赞同。这项研究结果表明手语交叠不是杂乱的而是有组织的；手语话轮边界也不是固定的。手语交际者通常以一种逐步的、平稳的方式退出话轮，从而导致手语会话中高频率的交叠现象，这也是手语作为视觉语言的特殊之处。我们赞同这一看法，因手语手势阶段的可视性，一个手势的回落阶段通常和另一手势的开始阶段交叠。在句法和语用完整的情况下，看话者通常会在手势运动阶段接过话轮，那么，这就意味着看话者可能在手势准备阶段就完成了预测工作。由于手势准备阶段只出现手形这一个构成要素，所呈现的语义信息有限，为了减少因 TRP 的误判带来的间隙或交叠，手语交际者通常会往后延续一点，创设一个话轮转换空间，使话轮转换更加顺利。

### 3.2.3　交叠的消解手段

手语互动中，常见的交叠消解手段有手势保持、眼神注视、手势速度加快及身势动作。如果看话者插入简短提问或者简短补充、评论，被交叠的人会保持手势，等交叠结束后继续打手势（Lackner，2009）；如果对 TRP 的预测带来了 TRP 前一个手势的交叠，则当前打手势者可能立刻停止打手势，也可能会保持手势直至下一个打手势者结束下一话轮（Girard-Groeber，2015）。会话参与者的眼神注视也是消解交叠的手段之一（Kikuchi，2011）。McCleary 和 Leite（2013）指出打手势者在 TRP 加快打手势速度，快速进入下一个 TCU，也可以避免交叠。另外，身势动作如"自我整理"和"摊手"也可以作为交叠消解手段。会话过程中，"自我整理"行为的互动功能是比较模糊的，既可能是单纯的自我整理，也可能暗示行为者想要开启话轮。于是，打手势者会在看话者做出"自我整理"行为后放慢打手势速度，从而创设话轮转换的空间。

### 3.3 手语会话中的修补

会话修补是互动双方确保互解的基本会话常规，也是手语互动研究的热点问题之一。

手语会话修补主要包括自我发起修补和他人发起修补两类。当打手势者意识到错了或者需要补充时，会自我发起修补，即自己发起—自己修补（Cibulka，2016）。自我发起修补的方式有两种：一是手势保持伴随视线移开后又快速重新注视，这种方式也见于有声语言会话修补（Floyd et al.，2016）；二是视线移开伴随手指摆动（finger wiggle）作为手势空白的填充。

当看话者对当前话轮的接收、理解出现问题或者不能接受时，会给出反应，从而使打手势者对自己的手势进行修补，即他人发起—自己修补。阿根廷手语（Manrique，2016）的相关研究显示，手语中的他人发起修补有三种类型：一是开放型请求（又可分为明示和暗示两种）；二是限制型请求；三是限制型提供。明示的开放型请求通常采用疑问词（如"什么"）和表情体态（如皱眉，相当于英语中的"Huh?"）发起修补；暗示的开放型请求一般采用定住表情（freeze-look response）[①]发起修补。限制型请求一般采用特殊疑问词或选择疑问的方式发起修补。限制性提供则通过部分重复或复述上一话轮的内容来达到确认的目的。持续的相互注视也可用于他人发起修补中（Girard-Groeber，2018）。

## 4. 手语互动资源及其互动功能

互动视角的手语研究关注手语互动资源的互动功能。本节主要梳理手语互动研究中讨论较多的互动资源及其实现的互动功能，这些互动资源包括指示手势、句末重复、手势保持和眼神注视等。

---

[①] 具体表现为：看话者在问题源话轮结束后保持眼神注视打手势者，保持面部和身体静止，好像不认为当前话轮结束了，这种情况一般出现在提问—回应的序列中，即提问结束后看话者不回应。

## 4.1 指示手势

传统手语研究中的指示手势一般作为人称代词，指代前文出现过的或者交际双方都知道的人或物，有实在的语义信息。基于瑞士－德国手语（Groeber，2008）和中国手语（王雅琪，2022），互动过程中手语者使用的指示手势还可以被用来完成与话轮转换有关的特定任务。这类指示手势在形式和语义上都发生了变化，一般手势幅度更小、手势位置更低，语义信息基本丧失，通常出现在话轮首或话轮末，作为话轮开始的标记，或是出让或指派话轮的手段。

## 4.2 句末重复

句末重复是手语交际中非常典型的句法特征。句末重复一般分为两种情况，一是句末完全重复，即重复前面 TCU 的整个句子；二是重复前面 TCU 中的部分成分，如名词性或动词性的主语（话题）成分，或者动词性、形容词性和名词性的谓语（说明）成分，或者是时间词、地点词、方位词、形容词性或副词性的修饰语成分。从句法语用的角度来看，句末重复主要起标识句子话题或焦点、细化语义特征及平衡语序补偿性的作用（刘博，2018）。此外，句末重复还具有话轮组织的互动作用，交际双方可以通过句末重复这一句法特征来构建与识别话轮的可能结束之处，在句末重复之处进行话轮转换（王雅琪，2022）。

## 4.3 手势保持

手势保持是手语重要的韵律特征，在手语会话中有多重互动功能，如投射提问行为、催促对方回应、投射话轮结束或话轮继续等。Kikuchi（2008）指出提问者的手势保持对投射第三话轮有积极作用，表明提问这个行为还在继续，而回应者可能会保持手势，表明随时想接话轮。Mayumi 等（2011）进一步讨论了日本手语中的手势保持现象，指出打手势者注视看话者且保持手势可以投射 TRP。Groeber 和 Pochon-Berger（2014）专门讨论了瑞士－德国手语中的手势保持现象，认为话轮末保持现象通常投射提问行为及话轮结束，手势保持同时创设了一个话轮转换空间，使话轮转换更自然流畅。Cibulka（2016）论述了瑞典手语中手势保持的互动功能，发现在提问时打手势者的视线注视和手势保持具有投射 TRP、暗示对方回应的作用，手势会保持至回应结束后，以示了解或认可回应。王雅琪（2022）则以中国手语为语料，结合了句法和语用特征对手势的保持作用进行考察，提出手势保持既可以投射 TRP 也可以投射话轮保持，如果语用和句法都到了完整处，此处的手势保持便可以投射 TRP，否则便投射话轮保持。

### 4.4　眼神注视

眼神注视（包括注视方向的变化）是手语互动的重要资源，发挥多重互动功能。

眼神注视是手语互动的必备条件。基于波兰手语（Bartnikowska，2017）和中国手语（王雅琪，2022）的研究均发现，交际双方的眼神注视是手语会话开启的必要条件，互动中的打手势者可以移开视线，而看话者必须全程注视打手势者。Beukeleers 等（2020）采用移动眼球追踪技术，分析了比利时佛兰德手语（Flemish Sign Language）多人会话中未被选的参与者的眼神注视变化。结果显示，比起英语口语会话，手语会话中未被选的参与者的眼神倾向于追踪当前说话者，这也证明手语会话中，看话者倾向于注视打手势者，以确保跟上当前话轮。这一点与有声语言会话有一定差异。

眼神注视的变化可以投射手语话轮的可能结束。针对日本手语话轮转换机制的研究（Kikuchi，2008）发现，视线变化可以被当作手语话轮转换的"优先规则"（prior rule）。Kikuchi（2011）进一步指出打手势者在会话即将结束之前对看话者的重新注视可以投射 TRP。王雅琪（2022）考察了中国手语不同的眼神注视类型在投射手语 TRP 时的不同互动效果，指出"重新注视"可以单独投射 TRP；"保持注视"只为话轮转换提供条件，需与其他话轮末标记共现来投射 TRP；"眼神移开"

不投射 TRP，其后的间隙则可以投射 TRP。

## 5. 手语互动研究的启示

互动视角给手语研究带来了新思路和新发展，手语互动研究也给人类语言互动机制和互动资源研究以新启示。

一方面，手语互动研究揭示了人类语言互动机制的普遍性。手语与有声语言在话轮转换机制和会话修补类型上表现出高度相似性。手语和有声语言虽然采用了不同的载体（modality），但其互动交际的本质是相通的，两者的话轮构建单位都具有可投射性。同时，手语话轮转换也遵循 Sacks 等（1974）提出的"单一话轮"模式，交际双方都会尽量避免交叠和间隙。会话修补方面，手语和有声语言的差异主要表现为互动资源的不同，两者的修补类型并无显著差异。以上研究说明"人类互动机制是深层的，不同语言（载体）之间的互动存在显著共性，互动时的语言特征可能会因语言不同而不同，但互动规则的共性较大"（Levinson，2006）。

另一方面，手语互动研究丰富了互动的"多模态"内涵。"人类互动是多模态的，组成话语的词汇句法结构、传达话语的声音韵律、伴随（或不伴随）话语出现的身体活动都可能与互动意义的形成和表达相关。"（李晓婷，2019）这里的"多模态"指不同物理通道资源的使用，其中词汇句法结构、韵律等是听觉通道，这些资源一般被认为是语言的（linguistic）；身体活动是视觉通道，这些资源一般被认为是非语言的，即身势的（gestural）。手语作为一种视觉语言，其互动资源都是通过视觉通道进行的。手语互动研究表明，手语互动资源也分为语言资源和非语言资源[①]，这两种资源同时或者单独实现某种互动目的。这验证了人类互动的多模态本质，也丰富了"多模态"的内涵。

---

① 手语互动的语言资源指的是"语法化"或"规约化"了的手语语言结构，如手语中的词、短语、句子等成分；非语言资源指的是尚未"语法化"或"规约化"的身势动作（gesture）和面部表情（facial expressions）。

# 6. 结语

互动语言学研究包括"从互动到语言"和"从语言到互动"两种路径。回顾手语互动研究，我们发现现有研究大多从互动的基本机制入手，考察实现手语互动的资源，而对会话行为和序列环境的关注较少。也有少数研究从语言资源入手，考察其互动功能，这类研究主要关注话轮转换，对互动功能的讨论有较大局限性。因此，我们认为手语互动研究可以更多关注以下四个方面。

一是关注会话行为和语言形式的互动。一方面，从会话行为入手考察语言资源，回答什么样的会话行为由什么样的语言形式来实现；另一方面，从手语互动中反复出现的语言形式入手，考察其互动功能，为语言形式的形成提供互动的解释，也为语法形成与互动任务的互相形塑提供启示。

二是关注序列环境和话轮位置。手语互动研究应该强调互动意义的"位置敏感"（positionally sensitive）（Schegloff，1996）和"序列特定性"（sequence-specific）特点（Thompson et al.，2015；方梅，2022），从序列环境和话轮位置两个方面考察互动中语言形式和互动意义的关系。

三是关注不同手语之间互动机制和互动资源的比较。从目前手语类型学研究结果来看，不同手语之间的词汇差异较大、语法差异较小，手语互动的异同情况也是可以深入探讨的有趣话题。

四是关注手语和有声语言多模态互动资源的比较。多模态互动研究方兴未艾，会话分析和互动语言学研究者越来越重视互动中视觉模态的作用及多模态综合互动作用。手语作为视觉语言，其视觉模态互动值得手语和有声语言互动研究者进行关注和探索。我们可以从多模态互动资源出发，关注手语和有声语言之间的共性和差异。

整体而言，手语互动研究的发展深受有声语言互动研究的影响，其发展脉络与研究范式基本追随着有声语言会话分析和互动语言学的发展过程。在探索手语与有声语言互动机制普遍性特征的同时，手语互动的独特性需要更多的关注。手语互动研究对探索人类互动本质具有重要意义，也为研究载体对互动产生的影响提供了广阔空间。相较于有声语言，手语语言学研究起步较晚，手语互动研究更是有许多话题亟待深入探究。

# 参考文献

方梅、李先银、谢心阳，2018，《互动语言学与互动视角的汉语研究》，《语言教学与研究》第 3 期。

方梅，2022，《从副词独用现象看位置敏感与意义浮现》，《中国语文》第 1 期。

龚群虎，2009，《聋教育中手语和汉语问题的语言学分析》，《中国特殊教育》第 3 期。

李先银、石梦侃，2020，《合作还是抵抗：汉语自然会话中的话语交叠》《汉语学报》第 1 期。

李晓婷，2019，《多模态互动与汉语多模态互动研究》，《语言教学与研究》第 4 期。

刘博，2018，《上海手语语序研究》，博士学位论文，复旦大学。

陆镜光，2020，《会话分析和汉语话语研究——新方法、新语料、新发现》，载方梅、李先银主编《互动语言学与汉语研究》第三辑，北京语言大学出版社。

倪兰，2020，《中国手语否定标记的类型学特征》，《语言研究集刊》第 2 期。

王雅琪、杨建新，2021，《中国手语位移事件中主体和背景的编码特征研究》，《语言研究集刊》第 1 期。

王雅琪，2022，《上海手语话轮转换研究》，博士学位论文，复旦大学。

张吉生、伍艳红，2018，《上海手语的底层手型与特征赋值》，《当代语言学》第 4 期。

张吉生，2019，《上海手语音系》，华东师范大学出版社。

朱潇，2019，《上海手语话语音系短语切分研究》，《当代语言学》第 4 期。

Baker, Charlotte. 1977. "Regulators and turn-taking in American sign language discourse," In *On the Other Hand:New Perspectives on American Sign Language,* edited by Friedman Lynn A, 215–241.New York: Academic Press.

Bartnikowska, Urszula. 2017. "Significance of touch and eye contact in the Polish deaf community during conversations in Polish sign language: Ethnographic observations," *Hrvatska revija za rehabilitacijska istraživanja* 53:175–185.

Beukeleers, Inez, Geert Brone and Myriam Vermeerbergen.2020. "Unaddressed participants' gaze behavior in Flemish Sign Language interactions: Planning gaze shifts after recognizing an upcoming (possible) turn completion," *Journal of Pragmatics* 162:62– 83.

Chen, Yaqing and Gong Qunhu.2020. "Dialects or languages: A corpus-based quantitative approach to lexical variation in common signs in Chinese Sign Language (CSL)," *Lingua* 248: 102944.

Cibulka, Paul. 2016. "On how to do things with holds: Manual movement phases as part of interactional practices in signed conversation," *Sign Language Studies* 16: 447–472.

Coates, Jennifer and Rachel Sutton-Spence. 2001. "Turn-taking patterns in Deaf conversation," *Journal of Sociolinguistics* 5: 507–529.

Couper-Kuhlen, Elizabeth and Margret Selting.2018. *Interactional Linguistics: Studying Language in Social Interaction.* Cambridge: Cambridge University Press.

De Vos, Connie, Francisco Torreira and Stephen C. Levinson.2015. "Turn-timing in signed conversations: Coordinating stroke-to-stroke turn boundaries." *Front. Psychol.* 6:268.

Dingemanse, Mark and N. J. Enfield. 2015. "Other-initiated repair across languages: Towards a typology of conversational structures," *Open Linguistics* 1: 98 -118.

Drew, Paul. 2009. "Quit talking while I'm interrupting: a comparison between positions of overlap onset in conversation." In *Talk in Interaction: Comparative Dimensions,* edited by Markku Haakana, Minna Laakso and Jan Lindström,70–93. Helsinki: Finnish Literature Society.

Starkey, Duncan.1973. "Toward a grammar for dyadic conversation," *Semiotica* 9: 29–46.

Edelsky, Carole. 1981. "Who's got the floor?" *Language in Society* 10: 383–421.

Floyd, Simeon, Elizabeth Manrique, Giovanni Rossi and Francisco Torreira. 2016. "The timing of visual bodily behavior in repair sequences: Evidence from three languages," *Discourse Processes* 53:175–204.

Ford, Cecilia E. and Sandra. A. Thompson. 1996. "Interactional units in conversation: syntactic, intonational, and pragmatic resources for the projection of turn completion," In *Interaction and Grammar,* edited by Elinor Ochs, Emanuel A. Schegloff and Sandra A. Thompson,134–184.Cambridge: Cambridge University Press.

Ford, Cecilia E., Barbara A. Fox and Sandra A. Thompson. 1996. "Practices in the construction of turns: The 'TCU' revisited," *Pragmatics* 6:427–54.

Ford, Cecilia E., Barbara A. Fox and Sandra A. Thompson.2013. "Units and /or action trajectories? The language of grammatical categories and the language of social action," In *Units of Talk: Units of Action,* edited by Geoffrey Raymond and Beatrice Szczepek Reed,13–56. Amsterdam/ Philadelphia: John Benjamins.

Girard-Groeber, Simon. 2015. "The management of turn transition in signed interaction through the lens of overlaps," *Front. Psychol* 6:741.

Girard-Groeber, Simon. 2018, *Participation by Hard-of-hearing Students in Integration Classrooms: Facets of Interactional Competence.* Berlin: Frank & Timme.

Gong, Qunhu. 2015. "Sign languages, mainland China," In *Encyclopedia of Chinese Language and Linguistics,* edited by Rint Sybesma, Wolfgang Behr, Yueguo Gu, Zev Handel, C.T. James Huang and James Myers. Leiden: Brill Academic Pub.

Goodwin, Charles. 1979. "The interactive construction of a sentence in natural conversation." In *Everyday Language: Studies in Ethnomethodology,* edited by G.Psathas, 97–121.New York: Irvington.

Goodwin, Charles. 1981.*Conversational Organization: Interaction between Speakers and Hearers.* New York: Academic Press.

Goodwin, Charles. 1986. "Gesture as a resource for the organization of mutual orientation," *Semiotica* 62:1–2, 29–49.

Groeber, Simon. 2008. *Exploitation des Ressources Grammaticales en Conversation: Référer en Langue des Signes Suisse Allemande.* Université de Neuchâtel [Licence dissertation].

Groeber, Simon and Evelyne Pochon-Berger. 2014. "Turns and turn-taking in sign language interaction: a study of turn-final holds," *Journal of Pragmatics* 65: 121–136.

Holler, Judith and Kobin H. Kendrick. 2015. "Unaddressed participants gaze in multi-person interaction: optimizing recipiency," *Front. Psychol* 6:1–14.

Kendrick, Kobin H., Penelope Brown, Mark Dingemanse, Simeon Floyd, Sonja Gipper, Kaoru Hayano, Elliott Hoey, Gertie Hoymann, Elizabeth Manrique, Giovanni Rossi and Stephen C. Levinson. 2020. "Sequence organization: A universal infrastructure for social action." *Journal of Pragmatics* 168:119–138.

Kikuchi, Kouhei. 2008. "Turn-taking mechanism in Japanese sign language conversation: An Analysis on Adjacency Pair and Signals," *Japanese Journal of Sign Language Studies* 17:29–45.

Kikuchi,Kouhei. 2011. "An analysis of gaze shifts in turn-Taking in sign language conversations (multimodal interaction analysis)," *Japanese Journal of Sign Language Studies* 14:154–168.

Kita, Sotaro, Ingeborg van Gijn and Harry van der Hulst. 1998. "Movement phases in signs and co-speech gestures and their transcription by human coders." In *Gesture and Sign Language in Human-Computer Interaction,* edited by Ipke Wachsmuth, and Martin Fröhlich, 23–55.Berlin: Springer.

Von Lackner, Andrea.2009. *Turn-Taking und Dialogstruktur in der Öesterreichischen Gebärdensprache: Eine Gesprächsanalyse der Salzburger Variant.* Hamburg: Das Zeichen.

Levinson, Stephen. 2006. "On the human 'interactional engine'," In *Roots of Human Sociality: Culture, Cognition and Interaction,* edited by Nick J. Enfield and Stephen C. Levinson, 39–69. Oxford: Berg.

Li, Xiaoting. 2014. *Multimodality, Interaction and Turn-Taking in Mandarin Conversation.* Amsterdam: John Benjamins.

Manrique, Elizabeth. 2016. "Other-initiated Repair in Argentine Sign Language," *Open Linguistics* 2: 1–34.

Mayumi, Bono, Kouhei KiKuchi and Kazuhiro Otsuka. 2011. "An analysis of the continuity of modality in sign language conversation," *Japanese Journal of Language in Society* 14:126–140.

McCleary, Leland and Tarcísio de Arantes Leite. 2013. "Turn-taking in Brazilian sign language: Evidence from overlap," *Journal of Interactional Research in Communication Disorders* 4: 123–154.

McIlvenny, Paul. 1991. "Some thoughts on the study of sign language talk," In *Communication and Discourse across Cultures and Languages,* edited by Kari Sajavaara, David Marsh and Tellervo Keto, 187–201. Jyväskylä, Finland: Publications de L'Association Finlandaise de Linguistique Appliquée (AFinLA).

McIlvenny, Paul. 1995. "Seeing conversations: Analyzing sign language talk," In *Situated Order: Studies in the Social Organization of Talk and Embodied Activities,* edited by Paul ten Have and George Psathas,129–150. Washington, DC: University Press of America.

Ochs, Elinor, Emanuel A. Schegloff and Sandra A. Thompson.1996.*Interaction and Grammar.* Cambridge: Cambridge University Press.

Sacks, Harvey, Emanuel A. Schegloff and Gail Jefferson.1974. "Simplest Systematic for the

Organization of Turn-taking for Conversation," *Language* 50: 696–735.

Schegloff, Emanuel A..1996. "Turn organization: one intersection of grammar and interaction." In *Interaction and Grammar,* edited by Elinor Ochs, Emanuel A. Schegloff and Sandra A. Thompson, 52–133. Cambridge: Cambridge University Press.

Schegloff, Emanuel A..2000. "Overlapping talk and the organization of turn-taking for conversation," *Language in Society* 29: 1–63.

Stivers, Tanya, N.J. Enfield, Penelope Brown, Christina Englert, Makoto Hayashi, Trine Heinemann, Gertie Hoymann, Federico Rossano, Jan Peter de Ruiter, Kyung-Eun Yoon, and Stephen C. Levinson. 2009. "Universals and cultural variation in turn-taking in conversation," *Proceedings of the National Academy of Sciences* 106:10587–10592.

Stokoe, William. 1960. "Sign language structure: An outline of the visual communication systems of the American Deaf," *Studies in Linguistics, Occasional Papers* 8:1–81.

Thompson, Sandra A., Barbara A. Fox and Elizabeth Couper-Kuhlen. 2015. *Grammar in Everyday Talk: Building Responsive Actions.* Cambridge: Cambridge University Press.

Wilbur, Ronnie B. and Laura A. Petitto. 1983. "Discourse structure in American sign language conversations (or, how to know a conversation when you see one)," *Discourse Processes* 6: 225–228.

# 编后记

2020 年，我们得到上海财经大学校级学科建设经费支持，上海财经大学国际文化交流学院希望将"互动语言学"作为学院学科建设和发展的重点之一。因此，2021 年 12 月，我们在线上举办了"2021 年互动语言学理论与方法研讨会"，邀请国内外从事汉语互动语言学研究的知名专家和青年学者，主要就互动语言学的一些理论问题作了综述性的报告。

互动语言学在国内得以发展是近二十年的事情，细观我们日常生活中时刻发生的自然会话，结合语音韵律、具身动作、认识状态等研究语言和互动，兼及对医患会话、课堂会话和法庭会话等机构性会话的关注，互动语言学的研究对象、研究方法和理论范式都引起了汉语研究者的极大兴趣。但也有很多青年学者表示，互动语言学已有成果繁多，初涉其中不知如何在较短时间内掌握其基本理论方法。正是为了呼应这样的需求，我们举办了这次讨论会，并在会后将论文结集出版，希望能为互动语言学的理论方法传播做一点贡献。

吕叔湘先生教导我们，要通过介绍国外学说促进我们的研究，学习他们的研究方法，而不是套用他们的研究成果。沈家煊先生提醒我们，既要"学习外来"，又要"不忘本来"。这本文集里的文章立足于汉语研究实际，综述国内外已有的研究成果，也正是在"外来"和"本来"之间、"介绍"与"借鉴"之间寻求汉语研究的中国道路。

感谢上海财经大学校级学科建设经费支持，感谢上海财经大学国际文化交流学院的大力扶持，感谢上海海事大学国际教育学院资助。

感谢方梅教授、陶红印教授、李晓婷教授对这次会议和文集出版的大力支持，感谢各位与会学者慷慨分享研究心得，感谢社会科学文献出版社对互动语言学成果出版一如既往地大力支持，感谢李建廷老师的辛苦工作。为了提高文集质量，我们效仿国际学界做法，采取作者间匿名互读的方式，在此向各位学者表示诚挚的谢意。

希望这本文集能够为汉语互动语言学研究事业的发展发挥一点小小的推动作用，让我们一起互动起来！

谢心阳　刘娅琼

2024 年 9 月 5 日

**附："2021 年互动语言学理论与方法研讨会"论文目录（按报告顺序排列）（部分论文收入本书时有改动）**

李晓婷（阿尔伯塔大学）《互动中的多模态及多模态构式研究》

陶红印（加州大学洛杉矶分校）《从日常方法学到会话分析和互动语言学的发展及其对汉语语言学研究的若干启示》

陈玉东（中国传媒大学）《互动语言中的韵律表达研究》

谢心阳（上海财经大学）《谈谈互动语言学创立之初的几本论文集》

周燕（加州大学洛杉矶分校）《话语行为中的道义权利》

田婷（北京邮电大学）《互动视角下的汉语独词句研究》

李榕（西安外国语大学）《互动语言学视角下的话语标记研究》

刘娅琼（上海海事大学）《序列组织及相关话语形式研究综述》

曹佳鸿、张文贤（北京大学）、李先银（北京语言大学）《自然会话中的话语叠连现象研究综述》

张瑞祥（中国社会科学院大学）《互动视角的叹词研究》

傅琳涵（中国传媒大学）《互动中的句末调和语气词研究综述》

周婷（中国传媒大学）《附加问的语言表达和互动功能》

完权（中国社会科学院）《说"因时"》

李嘉（岐阜圣德学园大学）《互动语言学视角下的话轮起始位置要素研究》

胡苏红（名古屋大学）《互动视角的日语研究：以对话中的投射为例》

乐耀、郑上鑫、乔雪玮（厦门大学）《社会交际中语法形式的精细度：互动语言学研究方法的思考》

吕海燕（华中师范大学）《自然会话中的"他人重复"研究综述》

饶宏泉、郜子嫣、刘淼（安徽师范大学）《互动语言学视域下的儿童语言研究议题与趋势》

**图书在版编目（CIP）数据**

互动语言学：理论与方法 / 谢心阳，刘娅琼主编 .
北京：社会科学文献出版社，2025.6. --（汉语话语研
究 / 方梅主编）. -- ISBN 978-7-5228-4070-3

Ⅰ . H0-53

中国国家版本馆 CIP 数据核字第 20247P2Z59 号

汉语话语研究
互动语言学：理论与方法

主　　编 / 谢心阳　刘娅琼

出 版 人 / 冀祥德
责任编辑 / 李建廷
责任印制 / 岳　阳

出　　版 / 社会科学文献出版社
　　　　　 地址：北京市北三环中路甲29号院华龙大厦　　邮编：100029
　　　　　 网址：www. ssap. com. cn
发　　行 / 社会科学文献出版社（010）59367028
印　　装 / 三河市龙林印务有限公司

规　　格 / 开 本：787mm×1092mm　1/16
　　　　　 印 张：24.75　字 数：366千字
版　　次 / 2025年6月第1版　2025年6月第1次印刷
书　　号 / ISBN 978-7-5228-4070-3
定　　价 / 128.00元

读者服务电话：4008918866